番禺文化丛书

Panyu Lishi Wenhua Gailun

番禺历史文化概论

朱光文　刘志伟　著

·广州·

中山大学出版社
SUN YAT-SEN UNIVERSITY PRESS

图书在版编目（CIP）数据

番禺历史文化概论 / 朱光文，刘志伟著 . —广州：中山大学出版社，2017.6

（番禺文化丛书 / 陈春声，徐柳主编；刘志伟副主编）

ISBN 978-7-306-05949-9

Ⅰ．①番… Ⅱ．①朱… ②刘… Ⅲ．①文化史－番禺区 Ⅳ．① K296.54

中国版本图书馆 CIP 数据核字（2016）第 321610 号

出 版 人：徐 劲

策划编辑：陈俊婵

责任编辑：王延红

责任校对：陈 芳

封面设计：林绵华

装帧设计：林绵华

责任技编：黄少伟

出版发行：中山大学出版社

电 话：编辑部 020-84111946，84110779

　　　　　发行部 020-84111998，84111981，84111160

地 址：广州市新港西路135号

邮 编：510275 传 真：020-84036565

网 址：http://www.zsup.com.cn E-mail:zdcbs@mail.sysu.edu.cn

印 刷 者：佛山市浩文彩色印刷有限公司

规 格：787mm×1092mm 1/16 26.25印张 388千字

版次印次：2017年6月第1版 2017年6月第1次印刷

定 价：88.00元

番禺文化丛书编委会

主　编：陈春声　徐　柳

副主编：刘志伟

编　委：（按姓氏拼音为序）

边叶兵　陈　琨　陈　滢　陈泽泓　何穗鸿　梁　谋

刘晓春　齐晓光　汤耀智　杨元红　朱光文

总　序

　　番禺，在广州及其周边地区，是一个有确凿证据可稽的历史最古老的地理名称。这个地理名称所涵盖的行政区域范围，在过去两千多年的历史中，一直在逐步缩小，到 20 世纪初，甚至退出了自己原来的核心——省城广州。尽管如此，番禺这个名字，两千多年从来没有被改变、被取代，更从未消失。由此看来，番禺这个名字，是一个有特殊生命力的不可替代的符号，是一种在长期的历史中凝聚而成的文化象征。

　　所谓的"番禺文化"，不会因一时一事的时势变化而消失，也不可能由一两个能工巧匠去打造。抱持着这一理念，番禺区和我们开始策划编写这套"番禺文化丛书"的时候，就形成了一个共识，要将番禺地域文化的呈现，置于历史的视野之中，尤其优先着力于那些在历史过程中持续累积，形成厚实的历史基础的题材。我们相信，首先在这些题材落笔，更能表达"番禺文化"的轮廓与本相。

　　所谓的"地域文化"，是由世世代代生活在这个特定地域空间中的人的活动创造的社会制度、行为习惯、物质及艺术等方面的内容构成的。因此，当地人的活动，是我们理解地域文化的基本出发点。而一个地方的人的活动，是他们与自然环境共处，适应并利用自然环境，同时也改变其存在空间的过程。这个过程，创造了所谓文化存在的物质和非物质形态。这套丛书除以人物、建筑、音乐、书画、非物质文化遗产为主题外，特别在概论中，从番禺历史与社会文化的乡土基础着眼，期望能够以较简略的方式和篇幅，呈现番禺文化的基本面貌、特性和底蕴。

在遥远的古代，番禺的地域范围，包括今天狭义的珠江三角洲的全部。不过，彼时这个名称主要指今天的广州及其周边地区，其中大部分还是在珠江口的海湾中星罗棋布的海岛及其周回的陆地。其后，随着珠江三角洲的发育，岛屿逐渐连缀起来，陆地面积不断扩大，域内陆续析置新县，作为行政区域单位的番禺的地理范围不断收缩。到明清时，番禺作为广州府的附郭县，定格在一个大致在北、东、南三面环绕着省城的县域。这个县域，便是近代"番禺"的文化认同形成的基本地理范畴。进入20世纪，先是广州市区从番禺县分离出来，番禺治所移出广州市区，继而，上番禺地区划入广州市郊区，番禺的县域只剩下广州南部的大小箍围加上其东南部的新涨沙田区。前些年，下番禺东南的沙田区的大部分又再析出，新置南沙区。今天广州市辖下的番禺区，不仅失去了古代岭南地中"亦其一都会"的广州城，也失去了两千多年来构成番禺地理疆域主体的相当大一部分，甚至近百年来在珠江口海上新生的冲积土地，也随着南沙区的崛起，渐渐离"番禺"而去。

这个现实，向我们编撰"番禺文化丛书"直接提出的问题是，这套书的叙事在时间、空间上如何界定其场域？我们觉得，所谓"番禺文化"，应该是历史上生活在番禺这块土地上的人们所创造的，要全面、整体地阐述番禺文化，就不能只限于今天的番禺一隅。但是，从另一个角度考虑，作为一套由番禺区组织编撰的丛书，其基本的视域，又需要大致限定在今天番禺区的行政辖地之内，以发生在这个区域内的历史文化事象为丛书叙事的基本内容。这样一来，我们无可避免地陷入一个两难的处境。拘泥于作为行政区的番禺的地界，难免破坏"番禺文化"的整体性；超越这个边界，又离开了作为今天行政辖地的文化表述这个本分。经过反复的斟酌讨论，我们选择了不去硬性地采取统一的原则和体例的做法。现在呈现在读者面前的六个专题分卷，有的严格以今天番禺的行政区域为界，有的则不以这个地界为限，扩展至以清代番禺籍人士组成的文化圈。大体上，扎根本地乡土社会的主题，我们主要采用前一种方式，叙事基本上以今天番禺行政区域空间为范围；而更多以城市为主要舞台的精英文化题材，则不局限在今天的行政区域，内容覆盖了历史上更为广大的番禺地区。

这样处理，并不是一开始就有意识地、清晰地定下的原则，而是在写作过程中自然形成的结果。这说明了要表现番禺文化的不同主题，的确需要有不同的视域才能比较完整地表达的客观要求。在这点上，《番禺人杰》一卷最为典型。该卷撰稿人说："两千年中，以番禺冠称的行政境域变化频繁，范围不定，而以番禺地望自称的传人，体现出对精神家园的守望与执着，对乡梓文化的认可与传承，这是中华民族的优良传统。因此，从文化的剖析及宣扬出发，本书所说的番禺名人，是对历史上以番禺为籍贯的番禺人的记述。"我们认为，这是从历史人物的生平业绩展示番禺文化所必须采取的做法。这些历史上在不同领域对番禺文化的塑造做出贡献的人物，他们的活动舞台一定超出乡土社会的范围；很多人士，虽然其家乡已经不在今天的番禺区辖内，但在他们的时代，他们都以番禺为自己的乡土认同，他们的社会活动，也都以番禺籍人士的身份出现。这些番禺籍人士作为一个群体在宏大历史场景中扮演的角色，从来不局限在各自的乡村社区范围，他们活动的舞台，遍及全国乃至世界各地。这个事实，显示出"番禺文化"具有超越地方一隅的意义和价值，不是我们可以拘泥于今天的行政区边界而去将其割裂开来的。

有一些地域文化的题材，除了不能割裂传统的地域整体性外，还不能离开城乡关系格局的视角。番禺在历史上作为同时是省会所在地的附郭县，有一些文化领域的发展及其特色是在这个地区的城乡连续体中形成的，这套丛书中《番禺丹青翰墨》和《禺山乐韵》两卷，即突出体现了这个视角。书画和音乐，一般都被视为精英文化的领域，而城市则是这类精致高雅文化生长的主要舞台。番禺在书画和音乐创作领域之所以能够达到一般地方文化罕有的成就和高度，涌现许多传世的不朽作品，形成具有全国性影响的流派，离不开其依托于广州这个多元文化交融的大都市这个条件；同时，番禺人士在书画和音乐领域创造的独特品位，有其深厚的乡土根基，许多独具一格、意味隽永的作品，浸润着乡村生活的情趣。本土乡村孕育了本地书画和音乐的灵气与风味；而连接世界的都市，则提升了这些作品的品格，打开了作品的天地，使番禺的书画和音乐在民族艺术之林中占有重要的一席之地。这套丛书的《番禺丹青翰墨》和《禺山乐韵》两卷所展现出来的艺术创造和传播空间，大大超越番禺一地的局限，自然是必不可免的。

　　我们最能够将内容划定在今天番禺辖区范围内的，是《番禺建筑》一卷。这不仅是由于建筑坐落的位置是固定的，可以在地理空间上将境内境外的界线清楚划分开来，更因为在整个珠江三角洲地区，建筑的类型及其形制具有高度的相似性，而在今天的番禺区地域之内，珠江三角洲地区的主要建筑形式大致上均已齐备，只选区内现存的代表建筑来讨论，已经足以涵盖不同时期番禺区域范围内的建筑类型和建筑风格。作为一种地域文化的物质载体，建筑是地方文化的一种非常直接的表达，我们从番禺区境内建筑形式的丰富多样性，可以见到番禺区虽然今天的辖区范围大大缩小了，但仍然保存着具有整体性的地方文化特色，而这种特色也容纳了很多原来在广州城市发展出来的文化性格，这也是番禺文化是在一种城乡连续体格局下形成和延续的表征。番禺区域内传统建筑具有的典型性和代表性，让我们有可能立足于今日的番禺区去呈现番禺的文化传统。

　　如果说建筑是以物质形态保存和呈现一个地区历史文化传统的典型形态的话，那么，地方文化传统在更深层次的存续与变迁则体现在日常生活方式以及各类仪式上面，这些民俗事象，今天也被称为非物质文化遗产。在这个领域，番禺区辖内城乡人群与周边更广大地区人群中生活习俗具有相当高的相似性，而由于生态、环境和人群的多样性而存在的各种差异，在今日的番禺辖区内也都曾经共存，甚至在如今急剧的社会变迁过程中，许多地方的民俗文化正在发生变异，而在番禺辖区里，相对还保存得更为完整，更为原汁原味。更重要的是，虽然民俗的内容在相当大的地域空间里广泛存在，有某种普遍性，但具体的民俗事象，又是独特而乡土的，总是依存于特定的社区、人群、场所和情景之中；对民俗的观察和记录，也总是细微而具体的，只要不企图去确认某种民俗是某个行政区域所专有的，微观的观察也不必有坏其完整性之虞。

　　一个地方的民俗，隐藏着地域文化的内在和本质的结构。这个持续稳定的结构，是塑造地域文化认同的基础，而地方社会的民俗文化，是在本地乡土社会的土壤中生长的，这个土壤本身是一种历史的积淀和层累的产物。当我们要努力尝试立足于今天的番禺地域去发掘"番禺文化"的内涵时，自然把寻找其历史根基的目光，重点投到本土的乡村社会的历史上。这是我们撰写《番禺历史文化概论》的一个心思。我们很清楚，要真正概览"番禺文化"的全貌，在历史的观点上，本应以广州的城市文化为主导，从都市与乡村的互动、上下番禺乡村之间的协调、民田区和沙田区的关系着力，甚至应该把"海外番禺"也纳入视野，作一番眼界更开阔的宏大观察和叙事。然而，作为概论，前面我们提到的"大番禺"还是"小番禺"的问题更难处理。我们明白，要在概论里把已经不在今天番禺版图里的广州城厢、乡郊和大沙田区纳入一起论述，作为地方政府主持编写的这套丛书，无疑是过度越界了。我们选择了把概论聚焦在今天属于番禺区的大小箍围地区，期待能够从乡土社会的历史中，发掘番禺文化的根柢所在。我们从乡土社会历史入手探寻地方文化，并不是以为"番禺文化"只从乡村社会孕育。我们很清楚，要探究番禺地域文化的孕育，必须把以省港澳为核心的城市发展，甚至还要加上上海等近代中国的都市以及番禺人在海外的活动空间都纳入视野，从城乡互动、地方史与全球史结合的角度，才能够得到较为全面的理解。现在只能聚焦在今日的番禺辖区，也许可以基于这样一个假设，就是发生在这个地区的社会变迁，以及在这个社会变迁过程形成的地域文化认同，是一个在更广大的空间的历史过程的缩影，这个历史过程形成的文化元素，积聚在今日番禺区的城乡社会，尤其是通过番禺乡土社会中一直保存下来的生活习俗、民间信仰、乡村组织和集体机制，凝结成保存番禺文化的内核或基因的制度化因素。这个基本假设，是我们相信立足于今日番禺土地上，仍然可以在一个宏观的视野里纵览番禺文化的依据。

我在这里以编写这套丛书时如何处理番禺作为一个地理空间范畴的变化对于认识番禺文化的种种考虑为话题，真正的目的并不是要从技术层面讨论丛书编写的体例问题，也不是要为丛书各卷处理叙述的地理空间范围不能采取一个统一的标准作解释或辩解。我希望能够通过这样的交代，表达对这套丛书的其中一个主旨的理解，这个主旨就是，我们今天可以如何去认识和定义"番禺文化"？编写这套丛书是一种尝试，一种从小小的番禺区去阐发宏大的"番禺文化"的尝试。我不能说我们做得成功，但我以为需要这样去做。因为这既是一个历史的问题，更是一个现实的问题。番禺由一个广大的地区的统称，变到今日只是广州市下属的一个行政区，是否意味着"番禺文化"的消失？今日的番禺，文化建设方向何在，是逐渐成为一种狭隘的社区文化，还是一个有其深远传统和独特价值的地域文化的栖息地？这些问题，虽然要由番禺人民来回答，但我们既然承担了这套丛书的编写，也应该看成自己的一个使命。我们期待这套书能够对番禺的政府和民众有一点帮助，令他们在未来的番禺文化建设中，有更多的文化自觉和理性选择，把握本土社会的内在肌理，辨识番禺文化的遗传基因，在张开怀抱迎接现代化和都市化的时候，坚持住番禺的文化本位，守护好乡土的精神家园。番禺文化的永久存续，生生不息，发扬光大，有赖大家的努力！

刘志伟

2017 年 1 月

目 录

引论　"番禺"与"番禺文化"　　　　　　　　　　　　　　　　　　1

　第一节　"番禺"意义的变迁　　　　　　　　　　　　　　　　　1

　第二节　番禺县沿革及其与珠三角各县的分合变迁　　　　　　15

　第三节　民国以前番禺县域的社会与文化图景　　　　　　　　20

第一章　明代以前番禺大谷围地域社会的形成　　　　　　　　　43

　第一节　唐代以前大谷围地区的人文地理与空间格局　　　　　44

　第二节　唐宋元时期番禺大谷围的地域文化　　　　　　　　　56

　第三节　大谷围地区宗族的祖先记忆　　　　　　　　　　　　76

第二章　明清番禺大谷围地区士大夫及其文教事功　　　　　　　95

　第一节　明代大谷围地区士大夫文化的兴起及其文化创造　　　95

　第二节　明清之际的大谷围士大夫与海云寺遗民群体　　　　116

　第三节　清初到中叶大谷围地区士大夫的文化成就　　　　　134

　第四节　清末大谷围地区士大夫、沙菱局与地方自治　　　　151

　第五节　明清禺南大谷围地区的科举望族　　　　　　　　　163

第三章　民国番禺县政治文化中心的南迁与新式文化　　175

第一节　民初"大天二"与禺南社会的动乱　　175

第二节　民国番禺县府的南迁及大谷围地区成为独立行政区的趋势　　181

第三节　民国时期禺南地方精英与乡村建设运动　　197

第四章　番禺大谷围地区传统乡村聚落文化景观　　213

第一节　盗采与封禁：莲花山的保护及其风水、海防、航运意义　　213

第二节　民田区乡村的聚居模式与基本类型　　223

第三节　风水与乡村聚落的规划营建　　234

第四节　沙田聚落文化景观　　246

第五章　番禺大谷围地区的传统社区文化　　261

第一节　民间信仰与诞会文化　　261

第二节　水运网络与龙舟文化　　281

第三节　宗族组织与祭祖仪式　　306

第六章　"番禺历史文化"的当代建构　　317

第一节　传统乡村社区文化的复兴与再造　　317

第二节　20世纪80年代以来对"番禺文化"的整理、研究与重构　　364

结语　作为"文化符号"和"精神家园"的"番禺文化"　　397

后　记　　405

引论 "番禺"与"番禺文化"

第一节 "番禺"意义的变迁

一、关于地域文化

要谈"番禺文化",首先需要说明我们如何理解"文化"。无论是在概念定义上还是在实际使用上,"文化"这个概念都是充满歧义的。梁启超在其1922年撰写的《什么是"文化"》中,给文化下的定义是:"文化者,人类心能所能开积出来之有价值的共业也。"[①]。泰勒(E. B. Tylor)则将文化定义为:"文化是一个复杂的总体,包括知识、信仰、艺术、道德、法律、风俗,以及人类在社会里所得的一切能力和习惯。"[②] 这是关于"文化"的经典性定义。不过,人们在使用这个概念来表达自己要论述的话题时,实际上还有不同的意涵。在中国,尽管学者们一直都强调"文化"是一个外来概念,也在"引进"这个概念的同时,试图做出种种不同的界定。然而,直到今天,人们在现实生活中使用"文化"这个词的时候,还是不能真正摆脱"文化"这个词语在中文典籍中原本的意涵,即《易·贲卦·彖传》中所言:"观乎人文,以化成天下。"一旦"文化"被时间和空间的界限所界定,诸如"广东

---

① 梁启超:《什么是文化》,载《饮冰室合集·文集》之三十九,上海中华书局1936年重印版,第97—98页。
② [英]泰勒(E. B. Tylor):《原始文化》,连树声译,上海文艺出版社1992年版。

文化""湖南文化""香港文化"之类的概念出现后，这个抽象化的概念就变得相对比较容易掌握，进而被普遍使用，并被赋予更确定的含义。

1940年香港举办了"广东文物"展览会，虽为期不足十天，到场的观众却达三四万人之多。"广东文物"展览会筹备委员简又文在其《广东文化之研究》一文中划定了文化的时空界限，认为"一地域有一地域的文化"，提出"广东文化"作为一种实体存在的说法①。以此为引，程美宝就"广东文化"观的形成进行了深入研究，认为"文化"，或者"某地文化"，是在特定的时空中，由经历特定的历史过程的人们择取的结果。②因此，类似于展览会的文化活动，从其筛选结果即能看到一时一地之人的观念与习俗，以及文化表象后发挥影响的地方普遍认同系统，即所谓的"文化"。创造文化并不是文人的专利，目不识丁的村民也同样在日常生活中建构了文化。掌握这些地方文化筛选规则的人往往是地方上自称为"知识分子"的人。通过这些人，我们能够更好地了解这套地方文化观念。

"番禺文化"具备"番禺"的独特性。如果说"番禺"代表了地方的个性，那么"文化"就代表了共性。事实上"番禺文化"是否已经作为一种实体存在，这种文化观念何时在历史过程中被建构出来，番禺地域文化观念的具体内涵是什么，就是本书所关注的核心问题。而要回答这些问题，需要从本地的历史中，尤其是本地民众的生存和所经历的历史过程去理解。

从历史的角度看，区域文化的观念是多层次的动态观念，这种观念隐含在一个复杂的历史建构过程中。不同区域的人们经历着不同的历史阶段，不同的历史阶段塑造了不同的"历史观"。区域文化的观念在每个历史阶段发生变动，或增减，或改变原有的内容，不断重新被形塑。正如标题中所谓的"番禺文化"，其实就是人们在历史过程中建构出来的地域文化观念。他们对于自己历史的表现方式，或有声或无声，或有形或无形，皆展示出区域文化的特殊性。每群人的历史表达均由其所在的文化决定，不同群体对自己的

---

① 广东文物展览会编印：《广东文物》（上册），中国文化协会刊行，1940年。
② 参见程美宝《地域文化与国家认同：晚清以来"广东文化"观的形成》，生活·读书·新知三联书店2006年版。

历史有不同的解释。这种对于自己历史的认识本身就构成了地域文化的核心内涵。本书企图追寻"番禺文化"这一地域文化观念变动与重塑的历史过程。同时，也通过探讨地域文化在地方社会演绎的方式来探讨何谓"番禺文化"的实体内涵。

二、何谓"番禺"

"番禺"作为一个地理范畴，已经有相当长久的历史，并且表达了不同的概念。秦以前的各种历史记载里，岭南一带有多种称谓或说法。《元和郡县志》[①]"岭南道"下记："广州，春秋百越之地。"岭南，春秋时泛称百越，战国时称"扬越"。《史记·南越列传》记载："秦时已并天下，略定扬越，置桂林、南海、象郡。"[②]《战国策》云："吴起为楚收扬越。"[③]战国时代的"扬越"，势力范围大致包括今两广、两湖及江西部分地区。因岭南交通不便、地广人稀，并未纳入楚国的统治范围。秦时认为岭南之人"多处山陆，其性强梁"，故又称岭南为"陆梁"。秦始皇发卒五十万攻南越，为五军，其中一军处"番禺之都"。近世在广州附近出土多件文物皆有"番（蕃）禺"字样，也说明番禺是这个地区最主要的名称。"番禺"作为一个古老的地名，最早出现于战国时代

---

① （唐）李吉甫：《元和郡县志》，台湾商务印书馆1986年版。
② （汉）司马迁：《史记》卷一百一十三《南越列传第五十三》，中华书局1975年版。
③ （汉）高诱注：《战国策》，商务印书馆1958年版。

番禺东汉古墓出土"番禺都亭长陈诵"古砖文拓片

南越王宫遗址出土写有"蕃禺"二字的木简

西汉南越王墓出土的"蕃禺"鼎

的《山海经》。《山海经》①写作"番隅"，其文曰"桂林八树在番隅东"，郭璞注云"番隅今番隅县"。又有写作"贲禺"者，郦道元撰《水经注·浪水篇》②曰："浪水东别迳番禺，《山海经》谓之贲禺者也。"到了西汉初年，史料多处提到"番禺"，或作"蕃禺（隅）"，即今广州番禺一带，是当时岭南最为重要的区域中心，也是广东境内最早见于古史的地名。

"番禺"作为一个文化符号，历代学者对其含义的解释，大致有两种取向，一是士大夫的取向，二是土著的取向。

在文献中，长期为人熟知的经典解释，是由山得名，有"一山"（番山）或"二山"（番山、禺山）之说。《后汉书·地理志》③、唐《元和郡县志》④及《初学记》⑤等，均认为县有番山、禺山，因以为名。明嘉靖《广东通志》⑥载："番禺县治东南一里曰番山，其上多木棉，其下为泮宫；自南联属而北一里曰禺山，其上多松柏。"番禺因二山而得名之说，相延已久。"一山"说，即番山之隅说。郦道元《水经注》载："今入城东南偏，有水坑陵，城倚其上。闻此县人名之为番山，县名番禺，傥谓番山之禺也。汉书所谓浮牂柯下离津同会番禺，盖乘斯水而入越也。"⑦禺，即隅，指附近的地方。事实上是先有番禺一名，后有附会二山之说。历代省志、府志、县志，多持"二山"说。当代多数学者相承古说，认为番禺是因番山、禺山而得名。

在这种有明显的文人品味的解释之外，也有人提出"番禺"即"番邦蛮夷之地"的解说。1953年在广州西村石头岗一号西汉前期墓中出土烙有"蕃禺"二字的漆盒，1983年广州象岗南越王墓出土铸有"蕃禺"二字的汉式铜鼎。在马王堆汉墓出土的世界上最早的地图中显示，在古代中原人的眼

①（晋）郭璞注：《山海经》，四部丛刊景印明成化本，上海商务印书馆1935年影印本。

②（北魏）郦道元撰、杨守敬纂疏、熊会贞疏：《水经注》，商务印书馆1958年版。

③（南北朝）范晔：《后汉书·地理志》，中华书局1982年版。

④（唐）李吉甫：《元和郡县志》，台湾商务印书馆1986年版。

⑤（唐）徐坚等：《初学记》，中华书局1980年版。

⑥（明）嘉靖《广东通志》卷十三《舆地志一》。

⑦（北魏）郦道元撰、杨守敬纂疏、熊会贞疏：《水经注》，商务印书馆1958年版。

里，九州并不包括岭南，在以中原为中心的历史观念里，"番禺"与"南海"一样，都是边缘地区的概念。《周礼·秋官》云："九州之外谓之蕃国。"禺，犹隅，指区域、边远之地。秦汉之前，番禺一带僻处一隅，中原汉人视之为边远的蛮夷之地，因以为名。考古学家麦英豪在《广州城始建年代考》中据出土文物认为，秦至汉初，番禺的"番"，写作"蕃"，与"藩"相通。即番蛮、蛮夷之意。他还认为"蕃禺"的"蕃"指少数部族而言，"禺"是区域的意思，"蕃禺"是指蛮夷的南越人聚居地。①

也有学者反驳以上说法，认为"番禺"一名早在春秋战国时期就已经存在，其字面上的意思，历史上就有不同的说法，且越族本没有自己的文字，只保留了字音，番禺、蕃禺、蕃隅、贲禺等均是注音，本无贬义。而"蕃禺"这个词，当时的本地人部族并不认为有侮辱、鄙视之意。因为南越王赵佗上书汉文帝开头就自称"蛮夷大长"。②"番邦蛮夷之地"的说法和后来的文献最流行的番山加禺山的说法同样是读书人（士大夫）提出的，其实也是用另外一种士大夫的视角对番禺的解读和附会。

以上均为士大夫取向的"番禺"。晚近还有一些学者试图从土著文化取向的角度解读"番禺"这个名称。较早的说法是"盐村"说。番禺是百越的一支，可译成汉语的"越人"，但如东越（如《越绝书》），古越音则可译为"咸村"，表示番禺为越人濒海聚居，有咸水到达的村庄。因《越绝书》③记"番"即村，"禺"即"盐"，所谓"朱余盐官也，越人谓盐为余"。部分历史地理学家根据古代广州作为海湾的地理环境，将其解释为"盐村"。④

由"盐村"说开始，后来陆续出现图腾、部落（联盟）首领、古国名（国号）等说法。何科根认为，番禺这一名字的语言形式是由两个水生动物的名词连缀合成的结构，以其父系与母系的标识物贲龟与虎鲛合成命名，形成灵龟与大鲛鱼托举大地的意象。贲龟与虎鲛后来被抽象为"海神"的意

① 麦英豪：《广州城始建年代考》，载广州市文化局、广州市文博学会编《羊城文物博物研究》，广东人民出版社1993年版。
② 麦英豪：《"蕃禺"与"蕃禺人"》，载《番禺古今》2010年9月（总第十四期）。
③ （东汉）袁康、吴平辑录：《越绝书》，上海古籍出版社1985年版。
④ 曾昭璇：《岭南史地与民俗》，广东人民出版社1994年版。

义。后来番禺的地名命名乃是对海神的崇信与附丽。他认为，越族先民既托赖海神"番禺"安稳大地，进而托赖"番禺"去驾驭海洋，创造了"番禺始为舟"的传说，更进而托赖海神庇佑城郭建设，命名岭南都会地名为"番禺"。①

吴凌云认为，番禺最早不是地名，而是人名。最早记载和描述番禺的是《山海经》而非《淮南子》；番禺作为城市和地区的名字来源于新石器时代晚期一个面水而居的越族强大部落，他们聚居在珠江三角洲（古海湾）的广大地区，贝丘遗址、沙丘遗址可能跟这个部落有很大关系，也有可能后来他们已形成小方国，即酋邦，名为番禺国，其中心正在今广州或广州附近。②

陈锦鸿认为，"蕃"可解释为"三足龟"，三足龟为番禺国的吉祥物（圣物），可能被作为番禺国的图腾，"番（蕃）禺"即"贲隅"，意为"产三足龟的地方"或"三足龟的栖息之地"。在秦统一岭南之前，番禺国早已存在，象岗南越王墓及中山四路"南越国宫署"出土的部分文物，很可能本来就是番禺国之器物，赵佗称藩时是在番禺邦国的基础上建立了强盛一时的南越国，这过程中包括剪灭周遭诸小国和接收了番禺邦国的宫苑及大批物品。而考古发现之"蕃"字文物均可能是番禺邦国时之物，南越王宫遗址等地发现的"蕃"字是番禺邦国的国号，南越王赵佗占据并沿用了番禺邦国王宫的建筑。③

还有学者从古音韵和民俗学的角度，提出番禺为南海神名字一说。即认为番禺源于南海神或番禺即盘古，"番禺"乃俚人（黎族人）语，即"盐村"。

黄鸿光指出，番禺是南海神的名字，若从此概念出发，尚可推测古番禺的地理概况。据说番禺是伏羲分化出来的，图腾是交蛇。同样，河伯名冯

---

① 何科根：《"番禺"考辨》，载《学术研究》2001年第9期。

② 吴凌云：《关于番禺》，载《广州文博》2001年第3期。

③ 锦鸿：《〈山海经〉中"番禺"的史学意义及其他——古粤征微之二》，载《羊城今古》2001年第3期。

夷，闻一多先生认为即是交豕。雷师屏翳，即伯益，是交鸟。① 广州市文物管理委员会在三元里瑶台汉墓木墩上发掘出一个木俑，呈人形，高约50厘米，断发、文身、蹲坐，为雄伟男性，左手握阳具，右手做招呼状。此即番禺神，放在墓上，有祈祝子孙繁衍之意。看广州的省、府、县方志，则无论说番东禺西，或禺北番南，都是说两山相连，似交蛇之状，故名为番禺。吴壮达认为，从小海（即珠江）上望，此两高地相连，形似交蛇，名之曰番禺，二山实一山也。解释"番禺"之义，不必强求为嵯峨高耸之大山。明白此名是海上生活的黎族人民所起，从南望北，番禺正是顺序。

以上各说，大多出自推论，难做定论。现今的学术研究表明，秦汉以前的岭南为南越族聚居之地。在南越国之前，没有直接关于包括今天"番禺"在内的广东的历史文献记载。在以儒家文化为主体的中原主流文化进入岭南之前，生活在广东这个地方的人属于一个分布相当广泛的百越文化圈。仔细观察出土的各种古代工艺品，可以发现当时这个地方的人已经有相当高的文明程度，可能已经有了自己的礼仪制度。尤其是像浮扶岭、横岭山、屋背岭遗址等大量的考古新发现很清楚地向我们展示，过去被称为"番"或"蛮"的岭南古越族地区，其原生文化可能是更为接近东南亚乃至南太平洋族群的文化，其文明程度并不比黄河流域和长江流域逊色。在新石器时代，甚至是旧石器时代，生活在番禺及其周边地区的南越族很可能已经建立过古国或方国，拥有自己的文明和礼仪制度，"番禺"或"蕃禺"很可能就是部落联盟、古国甚至方国的名称。只是在以中原为中心的历史观里面，这里的文化不被接纳，而且中原文明传到南方之后，早期没有文字记载的大量古越族历史文化信息被汉字掩盖了，现在只能根据一些图像和仪式，臆测当年包括今天番禺在内的广东地区人们的生活状况。② 关于"番禺"或"蕃禺"意义的解释也是如此。

① 黄鸿光：《番禺考》，载《广州研究》1982年第3期。
② 陈春声：《广东发展史》，根据2004年6月24日中共广东省委中心组举行的"广东学习论坛"第八期报告会录音整理。

三、番禺及周边地区的早期文明

（一）苏秉琦的考古学理论与先秦岭南文明

新中国考古学的奠基人与开拓者苏秉琦教授于 1976 年提出的"关于考古学文化的区系类型"的论说，是对中国考古学文化的规律性揭示，成为中国考古学研究的基础理论。1980 年以来，他又提出了中国文明起源于 5000 年前、中国文明起源与形成的"多元论"、"古文化、古城、古国"和"古国、方国、帝国"的发展过程及其相互关系，以及关于重建中国史前史等理论，都对中国考古学与历史学的研究产生了广泛而深远的影响。苏秉琦先生

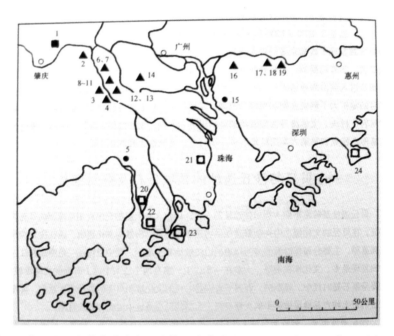

珠江三角洲出土史前遗址分布图（载曹劲《先秦两汉岭南建筑研究》，科学出版社2009年版）

1.肇庆蚬壳洲遗址　2.高要茅岗遗址 3.高明覆船岗遗址　4.高明鲤鱼岗遗址　5.新会罗山嘴遗址　6.三水银洲遗址　7.三水把门岗遗址　8. 南海通心岗遗址　9.南海船埋岗遗址　10.南海蚬壳岗遗址　11.南海鱿鱼岗遗址　12.南海邓岗遗址　13.南海镇头岗遗址　14.佛山河宕遗址　15.东莞村头遗址　16.东莞蚝岗遗址　17.东莞圆洲遗址　18.东莞龙眼岗遗址　19.东莞万福庵遗址　20.新会梅阁遗址　21.中山龙穴遗址　22.珠海草堂湾遗址　23.珠海棠下环遗址　24.深圳咸头岭遗址

曾于1975年年底至1976年春来广东指导考古工作长达5个多月，他撰写的《石峡文化初论》提出"以鄱阳湖—珠江三角洲为中轴的南方地区"的原始文化，以及"岭南有自己的青铜文化，有自己的'夏商周'"等论说，都对广东岭南地区的考古学研究有直接和深远的指导意义。① 他还认为，岭南文化的形成不是秦汉设郡以后的事，没有当地的"古文化""古城""古国"设不了郡，就是秦汉设郡以后也有"外来文化"地方化的问题。他认为，岭南与一般的南方有所区别，它既不同于太湖流域，不是吴越文化；也不同于长江流域，不是楚文化；与江西也有个界限。它南连南洋诸岛、印度支那地区，是陆地一半海岛一半连成一片形成的一个大区，代表着大半个中国，是真正的南方。②

不过，苏秉琦先生所说的岭南有"自己的'夏商周'"③，那是讲岭南有自己的历史，不能理解为岭南考古学文化的年代和阶段划分可以完全与中原地区相对应。因为，岭南地区相当于中原夏纪年时期的新石器时代尚未终结，还不能区别出具有特殊指征的、具有划时代意义的考古学文化；而文化面貌和结构发生较大变化（主要是陶器基本组合方面的变化）是在早商时期，这些考古学遗存的年代不能早到中原地区的夏时期，与夏代无涉，不能生搬硬套。反而江西清江流域商代吴城文化对岭南地区影响

古代越人风俗表
Customs of ancient Nanyue people

习　俗	说　　明
善舟习水	因居住环境多江浦湖海，故人多着短袖衣服，跣足不履，以便于涉水和行舟。
断发文身	断发就是把头发剪短，文身就是在脸上或身上刺画各种纹样，据说这样可以下水避蛟蛇之害，也有先祖崇拜的含义。
喜食蛤贝	因为越人多水行山处，渔猎捕捞在经济生活中占很大比重，也造就了越人的饮食习俗。
干栏巢居	通常用竹木茅草做材料，把房子搭成两层，上面住人，下面养牲畜，这是因为南方多雨潮湿，山多瘴疠，毒草虫蛇。
迷信鸡卜	商周时期，中原人用龟牛骨来占卜，而岭南越人则用鸡骨来占卜。
拔牙之俗	这是不少古代南方民族的风俗，又称"凿齿"，是一种表示成熟或婚俗的标志。
几何纹陶	南越人使用的陶器，表面大多数压印有方格纹、曲尺纹、米字纹、水波纹等，学术界称之为几何印纹陶器。这和北方地区主要使用彩陶和黑陶等有所区别。

古代越人风俗表（摄于广州博物馆）

① 杨式挺：《自序》，载《岭南文物考古论集》，广东省地图出版社1998年版。

② 苏秉琦：《岭南考古开题——杨式挺〈岭南文物考古论集〉序》，载杨式挺《岭南文物考古论集》，广东省地图出版社1998年版。

③ 郭大顺：《苏秉琦先生谈"岭南考古开题"》，载广东省文物考古研究所、广州市文物考古研究所、深圳博物馆编《华南考古·1》，文物出版社2004年版，第1–6页。

的线索更为清楚 ①，是识别新石器时代终结和认识岭南早期青铜时代特点的依据。

（二）番禺大谷围周边地区丘陵地带发现的古越早期文明

广东珠海后沙湾 ②、南海鱿鱼岗 ③、香港涌浪等遗址的碳十四年代数据显示，岭南新石器时代的下限在距今 3500 年前后，大体相当于中原地区的早商时期。

随着考古工作的推进，近年广州市的考古人员在增城浮扶岭、从化横岭和萝岗大公山、榄园岭等地，都发现过从新石器时代晚期至南越国时期数量丰富的文化遗存。遗址的发现，不但展现了先秦越人的风俗面貌，也告诉世人更多广州建城之前和珠三角先秦时期的历史。

增城浮扶岭遗址是首次在广州地区发现的先秦大型墓葬群。遗址揭露面积约 15000 平方米，清理新石器时代晚期至元明时期的墓葬 525 座、明代砖瓦窑址 1 座，出土文物 2000 余件（套）。其中，M511 为发掘区内规模最大的墓葬，由墓道、封门及椁室组成。该墓底铺石子，上置木椁，出土陶器、原始瓷、玉器等，具有典型的越人墓特征。从整个墓地来看，该墓的规模和随葬器物都显示出墓主人的身份非同一般，应为越人部落的首领或上层贵族。底铺石子的木椁墓，在岭南地区发掘所见，以此墓为最。④

从化横岭遗址位于从化北部温泉镇新园村。2012 年 7 月到 12 月 10 日进行发掘，发掘面积超过 5000 平方米，清理出距今 4000 年前后的新石器时代晚期至早商的灰坑、灰层遗迹多处，墓葬 51 座，出土陶、石器数百件。横岭东西长近 500 米、南北宽约 150 米的范围内都分布有新石器时代晚期至早商的文化遗存，面积超过 7 万平方米，共发现新石器时代晚期至早

① 江西省文物考古研究所等：《江西樟树吴城商代遗址第八次发掘简报》，载《南方文物》1995年第1期，第5–23页。

② 珠海市博物馆、广东省文物考古研究所、广东省博物馆：《珠海考古发现与研究》，广东人民出版社1991版。

③ 广东省文物考古研究所、北京大学考古系实习队：《广东南海市鱿鱼岗贝丘遗址的发掘》，载《考古》1997年第6期。

④ 张强禄：《广东增城浮扶岭M511发掘简报》，载《文物》2015年7期。

商的墓葬 51 座，均为狭长方形竖穴土坑墓，大致顺山势呈东西向分布。

本次考古发掘揭露面积大、出土遗物丰富，特别是在东区山顶保存基本完整的新石器时代晚期墓地的揭露，为同时期广东省已发掘的考古遗址中仅见，是探索珠江三角洲地区新石器时代晚期的社会组织、经济形态和文化面貌的重要考古资料，也为考证横岭遗址先民族属以及与粤北石峡文化、粤东虎头埔史前考古学文化的交流融合提供重要线索，具有非常高的学术价值。为研究珠江三角洲史前考古学文化交流，融合推进岭南社会历史演进的脉络提供珍贵的实证材料。①

萝岗大公山遗址出土古墓已达 23 座，当中 7 座完成清理的墓葬，出土的文物包括陶器、铜器、石器等近 30 件。其中，12 号墓中出土一块石玦，直径为 4.3 厘米，磨制精美，纹理清晰可见，温润似玉。与石玦同时出土的还有一夹砂陶罐。依据出土文物判断，12 号墓的年代为商代晚期。现场考古专家分析，"石玦属于装饰性物品，类似现代耳环，在该时期的墓葬，甚少有发现"。遗址的 2706 号探方内第二层中，还出土一块砺石。在该砺石的表面有多道横竖相交的浅槽，从浅槽的形状看，应是磨制骨针或锥形器的工具。也有一些学者认为，这是一件加工树皮布的工具。即用该石器拍打树皮，使之脱胶留下纤维成"布"，然后用骨针缝制而成衣服。②

萝岗榄园岭先秦遗址是广州地区继增城浮扶岭、从化横岭和萝岗大公山之后先秦考古的又一项重要发现。考古发掘面积 2000 多平方米，出土墓葬 50 座，其中 49 座为先秦墓葬。在遗址北区，清理出西汉早期的长方形竖穴土坑墓 1 座，出土陶罐、五联盂及小碗等随葬品 9 件。考古发掘最密集的区域在南部，出土西周至春秋时期的墓葬 49 座，均为长方形土坑竖穴墓。这些墓葬排列并不整齐，朝向为正东南方向，沿山势排列，长 2.1～2.8 米，宽 1.2～1.4 米。在先秦古墓群中，出土文物多为随葬陶豆和原始青瓷豆等，个别墓葬出土小件青铜斧和青铜箭镞，但保存状况较差，锈蚀严重。叠压在墓口之上的文化层当中出土大量曲折纹、夔纹、云雷纹、方格纹等几何印纹

① 张强禄：《广东从化横岭新石器时代墓地》，载《大众考古》2014年第6期。
② 李晓瑛：《来峰岗已发现23座古墓》，载《南方都市报》，2013年07月13日。

陶片，器型多为印纹硬陶罐、瓮等。据张强禄推测，该地在先秦时期有南越
先人聚居，但之后南越国时期仅一座墓葬出土，也意味着南越先人的活动发
生转移。从出土的文物看，"规格并不高，只是平民百姓的墓葬"。但这么大
规模的先秦古墓群，在广州市的考古中并不多见。①

从新石器时代到唐宋的几千年间，珠江三角洲仍是个"海浩无际，岛屿
洲潭，不可胜记"的地方。以上增城浮扶岭、从化横岭、萝岗大公山和榄园
岭等广州东北地区丘陵地带先秦遗址的陆续发现与发掘，将会对珠江三角洲
地区先秦文化序列和文明进程、越人葬俗，尤其是南越文明源头的研究起到
重要的推动作用。② 萝岗、增城、从化等广州东北部丘陵地区地形多为低矮
山冈，自然资源比较丰富，适宜人类生活。南越先民群落可能生活在平原地
区，而将邻近岗丘辟为墓地。这些考古发现，印证了专家对广州地区先秦文
明进程的推断：从商周时期到战国早期，珠三角人类活动的中心并不在今天
的广州，而在博罗、增城一带。"当时，珠三角存在两条早期文化交流通道，
一条是北边的流溪河流域，另一条则是东边的增江流域。到了战国中晚期，
由于社会经济、文化等因素的影响，广州市区一带才渐渐发展起来。"③

番禺大谷围以南的南沙鹿颈村、小虎岛鱼尾山、黄阁梅山等新石器时
代晚期至商周时期的沙丘遗址出土文物，证明今番禺以南的海面上在四五千
年前已有人类活动。从出土的文物来看，古越族可能在珠江和江海水域环绕
的大谷围地区已经有了零星的定居点。这里的土著居民生活在江海交汇的海
岛上，以渔猎为生，过着或"浮家泛宅"或陆上定居的生活。其中，被卜工
认为是"绳纹古国"遗存聚居点之一的"南沙遗址"位于番禺大谷围岛群
南面。2000年，南沙鹿颈村遗址被发掘，整个遗址面积约1万平方米，是
广州地区首次发掘的贝丘遗址。自下而上基本可以划分出新石器时代晚期、

---

① 周雯：《广州现大规模古墓墓穴，49座为先秦时期墓葬》，金羊网-新快报，2015
年11月27日。

② 张强禄（广州市文物考古研究所）：《广东从化横岭新石器时代墓地》，载《大众
考古》2014年第6期。

③ 周雯：《广州现大规模古墓墓穴，49座为先秦时期墓葬》，金羊网-新快报，2015
年11月27日。

商时期、唐宋、明清 4 个阶段的堆积。其中，以商时期的堆积最为丰富，上层属贝丘遗址性质，下层属沙丘遗址的堆积。遗址中发现有堆积异常丰富的陶片层，包含大量的陶片、石块、红烧土、贝壳等。出土及采集的有石、骨器百余件，陶片数万片。就目前所揭露的情况来看，这是广州地区至今发现的堆积最厚、出土器物种类最多、文化内涵最丰富的史前遗址，在环珠江口一带都是不多见的。当中，一具完整的商代人骨架在鹿颈村大角山西麓坡脚下的古沙丘上被发现，是广州地区迄今为止发掘出的最早的完整的人骨架。骨架现高 1.65 米，经初步推断为成年男性。遗址位于南沙岛的一端，三面环海，在历史上是个海湾。据猜测，商代时期这里的居民以渔猎为生，食物中废弃的贝壳集中堆放在尸体所在的墓地上，形成了适合骨架保存的"贝丘"。该遗址距今 4000～3000 年，其发掘对于研究珠江三角洲地区生态环境、动植物分布和物种构成，以及当时人们的饮食习惯等都有着重要意义。不仅为广州地区史前研究提供了重要资料，对于研究环珠江口区域新石器时代晚期至商周时期的考古编年、社会历史进程和文化面貌也有非常重要的意义。[①]

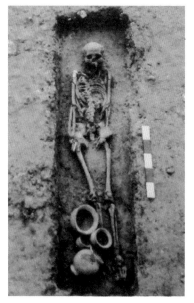

鹿颈村遗址M1

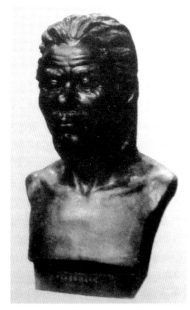

"南沙人"复原头像

① 广州市文物考古研究所：《广州南沙鹿颈村遗址的发掘》，载广州市文物考古研究所编《广州文物考古集——广州考古五十年文选》，广州出版社2003年版。

卜工按照考古学的类型分析认为，那时候岭南地区存在着夔纹（缚娄）①、格纹、釉陶、素面、绳纹（讙朱）、石矛等古国遗存。② 其中，在番禺、东莞、深圳这一带有较密集的商代遗址分布，例如南沙（鹿颈）③，东莞的村头，深圳的向南村④、屋背岭都有较大面积的考古发掘和较丰富的文化遗物与遗迹的出土，很可能就是绳纹古国的遗存。据曾昭璇教授考证，《山海经·海外南经》中有"或曰讙朱国"，驩头、驩兜、讙朱相通，只读音不同。"讙朱"即"番禺"之异译，所以"骊兜"也为"番禺"之异称。⑤ 值得注意的是，这个时期墓葬出上器物与遗址有明显区别，不同地点的墓葬文化面貌差别大，而遗址的文化面貌基本相同，表明各地的居民在发展的道路上与外界的联系及受到的影响是有差别的。

卜工先生在其文章中尝试用考古学文化特征区别和命名古国的方法对先秦岭南古国体系进行探索，把岭南考古学资料的研究提升到历史学研究的层次。他认为岭南地区古国的形成在东中西部有不平衡的倾向，但是，至迟在青铜时代的第二阶段已经全面启动，不同的区域有不同的中心，不同的文化乃至不同的人群有其独特的标识。然而，尚有一批以渔捞和狩猎为生计的人们可能游离于古国之外，继续过着比较简陋、原始和古朴的生活。易言之，岭南文明的初期阶段，古国只是几个据点，它们的周围是更原始的部族，在这种错居杂处的环境中，古国的居民不断推广自己的生产和生活方式、观念意识及典章制度，这是一个相当长的历史过程。⑥

番禺大谷围是珠江三角洲古海湾洲岛中的一个，先秦时期基本处在一个没有汉文字记录的传说时代。上述先秦古越族文化很可能对番禺大谷围地区

---

① 卜工认为这个古国与后来的南越国应当有历史渊源。
② 卜工：《岭南文明进程的考古学观察》，载《历史人类学学刊》第3卷第2期，2005年10月。
③ 据广州市文物考古研究所发掘资料。
④ 深圳市文物管理委员会办公室、深圳市博物馆、南山区文物管理委员会办公室：《深圳市南山向南村遗址的发掘》，载《考古》1997年第6期。
⑤ 司徒尚纪：《广东政区体系：历史·现实·改革》，中山大学出版社1998年版，第19页。
⑥ 卜工：《岭南文明进程的考古学观察》，载《历史人类学学刊》第3卷第2期，2005年10月。

这一块古老的陆地的人类文明的产生和发展产生重大的影响，我们可以从中复原和了解到番禺人祖先当时生活的场景。

第二节　番禺县沿革及其与珠三角各县的分合变迁

"番禺"一名的意义，无论其渊源如何，从其在汉字中出现以来，一直随王朝国家行政建置的演变而改变。关于番禺县和番禺城的始建年代，有不同看法，一是考古学上认为番禺建县始于秦汉，距今2200多年。公元前221年，秦始皇灭六国建立了中国历史上第一个统一的帝国，之后又南定百越，戍守五岭，在岭南设置桂林、南海、象三郡。番禺是秦始皇三十三年（前214）新设南海郡属下的首县，同时也是南海郡治的所在地。另一说法的代表则是地理学家曾昭璇，认为番禺建城有2800多年历史，从传说中的南武城开始计算。[①]

番禺建县之初，境域广阔，北隔浈江与中宿（今清远），东与博罗（今博罗、惠阳一带）相接，西与四会（今四会、鹤山一带）相连，南止于滨海之地，大致覆盖了今天狭义珠江三角洲的范围，相当于清代县境的十多倍。汉代以后，番禺的行政建置及辖区变迁历经多次改变，关于西汉之后、明代之前番禺的行政建置，其大略如嘉靖《广东通志》卷二八《政事志一》载：

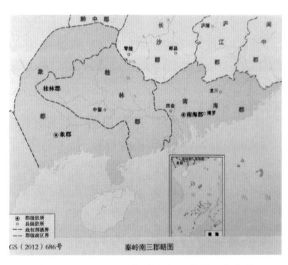

秦岭南三郡略图（载《广东历史地图集》）

---

① 曾昭璇：《岭南史地与民俗》，广东人民出版社1994年版。

南越国疆域图（载《广东历史地图集》）

番禺县治汉始建于郡城南五十里（今龙湾古坝之间，乃晋刺史邓岳所筑），刺史并治于此。隋开皇十年改置南海县，乃于江南洲上别置番禺县。其洲周迴约八十里（引按：疑即卢循城在河南村），唐因之分治郭下……宋开宝五年并入南海。皇祐三年复分南海为番禺设县治于州东紫坭港（引按：疑此即今紫坭村，在旧洲东）。熙宁二年，经略使王靖度地创建，岁久倾毁。洪武二年，知县吴诚仍旧址开设，正堂完整余未及修……嘉靖元年知县吴廷对改创后堂……①

又如民国版《番禺县续志》卷一《舆地志一·沿革》所概括：

番禺，秦旧县，汉以来因之。详"李志"。隋开皇十年（590年），分番禺县地置南海县，《旧唐书·地理志》。疆域未明晰。唐长安三年（703年），于江南洲上置番禺县，《元和郡县志》按：即"今之河南"。隋大业六年（610年），徐智竦《墓志》称"葬南海甘泉北山"。唐咸通元年（860年），程乡令王君妻孙夫人《墓志》称"葬南海四望冈"。均详《金石志》。甘泉北山、四望冈，均在广州城东北，今隶番禺境，足征隋唐时，南海辖广州城北东北地，番禺辖广州河南地。《舆地纪胜》："宋开宝五年，并番禺入南海。皇祐五年（1053年）复置，与南海分治郭下。""戴通志"载："番禺县复置于城东紫泥港。"元至正（1341—1368年）中，徙县治于东城内。宋元后，乃定广州城东属番禺，广州城西属南海也。

---

① （明）嘉靖《广东通志》卷二八《政事志一》。

在这个演变的过程中，珠江三角洲最早的县级行政单位——番禺分出了多个县，其间分合统属关系历经数变。关于南海郡及南海县、番禺县等广州府属各县的隶属演变关系，宣统《南海县志》卷三《舆地略·疆域》也有描述：

南海为古南交地，秦始皇帝三十三年置南海郡，汉武帝元鼎六年定越地，得南海郡。后汉献帝建安十五年徙交州刺史治南海，晋成帝咸和元年分南海立东官郡，恭帝文（元）熙元年分南海立新会郡，宋文帝元嘉十三年分南海四会县立绥建军，隋文帝开皇十年分番禺县地置南海县，属广州。南汉高祖乾亨元年，析南海为常康、咸宁二县及永丰、重合二场。宋太祖开宝五年，省常康、咸宁、番禺、四会四县，永丰、重合二场并入南海。明太祖洪武元年县治迁入郭内，四年置巡司六。景帝景泰三年，黄萧养起南海冲鹤堡，因析其地并割东涌、马宁、鼎安、西淋四都，大良等三十七堡，益之，置顺德县，析新会县地益之。世宗嘉靖三年五月，析南海县龙凤、冈白、塔冈置三水县，析高要地益之。国朝康熙二十四年，析南海之苏山、华宁、骆村八图，又析桃子二十四里、恩洲一里，又益以番禺地置花县。雍正十一年添设佛山海防同知。乾隆五十年初设主簿，今仍之。

从上述史料可知，南海郡自秦朝设立，汉代以后被不断拆分。到隋朝开皇十年（590）才设立南海县，之后被不断拆分，直到康熙二十四年（1685）才基本定型，南海县的管辖范围在不断缩小。

从秦朝至南朝时期，因当时尚未设立南海县，南海县地一直属于番禺

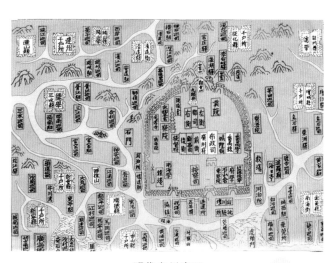

明代广州府图

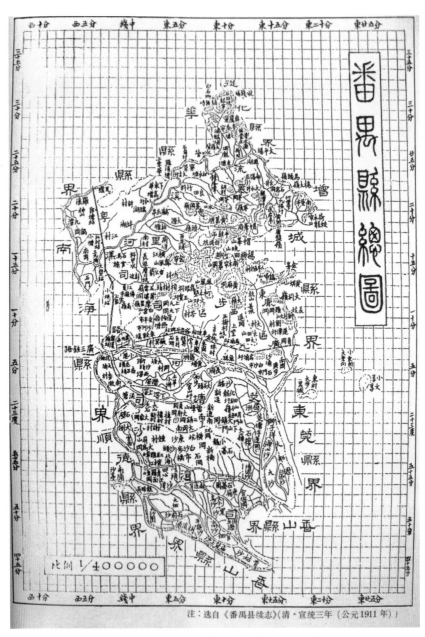

民国版《番禺县续志》中的清代番禺县总图

县管辖。南海县直到隋朝开皇十年（590）才设立，宣统《南海县志》卷三《舆地略·疆域》记载，隋文帝时，实行州县两级行政区划，开皇十年（590），分番禺县地置南海县，并将番禺县并于南海县，属广州，治所在南海县。

唐代统一岭南后，在岭南设置了广州、桂林、容州（今北流）、邕州（今南宁）、安南（今越南河内）五个都督（总管）府。五个都督（总管）府皆隶属于广州，长官称五府（管）经略使。唐至德元年（756）升五府（管）经略使为岭南节度使。咸通三年（862）岭南道划分为东西两道，东道治广州，西道治邕州。两广分东西自此始。政区划分也成为道、州、县三级。其中广州总管府设于武德四年（621），下辖南海、番禺、增城、四会、东莞等十多个县。尽管州县增减不定，但番禺和南海两县分别设立，则是从唐代开始。^① 道光《广东通志》卷三《郡县沿革表一》记载，五代时，广州为南汉国都，改兴王府。宋代又恢复广州中都督府南海郡清宁军节度为广南东路治，元代至元十五年（1278）改为广州路兼置海北广东道肃政廉访司，属江西行中书省。明洪武初曰广州府，为广东布政使司治。

番禺县治，向在广州城内，而在明末清初学者顾祖禹所著《读史方舆纪要》中记载："汉平南越，改筑番禺县城于郡南六十里，为南海郡治，今龙湾古坝之间是也。"但时至今日并未发现这处南迁番禺县城的考古遗迹。据同治《番禺县志》载，唐代县治在广州河南，宋代县治在广州城东紫坭巷，元代复徙置东城内，明代至清代亦然。^② 至清末民初，番禺与南海分东西两半管治广州，番禺县治设在今广州德政北路。

无论如何，番禺自秦、汉至民国前期，历代大都为一、二、三级政权所在地，是广东政治、经济、文化中心，司马迁在《史记》中称其为全国九大都会之一。番禺在历史上亦曾为南越、南汉、南明的小朝廷之都。西汉初期，秦将赵佗击并桂林、象郡地，于公元前204年称王，国号南越，以番禺为南越国国都，传五世93年而亡国；五代十国时期，刘䶮于917年称帝于番禺，以兴王府（广州）为国都，史称南汉，971年为北宋所灭，历四

---

① 参阅潘理性等编著《广东政区演变》，广东省地图出版社1991年版，第12—20页。

② （清）同治《番禺县志》卷一《沿革》。

主 55 年（一说由刘隐起历五主 67 年）。现番禺小谷围北亭的"刘王冢"后来证实就是南汉皇帝的陵墓遗址。后又发现康陵遗址，合称"南汉二陵"。明末，南明绍武帝在广州称帝，仅 44 天便被清所灭。以上三朝十主，凡 148 年。

番禺在纳入中国版图之前已经是岭南地区的一个中心地域单位，秦统一以后建立的县，更长期是岭南地区的行政中心。虽然古番禺县的辖区边界并不可能精确划出。但是，史料记载，番禺自秦建县至清代，先后直接或间接地析出了珠江三角洲大部分县市。番禺的历史，同今广州和邻近县市的历史密切相关。① 从历代自番禺析出的行政区域，我们大致可以知道其覆盖的范围包括了清代广州府的大部分地区，也就是狭义珠江三角洲绝大部分地区，包括今天两个特别行政区（香港、澳门）、一个国家中心城市（广州）、两个经济特区（深圳、珠海）和三个地级市（佛山、中山、东莞）等。

第三节　民国以前番禺县域的社会与文化图景

一、县域社会发展态势

何品端先生在《会议桌上的"禺南县"》一文中解释"禺南"一词时，对清代番禺县内部区域的划分进行了叙述，他说番禺县府向设于广州市内，以县府所在地为中心，其北称"禺北"，是慕德里司属；其东称"禺东"，是鹿步司属；其南称"禺南"，是沙湾司属和茭塘司属。其西已是南海县地，所以没有"禺西"之名。晚清时，城内成立巡捕房，便将广州内原属鹿步司、茭塘司的一部分划入"捕属"；所以有"四司一捕属"之谓。以地理情况而言，人们又把流经广州市之南的珠江为限，江之北的禺北和禺东合称"上番禺"；江之南的禺南称为"下番禺"。② 至于这种县内区域划分的内在原因，文中没有分析。笔者在本书第五章第二节"水运网络与龙舟文化"中

---

① （清）同治《番禺县志》卷一《沿革》。
② 何品端：《会议桌上的"禺南县"》，载《番禺文史资料》第12期，1998年12月。

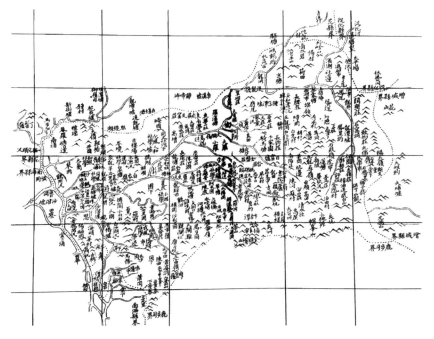

清末番禺县慕德里司图（载民国版《番禺县续志》）

认为，明清乃至元代，番禺县的四大巡检司原来就是按照流域来划分的。如以珠江前航道为界，划分上、下番禺（即"禺北"和"禺南"，明代以前又称为"上、下桂林乡"）。禺北的慕德里司和鹿步司即以流溪河和珠江前航道的分水岭——帽峰山—白云山—越秀山来划分；禺南的沙湾司和茭塘司则以珠江后航道（沥滘水道）和沙湾（市桥）水道的分水岭——番禺大谷围横贯东西的丘陵台地来划分。

此外，番禺县各司划分应该还有更为深层次的区域自然、人文因素。笔者拟主要以上番禺的慕德里司和鹿步司为例阐述番禺县区域社会发展态势。至于下番禺（沙湾司和茭塘司）的大谷围地区是广州城以南一块面积较大的、古老的陆地，保留了新石器时代、东汉、唐、宋、元等早期的许多遗存，社会演变呈现出自西北向东南变化的态势，这一部分，笔者将在本书多个章节有详细的描述。

从考古发现可以知道，包括慕德里司和鹿步司在内的上番禺丘陵地带，乃至周边同样属于环珠三角古海湾的丘陵地带的从化、增城、东莞等地曾经是珠江三角洲早期文明的孕育和发展之地。如前文所提及的增城浮扶岭遗

清末番禺县鹿步司图（载民国版《番禺县续志》）

址、从化横岭遗址、萝岗大公山、榄园岭先秦遗址等广州东北部丘陵地带发现的早期文明均位于昔日的上番禺及周边地区。此前，发现了白云区新市葵涌新石器贝丘遗址，以及上村岭、日月岭、石仔岗、石湖、龙迳口、百足桥、斜地窟、菠萝山、蛇岗、磨刀坑等新石器时代遗址。①

到了南朝唐宋时期，巫术、道教、佛教等文化也同样更早地在这些地区落地生根，白云山成为珠江三角洲著名的宗教中心。黄海妍认为，"元明之间，珠江三角洲主要居民集中在增城—萝岗一带，这一带是珠江三角洲的中心，可以看到很多早期历史的痕迹。我们在玉岩书院旁边看到的祭祀大石头的景象，就是元明之际祭祀风俗的遗痕。当时老百姓祭祖，是在墓地，之后就有人在墓地附近建起房子，在佛教盛行的时候，这些房子就变成了佛教的庵堂。比如我们在玉岩书院旁边看到的观音殿，后来又建成'功德祠'的形式，供奉祖先的画像或塑像。玉岩书院的时间年代可能不会早于元明，但是其祭祀的仪式，供奉的是钟玉岩的塑像，基本上还是宋代的礼仪"②。随着唐

① 陈建华主编：《广州市文物普查汇编·白云区卷》，广州出版社2008年版。

② 黄海妍：《寻找古建筑背后的故事：以萝岗街水西村为例——搜集与解读文物普查中文献资料和口碑资料》（未刊稿）。

宋以来珠三角古海湾的大规模淤积成陆，珠三角的发展重心逐渐转移到下番禺等珠三角沿江、沿海地带。

明代，随着大量民众被编入户籍，以及明中叶国家礼仪的变革，宗族组织开始在番禺县区域内发展起来。明清时期，下番禺等珠三角平原地带大规模开拓围田沙田、商业航道水运发达、宗族组织及科举文化鼎盛，其商业文明和儒家文明又逐渐向上番禺等珠三角丘陵地带扩散，促使上、下番禺及广州城（番禺县捕属）的文化景观趋于一致。在禺北地区至今还保留的江高镇神山雄丰村卢氏大宗祠、大龙头的伍氏大宗祠、南岗村周氏大宗祠、大田村谢氏大宗祠、黄石街江夏李氏大宗祠、太和镇龙归南村孖祠堂、谢家庄谢氏大宗祠、钟落潭镇龙岗曾氏大宗祠等，堪称上番禺宗族祠堂的代表。①

下番禺沥滘卫氏大宗祠

清初迁海以来，随着梅州地区的客家人迁徙南来，上番禺流溪河以西的白云山—帽峰山丘陵地带陆续嵌入不少客家人的聚落，形成西部平原地带以广府人聚居，东南部丘陵地带客家人散居的聚落文化景观格局，广府文化和客家文化的交融成为清代以来上番禺独特的文化景观之一。

清代中叶以来，随着人口的增加，族群之间、宗族之间

上番禺升平社学旧址

---

① 陈建华主编：《广州市文物普查汇编·白云区卷》，广州出版社2008年版。

对土地、山林、水源等有限资源的争夺，以及盗寇的猖獗，上番禺的族群和村落之间的械斗的严重化，一些基于明清里社乡约及墟市等组织而发展起来的村落也逐渐朝着团练军事联盟的方向发展。道光、咸丰年间，在英军入侵和洪兵之乱的刺激下，具有村落乡绅军事联盟性质的社学在上番禺得到更大的发展，出现如升平、联升、东平、西湖、和风、仁风、同升等跨村落地方自治组织。英军入侵、洪兵之乱、械斗、盗寇等社会动乱一直延续到清末民初，导致社会凋敝。

从清咸丰年间起，上番禺就陆续有人出洋谋生①，大量的人口移民海外成为后来的华侨。上番禺地区比下番禺更为突出地成为侨乡，尤以人和、蚌湖、龙归为最。② 侨居美国的番禺籍人约1000人，"以慕德里司的蚌湖、鸦湖乡人较多，来自茭塘司者次之，沙湾、鹿步司又次之"③。

二、生态与经济生活

下番禺大部分地区原来是珠江古海湾中一群以大谷围市桥台地和河南岛群为中心的岛屿群，可耕之地地势低平。上番禺慕、鹿二司的地形除了流溪河下游地区为平原之外，其余大部分为帽峰山、白云山等丘陵地带，地势较下番禺及邻近地区的南海县等地要高。东北—西南走向的广从断裂带，把上番禺慕德里司境分为地貌殊异的东西两部分。东面是九连山的余脉白云山系，最高峰是帽峰山，海拔534.9米，次为摩星岭，海拔372米。白云山系的西坡以其巨大的集雨面形成多条自东向西的河涌，使区内形成大片冲积平原。区内主要的河流为流溪河，它发源于桂峰山，流经白云区钟落潭、人和、江高、均禾、石井，汇入珠江西航道。④

第一，上下番禺的地理条件的差异直接影响了矿产资源的分布："下番禺诸村，皆在海岛之中，故本邑矿产，多出于上番禺，然开采者亦甚少。亦

---

① 陈建华主编：《广州市文物普查汇编·白云区卷》，广州出版社2008年版。
② 陈建华主编：《广州市文物普查汇编·白云区卷》，广州出版社2008年版。
③ 番禺市地方志编纂委员会办公室：《番禺县志》第二十七编《华侨港澳同胞》，广东人民出版社1995年版，第926页。
④ 陈建华主编：《广州市文物普查汇编·白云区卷》，广州出版社2008年版。

上番禺帽峰山远眺

有曾经开采，旋即停止者，大半'风水'之说为之梗耳。"①

可见，石矿等资源多分布在上番禺，而下番禺多产蚝矿："承办壳矿，在昔颇盛：沙湾海则江惟俭，石冈一带则巫为梁……但开采壳矿，必坏禾田，甫经批准，旋即封禁，故至今无业此者。"②

第二，上下番禺由于自然地理条件的不同，还影响了农业耕作模式和农业文化景观：

> 慕、鹿二司，统名上番禺，近山而远海，故田土多高亢。鹿步迤南一带若猎德等乡，间有围田，以逼近珠江地低故也。近山之田多半自耕，兼并尚少，余则率归大农，是为田主，佃户就田主赁田而耕，岁晚供所获之半归之，然率以银租田，名曰"批耕"，其价因肥硗而异。③

丘陵山地为主的地形条件决定了上番禺的水利系统以陂塘灌溉为主：

> 若慕、鹿高田，既隔远江海，必仗陂水以为灌溉。陂水者，当春夏之交，瀑潦暴涨，引山溪之水溉田，以利农者也。④

① 民国版《番禺县续志》卷十二《实业志·矿业》。
② 民国版《番禺县续志》卷十二《实业志·矿业》。
③ 民国版《番禺县续志》卷十二《实业志·农业》。
④ 民国版《番禺县续志》卷十二《实业志·农业》。

然而，鹿步司濒临珠江航道的地区尚有不少围田。因为丘陵地带农田产量少，"佃农以稻田所入不逮他植，多好杂植果蔬"。所以，当地农户多在丘陵地带种植果树或蔬菜等经济作物来获取经济收益：

> ……附城东北一带，民多为圃，蔬果瓜豆，因时易种，以供城市。即各乡之田，有地近墟场者，取其得利捷速，亦多植之。或于冬耕之后，杂植蔬、菽、薯、芋、落花生等，以补荒歉，其收获即不常丰，然能令稻田不干，为益亦匪鲜云。①

民国版《番禺县续志》又载：

> 萝冈洞后枕牛首峰，钟氏世居其地，田狭山多，种果为业。……鹿步都自小坑、火村至萝冈，三四十里，多以花果为业。其土色黄兼砂石，潮咸不入，故美。……熟时，黄实离离，远近映照，如在洞庭包山之间。②

同一志又载：

> 自黄村至朱村一带，多香蕉、梨、栗、橄榄之属，连冈接阜，弥望不穷，史所称番禺多果布之凑是也。有水蕉、莲花蕉、美人蕉数种，皆花而不实，但可名芭蕉，不可言甘蕉。言甘蕉者，以其实言，芭蕉者以其叶也。甘蕉有香芽蕉、龙芽蕉、鼓槌蕉三种，子熟时大小排比，或十余或二十余为一梳。东坡诗云："西邻蕉向熟，时致一梳黄。"其形如梳子，长短如梳齿。黄时生割之，置稻谷中，数日即香熟可食。③

由于水田面积小，丘陵地带又大量种植蔬菜和水果，这样就造成上番禺一带地区的粮食供应不足，必须仰赖从东南亚进口：

---

① 民国版《番禺县续志》卷十二《实业志·农业》。
② 民国版《番禺县续志》卷十二《实业志·农业》。
③ 民国版《番禺县续志》卷十二《实业志·农业》。

佃农以稻田所入不逮他植，多好杂植果蔬。于是米粟不足食户，多仰给外省外洋，外省以广西、芜湖、镇江为多，外洋以暹罗、安南（今称泰国、越南）为多。关心民食者，宜少加之意也。①

民国版《番禺县续志》也对下番禺的自然地理条件及其农业耕作模式进行了描述：

沙、茭二司，总名下番禺。下番禺诸村，皆在海岛中，分为大、小箍围（俗亦称大、小谷围）。号之曰"箍围"者，盖其地既低，耕者类皆筑土作围，以绕其田故也。②

因为下番禺大部分地区可耕之地地势低平，容易受到海潮的侵袭，所以多数要修筑堤围来保护农田才能正常耕作。"盖其地既低，耕者类皆筑土作围，以绕其田故也。"因为地理条件的差异，上番禺多使用水牛为畜力，而下番禺则大多依靠人力进行耕作。

前面提到的上番禺丘陵地带农户依靠种植果树或蔬菜等经济作物来获取经济收益。其实，下番禺各地也并非全部种植水稻，当地农户也因地制宜在围田区种植水稻，同样也大量种植蔬果。在大谷围腹地的坑田区则种植蔬菜和乌榄等经济作物。清代，随着蔬菜种植的铺开，大谷围北部坑田区乡村发展成为发达的农副产品加工产业带。禺南地区不但是清代广州城郊乃至珠江三角洲著名的农副产品加工基地，其不少产品还出口海外，享有盛誉：

坑头、上梅坑、南村、罗边、市头、沙边、曾边，以及南亭一带，每年自十月至翌年正月，多于田间搭盖茅寮，制造"切菜"，东、西、北三江均有销路，亦有运销于南洋、金山埠者。又或腌制"头菜""咸菜"，运往各属售之。沙湾、赤沙、白鹤洲、坑口、大园等乡，亦多供"头菜""咸菜"之业，生意均佳。赤沙之咸菜，且能操纵市价。③

---

① 民国版《番禺县续志》卷十二《实业志·农业》。
② 民国版《番禺县续志》卷十二《实业志·农业》。
③ 民国版《番禺县续志》卷十二《实业志·工商业》。

总体而言，相对于上番禺粮食需依靠东南亚进口而言，下番禺由于还存在大量不断增加的沙田："下番禺之田濒江海者，或数年，或数十年，辄有浮生，虽不如东（莞）、顺（德）、香（山）之多，然大致相类。浮生之田，是曰'沙田'。"① 所以粮食供应还是足够的。

第三，上下番禺自然地理条件的差异，还导致了渔业和畜牧业资源分布的迥异。渔业集中于下番禺，而牧业则集中于上番禺，且呈现出由茭塘司向鹿步司再向慕德里司递减的情况。民国版《番禺县续志》载："本邑渔业，大别为池塘、内河、大海三种。上番禺多山，慕德里司一属，几无渔业可言。鹿步司南部，恰当珠江北岸，渔业较为发达，但仍不及沙湾、茭塘两司……下番禺地多池塘，所畜者鲢、鳙、鲩、鲶、鲫、鲤，皆以鱼秧长之。"②

民国版《番禺县续志》卷十二《实业志》载："本邑无大牧场，上番禺牛田，乃合数十家牛而牧之，为一种特殊习惯。其实各家所养，仍以足供耕作为度。惟沙湾王姓有乳牛百余头，每日出乳千余斤，销流于省城及四乡，故沙湾牛乳之名特著。""东南少羊而多鱼，边海之民有不知羊味者，今下番禺几无牧羊之人，上番禺有之，然亦甚少。"③

第四，自然地理条件及农业产业结构的差异直接影响了经济特别是工商业的发展水平。清代的番禺为广州府望县，分属番禺与南海两县的广东省城，是重要的区域市场与国际市场的中心，在省城内外，商业自然是最重要的特色，光绪《广州府志》载：

> 广州望县，人多务贾与时逐，以香糖、果箱、铁器、藤蜡、番椒、苏木、蒲葵诸货，北走豫章、吴浙，西北走长沙、汉口。其黠者，南走澳门至东西二洋，倏忽数千万里，以中国珍丽之物相贸易，获大赢利。农者，以拙业力苦利微，辄弃耒耜而徙之。④

而在省城以外番禺属地的乡村，仍然是农耕社会的景象，其中大致依南

---

① 民国版《番禺县续志》卷十二《实业志·农业》。
② 民国版《番禺县续志》卷十二《实业志·渔业》。
③ 民国版《番禺县续志》卷十二《实业志·畜牧》。
④ （清）光绪五年《广州府志》卷十五《舆地略七·风俗十三》。

北划分的上下番禺又各有特色，光绪《广州府志》记曰：

> 下番禺诸乡，其俗微重朴勤，能尽地力，早禾田，两获之，余则莳菜为油，种三蓝以染绀，或树黄姜、荞麦，或蔓菁、番薯。大禾田既获，则以海水淋秆烧盐。其平阜高冈亦多有荻蔗、吉贝、麻、豆、排草、零香、果蓏之植，民皆纤啬筋力，以本业为孳孳，亦可谓地无废壤，人无游手者矣。①

上下番禺比较而言，下番禺土地肥沃，农业产量较高，水产资源也丰富，加上水网密布，又邻近省城，水运交通便利，就业机会也多，因而比上番禺经济更为发达。由此整个番禺县，从捕属到下番禺、上番禺各司经济发展水平呈现梯度变化。正如何品端先生所言"以经济而论，禺南两司最富，禺东次之，禺北较贫"②。禺北、禺东及禺南呈现经济发展水平的梯级增长的状态。这种情况在清末民初商业中心墟市的分布就看出一些端倪：

> 各墟市之商业，以市桥为最。市桥，在沙湾司各大乡之间，一面又与沙田接壤，人民殷富，交通利便，有商店千余间……次则新造、东圃、高塘三墟。新造为茭塘司商业之中心，棉花、橄榄、番薯最有名。东圃为鹿步司商业之中心，糖葛最有名。高塘向为慕德里司商业之中心，自粤汉铁路设站江村，所有商业渐有倾于江村之势。新洲墟，即外人所称黄埔者也，商业亦盛，有商店百余间，与市桥、新造等，均已成固定之商场，比之其他数日一集之墟、每日一集之市，微有不同。③

这里提到清末番禺除捕属以外，五大商业中心，有三个位于下番禺的茭塘司和沙湾司，两个分别位于上番禺的鹿步司和慕德里司。

---

① （清）光绪五年《广州府志》卷十五《舆地略七·风俗十三》。
② 何品端：《会议桌上的"禺南县"》，载《番禺文史资料》第12期，1998年12月，第143页。
③ 民国版《番禺县续志》卷十二《实业志·工商业》。

三、科举功名与教化

（一）清以前上下番禺的科举与教化

乾隆《番禺县志》卷十七《风俗》对番禺教化演变做了描述：

> 番禺隶省会，自秦开粤即为州郡牧伯所莅治，人物都丽，风俗隆焉。粤中三贤孝实人，经学为世表，皆产自番禺。导之于其先，大率陆梁之俗。自是而后，衣冠士族渐次南徙，人物风俗渐与上国争衡。宋时，崔清献、李忠简皆宅城郭，二公经述名德重于海内，况乎梓里不愈染其风哉；有明，人才辈出，视唐宋为隆。南园五先生以文词倡东南，故会城诗社之兴迨今不替。张东所容一之诸人师自白沙，安恬退乡间化之，率厚重至末流，依丽名义，尚多抗节之贤，风俗犹中原，不甚殊异。其节目之小有不同者，碎录之，庶几化导整齐，有以知王道之易。至气候之变，岭南北大悬，亦以类而纪之，俾司牧者观览焉。[①]

上文对宋之前、宋、明三个历史时期番禺乃至岭南教化之演变做了鸟瞰式的描述。从中可见，宋代是番禺乃至岭南科举教化的转折时期。

宋元时期，从取得功名的情况来看，清代的番禺县范围内的捕属与禺南、禺东、禺北的儒家教化程度差异并不大。据乾隆《番禺县志》载，这一时期的番禺籍进士主要有：捕属的张镇孙（南宋咸淳七年南海籍状元）、姚宏中（南宋嘉定七年番禺籍探花）、王大宾（南宋建炎二年番禺籍榜眼）[②]，禺南的李昂英（南宋宝庆二年番禺籍探花），沙湾王元甲、何起龙等。禺东的凌震（南宋淳祐四年进士）、徐元更（字治熙，抚州知府，夏园人。宋仁宗嘉祐二年丁酉章衡榜进士）、钟启初（福建参议，朝议大夫，有传，萝岗人。宋理宗嘉熙二年戊戌周垣榜进士）、王道夫（兵部尚书，有传，车陂人。宋度宗咸淳四年戊辰陈文龙榜进士）、梁与子（奉政大夫官运干，萝岗

---

① （清）乾隆《番禺县志》卷十七《风俗·论俗》。

② 广州市地方志编纂委员会办公室编：《元大德南海志残本》（附辑佚），广东人民出版社1991年版。

人。宋度宗咸淳四年戊辰陈文龙榜进士）、徐朝直（字德忠，夏园人。元至元十二年丙戌科福州知府擢太仆寺少卿）。①

　　比较一下，宋元时期，清代的番禺县范围内的禺东地区的进士功名略占优势，捕属和禺南其次，禺北基本没有进士。地处上番禺禺东的萝岗，由钟氏家族创建的萝峰书院（即后来的玉岩书院）是宋元直至清末番禺县境内除捕属之外一处主要的文人雅集之处和学术中心，也是禺东地区在宋元时期的进士功名略占优势的有力注脚：

　　　　萝峰书院，在萝冈之麓萝峰寺西。宋进士玉岩钟公初结一庵读书，曰"种德庵"，又名"萝坑精舍"。时崔清献公罢相家居，相望十余里，恒往来讲学于此。元，钟复昌拓而大之，更名为"玉岩书院"，筑楼奉玉岩公塑像，衣冠严肃。明大学士方献夫题扁曰"万代崇瞻"。岁以正月望日祭之，族人能文者与于祭，不能者不与于祭，祭毕，命题为文赋诗乃退，世守其法不替。国朝道光间，举人钟逢庆更推广先志，每月之望亦课文焉。咸丰间，院将颓圮，葺而新之，陈澧为文纪其事。光绪元年重修，三十三年复加修葺。楼前二古松，苍盖亭亭。阶外红茶花一株，危柯参天，根蟠石上，如虬龙形，花开色然，照耀岩谷，相传为宋时遗植，而分栽他处，辄不作花，其奇古，洵非人间物也。②

禺东鹿步司玉岩书院

　　到了明代，从洪武四年（1371）何子海考取辛亥科三甲第九十三名进

---

① （清）乾隆《番禺县志》卷十三《选举一》。
② 民国版《番禺县续志》卷十《学校志》。

士开始，明代番禺县有96人（一说101人）考上进士，居广东第二。这一时期，禺南地区和捕属的进士人数一直在增加。除了后文将提到的番禺大谷围地区的进士之外，属于禺南地区的进士还有：罗崇谦（江西兴国县知县，策头村人，明世宗嘉靖十一年壬辰林大钦榜进士）、蒙诏（佥都御史南赣巡抚，有传，窑头人，明世宗嘉靖四十一年壬戌□□榜进士）、李翰（字文舆，袁州知府，有传，西朗人，明世宗嘉靖二年癸未姚涞榜进士）、卫惟寅（朝议大夫，通志载建炎三年乙酉误，沥滘人，宋度宗咸淳十年甲戌王龙泽榜进士）。①

原来没有进士的禺北（包括后来划入花县的部分）亦后来居上，出现了毕烜②、江源③、毕廷拱④、曾陈易⑤、王命卿⑥等几位进士。而禺东仅有潘峤一人（明成祖永乐二年甲申曾启榜进士），"由南海学监察御史擢山西按察司副使陂头人"。

另外，还有未确定属于番禺哪个巡检司的进士如：李义壮（字稚大，贵州巡抚，名宦，有传，松山人。明世宗嘉靖二年癸未姚涞榜进士）⑦、罗起凤（左佥都御史，有传，罗村人。明崇祯四年辛未陈于泰榜进士）⑧、邝日广（湖广襄阳府推官，殉难，祀名宦，有传，两潭人。明崇祯十年丁丑刘同昇榜进士）⑨。

由此可见，宋明时期，上下番禺的科举功名和教化程度差距不大，甚至

---

① （清）乾隆《番禺县志》卷十三《选举一》。
② 毕烜，字彦晦，毕村人，今属花县，（明）世宗嘉靖十一年壬辰林大钦榜进士，户部主事。参见乾隆《番禺县志》卷十三《选举一》。
③ 江源，字一源，江村人，（明）成化五年乙丑张昇榜进士，江南按察司佥事，四川副使，有传。见乾隆《番禺县志》卷十三《选举一》。
④ 毕廷拱，毕村人，今属花县，（明）正德六年辛未□□□榜进士，郎中，由南海学，见乾隆《番禺县志》卷十三《选举一》。
⑤ 曾陈易，神山村人，（明）万历二十六年戊戌赵秉忠榜进士，太仆寺正卿，有传，见乾隆《番禺县志》卷十三《选举一》。
⑥ 王命卿，九传湖人，（明）万历十一年癸丑周延儒榜进士，湖广长沙知府，祀名宦，有传。见乾隆《番禺县志》卷十三《选举一》。
⑦ （清）乾隆《番禺县志》卷十三《选举一》。
⑧ （清）乾隆《番禺县志》卷十三《选举一》。
⑨ （清）乾隆《番禺县志》卷十三《选举一》。

上番禺的禺东地区还略占优势。

（二）清以后上下番禺的科举与教化的差距

到了清代，县域的文化差距开始拉大，禺南地区渐占上风。同治《番禺县志》就对番禺县不同区域文化教育程度做了总体的描述：

> ……宋时旧记，言番禺大府，节制五岭，秦汉以来，号为都会，俗杂五方，海舶贸易，商贾辐辏，浸不逮古。旧老云，缙绅尚气节，崇礼让，士耻竞躁，重儒雅。冠婚丧祭，衣冠之族多行家礼，妇女罕出闺阁。东南秀丽，土沃民稠，科第接武。顾洪涛浩渺，易以丛奸。邑之北，农而不商，溪峒之间豪为政。西南迩郡，不乏士族。今论广州之风俗，则曰民俗奢华，士风腾茂。据"任志"修。①

清代番禺县东南部（即下番禺）因地处东南，土地肥沃，接近捕属，故人烟较为稠密，商业相对发达，且科举功名也较多。而位于县北的上番禺则以农业为主，商业为次，其教化程度也没有捕属和下番禺高。花县尚未设立之时，很大一部分区域原来就属于上番禺之地。该地属低山丘陵与平原交错地带，历来为瑶人、汉人杂居之地。

花山距广州白云山 90 里，四周被清远、从化、番禺、南海、三水等县包围，境内横潭河为数县官民出入广州的重要通道。至少在明代嘉靖十四年（1535）以前，清远县尚有瑶人聚居地 106 处，从化县则有 35 处②。这一带的汉人和瑶人几乎不承担官府的赋役负担，用明代乡绅庞尚鹏的话说，此地汉人多是湖南、广

清代番禺学宫旧址

---

① （清）同治《番禺县志》卷六《舆地略四》。
② （明）戴璟：《广东通志初稿》卷三五《瑶僮》。

禺北慕德里司进士周汝钧进士功名匾

西、江西"三省避役逃罪奸民与百工技艺之人杂处于中，分群聚党，动称万计"①。屈大均也曾指出，汉人因逃避赋役混居瑶区，"习与性成，遂为真瑶"②。如此众多的人口在此居住生活，却不承担官府赋役，自然会引起乡绅与官府的关注。③ 花县设县前的情况无疑也折射出清初上番禺的教化程度。据康熙《花县志·风俗》载：

> 邑治方新，俗犹南番之旧。一统志云："海滨邹鲁，士恒朴茂，闭户吟诵。"邑北皆山中，鲜居民，其俗朴野，人多犷悍；惟迤南近省，故家巨族，仕宦科名，往往不乏；近山村落向为贼踞，熏其余习，积顽成玩，累薄丛刁，畋种逋租，屡屡见告。然皆士瘠民贫，无商贾货殖之利，工作畜牧之赢，惟事耕凿，间一养鱼樵采而已。

设县之后，花县接近南海县及广州城的南部及东南地区教化程度和科举功名在明代的基础上逐渐提高。花县的情况很大程度上反映了包括上番禺在内的广州城以北地区的情况。

邬庆时在《南村草堂笔记》中不但分析了广州城内（即捕属）和各司在科举功名方面的所占比例，还指出了功名的取得对于乡村社会教化的促进作用：

> 科举未废以前，岁科试入学者，捕属恒占十之八九，司属仅十

---

① 庞尚鹏：《百可亭摘稿》卷一《奏议》，见《四库全书存目丛书》集部，第129册，第104页。

② （清）屈大均：《广东新语》卷七《人语·瑶人》，中华书局1985年版，第236页。

③ 乔素玲：《基层政区设置中的地方权力因素——基于广东花县建县过程的考察》，载《中国历史地理论丛》2010年第25卷第1辑。

之一二耳。乡人得入学者甚难，故奖勉入学者甚至于其回家也凡族中父老皆肃衣冠，出村迎接，簪以花，饮以酒，鼓乐前导，借极欢迎。兄弟戚友悉来拜贺。此后则领双胙食书田称乡绅主乡事，若穷乡小族不啻南面王矣。因是其乡有正绅者，其乡人较易与其乡事，较易辨。然又因是而中举者少，入仕者愈少，且因是而一邑交风皆让诸捕属矣。①

番禺县捕属探花商衍鎏

以清代番禺县进士题名为例，番禺县籍文人有 122 人考中进士，居广东第三。其中，捕属（按：这里不包括南海县的捕属，而上文邬庆时提到的"捕属恒占十之八九，司属仅十之一二耳"很可能是加上了南海县捕属的部分）占据绝大多数，其次为下番禺（即包括茭塘司和沙湾司的禺南地区）有 40 名以上，占近 1/3（今番禺区境内占 30 名以上）。而上番禺（即包括鹿步司和慕德里司的禺东和禺北地区）则仅有禺东萝岗钟狮、猎德林诞禺，禺北的南岗周日新、周汝钧，大田谢銮波、清光绪三十年（1904）番禺县籍（今属花都水口营）居住在捕属的探花商衍鎏等少数几个家族取得进士功名，仅接近总数的 1/30。

"鹿步一都无进士"的谶言反映了清初作为上番禺一部分的禺东鹿步司科举功名还比较稀少，尚未产生进士学历的文人，直到鹿步司修建了石岗书院及催科风水建筑文昌阁（莲花塔）后，乾隆年间才重新出现进士：

> 明末清初鱼珠北面有条石岗村，村里有一个石岗，清康熙四十八年（1709 年）鹿步司在此建有通属会文讲学所——石岗书院；在距石岗书院约十余丈建有文昌阁。文昌阁建在石岗上，石岗有天

---

① 邬庆时：《南村草堂笔记》卷一《番禺之风俗六》。

番禺捕属庄有恭状元及第金榜

然石纹酷似莲花瓣，石岗顶上刻有谶言："鹿步一都无进士，除非石上起莲花。"自建阁后里人钟狮（萝岗人）丁巳进士，林诞禹（猎德人）甲戌入翰林（光绪五年本《广州府志》卷八《舆地志》载）。这阁共三层，首层嵌石匾一方书"镇溪楼"，是刘华彬名士题字；二层石匾"石浮瑞气"；三层石匾"参天"。建阁在石岗上气势雄伟，后因年久失修，地域杂草丛生，鸦雀栖于顶；又曾不慎失火，文昌阁部分被烧；抗日战争又因盟军飞机误炸成危阁而最终拆毁。①

上文的作者把修建文昌阁（即莲花塔）的石岗误以为是"莲花山"（非今番禺"莲花山"），说它"有天然石纹酷似莲花瓣"。同治《番禺县志》卷四《舆地略二》载：

> 莲花山，在相对冈东五里。顶上大石峰锐如千叶芙蓉，故名。又名乱石冈。

关于以上这个谶言在光绪《广州府志》卷十中亦有记载：

> 相对岗在城东南四十里……石岗在相对岗西一里，顶平多石，上建萃堵陂三层，名莲花塔。旧有谶云"鹿步一都无进士，除非石上起莲花"。自立塔后，里人钟狮丁巳登进士，林诞禹甲戌入翰林……莲花山在相对岗东五里……一名乱石岗。

可见，其实位于番禺县鹿步司的莲花塔与莲花山并非位于同一处地方。莲花山，在相对岗东五里，上有石头状如莲花，而修建莲花塔的石岗则在相

---

① 徐永才：《鹿步巡检司署历史钩沉》，载《黄埔文史》第十七辑。

对岗西一里，石岗顶平多石，并无莲花石头。

茭塘司是除广州城（番禺县捕属）之外全县文化教育程度最高的地区。作为茭塘司岗尾社赤岗乡人的陈璞在一篇短文中透露出作为一位茭塘司人的文化自豪感：

> 大箍围，茭塘之地，村落多，依山滨海，洲渚萦互，田野开旷。幽逸之气常回薄而不散，故诗人文士往往出其间。前明则白塘下李青霞先生，与于南园后五子之列。板桥黎忠愍公，以《黄牡丹》诗称状头。国初则新汀屈华夫先生，居岭南三大家首。雍正时，则韩桥村先生生于官桥，许扬云先生出于潭山，皆名动海内，扬云先生以"鸿博"征。乾隆初，则蓼水车蓼洲先生亦征"鸿博"不就，可谓盛矣。嘉道以来，员冈则崔鼎来先生，亦诗名著一时。此非幽逸之气连绵而不绝欤？（《尺冈草堂遗文》卷一）①

禺南茭塘司小洲村简叔琳进士旗杆夹

禺北大田村谢氏大宗祠旗杆夹群（载《广州市文物普查汇编·白云区卷》）

同样是茭塘司人的邬庆时在其所著的《南村草堂笔记》也表达了与陈璞同样的自豪：

---

① 民国版《番禺县续志》卷四十三《余事志一》。

番禺文人以捕属为最多，以茭塘司为最著。黎美周、屈翁山皆茭塘司人也。翁山文章气节当推邑中第一……翁山沙亭乡人，美周板桥乡人，山川均至明秀，所出人物盛于明而衰于清，岂山川之灵气有时而尽欤？

道光、咸丰以后，随着位于禺南的沙茭团练总局（即贲南书院）的建立，士绅的议事中心就很快由省城（番禺县捕属）转移到了茭塘司的南村。从禺山书院集资捐建学舍的名单中，我们还能看到清末包括捕属，下番禺的茭塘司、沙湾司，上番禺的慕德里司、鹿步司最重要的宗族都有参与：

禺山书院，同治七年，由县属士绅集捐兴建讲堂学舍，详见"李志"。计捕属吴怡怡堂、金燕喜堂等，沙湾司属何留耕堂、王遗安堂等，茭塘司属陈善世堂、陈行恕堂等，鹿步司属钟思成堂、钟文会堂等，慕德里司（属）曹献经堂、叶介福堂等，捐款碑刻，今存师范学堂内，附记于此。[①]

可见，在科举和王朝体系尚未结束之前，一个"整体的"番禺县还勉强维持到同治七年（1868），但士绅的议事中心已经转移到了位于下番禺的贲南书院（沙茭团练总局）。

四、地方风俗的差异

虽同属番禺地域，但各地的风俗仍存在差异。如端午龙舟。比较而言，由于自然地理条件的差异，下番禺尤其是茭塘司的龙舟习俗最为盛行，其次为上番禺的鹿步司。禺北慕德里司的河流多从东北流向西南的流溪河、白坭河以及珠江西航道。与上述河流有联通的村落分布于今白云区的石井街、人和镇、金沙街、均禾街等镇街。禺北地区的临水村落与白坭河西岸的南海县水系相通，形成一个完整的水运系统。由于互相探亲、趁景形成从农历五月初一到初七的几大龙船景。其中，位于禺北慕德里的如农历五月初一的蚌湖、初三的鸦湖、初七的高增三大龙船景。在众多扒龙舟的村落中，关系最

① 民国版《番禺县续志》卷十《学校志一》。

为密切的村落就是蚌湖和鸦湖。清代，这一水运系统中扒得最快的五只著名龙舟被称为"五京奎"，分别是：盐步老龙、泮塘特眼龙、白沙红龙、雅瑶东涌红龙和石井古料大头龙。禺东鹿步司的河流多从北部的白云山、火炉山、萝岗等丘陵地带形成沙河涌、猎德涌、车陂涌、乌涌等多条河涌自北向南汇入珠江前航道。这些河涌与珠江前航道交汇处的村落往往就是重要的水运枢纽，因此也是端午节期间大型龙舟景的所在地，如著名的车陂景。在水运时代，禺东鹿步司的这些村落与禺南茭塘司及增城南部东江水系的联系密切，所以禺东鹿步司和禺南茭塘司之间有不少村落互相趁景探亲。而禺南的沙湾司则属于一个相对独立水系的沙湾、市桥和陈村水道。其中，市桥水道南北两岸的村落形成两大龙船会。因此，由于所属水系的不同，昔日番禺县形成了禺北慕德里司与南海联系密切的"白坭河—流溪河—珠江西航道"龙舟文化圈，禺东鹿步司与禺南的茭塘司及增城东江水系联系密切的"珠江前、后航道"龙舟文化圈，而禺南沙湾司则形成以市桥水道中上游为主、自成一体的龙舟文化圈。

又如中秋习俗。禺南地区盛行"烧番塔"。相传源于元朝末年汉族人民为反抗残暴统治者，中秋起义时举火为号；又传是为纪念清代抗法将领把逃入塔中的"番鬼仔"（法国侵略者）烧死的英勇战斗；现在是为祈求吉祥和来年丰收。番塔一般用瓦片或砖头砌成，围叠而上，塔身逐渐收小，最后封顶而成，下面有几个口，是用来塞入

砌番塔、烧番塔

禺北中秋舞火龙（载方武祥主编《八月中秋舞大龙》，2012年版）

禺东鹿步司的波罗诞

木柴、稻草烧塔用的。烧番塔一般是在中秋的晚上，烧的时候会在塔上撒上些木糠柴或禾秆草（稻草）之类，让温度更高，还可以往上面掉些粗盐，爆裂后绽发出无数的小火花，最后柴火燃尽后整个塔身都烧得通红，沉淀了很多火花时，就突然用扇子向塔口扇风进去，火花就会从塔周围的洞散发，向塔顶集中喷发，形成很高很美的火光，在夜色中非常壮观。中秋节禺北地区则盛行舞火龙。舞火龙的起源与下番禺及南海、花都一带的"烧番塔"（南海、花都等地称"烧禾楼"）有异曲同工之妙。传说也源于元朝末年，为纪念元末汉族人民反抗残暴统治者，中秋起义时举火为号。另一种说法是清咸丰十年（1860）秋天，正当均禾地区禾苗抽穗扬花之际，禺北地区的清湖、石马、平沙、萝岗村等地在清咸丰年间中秋节期间曾面临一次严重的蝗虫灾害，人们值中秋月圆之夜，通过"舞火龙"在田地间进行"火攻"，最终保住了秋收的成果，从此中秋节"舞火龙"就成为当地祈祷幸福、驱邪避灾的一种重要形式。它包括了"起龙""采水""游龙引福""放龙归海"四个"规定动作"。每到中秋前日，村民会用榕树、草藤扎成长龙的模样，以榕树叶做龙鳞、榕树须做龙须、麻绳做龙筋、柚子或者木瓜做龙珠，龙身插满了点燃的香火，中秋当晚由村里精壮男子抬到祠堂门口，展开盛大的"舞火龙"

巡游，烟火璀璨，爆竹声声，精彩刺激。①

　　再如诞会习俗。由于自然环境的差异，上下番禺的民间信仰与诞会风俗亦有所差异，如上番禺的慕德里司分布更多盘古王庙，而近海的上番禺鹿步司及下番禺则分布更多海神的庙宇（如南海神、天后、北帝等）。其中，

禺南茭塘司土华乡洪圣王诞

位于禺东鹿步司的南海神庙是一处由中央朝廷委托地方官举行国家祭礼的场所。历史地理研究认为，南海神庙的离宫或者分火庙"在珠江三角洲地区甚多，其他地区没有或偶有，带有强烈地域性。"② 尤其是邻近南海神正庙、地处珠江狮子洋东西两岸的上番禺的鹿步司和下番禺的茭塘司的乡村成为这座官方祀典文化辐射、传播香火的首要区域。今天的南海正神附近仍流传着一个"五子朝王"的传说。③ 有学者研究认为，南海神庙从开始建立到后来的发展延续，都必然与当地的地方神发生种种争夺、吸收和结盟的联系，同时，必然和地域社会的政治关系的变化有密切关系。原有的地方神明可能就在这个过程中逐步转变成为符合官方标准的神明。④

　　此外，还有方言等其他风俗的差异。邬庆时在其《南村草堂笔记》记载：

　　　　捕属与司属语音大略相同而微有特异之处。如弹丸之丸，司属

---

① 方武祥主编：《八月中秋舞大龙》，2012年版。

② 司徒尚纪、李燕：《岭南汉民系神灵崇拜地理差异》，载中国地理学会历史地理专业委员会、《历史地理》编委会编《历史地理》第十八辑，上海人民出版社2002年版。

③《12万游客南海神庙看"五子朝王"》，载《南方日报》，2008年3月21日。

④ 刘志伟：《对〈珠江三角洲田野考察介绍〉的几点补充》，载《华南研究资料中心通讯》第七期，1997年4月15日。

引论　『番禺』与『番禺文化』

读若圆，捕属读若环，公使之使司属读若肆，捕属读若洗。其余类此者尚多一闻其声即知其属或谓捕属人多自外省新来或泥其音而不能变，或沿其音而不知变。故生如是分别，殆或然欤。①

总而言之，在民国以前基于上下番禺的地理条件的差异，导致了两地在区域发展区域态势、农业耕作方式、矿产、渔业、畜牧业、墟市等整个传统农耕时代的经济生活的显著差别并由此产生了番禺县总体上的贫富差距，最后在人文景观上也有所不同，如宗族控制的土地数量、科举教育与教化程度、地方风俗等的差异。

---

① 邬庆时：《南村草堂笔记》卷一《番禺之方言·三》。

第一章 明代以前番禺大谷围地域社会的形成

禺南地区，即番禺县南部地区的简称，包括清代番禺县的沙湾巡检司和茭塘巡检司，包括今广州市番禺区，海珠区，荔湾区的芳村、花地一带及黄埔区的深井、长洲两岛。而现广州市番禺区范围涵盖了清代茭塘巡检司南部和沙湾巡检司北部的民田区域。番禺区的陆地主体部分，在地理学界一般称为"市桥台地"，而在当地俗

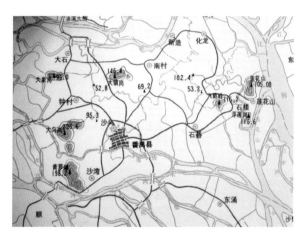

番禺大谷围地区地形图（载1995年版《番禺县志》）

称"大谷围"或"大箍围"。广义上的"大谷围"其实也包括了周边的小岛（如沙湾镇一带、大学城一带，俗称"小谷围"）及后来的环绕台地的冲积平原。也有学者认为，地方文献所谓的"江南洲"指的正是今番禺区一带，而非今海珠区（河南）一带。① 因此，笔者在本书中将研究的番禺区一带，称为"禺南大谷围地区"。

---

① 参见王颋：《中世纪及前珠江下游河道和海岸》（上），载暨南大学历史地理研究中心编《中国历史地理研究》第5辑，西安地图出版社2013年版，第544–558页。

第一节　唐代以前大谷围地区的人文地理与空间格局

一、唐以前大谷围地区的历史地理

　　今天的珠江三角洲在新石器时代是一个由多个江河口环绕的浅海湾。在这个海湾中，大小岛屿星罗棋布，西、北、东三江从不同的方向流入其中。三江所带来的巨量泥沙，不断地在这浅海湾中淤积；又由于世界海平面升降变化的巨大影响，这一浅海湾经历着由陆至海和由海至陆的交替沉积的复杂过程。到了全新世晚期，古海湾终于被沉积物不断淤浅而逐步形成华南最大的冲积平原，流入这一古海湾的西、北、东三江各自形成三角洲。珠江三角洲以"凝结核"镶嵌式的方式不断涨出陆地，以分布在海湾上的160个岛屿成为陆核心，相互穿插镶嵌发展。因此，一区内可能有很古老的村镇，也有很晚近的新村。它的成陆顺序不是一律地自北而南。自西而东，而南北东西之间往往在两个相反的方向同时涨出陆地。[①]此外，还有潭江、绥江、流溪河和增江等小河也直接流入这古海湾而形成各自的小三角洲。这些大小三角洲，相互穿插、相互连接，终于形成了复合型的珠江三角

新石器时代的番禺大谷围及周边地区（载《珠江三角洲农业志》）

---

　　① 周源和：《珠江三角洲的成陆过程》，载中国地理学会历史地理专业委员会、《历史地理》编辑委员会编《历史地理》第五辑，上海人民出版社1987年版。

洲平原。

现在广州以南的番禺大谷围等多处丘陵台地,唐宋以前还是一些海岛,正所谓"海浩无际,岛屿洲潭,不可胜记"①。唐代李吉甫《元和郡县志》载:"大海在府城(按:指广州)正南七十里。"也就是现在的顺德大良和番禺沙湾一带。番禺大谷围②,是珠江三角洲开发历史上第一列海岛中的一个,与珠江三角洲形成的大势稍有不同,有着独特的开发序列,总体上呈现自大谷围岛屿中央向外围呈环状一圈一圈地铺展开来的态势。

两汉时期,珠江三角洲古海湾河口才刚刚冲积出小块陆地,古海湾中,除了出海口附近最大的五桂山岛群之外,距离广州城南最近、面积最为广大的一片陆地正是大谷围岛群。从历史地理学者绘制的秦汉时期珠江三角洲地图中看到,当时广州的河南地区(即今海珠区)仍未形成陆地,只有北部和西北部存在海岛群,今番禺大谷围地区仍是一群以市桥台地为中心、周围被一群小岛屿环绕的群岛,③ 两汉时期,整个大谷围地区周边除了西部附近之外,周边尚未淤积较大的冲积平原,还没有与大陆连接起来,仍然保持岛屿的形态,整体上呈不规则的"¤"形状。大谷围地形以台地为主,东西南北边缘各有一个较大的海湾,如北部的大镇岗以北的今员岗和市头、南村、罗边、板桥等蓼涌下游一带,西部的今钟村以西、石壁以南、屏山以北的地区和化龙镇沙亭、山门、莲花山三点范围内的石岗、沙头、青萝嶂等处仍是海湾。但是,这里并非所有地区都适宜生活,大量蚝壳带的发现,证明由于两汉时期大谷围东部和东南仍是咸淡水交汇地带;④ 比较容易获得淡水,不受海潮侵袭的是大谷围的西部和西北部,也就是现在的沙湾镇、市桥城区、钟村镇、大石镇、南村镇。

① (宋)邓光荐:《浮虚山记》,载(明)嘉靖《香山县志》卷七《艺文志》。

② 亦即"市桥台地",从其原来被水域环绕的状态称"大谷围",从其地形状态看称"市桥台地"。

③ 佛山地区革命委员会《珠江三角洲农业志》编写组:《珠江三角洲农业志·一》(初稿),《珠江三角洲形成发育和开发史》,1976年。

④ 佛山地区革命委员会《珠江三角洲农业志》编写组:《珠江三角洲农业志·一》(初稿),《珠江三角洲形成发育和开发史》,1976年。

二、大谷围飘峰山、大乌岗的新石器时代遗址

番禺大谷围的地形是西北高、东南低。西北部矗立着大夫山、青萝嶂、大象岗、大镇岗（原名三老峰）几座丘陵台地。而东南的台地相对低矮，冲积平原沙田也多集中于东南部地区。这种地形的差异决定了地处出海口的番禺大谷围台地在东南沿海地区容易受到海潮的侵袭，而西北部的地势则相对较高，且离珠江出海口较东南部远，因而更适合人类定居和生产生活。石器时代，番禺的飘峰山和大乌岗地区发现了石器，证明了番禺大谷围西北部地区有早期人类活动的遗迹。中更新晚期全球变暖的间冰期气候，海平面上涨，致使位于番禺大

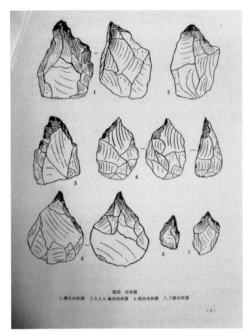

钟村大乌岗、大石飘峰山石器时代的石器遗存

谷围（岛屿状态）西北部的钟村大乌岗（即大夫山）和大石飘峰山一带成为近海的河口地区。陆地上的喜湿热的木本植物和蕨类植物十分繁茂，近河岸还有大片潮间的滩涂。生活在这里的原始居民（古越人），在滩涂地带获取各种可以食用的鱼类及其他水产生物，作为社会劳动生产的主要内容。在陆上林间地带狩猎、捕捉可食的小动物和采集植物性食物，作为补充食物的来源。人们为了适应获取食物的劳动生产需要，将主要的生产工具制成有刃或有小尖的小型工具。[①]

大石飘峰山石器时代遗存被发现于 1994 年 8 月 29 日，地处大石飘峰山第二阶地堆积中，距今 22.3 万—15 万年之间，属于旧石器时代中期（一说为新石器时代）的文化遗存，这些石器大多都有使用过的痕迹，还伴有用

———————————

① 曾祥旺：《广州番禺飘峰山旧石器遗存》，载《南方文物》1997 年第 4 期。

于制造石器的石料、加工石器过程中产生的废品、半成品和加工石器时使用的石锤等文化遗存。这些石料绝大多数取自当地基岩形成的脉石英，说明是原始居民就地加工使用。这个石器时代遗址埋藏石制品的地层有 4～5 米厚，地层形成时间延续 7 万多年，是古人类长期活动的场所之一，也是华南地区具有重要意义的石器时代遗存之一。[1]

钟村大乌岗旧石器遗存发现于 1995 年 5 月 28 日，共发现石器时代地点三处。同年 6、7 月间，广东省博物馆也曾组织力量多次到石器地点集体进行考察，获得一批石制品，并确认了含石制品的地层堆积。结合测定数据，推测大乌岗石器的年代在距今 22 万～9 万年之间，考古年代属于旧石器时代中期（一说为新石器时代）。石器制品的原材料大部分是角砾形态的脉英石和石英岩，此外还有少量砂岩砾和页岩。类别有石器、石核和石片三种。加工石器的材料以石片为主。含石制品的文化层中不见有任何陶瓷器，石制品中也没有经过人工磨制的痕迹，地层关系表明其肯定早于全新世。[2]

以上两大发现，是广东石器时期考古的重要发现，填补了当时广州地区石器时期考古的空白，为广东河流阶地寻找远古人类的活动遗迹提供了重要线索。

三、大谷围地区的东汉古墓群与汉代番禺县址的猜度

关于从汉平南越国至建安二十二年（217）吴交州刺史步骘重建番禺城于今广州，这 328 年间番禺县治究竟在何处，学术界有不同的观点。其中历史地理学家曾昭璇教授从历史地理演变、与广州城的方位关系、合乎文献记载、考古发现等方面分析认为，汉平南越后，改筑番禺城于顺德乐从镇简岸村。[3] 这是"南迁顺德"说。而广州市和番禺区文博界及暨南大学吴宏岐教授认为，汉代番禺城改筑于今番禺市桥以北一带，这是"南迁番禺"

① 曾祥旺：《广州番禺飘峰山旧石器遗存》，载《南方文物》1997 年第 4 期。
② 曾祥旺、邱立诚、张镇洪、杨式挺、邓炳权：《广东番禺钟村大乌岗发现的旧石器》，载《南方文物》1996 年第 2 期。
③ 曾昭璇：《汉初番禺城址考略》，载《广州史志》1987 年第 6 辑。

番禺沙头东汉古墓群俯瞰图
（翻拍自区文物办图片）

说。① 还有一种观点认为番禺城仍留在原址，未作迁建。持该观点的是秦汉考古专家麦英豪、黎金等人，他们在多篇文章中提及并否定了番禺城南迁的说法。②

笔者认为，南越国被灭后，番禺城和南海郡治并没有马上外迁，两汉时期广州城与其以南的大谷围之间的水域仍比较辽阔，所以地方官员运输物资、组织建设新址需要一段时间，加上番禺城南越国王宫被烧毁，但应该在王宫以外还有一部分衙署得以保存作驻军之用。曾经有一段时间，番禺城址和南海郡治可能仍在今广州市中心。在新番禺城址建设完毕以后，衙署才开始迁到新址。③

20世纪80年代，广州市和番禺文物管理部门在新造北亭的坟头岗、大石飘峰北坡、市桥崩砂岗等处均发现古墓葬，在沙头龟岗还有20多座毗邻的古墓。而经考古专家鉴定，它们多属东汉后期砖室墓。砖室墓及同时出土的大量陶器，是今番禺境内文明史上的重要物证。

① 见黄利平《解开汉平南越后番禺城位置之谜的重要发现》，载《番禺古今》2001年10月第五期；卢本珊：《从出土文物看番禺古代早期开发》，载《广州文博》2001年第3期。吴宏岐：《南越国都番禺城毁于战火考实》，载《暨南学报》（哲学社会科学版）2006年第5期；吴宏岐：《广州城址二千多年不变说商榷》，载《学术研究》2006年第5期；吴宏岐：《汉番禺城故址新考》，载《中国历史地理论丛》2006年第3期。
② 麦英豪、黎金：《汉代番禺——广州秦汉考古举要》，载广州市文物考古研究所编《广州文物考古集——广州考古五十年文选》（广州市文物考古所专刊之三），广州出版社2003版；麦英豪、黎金：《考古发现与广州古代史》，载《镇海楼论稿——广州博物馆成立七十周年纪念》，岭南美术出版社1999年版。
③ 参见朱光文《从出土文物看汉代番禺城址的变迁与东汉番禺农业发展概况》（未刊稿）。

经考古调查和发掘证明，按照卢本珊先生的统计，番禺现境内发现的东汉墓葬群有 13 处，按照墓葬分布的集中程度，大致分为小谷围墓地、崩沙岗墓地、员岗村墓地、大石墓地、沙头墓地和屏山墓地，其中，沙头墓地和屏山墓地最为引人注目，简单情况如下：

1978 年，新造镇小谷围北亭村青云里后山。

1982 年，钟村镇石壁村。墓砖文为"永元十二年"（100）。

1986—1988 年，大石镇锦岗、螺岗、象岗、多石岗、大山林。其中大山林 4 座墓于 1990 年做了系统发掘，出土文物一百多件（套）。

1990 年后，相继在钟村镇石壁村（今石壁街）、谢村（今属钟村街）、屏山村（今石壁街），南村镇员岗村，原沙头镇大罗塘村（今沙头街）发现了东汉墓葬。

1993 年，在沙头龟岗发现 21 座东汉墓葬，分布面积 1 万多平方米。在迄今发掘的 11 座墓中，出土文物 400 余件。墓室构筑有单穹窿顶十字形、中字形、丁字形、凸字形等，双穹窿顶有土字形、串字形等。

1998 年 5 月至 8 月，钟村镇屏山村发现的东汉墓葬分布一平方千米，抢救发掘东汉墓 15 座，出土银、铜、陶器及玛瑙等珠饰，刻划文字或符号墓砖等各类文物 600 余件。[1]

沙头、屏山等古墓群的陆续发现，说明了东汉中后期，广州城以南的这片区域曾有过繁华的聚落和发达的农耕文明。在屏山墓群村头岗一号墓中，不仅出土有"永元十五年"（103）铭文砖，还出土了一块刻有"番禺都亭长陈诵"的墓砖，是迄今为止第一件可以确证为刻有东汉番禺县城里职官姓名的

番禺东汉古墓出土"番禺都亭长陈诵"墓砖
（载《番禺汉墓》）

① 参见卢本珊《从出土文物看番禺古代早期开发》，载《广州文博》2001年第3期。

文物。亭是秦汉时县以下的基层组织，亭长一般由县政府任命。东汉"番禺都亭长陈诵"中的"都亭"很可能位于当年番禺城内亭。①

冯永驱在《番禺汉墓·序言》中认为：广州汉墓的墓区分布与城区的发展扩大紧密关联。广州西汉早期的墓多见于当日南越国都城的"蕃禺城郭"的西、北和东北面的山岗丘陵台地。尔后，随着经济的发展，人口的不断增加，城区的不断扩展，墓葬区渐次南移。东汉中晚期的墓区，已越过珠江后航道进入禺南地。他列出的理由是：其一，据目前的考古材料，珠江后航道以南的番禺地区至今仍未发现一座西汉木椁墓，而珠江后航道以北的小谷围及海珠区却发现了不少西汉木椁墓。说明这种现象应与地域和城市的发展有直接关系，番禺的汉墓就是一部分当时距离广州城区中心比较远、时间上也比较远的墓葬；其二，番禺市桥、沙湾一带乃至珠江后航道以南的番禺境内，还没发现有西汉的遗址和东汉早期之前的墓葬，更没有城市的密集型建筑或衙署类大型建筑遗址发现。②

番禺东汉古墓出土陶人（载《番禺汉墓》）

张强禄认为，汉武帝平南越之后，受海外贸易兴起的刺激，番禺等沿海口岸迎来了发展契机，这或许可以解释为什么到了东汉，番禺、南沙一带的墓葬数量会迅速增加。这正如海上丝绸之路的开辟带动了鄯善、楼兰等西域古国的兴盛一样。汉平南越后"武帝使人入海市琉璃"，又想要发展海上贸易，因此沿海贸易港口的地位就更加突出。这样的背景下，伴随着战争性的移民、屯兵、屯田，加快对番禺等地区的开发是必然的。汉军灭南越后"纵火烧城"，使南越国都番禺城受损，政治地位下降，相应地促进了港口经济

① 黄利平：《解开汉平南越后番禺城位置之谜的重要发现》，载《番禺古今》2001年10月第五期。

② 广州市文物考古研究所、广州市番禺区文管会办公室编：《番禺汉墓》（广州文物考古集之六），科学出版社2006年版。

地位的上升。①

　　但是由于目前并没有古代人的遗骸出土，出土文物提供的线索也有限，因此要还原这些墓葬中墓主在生时的场景还非常困难。一连串的考古谜团也就接连冒出：如果汉代这一带没有较发达的城市、村落等人类聚落，为什么像陈诵这样的官员不葬在广州附近，却远葬于大石、屏山、沙头一带？为什么市桥台地不见东汉以前遗存，而在东汉时期突然冒出飘峰北坡、沙头、屏山等数量较多、规模不小的墓？为何广州汉代墓地常见晋、南朝墓葬分布，而这一带的墓群中却没有？

　　如果按照记载，这个迁建的治所从汉武帝元鼎六年（前111）至建安二十二年（217），存在长达328年，不可能没有留下遗迹和墓葬的蛛丝马迹。因此"南迁说"仍是一个不确定的假说。

　　这一带除了台地外，还有三处地势较高的丘陵地，分别是：北部的大镇岗、西南部的大乌岗（与其邻近的青萝嶂当时还是与大谷围隔开的小型岛屿状态）和西北部石壁以东、大石以南的大象岗（又称石壁山）丘陵地带。巧合的是，现番禺境内发现的十三处东汉墓葬群（除小谷围之外）全部分布在该区域内，也同时是三处地势较高的丘陵地三点连线的范围。② 从这一地带就有多处带"坑"字或"塘"字的地名。查阅《番禺县镇村志》得知，这些地名均与一些带状或后来淤积成塘的地形有关，可见，该区域在两汉时期当有多条从海湾深入台地内陆，并横贯其间的水坑。③

　　北魏郦道元《水经注》卷三七《浪水》云：

　　　　浪水东别迳番禺，《山海经》谓之贲禺者也。交州治中合浦姚文式问云：何以名为番禺？答曰：南海郡昔治在今州城中，与番禺县连接，今入城东南偏有水坑陵，城倚其上，闻此县人名之为番山，县名

---

①　卜松竹：《南广州200汉代古墓犹如"天外来客"身世成谜》，载《广州日报》，2011年10月14日。

②　参见朱光文《从出土文物看汉代番禺城址的变迁与东汉番禺农业发展概况》（华南农业大学2009年科学技术史专业硕士研究生毕业论文，未刊稿）。

③　吴宏岐：《汉番禺城故址新考》，载《中国历史地理论丛》2006年第3期。

番禺，倘谓番山之禺也。①

其中的"水坑陵"一词，历史地理学家与地名学专家吴壮达曾进行过专门研究，认为"无疑是解决古广州前身的古番禺城或'番禺之都'所在地点的关键"。他认为"不论'水坑陵'一词的第二字读音是'坑'或'冗'。其与'水'和'陵'连同起来的含义，都不应有很大的差别。它指的应是多面临水，或被水所环绕的一片高阜地区。既然是'陵'，就不会是很高峻的地势；既然用'水坑（坑）'，则不会是辽阔的水面（后者是今粤人对'坑'的惯用词义）"。

不过，吴宏岐认为，汉武帝元鼎六年（前111）曾改置番禺县，东汉末年交州刺史步骘又曾徙治于旧地，而《水经注》所记交州治中合浦姚文式问答之语，不系时间，难知其是步骘徙治之前或之后，所以不能肯定"水坑陵"三字说的就是徙治旧地后之形势；而"番山"和"禺山"极有可能为晚出之词，后于番禺设县，并可能随着番禺县的迁徙而发生地名搬家现象，所以尽管《水经注》中将"水坑陵"与"番山"记在一起，但不可认定二者必在一处或相邻，并进而依"番山"之位置而求"水坑陵"之所在。"番山"和"禺山"之地名虽然历经变迁，其具体地点人言言殊，但大致不出今广州旧城区范围，显示出其与秦汉以来的番禺县有一定的渊源关系，但是在今广州旧城区范围内却很难找到与《水经注》所载"水坑陵"有关的地名，这说明这个历史地名可能原来就不在今广州旧城区。

所以，吴宏岐认为，《水经注》所载的"水坑陵"，并不是"解决古广州前身的古番禺城或'番禺之都'所在地点的关键"，而恰恰应是解决汉武帝元鼎六年（前111）改迁后直到东汉末年交州刺史步骘迁回旧址前的两汉南海郡治和番禺县治所在地点的关键。②

① 陈桥驿：《水经注校释》，杭州大学出版社1999年版，第652页。又上述《水经注》引文，现行诸本略有不同，其中"今入城东南偏有水坑陵，城倚其上"一句，见王国维校，袁英光、刘寅生整理标点的《水经注校》，上海人民出版社1984年版，第1178页。陈桥驿点校的《水经注》，上海古籍出版社1990年版，第707页作"今入城东南偏有水坑，陵城倚其上"，显误。
② 吴宏岐：《汉番禺城故址新考》，载《中国历史地理论丛》2006年第3期。

他还发现今番禺市桥台地有旧水坑、新水坑（两者合称水坑，别名水濂）、横坑、坑头、驼背坑、金坑、官坑、深坑、珠坑、塘尾坑、梅山（又名上坑）、眉山（又名苏坑）、思贤（又名严坑）等多个涉"坑"聚落地名，合计起来达到13处以上。他指出，这一地区涉"坑"聚落地名如此普遍，为广州城郊及其附近地区所少见，似多为与古时水坑（即"水坑"）地貌相关的历史聚落地名遗存。①

吴宏岐根据历史地名遗存及地貌状况的种种迹象，再结合前引北魏郦道元《水经注·浪水》所说"南海郡昔治在今州城中，与番禺县连接，今入城东南偏有水坑陵，城倚其上"的记载推断，今市桥以北至南村镇之间的低丘台地区，大致应该就是《水经注》所说的古"水坑陵"所在，也就是两汉番禺城故址的大致方位。从里数上讲，市桥北一带也可以说在广州旧城南"五十里"或"六十里"。曾昭璇认为"古书所记，里数和方位只是一个约数，未经精密测量，尤以方位为然。'郡南'方位在佛山以东，新造以西地区即可用上"②。其说颇有道理。前引宋人乐史《太平寰宇记》有"废番禺县，州南五十里"之记载，比之市桥西南的龙湾、古坝、沙湾、紫坭诸地，市桥镇北一带稍偏于东北，但仍在今广州旧城区之东南，在方位、里数上均可以说得上是比较吻合。③

这批涉"坑"的聚落地名的分布，不但为讨论解决汉武帝元鼎六年（前111）改迁后直到东汉末年交州刺史步骘迁回旧址前的两汉南海郡治和番禺县治所在地点问题提供了某些证据，还给我们展现了早期大谷围（市桥台地）史前原始地貌的某些信息。

四、卢循、孙恩起义与三国至唐代之间的番禺地方社会

三国至唐代，岭南地区仍然人口稀少，丛林密布，生态没有遭受到太大的破坏，因此河流的含沙量少，沉积的速度缓慢，珠江三角洲的发展速度仍

---

① 吴宏岐：《汉番禺城故址新考》，载《中国历史地理论丛》2006年第3期。

② 曾昭璇：《广州历史地理》，广东人民出版社1991年版，第221页。

③ 吴宏岐：《汉番禺城故址新考》，载《中国历史地理论丛》2006年第3期。

然十分缓慢，广州珠江水域开阔。晋代的《广州记》说："广州东百里，有邨，号曰古斗，自此出海，溟渺无际。"可见番禺大谷围以东的狮子洋面广阔，是一片大海，这一时期番禺冲缺三角洲仍未形成。

经历了秦汉时期岭南归入中华帝国版图后，到六朝时期，由于中原战乱不断，不少北方移民南迁，与南越族群一起开拓大谷围这片古老的台地和周边的冲积平原。因为年年要避洪水淹没之灾，村落只能在平原的台地、埔地建立，故有"民多居高阜"之语。根据赵庆伟的研究，六朝汉人迁入珠江三角洲大体上可以划分为三个时期，其间又出现了四次高潮，就其迁入原因和方式来看，大致有躲避战乱、统治者内部斗争、起义军转战、逃避赋役、流徙等多种情况。

其中，起义军转战是移民迁移到岭南的途径之一。如孙恩为东晋五斗米道道士和起义军首领。东晋末年，他和卢循领导了海上大起义。从398年—411年，前后历时长达13年，有近百万人的海上大军转战长江以南广大地区，纵横东海、南海两大海域。402年，孙恩败死，余众推其妹夫卢循为主。"刘裕讨循至晋安（引按，今福州附近），循窘急，泛海到番禺，寇广州。"[①] 卢循据有广州，自号"平南将军"，他注意协调民族关系，和辑土著各族，保境安民。当时民谣云"官家养芦化成荻，芦生不止自成积""芦生漫漫竟天半"，表明民间对卢循有好感。卢循在广州的队伍从几千人扩充到几万人，并与徐道覆合军反东晋。义熙三年（407）三月，卢循攻番禺不下，转至交州，被刘裕所败。同年二月，徐道覆亦牺牲于始兴。

孙恩、卢循起义路线图

刘裕派孙处从海道袭番禺时，其守兵犹有数千。孙处或不至于把数千守兵杀得一干二净，是则有不少留在当地。其余众五千余

———————————————
① 《晋书》卷一百《卢循传》。

人逃奔海上，"奔于海岛野居，唯食蚝蛎，垒壳为蚝墙"。后世将这些人称为"卢亭"①。宋代广东的水上居民有一支被称为"蚝蛋"，史籍上记载的"卢亭"与这类人相似。故"卢亭"是后世包括禺南地区在内的疍民的一个组成部分。同治《番禺县志》载：

> 陈元德，原名玄德②，东晋秦州南安郡獂道县人。生平以才勇闻世，历仕孝武帝、安帝、恭帝三朝，征战有功。隆安三年，元德同辅国将军刘牢之，奉诏进讨孙恩之乱，以功擢升建国大将军。时值卢循攻陷广州，元德再奉命往征，未果。元熙二年，刘裕篡晋，元德弃官携妻小避居至番禺白水坑，后迁坑头村，享寿九十三岁……③

陈元德将军后人遍布珠江三角洲其他村落，多个乡村的陈姓家族，均奉其为始祖。宋代时期，陈元德后人于石楼开村，遂发展成为番禺著姓望族："……其子孙蕃衍人口众多，今石楼、赤岗、文岭岗、白泥涌、上梅坑诸乡陈姓，皆其后裔。"④

然而，笔者仅在康熙、乾隆、同治、民国时期等明代之后的《番禺县志》里面发现关于陈元德的记载，而且同治和民国版本的记载均引自石楼陈氏的族谱。而在明代的广东方志中均无陈元德的相关记载。如果陈元德真同东晋辅国将军刘牢之，奉诏进讨孙恩之乱，并以功擢升建国大将军，在正史和方志中不可能没有记载。他如何被"发现"，并被禺南乃至珠江三角洲地区众多的陈姓家族拉上关系，是一个值得探讨的问题。⑤

六朝时期，包括禺南地区在内的珠江三角洲，居住着汉、俚、僚等民族。赵庆伟认为，汉族移民由于受自然条件的限制，加上其社会经济条件的先进性及由此产生的对较落后的土著居民的种种强制，其中当然包括武力的

---

① （唐）刘恂：《岭表录异》。

② 康熙年间陈族后人，因避清圣祖玄烨之讳而改"玄德"为"元德"。

③ （清）同治《番禺县志》。

④ （清）同治《番禺县志》。

⑤ 关于陈元（玄）德的相关考证，参见朱光文、陈铭新《名乡坑头：历史、社会与文化》，岭南美术出版社2013年版。

征服，大多聚居在自然条件相对优越一些的平原地带；而当地土著居民俚人和僚人，则主要分布在三角洲周边丘陵和台地地带。①

第二节　唐宋元时期番禺大谷围的地域文化

一、唐宋元时期大谷围地区的建置沿革

到唐宋时期，番禺县城也曾南迁，对此学术界也有不同的观点，同样也多少涉及今番禺地区。关于唐代番禺县的沿革及治所问题，学术界目前主要有四种说法。② 吴宏岐教授通过对相关历史文献记载的细致考证，认为原为南海郡附郭县的番禺县在隋文帝开皇十年（590）曾被省并，武则天长安三年（703）又在广州重置番禺县，但唐代新的番禺县治已南迁至今广州海珠区珠江南岸一带，故而已不是广州的附郭县；并指出唐代广州地区行政建置的相关调整，大致是为了适应广州城以南的珠江三角洲地区尤其是江南洲的经济开发与行政管理的需要。③

关于宋代番禺县的沿革与治所问题，前贤学者也多有不同意见。一是认

① 赵庆伟：《汉族移民与六朝时期珠江三角洲的经济开发》，载《民族研究》2002年第3期。

② 参见广东省测绘局《广东省县图集》（内部使用），1982年，第8页文字说明；谭其骧主编：《中国历史地图集》第五册，中国地图出版社1982年版，第69—70页《（唐）岭南道东部》图幅；史为乐主编：《中国历史地名大辞典》下册，中国社会科学出版社2005年版，第2579页。另参见广东历史地图集编委会编《广东历史地图集》，广东省地图出版社1995年版，第18页《唐代的广东》图幅；广州市地名委员会、《广州市地名志》编纂委员会编：《广州市地名志》，香港大道文化有限公司1989年版，第451页；潘理性、曹洪斌、余永哲编著：《广东政区演变》，广东省地图出版社1991年版，第23页。另参见《广东省今古地名词典》编委会、《广东省今古地名词典》编辑部编《广东省今古地名词典》，上海辞书出版社1991年版，第48页；广东省地方史志编纂委员会编：《广东省志·地名志》，广东人民出版社1999年版，第73页；复旦大学历史地理研究所《中国历史地名辞典》编委会编：《中国历史地名辞典》，江西教育出版社1986年版，第867页。

③ 吴宏岐：《唐番禺县治所考》，载《中国历史地理论丛》2007年第3辑，第149—155页。

为宋代番禺县已并于南海县①。二是认为两宋时期番禺县与南海县同治于今广州市②，这类说法又包括两种观点，一说秦汉迄于宋代，县治皆在今广州城内③；另一说北宋开宝五年（972）并入南海县，皇祐三年（1051）复置，仍为广州治④。三是认为宋代番禺县治在广州河南（江南洲）东端的紫坭。⑤四是未言明番禺县的具体治所⑥，或仅明说南海县为广州州治⑦。吴宏岐教授考证，认为宋太祖开宝五年（972）番禺县曾被省并，宋仁宗皇祐三年（1051）为了加强珠江三角洲的沙田开发与管理，复置番禺县，具体治所是在今广州市番禺区西南的沙湾镇紫坭村一带。至宋神宗熙宁二年（1069）出于广州军事防卫的考虑，又将番禺县治北迁至广州旧城东的赤泥巷，即今广州仓边路一带。他还相应指出，南宋新置香山县和明代新置顺德县，皆可视作是政府进一步努力协调珠江三角洲区域沙田开发与广州城防之间关系的必然结果。⑧

_____

① 广东省测绘局：《广东省县图集》（内部使用），1982年，第8页文字说明。

② 谭其骧主编：《中国历史地图集》第六册，中国地图出版社1982年版，第34-35页《（北宋）广南东路、广南西路》图幅、第65-66页《（南宋）广南东路　广南西路》图幅。广东历史地图集编委会编：《广东历史地图集》，广东省地图出版社1995年版，第19页《北宋时期的广东》图幅、《南宋时期的广东》图幅。郭黎安编著：《宋史地理志汇释》，安徽教育出版社2003年版，第231页。

③ 广州市地名委员会、《广州市地名志》编纂委员会编：《广州市地名志》，香港大道文化有限公司1989年版，第451页。广东省地方史志编纂委员会编：《广东省志·地名志》，广东人民出版社1999年版，第73页。

④ 史为乐主编：《中国历史地名大辞典》下册，中国社会科学出版社2005年版，第2579页。番禺市地方志编纂委员会编：《番禺县志》，广东人民出版社1995年版，第15页。

⑤ 祝鹏：《广东省广州市佛山地区韶关地区沿革地理》，学林出版社1984年版，第8页。

⑥ 复旦大学历史地理研究所《中国历史地名辞典》编委会编：《中国历史地名辞典》，江西教育出版社1986年版，第867页。《广东省今古地名词典》编委会、《广东省今古地名词典》编辑部编：《广东省今古地名词典》，上海辞书出版社1991年版，第48页。

⑦ 潘理性、曹洪斌、余永哲编著：《广东政区演变》，广东省地图出版社1991年版，第23页。

⑧ 吴宏岐：《宋代番禺县治所考》，载《中国历史地理论丛》2008年第1辑，第87-96页。

《元大德南海志残本》（附辑佚）封面

关于宋元时期禺南行政区的情况，明成化《广州志》记载，宋代番禺县有监镇巡检一员、广惠州海上同巡检一员，元代番禺县已有"司"的分治。番禺县有巡检六员：鹿步寨一员，慕德里寨一员，沙湾寨一员，流溪寨一员，白沙寨一员，茭塘寨一员。[1] 据同治《番禺县志·列传》载，梁曾甫，为元至正年间江西行省乡举，任沙湾司巡检。同治《番禺县志》说他"智勇过人""并力御寇"，后遇害，乡人立"忠义祠"奉祀他。至于乡里的设置，在《元大德南海志残本》（附辑佚）中找到一些蛛丝马迹。当中的《辑佚附录二·番禺县坊里》就记载宋代番禺县有"上、下桂林乡"[2] 的行政建置，结合明清的族谱和方志记载，"下桂林乡"很可能就是今番禺区一带。

据地方文献特别是族谱的零星记载，明代以前，番禺地区可能有桂林、周（洲）南、宁仁、务本、海阳等乡或里的种种叫法，具体区域已难以一一对应，这些明代以前的地名屡屡出现在明代以后的族谱里，显然保留了明代以前行政区划分的一些记忆。如关于宁仁里，石楼《陈氏族谱》载："我族始自大将军元德公，于东晋时由雍州入粤，家于广州番禺桂林乡宁仁里……"[3] 又见《宋承事戴公墓志》载："公祖贯南雄沙水镇人，宋中叶仕于广，因家焉。娶刘氏，子男一，即承奉公也。乾道间，公与安人刘氏次第卒，俱葬于番禺县宁仁里土名大仓冈……"[4] 市桥《吴氏族谱》载：南宋理

----

① （明）成化《广州志》卷十四《题名》。
② 广州市地方志编纂委员会办公室编：《元大德南海志残本》（附辑佚），广东人民出版社1991年版。
③ （清）光绪《石楼陈氏族谱·修晋将军元德祖祠小引》。
④ 戴天则墓《宋承事戴公墓志》。

宗宝庆年间，吴氏始祖吴进元"由广州城北迁居市桥宁仁里"。沙墟《陈氏族谱》也提到了禺南地区元代的一些行政区的情况："嫡六世祖，公讳桦翁，字植夫，号罗山居士，乃宗礼公之长子也。生于宋理宗宝庆元年……迨元运盛，宗祚终，承累世之业，置扩田园，邑之推粮长者必公焉……公之卓立，大有过人者，今之子孙享有禄食者赖焉。至大德十五年辛亥十二月廿六日亥时合葬于宁仁乡榄山堡，土名白水塘巽向之原。"至于"周南里"或"洲南里"，官堂《林氏族谱·世系谱》称始祖"应时，字未详，存公长子，应时其先固闽人，九牧蕴公之后也，自宋高宗南渡后，迁居南雄府保昌县沙水村珠玑巷。三世□陷南雄而迁于广州（引按：一谱为失王始事从广州）家于官溪周南里，因曰官堂……"[1]。还有《南村邬氏族谱》载："萧，字台辅，号公相……端宗景炎二年，元兵徇广州，都人赵若冈以城降，张镇孙又复之，干戈屡扰。公数世居城，至是避乱番禺州南。"关于务本里，潭山《许氏族谱》载："太祖彦先公……熙宁八年到任广南路盐都转运使……还择居番禺县潭山乡务本里，潭山之族自此日以蕃盛。"关于海阳里，见《韦涌南边苏氏家谱》载："吾家先祖世居南雄之保昌珠玑里，至哲宗时，有讳鼎者登进士第，授朝议大夫，元祐中南迁入广东，定居

官洲桂林里古巷门

礼村周南里古巷门

---

[1] 官堂《林氏族谱·世系谱》（手抄本）（官堂林汉堃先生提供）。

汀根村"宁仁古道"门楼

番禺海阳乡韦涌村……"

可见，明代之前，今番禺地区可能属于名为桂林、周（或洲）南、宁仁、务木、海阳等乡或里行政区管辖。今番禺西北部属周（或洲）南里，今番禺中南部属宁仁里，今番禺东北部属务本里管辖，而海阳乡则大致相当于今番禺西部区域。《元大德南海志残本》（附辑佚）中《辑佚附录二·南海禺县坊里》也有"宁仁里"①，并没有周（或洲）南里。这里反映出今番禺地区可能在宋元时期部分区域分属南海县管辖，"桂林乡"与"宁仁里"并没有从属关系。

表1-1 宋元时期的禺南行政区与今番禺行政区对照表

宋元时期的禺南行政区	今番禺行政区	参考文献
桂林里（乡）		
周（或洲）南里（乡）	约相当于今番禺区西北部的南村、官堂一带。	官堂《林氏族谱》《南村邬氏族谱》
宁仁里（乡）	约相当于今番禺区中南部、西部和南部的坑头、市桥、沙头、沙墟、赤岗、石楼一带。	《石楼陈氏族谱》《宋承事戴公墓志》和市桥《吴氏族谱》、沙墟《陈氏族谱》《沙头王氏族谱》
务本里（乡）	约相当于今番禺区东北部的化龙潭山一带。	潭山《许氏族谱》
海阳里（乡）	约相当于今番禺区西部的韦涌、钟村、石壁一带。	《韦涌南边苏氏家谱》

① 广州市地方志编纂委员会办公室编：《元大德南海志残本》（附辑佚），广东人民出版社1991年版。

二、宋元时期番禺地域文化的肇端

（一）宋元禺南大谷围地区的佛道文化

在唐代的文献中，黄埔被称为"扶胥"，这个名字与暹罗有点关系；南海神（洪圣）庙又称为"波罗庙"，显然与佛教有关。早于唐代开始，一座名叫怀光寺（另一说海光寺）的佛教寺院，就出现在南海神庙旁，后来怀光寺僧人与凝真观的一些道士一同包办起屈氏宗族祖先的祭祀活动，屈氏宗族的祠堂也在南海神庙附近，而那些道士们也有份管理屈氏祠堂。但是，我们不太清楚究竟这个僧道共管的格局是何时形成的。①

宋元之际，在儒家教化没有全面进入包括禺南地区在内的珠江三角洲乡村社会时，禺南大谷围地区是一个乡豪控制而佛道甚至巫觋有着广泛和深刻影响的社会。就现有文献所见，禺南大谷围地区的佛寺最早是始建于南朝梁大同年间的北亭资福寺。②而明成化《广州志》卷二十五《番禺县·寺》则记录了员冈堡的隆兴寺（宋开庆间）、海阳乡的兴福寺、钟村堡的观音院（宋淳祐元年）、沙湾堡的罗汉寺（宋天圣元年）、茶园堡的延寿寺（宋天圣二年）、南山觉海尼寺（元至元二年）、北亭堡的昌华资福寺（元至正二年）等位于大谷围的佛寺。有学者研究认为，率先把文书、官府等引进珠江三角洲的，大概是6世纪时期的这一类佛教寺院。这些佛教寺院拥有寺田，但凡寺田所在，寺院形同当地政府。可是，佛教渗透的乡村宗教可能在12、13世纪接触到道教阊山派的经文，又可能在16、17世纪接触到道教正一派的经文。③关于地方势力与佛寺的关系，郑振满教授认为，到南宋后期，由于寺院经济日趋衰落，莆田的世家大族往往直接介入寺院的经营管理，使寺

① （清）屈大均《广东新语》，中华书局1997年版，第205-206页；崔弼：《波罗外纪》，光绪八年，据嘉庆二年重刊本；罗香林：《唐代广州光孝寺与中印交通之关系》，香港中国书社1960年版，第177-178页。［英］科大卫：《皇帝和祖宗——华南的国家与宗族》，卜永坚译，江苏人民出版社2009年版。

② （清）乾隆《番禺县志》卷五《古迹·寺观》。

③ ［英］科大卫：《皇帝和祖宗——华南的国家与宗族》，卜永坚译，江苏人民出版社2009年版，第254-256页。

院反而依附世家大族。① 至于宋元时期的番禺乃至珠江三角洲的寺院与家族的关系，学术界并没有太多的研究。关于始建于南朝梁大同年间的北亭资福寺，乾隆《番禺县志》卷之五《古迹·寺观》载：

> 资福寺，在茭塘北亭。梁大同间，有一梵僧卓锡于此，遂建寺焉。至唐昭宗天复二年邻峰清泉禅院铸钟一口重千觔（按：康熙《番禺县志》为斤字），子钟九口，天祐三年钟同九子忽飞来本寺，里人奇之，竟为舍田重修，香火益盛。元至正间，主持僧如靓、耆民陈天祐等设立官山渡以资寺费，碑记尚存。后大钟复飞去，留一子钟于田间，寺寻颓圮。②

梁大同年间由梵僧建立的寺院很可能与广州与印度的海外贸易有关。唐昭宗天复二年（902）邻近的清泉禅院的铸钟同九子忽飞寺内的事件令资福寺名声大振。北亭的家族纷纷向该寺舍田并大修。元至正间资福寺的主持僧如靓与耆民陈天祐等联合设立官山渡作为资寺的经费，说明了寺院与当地陈氏家族等的密切关系。后来，大钟"飞离"资福寺直接导致了其颓圮。飞钟的传说很可能是民间社会对寺院兴废的一种解释，直接导致资福寺兴衰的原因可能有多种。到明代成化年间资福寺已经毁颓，但其名下曾控制了大量的田产。

可见，宋元明初，禺南地区的佛教寺院不但和地方家族关系密切，而且曾经控制了大片的土地，在地方社会有很大的影响力。

除了佛教寺院之外，类似道观一类的建筑也在宋元时期在禺南大谷围地区出现。明成化《广州志》除了记录了佛寺之外，也附录了观道院堂一类的建筑，如迳口堡的龙华堂（明洪武以前）、韦涌堡的宝莲堂（传宋时乡人创，奉玄帝）③。除了道观一类的建筑外，在禺南西南部地区几座地势较高、

---

① 郑振满：《莆田平原的宗族与宗教——福建兴化府历代碑铭解析》，载《历史人类学学刊》第四卷第一期，2006年4月，第1-28页。

② （清）乾隆《番禺县志》卷五《古迹·寺观》。相同的记载又见（清）康熙《番禺县志》卷四《建置·寺》。

③ （明）《广州志》卷二十五《番禺县·观，道院堂附》。

历史悠久的丘陵上也存在不少唐宋时期的道教炼丹的仙迹，如石壁山"悬崖上有仙迹石，下有飞来石立于石峰之上……"①。石壁山以南的大夫山上有"仙姑石"和"离明洞"②，大夫山以南的罗山"相传唐时有罗真人修炼于此"③。唐山"以唐仙得名也……昔有唐不语者，不知何许人，兄弟五人炼丹此山"④。以上二山均属青萝嶂山丘群。又"三老峰，在雷峰西南三里，员冈村在其北，大冈南村在其南。上有飞仙足迹，凿之复完。下有三昧泉"⑤。

佛山木版年画中的简公佛

可见，宋元时期直到明初道教在禺南大谷围西南部亦有着深刻的影响，乡村地方基本上就是个道、佛不分，巫觋盛行且影响很大的社会，地方精英通过文字和法力沟通乡民与鬼神力量之间的联系，安排乡村的日常生活秩序的是各种各样的法术和宗教仪式。⑥ 同治《番禺县志》所载的简云颠传记就是一个典型的案例：

屏山简佛祖庙拜亭内景

① （清）乾隆《番禺县志》卷四《山水十三》。
② （清）乾隆《番禺县志》卷四《山水十三》。
③ （清）乾隆《番禺县志》卷四《山水十三》。
④ （清）乾隆《番禺县志》卷四《山水十四》。
⑤ （清）同治《番禺县志》卷四《舆地略二》。
⑥ ［英］科大卫、刘志伟：《宗族与地方社会的国家认同——明清华南地区宗族发展的意识形态基础》，载《历史研究》2000年第3期。

简云颠，屏山人。状类风（疯）狂，出游垅畔，见治田者行水不均，辄为均其水。被斥，则笑走，率以为常。尝昼睡树下，父至呵之，则曰："儿走端州，救覆舟已济其一，惜有一不及援矣。"父不信，扬其袖，则有麻豆存，后廉之，悉如所言，始奇之。乡人以旱祷雨，乃为坛箕踞其上，书符篆焚之。有顷，雨即降，人称为"简师"而不名。城北有女病魅，云颠视曰："老龟作祟尔。昨遇番奴辱我，当使之捉之。"即呼叱四指，须史一番人拥阴飚，逾垣入持巨龟，大三尺，铿然坠地死。番亦昏仆，久之，始能视，其语"侏离"不可晓。云颠大笑，斥之去。魅遂绝。旋，坐化于黄姜林。乡人收瘗遗蜕，祠之至今。凡旱魃寇祲，辄有先兆。祷者亦辄应云。按"任志"载有"召云赠雷"事，颇近游戏，故削去。①

（二）宋元时期禺南大谷围富有阶层与耕读文化的出现

1. 乡豪的势力

番禺大谷围的家族或宗族的发迹史，有很大一部分可以追溯到宋元时代。宋元时期是番禺地域文化或士大夫文化的肇端。其前提是一批富有阶层（乡豪）的出现。宋元时期，禺南的乡豪成为控制地方社会的重要力量，他们往往积累了较多的田产，或经营农业，开发水利，或开发林业，又或从商致富，与地方官府保持密切的联系，甚至拥有地方武装，于社会动乱之际，往往能组织乡勇，修建军事设施，抵御盗寇，捍卫一方。

《石楼陈氏家谱序》中收录的《四世祖墓志铭》较详尽地记录了陈族四世祖的陈友谅的显赫经历："公讳友谅，字子忠，存诚公次子也。生有异质，长而才略过人，常存匡济之怀。家居未遇时，能振兴有为。殚先世之绪，田园富美，广交士大夫，世号'元龙'……"② 宋末禺南地方盗贼蜂起，沙湾《庐江何氏姓原宗统传》载："宋末兵甲不息，寇攘并兴，公（按：何应元）年幼稚，被虏他方，三叔丙房祖君任、胞兄汝楫，捐金赎归，遂隐不仕。"《庐江何氏姓原宗统传》后有一条云："元有天下，其步跃龙与兄应甲（汝

---

①（清）同治《番禺县志》卷四十九《列传十八》。
②（清）光绪《石楼陈氏家谱序》《墓图墓志·四世祖墓志铭》。

楣）购以金得归。"可见，即使是后来在明清时期成为世家大族的沙湾何氏，在宋末也是自身难保，足以说明那时候地方社会秩序之混乱。

吴建新教授的研究显示，宋元珠江三角洲农业形态的变化促使稳定聚落形成，加之"广米"畅销，使珠江三角洲等地兴起囤积、生产粮食的现象，由此产生了一批富有阶层，成为乡村社会的中坚力量。他们开始了早期家族的文化创造，初步出现了一批耕读传家的人群。由于粮食生产有利可图，富有阶层以购买、兼并、圈占等方式取得土地的占有权，还占有水利资源以使土地资源升值，获得租谷。① "番禺市桥台地周边坦地冲积很快，被称为'箍'的小围在宋代已经出现，不少大族占垦沙田。"② 这一带的乡土文献就记载了不少大姓圈占土地的情况。如番禺古坝乡，宋代韩氏前来之前，有"相传当时已有梁、李、莫、钟四姓辟居此，钟姓且为村祖，至今日除吾韩姓外，尚知有梁姓少数人住于大庙附近，其余李、莫、钟三姓则式微已久，分散各方，不能团集于一处"③。显然，土著在与南迁大宗族的竞争中占下风，而逐步丧失了土地的所有权。沙田集中于富有阶层在当时也不算是坏事，因为沙田开发投资大，只有这一阶层才有能力建筑围垦围垦。南宋石楼陈氏家族三世陈存诚及其以下的祖先则是拥有较多田产，在地方有足够影响力的地方豪强。宋理宗时，广东大饥，陈友谅"发家谷万石，以活民命。朝廷擢知

石楼陈存诚家族墓群

① 吴建新：《从"广米"看宋元珠江三角洲富有阶层的兴起》，载《古今农业》2014年第2期。

② 吴建新：《宋代"广米"来源考》，载《羊城今古》2014年第1期。

③（民国）韩锋：《番禺古坝乡志·一 概要》，载《中国地方志集成·乡镇志》，第469页。

嘉兴路事，进阶朝议大夫"①。员岗崔氏家族早期的几位祖先已是地方上声名显赫的人物②，其中，二世祖"宋处士，养素……居家孝弟，忠信律身，礼义廉耻，处乡党和煦春风，诚信足以感人，知盈虚之数，课耕及时，积谷巨万"③。

2."耕读传家"的滥觞

宋元之际的禺南地方，儒家教化已经在一些家族中也开始渐渐推行，并取得一定的成效。沙湾的王族、何族、李族，诜敦的孔族，沙墟的陈族等就是其中的代表。其中，沙湾的王元甲家族、何起龙家族、李昂英后裔均有人考取进士。这批文人群体，大多生活在南宋年间，尤其是在南宋末年考取功名，在朝廷和地方曾担任重要职务，不少参与抗元战争，南宋灭亡后，他们或隐逸不仕，或降元为官，但其后裔子孙大多仍居住在番禺大谷围地区。

宋理宗时，沙湾何起龙"天资纯粹、谨厚、端凝，博综群籍，尤长于《春秋》。登淳祐十年（1250年）进士，时年二十四。初官郁林司户参军，调肇庆府司理，冤狱多所平反。再授南容州判，用荐于朝监省仓加朝散大夫太常寺卿"④，又据族谱记载，何起龙兄弟四人都读书参加科举。二弟何斗龙为宋宝祐元年（1253）癸丑特科省元，嘉赐"博学宏词"；三弟何跃龙由太学生授从事郎；四弟何翙龙举明经，授文林郎。他们的子孙后来成为留耕堂的四大房。何氏族谱说"兄弟蝉联，簪组相继，至元季凌夷，或仕或隐"，并说何起龙"有集传世"，但早已散失，何氏族谱只留下他《挽梁簿尉》五律一首。

宋代，黎氏番禺之祖汝汶（号巨川）居于紫坭乡，曾筑"黎氏书楼"，所藏文献时称一乡之望。⑤而沙墟陈族已经有成员取得功名，并在地方担任官员：

---

① （清）光绪《石楼陈氏家谱序》《墓图墓志·四世祖墓志铭》。
② 参见朱光文《礼仪演变与祠堂营建——〈重修员岗崔氏家乘〉（残本）所见之明代番禺员岗崔氏宗祠资料分析》，载香港科技大学华南研究中心、中山大学历史人类学研究中心合编《田野与文献：华南研究资料中心通讯》2009年1月第五十四期。
③《重修员岗崔氏家乘》（残本）卷六《丘墓考·宋处士养素崔公墓志》。
④ 民国版《番禺县续志》卷十八《人物志一》
⑤ 何润霖：《沙湾古牌坊》，载《禺山风》2009年第1期。

宋代沙湾进士何起龙进士匾

　　嫡六世祖，公讳桦翁，字植夫，号罗山居士，乃宗礼公之长子也。生于宋理宗宝庆元年……公生宦门，性质朴，早丧母伍氏，事后母崔氏以孝闻，执儒艺，能文章。宋当道以儒宾起聘本郡弟子员。会朝廷有事，边方下输粟授官之令。公于是以输米补直隶婺源主簿。未几，以时抢攘弃官归肥□丘园，不闻理乱，惟笃孝敬而已，分外之事漠如也。①

　　沙墟陈族"嫡七世叔祖，讳润，号缓轩，乃桦翁公之次子也，生于宋淳祐六年……公为人慈恕处事无私，孚千里人人多得之，日教于子姪读书，暇则以攻诗书以为礼乐，逍遥林泉，侍省亲闱而已"②。

　　宋末，番禺市桥台地周边水域成为南宋行朝与蒙元军队展开拉锯战的主要地区，番禺地方不少家族组织过义军参与了抗击元军的战争（如凌震、王元甲、王道天等）。到元朝开科考试后，禺南的家族中才有一二子弟应试考取功名，但很多并没有接受元朝授予的官职。如员岗士龙之子（四世祖），"元初，天瑜举孝廉，充国子学上舍，天桂明经发解③，天鉴、天赐抱隐德，皆知名于时"④。诜敦孔氏早期两位元代祖先均为饱学之士，族谱记载他们父子有入元不仕，或在与文人讲道，或设馆授徒，教化子弟的经历："应祖，讳熹，字德明，号晦斋……生当元，以才行著，矢节誓不臣……号曰'晦

---

① 沙墟《陈氏族谱》。

② 沙墟《陈氏族谱》。

③ "崔天桂，至正解元"（乡贡辟荐），见同治《番禺县志》卷十《选举表一》。

④ 《重修员岗崔氏家乘》（残本）卷六《丘墓考·宋处士潜渊崔公墓志》。

斋'，以五经课子，与高逸往来讲道。时人咸以吴莱[①]、杜本[②]比之。"[③] 孔熹之子孔思范考取了元朝功名，受其父亲的影响也不乐仕途，在乡中设馆授徒，终生不忘讲学，成为元代禺南著名的地方教育家：

> 思范，字复贤，号钝菴……性聪颖悟，从父学，年十二通五经。稍长，博涉子史百氏诸书，无不贯彻学道，以诚意正心为主，真知实践为功，道德文章卓然名世。元顺帝至正元年，诏复科举，公举茂才。明年壬午充贡士，三年征广州学正，五年宣慰使张仲达以经明行修疏荐之。历以翰林学士、贤集学士、奎章学士征，不就。时有劝之仕者曰"昔许子衡仕世祖朝，终悔之"。尝语子曰："我生平虚名所累，竟不能辞官，范何敢比许子衡？辞官固愿奉教也。"因于钟村北筑馆授徒，改钝菴为钝斋，表于门示私淑许鲁齐意。其教人谆谆不倦，言温煦，虽与童稚语如或伤之，听其言虽武夫异端无不感悟。故所至无贵贱，贤不肖，皆乐从随其才之，昏明大小各有所得，从者至数百人，咸服其教，终身不忘讲学。暇时卜居或问之曰祖训也。遂遵升祖遗命，建宅迁居，居里名诜敦……[④]

---

① 吴莱（1297—1340），元代学者，字立夫，本名来凤，元朝集贤殿大学士吴直方长子。生于元成宗大德元年，卒于惠宗至元六年，年44岁，门人私谥"渊颖先生"。浦阳（今浙江浦江）人。延祐间举进士不第，隐居松山，深研经史，宋濂曾从其学。所作散文，于当时的社会危机有所触及，要求"德化"与"刑辟"并举，以维护元王朝统治。能诗，所著有《渊颖吴先生集》。

② 杜本（1276—1350），字伯原、原父，号清碧，清江（今属江西）人，元代文学家、理学家，学界称清碧先生。生于元世祖至元十三年，卒于惠宗至正十年，年75岁。是元朝比熊禾晚一代，寓居武夷山的另一位理学大师。读书能文，留心经世。与人交，尤笃于义。工篆隶。吴越岁饥，本上救荒策。大吏用其言，米价顿平，遂荐于武宗。召至京，已而去，居武夷山。文宗即位，再征不起。惠宗时，召为翰林学士，复称疾固辞。终于家。本尝辑宋遗民诗为《谷音》一卷，鉴别极精；自著有《清江碧嶂集》一卷，均《四库全书总目》传于世。时有敖氏舌法十二首，杜本又增二十四图，列彩图方药，撰成《敖氏伤寒金镜录》，是我国最早之舌诊专著。另《万应方》（孙天仁撰）后附有杜本序，疑为伪托者。

③《番禺诜敦孔氏家谱》卷六《列传·晦斋公传（一）》，广州市大马站播文印刷场承印。

④《番禺诜敦孔氏家谱》卷六《列传·晦斋公传（二）》，广州市大马站播文印刷场承印。

可见，孔思范曾多次推掉了元朝官府的荐辟，隐居乡里设馆授徒。族谱还讲到孔思范组织乡民兴修水利、营建桥梁和道路，购地让里人停柩的事迹。①

而沙墟的陈氏家族也许是元朝出仕为官的典型例子。"八世叔祖，讳广誉，乃缓轩公之次子也，生于咸淳十年甲戌……生五子……五曰有立，有立以乡进士（按：即举人）出身，元庆历间仕至朝奉大夫，拓置产业以遗后人，今其子孙念之建祠祀焉。"②

沙墟的《陈氏族谱》也提到元代建立后，这个豪族又通过种种途径再度崛起，拓展家业，并在大德九年（1305）修建祠堂的经历：

> 迨元运盛，宗祚终，承累世之业，置扩田园，邑之推粮长者必公焉。元例计养马每田一顷，养马一足，时养马百足，人以马头号之。又慨累世之失祀，元成宗大德七年癸卯设田二顷以簿砧之，请告即印于元帅府，用稽于悠久祭祀之意。武宗至大德九年建祠一所以妥祖宗之灵。公之卓立，大有过人者，今之子孙享有禄食者赖焉……

3. 家族祭祖礼仪的出现

在唐代，乃至朱熹等宋代理学家制定《家礼》的时代，庶民（普通百姓）是不能为祖先立庙（建祠堂）的，地方上的祠庙不是神祇的庙就是贵族（或皇族）为祖先所立的庙。庶民供奉和祭祀祖先，不是在坟墓，就是在佛寺（所谓功德祠），或者在家中供奉。当时的祠堂并非是在乡村里建立独立的庙宇，而是在坟墓旁建的小房子。又因为代表先灵的象征不一定用牌位而用画像，所以拜祭的地方亦称为"影堂"。③ 从宋到明，在广州建立的祭祀李昴英的祠堂，都是官府和地方人士而不是李昴英家族拜祭的地方。

宋元时期，禺南地区的一些著名家族早期的历史记载中，均提到创建、

---

① 据《番禺诜敦孔氏家谱》卷六《列传·晦斋公传（二）》，广州市大马站播文印刷场承印。

② 沙墟《陈氏族谱》。

③ ［英］科大卫、刘志伟：《宗族与地方社会的国家认同——明清华南地区宗族发展的意识形态基础》，载《历史研究》2000年第3期。

扩建祠堂和设置、增加祭田的一些情况。宋元时期处于禺南大谷围北部的员岗崔氏早期的几位祖先也有创建、扩建祠堂和设置、增加祭田的一些情况。如三世祖"士龙，宋儒，崇礼，祠堂始建为四龛以奉神主，置负郭数百亩祭田，属子孙世守之，以供时祀。不守以废，非孝也。元季毁于兵，遗址犹存"①。又士龙"能强本节用，亦家渐因以丰饶焉……岂廓祠宇、置祭田贻厥孙，谋不可自我伊始也？乃悉取先世所未构者而一一创增之"②。到士龙子（四世祖）"处士讳天赐，字子佑，高峰③，……处士性尚恬退，不乐仕进，躬勤俭，故能克厥家而充拓尝，惟孝为百行之本，必先为子姓率置常稔田五十亩，以供祠堂蒸尝之费，尝谕子孙曰'守此则世世之祀不废矣'。"④ 由此可见，在宋元之际的员岗崔氏家族已有"祠堂"祭祀的传统。

三、李昴英及其家族：宋元时期"耕读传家"家族的杰出代表

（一）李昴英的文化成就

宋代李昴英及其家族作为"耕读传家"的杰出代表，是番禺地域文化的发端的主要体现。李昴英作为番禺人和岭南人的代表登上中原的政治舞台，标志着岭南文化和番禺文化继崔与之后再度输出岭北。

岭南李氏的历史源远流长。据沙湾《李氏族谱》载，至四世李仙之始迁居番禺鹭冈村（在今广州市海珠区），为番禺之祖，卒葬番禺猛涌多石冈（墓今存），为广南李氏之鼻祖。五世李桦，字才举，号竹间居士，官迪功郎、广南东路经略安抚司助教，因官所而迁居广州龙头市，后又监广州军资库。暮年以礼佛诵经为念，平生积善，卒赠朝奉大夫。生二子：天棐、天谅。六世李天棐，原名天益，字益忱，桦之长子，生于宋孝宗淳熙二年（1175），官至奉直大夫、循州路（今惠州与博罗）通判，惠政及民，赐紫

---

① 《重修员岗崔氏家乘》（残本）卷五《祠庙考·昌大堂记》。
② 《重修员岗崔氏家乘》（残本）卷八《世传考·隐士潜渊崔公传》。
③ 今员岗仍存高峰崔公祠。
④ 《重修员岗崔氏家乘》（残本）卷六《丘墓考·宋高峰祖处士崔公墓志铭》。

金鱼袋。后以子昴英之贵，覃恩累赠宣奉大夫太子太师，其妻黎氏也受赠南海郡开国夫人。

李天裴卒于嘉熙四年（1240），享年66岁。生三子：昴英、璧英、奎英。其中长子李昴英，字俊明，号文溪，生于宋宁宗嘉泰元年（1201），为丞相崔与之（号菊坡）学生，宝庆二年（1226）登丙戌科鼎甲进士第三名（探花），为广东科举考试的第一位探花，官至龙图阁待制、礼部侍郎、吏部侍郎兼翰林院学士监修国史，封番禺开国男，食邑三百户。宝祐三年（1255）李昴英致仕，归隐羊城文溪之上，因自号"文溪"，著书作文行于世，善诗词属文。其诗骨力遒健。词清劲苍秀，世称"词家射雕手"。其文章立意高远，长于议论。著有《文溪集》《文溪词》等传世。门人李春叟搜集其文稿，汇编成《文溪存稿》20卷。宋理宗御书"文溪、久远堂、向阳堂"赐之。宝祐五年（1257）卒，享年57岁，谥号"忠简"，人称"李忠简"。文渊阁《钦定四库全书·文溪集提要》中，先是肯定李昴英是一位"盖具干济之才而又能介然自守"的贤臣，继而赞许李昴英立朝刚毅不阿"直声动天下"。这两句断语可谓画龙点睛，勾勒出李昴英其人之特征，无疑成为评定李昴英的千古确论。也正因为李昴英在其时错综复杂的政治斗争中坚守节操、旗帜鲜明，所以一再招致政敌的仇视与攻击，曾三次遭受"弹劾"。[1]

李昴英像

位于香港的李昴英题"食邑税山"界石

李昴英一生出而为宦，则兼济天下，退归乡里，也不仅仅独善其身。为此，

---

① 杨芷华：《李昴英》，广东人民出版社2006年版。

湛若水用"忠""孝""义""勇""惠""廉"六字所代表的君子"六行"来称颂李昂英："夫斯六行者，君子之所以立身也，忠简备焉。"① 黄佐更以"古之遗直"评价李昂英。②

（二）李昂英的后裔、门徒、女婿及其对地域文化的影响

据沙湾《李氏族谱》载，李昂英生五子，命之为仁、义、礼、智、信5房。长子寿（又称"奉"）道，为将仕郎，分居东莞。次子守道，即沙湾李氏八世李守道，字尚翁，号涧泉，生于宋理宗绍定二年（1229），民国版《番禺县续志》载："以父官辖院③，赐紫金鱼袋。咸淳四年赴官福州，途次海丰县北新街卒，年四十（按：后被赠封为文林郎）。娶右丞相清献崔公与之长女，无出，殁。续娶东莞顾氏，生字光文，为碧江、龙津、沙湾分房之祖。"④ 三子志道（庶出），字立翁，为朝散大夫工部侍郎，市桥房祖。他"淳祐九年乡荐，宝祐元年进士。咸淳三年召为朝散大夫，值宝谟阁，广南东路经略安抚使，提点刑狱，节制兵马兼屯田使，尚书，工部侍郎"。于"德祐元年，以疾请得归。端宗航海，元兵日逼，志道纠集乡勇，躬督于潮州，上粟十万石饷军"。宋亡大哭，不久即逝。⑤ 其家人避居于市桥。四子性道，官舶使，居化龙东溪，为茭塘房之祖，"理宗景定三年进士。官至朝烈大夫，广东都督府参军务"。五子由道，字义翁，号溪泉，官承直郎，为石壁、墨涌房之祖。

同治《番禺县志》称李昂英生前"封番禺开国男，食邑三百户"⑥。次子守道于宝祐年间（1253—1258）广置沙湾青萝嶂山地及邻近众多田产，收

① （明）湛若水：《修复李忠简公海珠祠像记》，载杨芷华点校《文溪存稿》附录三，暨南大学出版社1994年版，第268页。
② （明）黄佐：《广州人物传》卷九《宋礼部右侍郎李忠简公昂英》，广东高等教育出版社1991年版，第184页。
③ 《宋志》载，太仆寺有车辖院之职，掌乘舆、法物。
④ 民国版《番禺县续志》卷十八《人物志一》。
⑤ （清）同治《番禺县志》卷三十六《列传五》。
⑥ （清）同治《番禺县志》卷三十六《列传五》。

租万余石，为后人定居沙湾奠定了雄厚的经济基础。^①同一志亦载三子李志道"帝重其忠，赏以番禺、南海、新会、东莞、香山各县田地八千余顷"^②。可见，借助李昴英的权势和南宋皇帝的赏赐，李昴英后裔享有占据番禺等地沙田的合法性。

在大谷围西南部的古坝一带流传着一个"放木鹅"传说："……故老相传谓李昴英致仕时，理宗赐以木鹅一双，此鹅放在水中任其顺水流去，止于何处，该处即为李氏所有。不幸某次木鹅邅止于纱帽冈之趺，于是吾族遂不能保有此地……"^③因此古坝韩、李二姓在宋元明都不通婚。声称是李昴英后裔的李氏家族，借助李昴英的权势以"放木鹅"的形式占有了被古坝韩族视为风水宝地的纱帽岗祖坟地，引起了长期的纠纷。直到明代古坝族人韩古岸以功名得势，才夺回这块风水地。^④

珠三角普遍流传木鹅与土地占垦关系的故事。该传说在新会三江赵族、番禺沥滘罗族，以及花县塱头黄族（原地属南海县）等这些早期发展起来的珠江三角洲家族中广泛流传，反映了因为沙田的垦筑未多，人口也较少，所以只要报税承垦，大多得到官府的承认。宋末元初，对沙坦是报承自由，不受限制的，也无统一的法令规定。^⑤

李昴英一生培养的门生不少，知名者有李春叟、刘必成、吴彦、张子元、曾士偳、陈大震、何文季等。除曾士偳的结局尚待商榷之外，他们都能继承发扬李昴英的名德卓行，竞相扩大李昴英的社会影响。^⑥其中，以陈大震对番禺文化乃至岭南文化的影响较大。

同治《番禺县志》载：

> 陈大震，字希声，宝祐元年进士。为博罗主簿，擢长乐令，以

① 沙湾《李氏族谱》。
② （清）同治《番禺县志》卷三十六《列传五》。
③ （民国）韩锋：《番禺古坝乡志·五·人物》，江苏古籍出版社1992年版。
④ （民国）韩锋：《番禺古坝乡志·五·人物·韩古岸传》，江苏古籍出版社1992年版。
⑤ 谭棣华：《清代珠江三角洲的沙田》，广东人民出版社1993年版。
⑥ 杨芷华：《李昴英》，广东人民出版社2006年版。

沙湾李忠简祠（久远堂）仪门旧照　　　　　　化龙草堂李氏大宗祠纪念探花李昂英的
（载《沙湾镇志》）　　　　　　　　　　　　　　"历朝赐祭"仪门牌坊

文辞敏捷、政事宽厚称。调蕲州广济县，有平盗功，改奉议郎，参静江帅府。咸淳七年，权知雷州……在郡二年，判语数百，人刻之号"蘧翁山判"。转朝奉大夫，擢守全州。元兵至，力不支，自劾罢归番禺。端宗入广，召为尚书、礼部侍郎，不就。宋亡。至元辛巳，诏甄录旧臣，授司农卿、广东儒学提举，避贯请闲居，从之。居尝深衣广袖，自号"蘧觉先生"，立灵位以待死日，与常所往来者饮酒赋诗，曰："吾可以下见穆陵矣！"卒年八十。[1]

李昂英晚年归隐文溪，诗词撰作甚丰之时，亦是陈大震初投其门下之时。《文溪公文集序》载：（文溪先生）晚岁闲适，无日不登临，无日不赋咏。自骑鲸后，六丁取将者不少。大震初受公训，常撰杖履，惜不掇拾……五十年间，往来怀抱。一日，其孙宪文、以文携存稿见示……后来，陈大震五十年间一直坚持搜集整理老师著述。

陈大震生性刚直，平生无戏言，这一性格特征，与其师李昂英十分相似。他对待子孙严而有礼，不戴帽不接见，虽然年事已高，仍手不释卷。他所著文述文章，典雅而有法度，举凡郡有大著述，必请其执笔撰写。生平

---

[1]（清）同治《番禺县志》卷三十六《列传五》。

著述有文集数十卷（已佚）、《遯翁山判》（已佚）、《南海志》等。其所修的（元大德）《南海志》原书共二十卷，今存残本六至十卷，为"目前所见的广州（含当时所领七县）旧志的最早刻本"，"今存残本，虽然首尾俱阙，未能尽窥全豹，但仍不失为了解宋元时期珠江三角洲的重要文献"。①

王道夫，（番禺）车陂人，少从陈大震游，苦志力学，咸淳四年（1268）进士。仕连山尉，保民殿寇有功，度宗宠以御札兼有金注碗盘之赐，由是以才略知名。景炎三年（1278，四月后改元"祥兴"）王道夫与凌震曾联合收复被元军攻占的广州城，拜兵部侍郎广东转运使，后加学士兼兵部尚书。祥兴元年（1278）十二月，与元将李恒战，一说"打败被执"，一说"宋亡，道夫不知所终"②。

除此之外，在禺南地区受到李昴英影响的人物还有李昴英的女婿沙湾王元甲，宋咸淳七年（1271）第五甲张榜进士。民国版《番禺县续志》载，王氏定居沙湾的始祖四世："王元甲（1230—1301），字士迁，机警勤学，李忠简公昴英以女妻之，登咸淳七年张镇孙榜进士，官南恩州阳江主簿兼尉事，卓有惠政。元师度岭，下广州，张镇孙撄城固守，城陷，镇孙死，元甲护其枢葬于乡。"

元初，王元甲因耻仕于元而归隐，曾率乡勇破贼保境安民，民国版《番禺县续志》载：

> 世乱群盗愈肆，元甲与乡人筹策捍御，盗乃惊溃，乡井晏然。元将欲以其绩上闻，元甲辞归，隐于沙湾，环所居植梅数十本，幅巾深衣，淡泊自甘。因自号梅湾居士。③

凌边凌震墓（由天河区迁建）

---

① 《广州史志丛书》编委会：《元大德南海志残本·序》，广东人民出版社1991年版。
② （清）同治《番禺县志》卷三十六《列传五》。
③ 民国版《番禺县续志》卷十八《人物志》。

第三节　大谷围地区宗族的祖先记忆

一、大谷围地区宗族祖先记忆的主要类型

禺南大谷围地区宗族的早期祖先大概可以分为：珠玑巷传说与男性祖先记忆（包括罗贵与非罗贵）、非珠玑巷传说与男性祖先记忆（如孔族、李昴英、陈元德等）、女性祖先故事（太婆或祖姑），以及男、女祖先并存的祖先记忆等。

根据刘志伟的梳理[①]，沙湾乡的宗族祖先记忆大概反映了禺南大谷围地区祖先记忆的一些情况。在沙湾镇内的居民中，被视为当地人的，主要分属于何、王、李、黎、赵五大姓，这五大姓组成为五支宗族。五大姓的祖先据说是在南宋末至元明之际来到沙湾定居，每个宗族，都有一个关于祖先定居的传说。

何姓的始迁祖何人鉴，据说在南宋绍定六年（1233）纳价入广东常平司，买下了沙湾附近的田地山场，从此子子孙孙世居沙湾。

李姓声称是宋代名臣李昴英的后代，当年何人鉴买下沙湾的田地，得到了李昴英的帮助，因此尽管李姓在沙湾的势力远不如何姓，但被认为对何姓有功，与何姓维持着一种特殊的关系。李姓证明自己有在沙湾定居和开发沙田的权利的，是一个关于皇姑和木鹅的传说。[②]

黎姓传说其先从南雄珠玑巷迁到广州，其后再迁南海季华，再到沙湾南面的紫坭，后娶了沙湾陈姓的一个女子，陈姓用了沙湾的一块地作为嫁妆，从而得以在沙湾入住。在沙湾，对何氏宗族最具有竞争力的是王姓，传说王姓的始祖来自南雄珠玑巷，先到位于沙湾东面的黄阁，后来"太婆"带一个

---

① 刘志伟：《大族阴影下的民间神祭祀：沙湾的北帝崇拜》，载《寺庙与民间文化》，（台湾）汉学研究中心1995年版。

② 关于这个传说，请参见 James Hayes: "Letting Go the Wooden Goose", Journal of the Hong Kong Branch of the *Royal Asiatic Society*. Vol.12, 1972.

儿子到中山县，"太公"带另一个儿子留在黄阁，"太公"死后，儿子迁到沙湾。而赵姓在沙湾只有十来户，关于赵姓的来历，有不同的说法，但由于赵姓声称是宋代皇族的后裔，从而也得以跻身于沙湾的大族之列。

　　沙湾五大姓的入住传说中，最值得注意的是这些传说与沙田控制权的关系。沙湾的宗族，同其他同类大乡镇的宗族一样，是其东南方大片沙田的真正的控制者。尤其是何姓，素以拥有大规模的沙田闻名一方，[①] 仅何族的大宗祠何留耕堂所拥有的沙田，就多达 6 万亩，其他各房和私人手中亦控制着大量的沙田，何族的成员中有相当数量的大耕家，向宗族和附近其他沙田的业主承租大面积的沙田来经营。王姓也拥有相当数量的沙田，并有不少人在外做官和经商。黎姓中比较富有的主要是出外经商的人，在沙湾的人主要耕作附近的土地。李姓近世在经济上已经衰落，但现存李姓的大宗祠是沙湾年代最古老的宗族祠堂之一，其规模反映出过去李姓也曾是一势力雄厚的豪族。在五大姓之外的人成为"杂姓"，杂姓人不但人数很少，而且一般是后来作为五大姓的奴仆或雇工才在沙湾居住下来的。[②]

二、珠玑巷传说与男性祖先记忆

　　在禺南地区男性祖先记忆中，普遍流传着珠玑巷移民的传说。陈乐素先生认为虽然史籍无载，但反映了宋明时期珠江三角洲开发的历史。科大卫、刘志伟等教授则另辟蹊径，跳出传说"史源真实"意义上的讨论，从明清以来珠江三角洲地区区域社会发展的历史脉络中诠释南雄珠玑巷传说产生和流传的社会意义。[③]

（一）一般珠玑巷传说与祖先记忆

　　珠玑巷传说在禺南地区宗族男性祖先记忆记录中普遍存在，如礼园黎

---

① 关于沙湾何族与沙田的关系，参见刘志伟《宗族与沙田开发——番禺沙湾何族的个案研究》，载《中国农史》1992年第3期。

② 刘志伟：《大族阴影下的民间神祭祀——沙湾的北帝崇拜》，载《寺庙与民间文化》，（台湾）汉学研究中心1995年版。

③ 石坚平：《民间故事、地方传说与祖先记忆—— 以广府地区族谱叙事中的罗贵传奇为中心》，载《广东社会科学》2013年第4期。

氏宗族即宣称从珠玑巷
南迁入粤。陈琏所撰的
《始祖宋侍御史黎公墓
碑记》载：

南雄珠玑巷

公讳念泗，先世
姑苏人，自刺史公仕
唐宦游岭南因家南雄
珠玑巷历宋至公，祖
讳失传，父讳亦失缺。
公端庄有仪，力学弗
倦与人交，始若淡然，

无足其意者，久之。人皆自喜谓："公真长者家，虽丰饶，自奉甚约，
恒推所有，以济乡邻，无疏戚，交得其欢心。"然性廉静乐道，淡于
营利，清节素履，重于儒林，岂非特立独行之士哉！崇宁丙戌，举贤
良，拜侍御，南度广，以礼园风土之美，遂定居焉。①

《黎氏二世祖墓志》载：

公状，讳士勤，先世自姑苏、南雄，至宋为侍御者讳念泗始居
礼园。生公一人，资重厚，性和易，博学多闻，为有德之人。复能营
产业，遗其后，子孙承之，力于封殖，为邑茂族者，实公厚德有以致
之也。②

又如大岭陈族亦称从珠玑巷迁来大谷围③，在大岭《陈氏族谱》里保存
了一份《宗支图序》记录：

---

① 陈琏（廷器）：《始祖宋侍御史黎公墓碑记》（正统十三年龙集戊辰春二月吉日
立），载《礼园黎氏族谱》。
② 《黎氏二世祖墓志》（景泰元年秋九月吉日立），载《礼园黎氏族谱》。
③ 本部分参见朱光文《明代士绅与宗族建构——以番禺珠玑后裔大岭陈氏宗族为中心
的考察》，载石坚平主编《良溪古村与珠玑移民》，中国华侨出版社2011年版。

……今按柳溪谱，陈氏之先，自唐大理寺评事讳晖，自金陵徙泰和城西之柳溪，至九传有讳轵府君者，仕宋为南雄保昌县尉。生子七人，二返泰和，一往增城，四来番禺大岭居上村凤翔社，妣曾氏，葬泰和，继妣吴氏葬鹤顶红。今自晖祖至轵祖，皆大岭所自出之祖，列作一传而至九传，以大岭始祖列作一世，而至千万世。一绘图以一世至五世为一列，以六世至十世为一列，以五世仍悬入六世之上，庶知一父一子，尤为是易见。自十一世下做此，其中有房分之多者，以各色线别之，使后之孙子披图而览，便识其系焉。于是乃列宗支图。[①]

把家族历史追溯到江西泰和的"始祖"后，就轻而易举地与唐代显赫的祖先陈晖拉上关系，从大岭始迁祖上溯到唐代始祖的脉络就此完全打通，明代对陈族的谱系重构的过程也基本完成[②]："（江西）始祖讳晖，唐昭宗时登第官宦，大理寺评事原名徽，因避杨行密之乱改名晖，自金陵徙居（江西）和柳溪古巷……"[③]

接着，因为宋末的社会动荡"宦游"至粤北的南雄：

保昌君讳轵，字彦约，乃唐时评事公，晖祖之九世孙，积中公之次子也，生于宋真宗德元年间至天圣间，任南雄路教授守臣，以文学擢保昌县尉，原配曾氏生三子：晦叔，宏（弘）叔，华叔……继娶庶祖妣增城吴氏生四子：世宁、世清、

大岭显宗祠后寝祖先牌位

---

① 大岭《陈氏族谱·宗支图序》。

② 关于大岭的族谱结构的分析，参见朱光文《从番禺大岭古村的宗族历程浅析府乡村的迁居与制度化建设》，载《广东史志》2003年第1期。

③ 大岭《陈氏族谱》。

世昌、世盛。……①

粤北的广东始迁祖因某种原因再度南迁至珠江三角洲："公谢政后，仍居南雄，后偶至番禺，又仰顾凤翔山川钟秀，遂至家焉。"②

再是在珠江三角洲经过数次迁居，大致在元末明初定居下来。而从南迁到定居之间往往相隔了数代：

> 公生七子，长、次［晦叔、宏（弘）叔］回江西泰和奉祀宗坊……世盛往增成华叔，同弟四人随（父）居番禺慕德里（司）守奉祖墓……华叔后移居冈边……世清分番禺之独石芳坑口、增城之陈冈头，龙门之官田，清远之官庄等等；世昌后分番禺之燕塘员村等地……世华姚张氏生三子：丹一、丹二、丹三，丹三由凤翔里徙居冈边。③

迁居珠江三角洲后，陈族祖先们经历了原址暂居及迁徙珠三角各地和周边地区，乃至回迁江西的飘忽不定的分迁历史。

（二）以"罗贵"为中心的珠玑巷传说与祖先记忆

罗贵（号琴轩）是明清时期包括番禺大谷围地区在内的珠三角各地大部分罗姓宗族所尊奉的共同祖先。在番禺大谷围地区存在多支以罗贵为始祖的罗氏宗族，如在傍江村仍保存一幅《琴轩罗太祖像赞》，其原文如下：

> 敬维先世，宋代肇祉，原隶祥符，高居珠里，笃生我祖，缵扬盛轨，世袭锦衣，芹采泮水，威凤祥麟，翘翘待起，绍兴初年，时政乖圮，遂率婣亲，预远倾否，计不返顾，惟德是恃，遥遥南迈，蛮烟僻址，三十三姓，惟祖张弛，九十七人，惟祖离里，度邑参居，星罗疆理，课农劝学，百物经始，群族既奠，山川光炜，咸沾祖德，报功无己，或隆庙貌，铸金仰止，或同祠祀，岁荐繁芷，奕奕傍溪，水环山峙，我祖始居，荫垂桑梓，衍派移根，各郡分徙，归骨凤窠，龙章

---

① 大岭《陈氏族谱》。
② 大岭《陈氏族谱》。
③ 大岭《陈氏族谱》。

锡只，肃奉遗像，曷任瞻企，亿万斯年，绵绵济美。

道光壬午年殿试一甲第三名赐进士及第钦点翰林院编修加一级武英殿协修十八传孙文俊顿首拜撰，戊辰科翰林潘衍桐敬书

《琴轩罗太祖像赞》由罗贵的十八传孙罗文俊（清道光壬午年殿试一甲第三名赐进士及第，钦点翰林院编修加一级武英殿协修，东莞人）所撰，清道光戊辰科翰林潘衍桐所书，以四字文的格式，首先描述了罗贵先祖从中原迁居珠玑巷定居，历代为品官之家的身份，继而讲述了南宋末年因为"胡妃之乱"等原因，罗贵率领亲族及当地 33 姓，97 人从粤北迁居珠三角的故事，最后讲述先祖罗贵带领珠玑迁民在珠三角开拓田地，建立聚落的伟大功绩，以及罗氏后裔在当地繁衍生息，开枝散叶的过程，罗贵也自然成为番禺傍溪（即今傍江西村）罗族供奉的开基始祖。《琴轩罗太祖像赞》由道光年间傍江西村邀请东莞同宗功名人物撰写，是番禺乃至珠三角罗贵祖先建构的典型个案之一。

根据石坚平的研究，族谱叙事中的罗贵传奇，是明中叶以来民间社会广泛流传的珠玑巷移民故事由民间故事形态向地方传说形态的转变过程中演绎出的一种用于诠释地方宗族祖先来源记忆的典型性叙事模式。在宗族主义、地方主义和族群主义等意识形态的影响下，地方社会在族谱叙事中竞相增添和删改罗贵传奇的特殊情节与关键细节，演绎出符合各自需要的叙事文本。因而，广府地区族谱叙事中的罗贵传奇被深深地打上了地域性、宗族性与族群性的社会烙印。[1] 石坚平特别指出，围绕着罗贵个人作为南迁首领形象的建构，罗氏宗族与非罗氏宗族在罗贵传奇的族谱叙事上迥然不同。罗氏宗族关于罗贵传奇的族谱叙事均是围绕罗贵作为民众领袖，率领珠玑巷民众成功南迁的英雄事迹为中心而展开。密报情节中对密报者与罗贵之间特殊的亲缘关系的强调，为罗贵组织密议、倡议南迁埋下伏笔。密议情节中对罗贵预知消息，秘密组织民众集议，倡议南迁的强调，不仅为众谢和众誓情节的展开奠定了基础，而且突出了罗贵作为南雄英雄的首领形象。众谢和众誓是绝大

---

① 石坚平：《民间故事、地方传说与祖先记忆—— 以广府地区族谱叙事中的罗贵传奇为中心》，载《广东社会科学》2013年第4期。

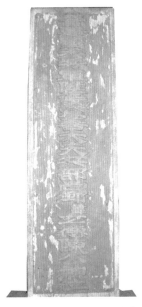

石楼善世堂中的陈元德神
主牌（陈铭新摄）

光绪《石楼陈氏家谱》
（善世堂藏版）中的将
军祖祠图

多数罗氏宗族族谱叙事所特有的情节。其试图进一步推动传说的在地化，以实践对罗贵建祠奉祀的礼仪为中心，凝聚起珠玑巷后裔的族群意识，建构起以罗贵"共祖"认同为核心的地方社会集体记忆。①

三、非珠玑巷传说与男性祖先记忆 ——陈元德故事与禺南陈氏宗族联盟

在宗族的族谱和地方志的记载中，坑头、石楼等禺南地区不少陈氏宗族均奉陈元（玄）德为始祖，建构起一个陈氏家族祭祀联盟。以下列举光绪《石楼陈氏家谱序》、同治《番禺县志》、民国版《番禺县续志》三个版本的相关记载如下：

清光绪《石楼陈氏家谱·序》，《列传一·陈元德》：

> 陈元德，獂道县人今陕西巩昌府。少倜傥，以才勇闻。仕东晋孝武帝、安帝朝，有征伐功。孙恩之乱，元德同刘牢之，奉诏进讨，以功封建国大将军、资善大夫。孙恩死，其党卢循复炽，攻陷广州。元德再承命往征，功未就，值刘裕将迁晋室，恚元德不附己，谪晋江刺史。遂弃官，挈妻子遯（同"遁"）迹岭南，至番禺桂林乡，爱此地山水之胜，遂卜居焉。今其子孙繁衍，科名不绝。

（清）同治《番禺县志》卷三十二《列传二·寓贤》：

> 陈元德，獂道县人（今陕西巩昌府）。少倜傥，

---

① 石坚平：《民间故事、地方传说与祖先记忆——以广府地区族谱叙事中的罗贵传奇为中心》，载《广东社会科学》2013年第4期。

以才勇闻。事东晋孝武帝，历安帝、恭帝朝，有征伐功。孙恩之乱，元德同刘牢之，奉诏进讨，以功封建国大将军。孙恩死，其党卢循复炽，攻陷广州。元德再承命往征，功未就，值刘裕将迁晋室，恚（怨恨）元德不附己，谪晋江刺史。裕篡位，遂弃官，挈妻子，遁迹番禺。其子孙繁衍至今。（"任志"："初居水坑，后迁坑头村。"今石楼、赤冈、文岭冈、白泥涌、上梅坑诸乡，皆其裔也）。

民国版《番禺县续志》《人物志一·陈元德，子亮》：

> 陈元德，晋秦州南安郡獂道县人。（陈璞云："晋自夷狄乱华，北地诸州，一时沦没。秦雍流民，南出樊沔者，孝武帝于襄阳侨立雍州。秦郡流民，寄居堂邑，属临淮。元德时，故乡陷没已久，必非其时始来江左，或先世已南渡，非侨居临淮，则襄阳未可知也。遁迹来粤，其告后人不忘故籍。今应按晋郡县书云：南安郡獂道县人，今甘肃巩昌府陇西县地。）生于简文帝咸安元年（371年）。少倜傥，以材勇闻。历仕孝武帝、安帝、恭帝三朝，征战有功。隆安三年，妖贼孙恩（农民起义领袖）之乱，元德同辅国将军刘牢之奉诏进讨，累战，恩大败，以功擢建国大将军。恩穷蹙，赴海自沉。余众推卢循为主，攻陷广州。元德再承命往征，功未就，值刘裕将迁晋室，恚元德不附己，谪晋安太守（"李志"作"晋江刺史"）。

> 元熙二年（420年），裕篡位，遂弃官挈妻子遁迹至番禺桂林乡，今名"白水坑"。爱其地山水之胜，爱卜居焉。卒于宋孝武帝大明七年（463年），年九十有三。尝手植水松一株于坑头，后大数十围，根盘竟亩，雷折其干，近根数枝犹活，望之如小山。

> 国朝道光间沙湾司巡检许文深筑拜松亭于其下。南海谢兰生、香山黄培芳绘图，象州郑献甫、闽县林鸿年、南海谭莹、邑人张维屏、陈澧赋诗词纪之。

> 元德墓在鸿鹄岭。子亮亦潜修弗耀，卒葬元德墓侧。后裔蕃衍，凡数万人，为白水坑、坑头、白冈、蔗坳、梅山、赤山、石楼七房开族始祖。

四、女性祖先故事演变 ①

传统妇女的角色及其演变问题，是研究岭南地方社会变迁的一个重要方向。刘志伟教授在一篇关于沙湾"姑嫂坟"的文章中认为，在岭南地区，原来并没有中原地区那种"男尊女卑"的文化传统，在岭南社会和文化逐渐归化到统一的"中国文化"的过程中，对女性形象的重塑，是士大夫在地方社会推行"教化"的重要手段之一。② 刘正刚教授研究了类似沙湾姑嫂坟传说的顺德龙江镇贞女桥的故事，他指出，明清时期，地方仕宦出于教化需要，不断发掘有关吴妙静的传说故事，在其建造的桥上竖立了"贞女遗芳"牌坊，将其塑造为节孝双全的女性形象，成为地方社会重要的文化资源。广东仕宦对其形象进行塑造的目的是借此在地方推行王朝教化，强化人们对王朝统治的认同感，从而将地方文化逐步整合到统一的中国文化之中。③ 萧凤霞（Helen Suit）对珠江三角洲的"不落家"习俗进行了新的辨析。以往研究者从经济因素出发，认为 19 世纪以来当地缫丝业的发展使女性获得一定地位，导致她们用"不落家"的习俗来抵制传统婚姻，因此这是一种反抗男权压迫的表现。但萧凤霞研究发现，从清朝中期到民国时期，这一习俗其实得到当地的较大认同，甚至在社会精英中也比较流行。她不仅分析了传统文献如地方志中的《列女传》，还更多地利用了民间文献和田野资料，发现这与珠江三角洲的开发史有密切关系。那些在族谱中自称是来自中原的人们实际上本是当地土著，他们在获得经济地位之后，往往利用一切文化资源，包括风俗，来强调与国家的认同，同时与存在竞争关系的族群抗衡。这样，她就为区域性的妇女历史提供了一个新的解释模式。她就此推论认为，汉人正统婚仪与岭南"不落家"婚俗的奇怪结合，可能是汉人与岭南土著长期互动的

---

① 本部分参见朱光文《番禺文化遗产研究》，广东人民出版社2011年版。

② 刘志伟：《女性形象的重塑："姑嫂坟"及其传说》，载苑利主编《二十世纪中国民俗学经典：传说故事卷》，社会科学文献出版社2002年版，第357-378页。

③ 刘正刚、乔玉红：《"贞女遗芳"与明清广东仕宦塑造的女性形象》，载《史学月刊》2010年第3期。

结果。① 叶汉明也指出"不落家"等婚俗，可能是儒家贞节观及岭南瑶、僮、黎等少数民族的婚俗与妇女的要求之间的一种妥协。②

以上四位历史和人类学学者对岭南特别是珠江三角洲宗族社会的女性祖先崇拜问题，分别从"士绅重塑与王朝教化""婚俗演变与族群抗衡"等方面进行过分析。而本部分仅仅是想在前人研究的基础上罗列几个属于明清番禺县南部大谷围的早期女性祖先崇拜例子。

（一）沙湾姑嫂坟故事演变解读

刘志伟所研究的沙湾姑嫂坟传说就位于该区域内。该传说中的"姑"与"嫂"均为故事主角。目前所见的最早记载，是乾隆《番禺县志》卷五《陵墓》：

> 宋姑嫂坟，在蒲涧。姑何氏，沙湾何琛女，兄人鉴，娶施氏，姑嫂最爱厚，嫂殁，姑不字，卒于室，因合葬焉。③

民国版《番禺县续志》则载：

> 姑嫂坟在小北门外三台岭。姑何氏，宋时沙湾何琛女。兄人鉴，娶施氏。人鉴勤劳王事，常外出。琛年老无少子，姑嫂二人相

位于广州白云山麓的姑嫂坟

---

① 萧凤霞（Helen Suit）：《妇女何在？——抗婚和华南地域文化的再思考》；见郭松义、高世瑜、商传、赵世瑜、定宜庄、李伯重、李小江《历史、史学与性别》，载《历史研究》2002年第6期。

② 叶汉明：《妥协与要求：华南特殊婚俗形成假说》，载《礼教与情欲：近代早期中国文化的后现代性》，台湾"中研院"近代史研究所1999年版；叶汉明：《地方文化的性别视角：华南宗族与自梳风习》，载《主体的追寻：中国妇女史研究析论》，香港教育图书公司1999年版。

③ （清）乾隆《番禺县志》卷五《陵墓》。

依为命，晨昏奉侍老人，里称其孝。琛没，嫂哀毁卒，姑亦一恸，同
日而殒，因合葬。①

对比前后两个版本，明显看到士大夫对故事结构及妇女的角色重新塑
造的痕迹。刘志伟教授已经在其文章中做过详细分析，在此不一一赘述。他
还指出，珠江三角洲地区的宗族对女性祖先的崇拜，与这种入赘的传统有多
少关系，是一个难以直接证明的问题，但不能排除与这一传统有联系的现象
是，在珠江三角洲地区不少宗族的定居传说都与女性祖先有关，把女性祖先
的墓地作为祭祖对象，沙湾何氏也不是唯一的特例。②

类似沙湾的女性故事，在禺南其他宗族中似乎也是个比较普遍的历史现
象。笔者从方志、族谱、碑刻和民间传说中搜集了大岭陈族、板桥黎族、员
岗崔族三个个案，分析如下。

（二）大岭圭姐故事演变解读

与沙湾姑嫂坟传说中的故事主角不同，大岭陈氏家族中的女性角色传说
则以"姑"为叙述的核心。该故事有两个版本：其一是乾隆《番禺县志》卷
十六《列女》所载的版本：

> 陈贞姑，名圭姐。淳祐间庠生日南女也。日南生子东卿及圭姐，
> 而夫妻沦亡，东卿亦早卒，遗孤洪懋，圭姊与嫂经营两丧，拮据尽
> 瘁。有求婚者，泣语嫂曰："陈氏三世，唯此一线，我何忍弃寡嫂与
> 孤侄他适耶？"遂杜门抚孤，终身不字，年七十五卒。③

第二个版本是出自稍后的大岭《陈氏族谱》：

> 四世祖姑曰娃（圭）姐，生当淳祐，稍长知孝义，有弟东卿，
> 甫三岁而母亡，痛母弃世，怆弟丁零尤劳备至。有向父求婚者，自泣
> 曰："陈氏三世，惟此一线，我何忍置老父幼弟而他适耶？"奉养日

---

① 民国版《番禺县续志》卷四十一《古迹冢墓》。
② 刘志伟：《女性形象的重塑："姑嫂坟"及其传说》，载苑利主编《二十世纪中国
　　民俗学经典：传说故事卷》，社会科学文献出版社2002年版，第357-378页。
③ （清）乾隆《番禺县志》卷十六《列女》。

南卒后，遂杜门抚孤终身不字，与寡嫂抚孤得延宗嗣，迄今族姓蕃衍悉赖姑力，立祠崇祀事详省志，入祀本邑节孝祠，享寿九十有五，葬在本乡平冈头，有侍从，大姑墓在左侧。①

两个版本的故事情节的不同之处，其一是前者是在日南"夫妻沦亡"后才"杜门抚孤，终身不字"，后者是在"甫三岁而母亡"，然后"奉养日南卒后"才不嫁，也就是说后者增加了奉养老父的情节，还重点突出了前面没有的圭姐"痛母弃世，怆弟丁零尤劳备至"的内容；其二，前者是"泣语嫂曰"，后者则是"自泣曰"，自泣也许更能体现其"孝"之真诚；其三，估计是出于建构谱系的某些需要，前者出现的"遗孤洪懋"，到了后面就再没有提到这位祖先的名字了；其四，前者是"我何忍弃寡嫂与孤侄他适耶"，后者则改为"我何忍置老父幼弟而他适耶"，抚养的对象一下子由"寡嫂与孤侄"变成了"老父幼弟"了，在乾隆版本中的已经死去的老父陈日南和弟弟陈东卿居然神奇地复活了；其五，前者"年七十五卒"被改为后者的"享寿九十有五"，圭姐居然一下子长寿了20年。两个乍一看内容雷同的故事版本，细致分析居然有如此多的修改，唯一不变的是始终保持了"寡嫂"与圭姐相处的细节。这样一来，本来粗糙故事的情节似乎就更为合理、更接近儒家贞节孝道的传统要求了。同时，《陈氏族谱》的版本里还特别提到了圭姐"立祠崇祀事详省志，入祀本邑节孝祠"，可见，前面的故事情节还比较粗糙，所以，后面的版本肯定经过大岭和地方士大夫的精心修改，已经得到了官方认可，并得以立祠崇祀，还能够记载在省志里面。②

（三）板桥黎道娘故事解读

与圭姐传说相似的女性崇拜，比较早期的另一大谷围女性崇拜的例子是板桥黎氏宗族。这个例子与前面不同的地方在于它是以母女的角色出现的。

---

① 大岭《陈氏族谱》，载陈华佳编《大岭村志》。

② 除了在本邑节孝祠中祭祀陈贞女外，在本族也立有祠庙祭祀，该祠原位于俗称三沓庙的一侧。关于大岭陈氏家族中的女性角色传说与宗族谱系的关系，参见朱光文《明代士绅与宗族建构——以番禺珠玑后裔大岭陈氏宗族为中心的考察》，载石坚平主编《良溪古村与珠玑移民》，中国华侨出版社2011年版。

据同治《番禺县志》卷五十一《列传二十·列女》载：

> 黎瑛琐妻徐氏，达宦之后也。归五载，值湛莱寇乱。夫旅于外，徐氏携两稚女窜山谷间。冒险走百余里，滨（濒）死者数。数入郡城。寻见其夫，既而生子庶。又越二载，夫卒。徐年二十九，庶呱呱褓褓中。无期功之亲，赋役猬（蔚）集，徐左提右挈，运乃心力，了若无事。惟延良师训子为务。卒使黎氏声光不坠云……①

以上是关于元明之际板桥黎瑛琐之妻在战乱中，寻夫生子，夫卒后，又延师训子，延续黎族香火的故事。然而，后来广泛流传于当地的似乎是黎瑛琐的女儿黎道娘的故事。

板桥《黎氏族谱》载有明代林自复所撰写的《九世祖姑传》可能是板桥黎道娘故事的最早版本：

> 义姑，讳道娘，贞女，遗黎氏祖姑也。天性至孝，少有志节。父亲英琪，早卒，与母孀居。一弟甫离褓褓，时值湛莱②寇乱，兵火流离，姑扶母挈弟，跋涉逃离，艰苦万状，卒使保全母弟。年及笄，守贞不字，曰："男室女家，人道之常，守此境为何？"姑曰："吾亦念之。弟自吾先祖乐耕公以来，凡几世矣。皆以祖祖承祖，代仅一人，支裔微弱，莫此为甚。迄吾父而又不幸蚤（早）世。今吾母丧备，为日几何？止此一弟，犹未成立，零丁孤苦殆，相依为命也。使吾舍此而去，如吾母弟何？万一不讳且复有流离，不惟孤弱恃怙，而列祖始线之脉，将不自我珍绝耶？吾惟此惧，故不忍也。"姑习于女事，克勤克俭，仪型化族，终徐氏母丧，守制如礼，抚弱弟以克有成而矢志不移，卒使黎氏之族日以昌大，官业相承，书香不绝，奕世载德不忝。前人者，姑与有力焉。年八十六岁以寿终。姑之侄感姑之德而修其坟墓，四时奉祀益虔。余夏日过其族孙近夫之西塾，获睹黎氏

---

① （清）同治《番禺县志》卷五十一《列传二十·列女》。
② 湛莱，为东莞地名，元明之际随着何真起兵和在明初叛乱的东莞土豪武装据点之一，该据点产生的武装力量曾横扫大谷围大半地区，产生较大影响。笔者所见不同文献也有称作音近的"菜"或"采""蔡"的，也有写成形近的"莱"的。

谱牒之详，慕姑之义，再拜敬嘉，述其贞德懿行，谨录以俟秉彝好德之士，发潜德之幽光，庶几有以补风化万一云。隆庆四年庚午六月望后二日，春晚生林自复顿首拜撰。①

黎道娘的故事亦载于同治《番禺县志》：

> 黎道娘，父瑛琐卒。弟庶方在襁褓。道娘以母寡弟幼，矢志不字。母强之不从。元末寇掠邑里，扶母挈弟，奔山谷中，纺绩（织）给资。母卒，哀毁几绝。年八十四卒。黎姓思其德，建祠祀之。……"任志"："道娘，板桥人，至元末寇掠"作"洪武末"，未知何据。②

这个故事的主角表面上看似乎以母女的角色出现，但是最后突出的还是"姐"抚孤"弟"的故事内容。从后来流传于板桥的一个名为"姑婆大"的传说中看到故事的角色似乎又发生了改变。故事的大体结构是：传说，明朝嘉靖末年，板桥村面临一场空前的宗族灾难，官府要诛杀黎姓九族。官兵按照户籍册抄斩了黎氏家族3000多人。③ 其间，族中一位自梳的姑婆临危不惧，把仅5岁大的小侄儿救出，躲过了灾难。后来黎族仅存的遗孤在姑婆等人的悉心抚养下长大成人，成家立室，繁衍后代，使几乎灭绝的板桥黎氏家族再度人丁兴旺。④

这个很可能是记载在族谱中的故事，惜笔者没能看到板桥的《黎氏族谱》，这里仅引用其大致故事结构，暂且说明问题。值得注意的是，这里"姐"抚孤"弟"的故事内容一下子变成了"姑"抚养孤"侄"，而徐氏"寻夫训子"的故事已经不再出现在故事中了。

在板桥黎氏宗族中，除了祭祀"黎氏义姑墓"外，还在黎氏宗祠后寝右侧设有专门的神位供奉黎贞姑（即黎道娘）的牌位。⑤ 黎氏宗祠内的"忠孝

---

① （明）林自复：《九世祖姑传》，板桥《黎氏族谱》，转引自《番禺板桥黎氏宗祠永思堂史记集》。
② （清）同治《番禺县志》卷五十一《列传二十·列女》。
③ 据说，现在村心坊后面的一座山丘还有被斩首者的墓穴和墓碑。
④ 故事细节详见谢权治《姑婆大》，载《番禺古今》2000年10月第四期。
⑤ （清）乾隆《番禺县志》卷十六《列女传》，卷五《陵墓》。

供奉黎道娘的木构牌坊式神龛

"廉节"仪门牌坊次间眉额前后均有碑刻赞词。正面左是余姚、卢文绍为黎遂球题，右是翁方纲为黎天性题，背面左是凌鱼为黎瞻、黎鹤岭题，右是黎乾学为黎道娘、凌安人题。其中的黎道娘就是当年挽黎氏家族于危难之际的姑婆："乡进士归善县学教谕、十九世侄孙乾学，为明九世姑贞孝黎道娘，暨清伯祖考天满公配凌安人题。"①

从原来的母"寻夫训子"到"姐"抚孤"弟"，再到"姑"抚孤"侄"的故事结构演变，展现了明清以来板桥黎族的士绅和地方士大夫按照儒家传统观念对女性角色的故事进行不断修改的大致路径。

（四）员岗嫂媳故事解读

无独有偶，《重修员岗崔氏家乘》中也保存了员岗崔族中三位妇女的记录，与前面大岭陈族圭姐的传说及板桥黎族"姑婆大"的传说等祖姑崇拜不同，员岗崔族的这三份文献所记载的是以"嫂"或"媳"的身份出现的。首先，在《世传考·谢氏传》中提到一个建祠祭祀舅姑的女性角色，可以推想，在岭南的祖姑崇拜可能具有相当久远的传统，甚至可以认为在岭南逐步建立起以男性为核心的祭祀传统的同时，母系崇拜仍有相当的影响：

> 谢氏，云逵妻也。逵早丧，无子，谢年仅三十，遂矢志孀守，
> 以姪应宿为后，宿时方七岁，谢上奉老姑，下抚幼子，闺捆内外，肃

---

① "忠孝廉节牌坊，四座，在板桥乡黎氏宗祠前"，见民国版《番禺县续志》卷十一《古迹志二》。

如也。姑殁，谢痛哭极至，一切送终追远之具靡不尽其诚。宿亦能顺事之。及既长，谢复令建祠以祀舅姑。孀居数十余年，母子相依，艰苦万状，即古烈女者流不多让焉。寿六十六而终。诸孙振振未艾，人谓其有德之报云，详在邑志。①

其次，在《世传考·孔氏传》中笔者读到一位从事纺织业赡养家人的女性角色，这个故事反映的另一个方面是女性在家族（家庭）中举足轻重的经济地位：

> 孔氏新墩②子鉴女也。为大任妻，二十七载，而任亡，长子嘉玉甫三岁，次子能权遗腹生者，辛勤抚鞠，事姑甚孝，姑丧哀毁骨立脱簪珥同叔殡殓，成礼家贫，处之恬焉。惟日纺织以供子书，朝夕不离，中堂亲疏罕觌其面。守节甘菲，始终不渝。厥后，能权殇，嘉玉本府别驾一栢朱，公考取批首，进邑庠。时玉之同袍咸愿联名闻其事于有司，以旌其门。③

再者，在《世传考·姚氏传》中则讲到后来被士大夫誉为"一门双节"的两位姚氏祖先的故事：

> 姚氏，崔荣之妻，異庄公之媳也，克修妇道，孝事舅姑，毋何半载而夫卒，取先夫兄子焕三岁为嗣，抚之甚慈，服□归宁，父悯其年少，劝之他适，毅然答曰："从一之道不忍变也，女有继子矣，志无他。"遂不复往，杜门孀居，教诲嗣子，长成娶妇姚氏，而嗣子寻卒。其妇姚氏亦守节不渝，岂非饮其姑之风哉？又择姪之子应□为嗣子。后姑媳相守四十余年，水清玉洁，贞节之风，间里咸称焉。迄今家声肇振，子孙蕃衍，皆姚氏风范所遗乎。邑志载其一门双节，良不虚矣。④

---

① 《重修员岗崔氏家乘》卷八《世传考·谢氏传》。
② 即今番禺区钟村街诜敦村。
③ 《重修员岗崔氏家乘》卷八《世传考·孔氏传》。
④ 《重修员岗崔氏家乘》卷八《世传考·姚氏传》

五、男、女祖先并存的祖先记忆——朱氏太婆风水传说与崔氏入粤初祖迁徙故事①

番禺员岗在内的珠三角崔氏宗族中流传着关于朱氏太婆风水传说与崔氏男性祖先的迁徙故事。这种男、女祖先并存的祖先记忆可能曾在珠三角普遍存在着。

朱氏夫人带着长子隽公和次子爽公、隽公的长子世明公和次子世光公、爽公的长子世昭公和次子世英公等一家几口留在高要养鸭为生。当时风水大师赖布衣为追寻龙脉到了高要清泰都军屯岭这个地方，找到名为仙人仰掌的风水宝地。当时天色已晚，恰遇朱氏太婆，太婆问赖布衣："先生，现天色已晚，附近并无村店，你为何还在此地呢？"赖布衣说："我路过此地，错过投宿机会。"太婆说："先生，现快天黑了，不如在此住一晚，明天再走吧。"赖看天色后只好答允。是时赖看到太婆相貌慈祥而福厚，但未知内心怎样，便留心观察。睡至半夜，赖起床悄悄把太婆养的鸭揸死两只，回床再睡。次日太婆早起，发现有死鸭两只，就叫儿子把它们劏了吃。到中午赖起床，太婆等人留赖吃过中午饭后他才走，赖遂依从。太婆又叫儿子再劏一只活鸭招待赖先生，而两只死鸭留着自家吃。赖觉得太婆这家人心肠极好，就把来意说明，又把仙人仰掌这席宝地送给太婆百年归老之用。以后赖与太婆一家也时常往来，而后来太婆得知赖最喜欢吃腊鸭肾，因此太婆每逢劏鸭，就把鸭肾留下来腊好送给赖。直至太婆病重，赖到仙人仰掌这席宝地定好坐向等工作，吩咐隽公和爽公等家人，如太婆百年归老，就在此安葬，要"见到头带铁帽，马骑人，鸦鹊开声，鹧鸪落地才好下葬。葬好后，直往东走，遇海则过，遇沙即止"。隽公和爽公兄弟谨记照办。朱氏太婆死后落葬当天，天气变化很大，阵阴、阵阳又阵雨。因为山脚下就是当时州府驻军之地，所以叫军屯岭。恰巧当日驻军死了一军人，按当地习俗，要烧纸人纸马等给死

---

① 本部分摘自昌大堂族务委员会、崔礼成《员岗崔氏历史文化》（有删改，题目为笔者拟），载《崔氏入粤初祖传奇》2012年版。

者，再要买只新锅煮寿饭。刚好把太婆抬到山上时，雨还下着，到市集购买铁锅和纸马的人，把铁锅和纸马都放在头上遮雨，这就叫作"头带铁帽，马骑人"。那些抬棺材的仵作佬把太婆抬到山上刚放下来，脚上穿的草鞋变成泥鞋，仵作佬把草鞋顺脚踢掉，正好落在乌鸦之处，乌鸦受惊大叫而飞，惊动身边的鹧鸪，鹧鸪往草丛中躲，又正好是"乌鸦开声，鹧鸪落地"，这时正好把太婆下葬。葬好后，隽公率子世明公和世光公，奭公率子世昭公和世英公等直往东走，走到高明和南海交界的江边，按照"遇海则过"的吩咐就过到南海，继续走便到了南海沙头。这时问当地人此处的地名，当地人答："这里叫南海沙头。"由于天已黑，又问当地人可有地方借宿，当地人说："这里有一间大屋，很猛鬼，从来无人敢住，你们不怕，可住进去。"在这种情形下，他们硬着胆子住了进去。到了半夜，有两小童出现，崔氏人说："我们到此，无处求宿，迫于无奈，在此借宵一宿，明天就搬走了。"那两小童说："这里是你们的，我们为你们看守了不知多少年了，现在可交还给你们，我们也该走了。"两小童说完就不见了。以后隽公、奭公、世明公、世光公、世昭公和世英公等家人就在这里落脚住下，这就叫作"遇海则过，遇沙即止"。在沙头落籍了一段时间后，隽公和奭公告老返回河源和增城。而世昭公则嘱子诚之公和巽之公于南宋开禧二年（1206）落籍番禺员岗，组成昌大堂。世英公于南宋乾道三年（1167）落籍南海沙头，生子从之公和定之公，组成永思堂（旧称山南房）。以后各房后裔分布两广各地。现崔氏在两广人口数十万。此传说与南海少头崔氏传说基本相同。

世昭公（字公著，号星槎）随父奭公、弟世英公、伯父隽公、堂兄世明公和世光公等及其各家人老少，在高要安葬好朱氏太婆之后（即世昭公之祖母），按照风水大师赖布衣的指点，在南海沙头暂居了一段时间，后又迁居增城。是时，世昭公于南宋绍兴丁丑年（1157）考取了进士，是为崔氏入粤的首名进士，遂为官，后升至广州儒学提举。当时世昭公察看到员岗地形，南有大镇岗山脉，北有珠江河流，乃依山傍水之好地方。村中有"三龙八脉"，东西有"狮象把关"形成护村之势……所以世昭公便吩咐其子诚之公和巽之公携家眷到员岗落籍。于是在南宋开禧二年（1206）诚之公携子

国英公、国彦公、国立公、国华公等及其家眷到员岗落籍，开垦荒田，诚之公便被尊为员岗崔氏始迁祖。巽之公携子国贺公和国智公亦一同至此，后有记载巽之公返江西守祖墓。

第二章　明清番禺大谷围地区士大夫及其文教事功

第一节　明代大谷围地区士大夫文化的兴起及其文化创造

一、明代番禺县沙茭二司及基层里社组织的设置

关于明初番禺县巡检设置情况，据《永乐大典·广州府》的"番禺县之图"推断，明初番禺县属广州府管辖，下辖巡检六：慕德里巡检司（图上写作"务德里"）、流溪巡检司、沙湾巡检司、茭塘巡检司、鹿步巡检司、白沙巡检司。[①]嘉靖《广州志》卷二十五载番禺县有巡检五：慕德里巡检司，在县北何岭堡，洪武三年建；狮岭巡检司，在县北櫂（擢）贵（桂）堡，洪武三年建；沙湾巡检司，在县南白沙堡，洪武三年建，旧沙湾寨；茭塘巡检司，在县南迳口堡，洪武三年建；鹿步巡检司，在县东鹿步堡，洪武三年建，旧鹿步堡。[②]五个巡检司均于洪武三年由县令吴廷在明初设置。其中，位于禺南的茭塘巡检司初设于迳口堡；而沙湾巡检司则在白沙堡，由乡豪控制的军事城寨改设。

明初以后，官府将沙湾巡检司改设于白沙堡以南的市桥。这个改设的过

---

① 据（明）万历《广东通志》记载，狮岭巡检司在县北櫂（擢）贵（桂）堡，旧巴由寨，洪武二年（1369）巡检江友谅开设，结合舆图推测白沙巡检司很可能为后来的狮岭巡检司。

② （明）嘉靖《广东通志初稿》卷十《公署五》，载广东省地方史志办公室编《广东历代方志集成》，岭南美术出版社2007年版。

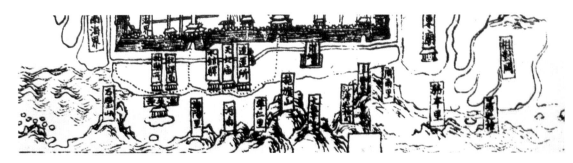

明永乐《广州府志辑稿》所载的番禺县南部地图

程似乎没有明确的文献记载。笔者推测很可能与元末明初市桥的乡豪有关。元末明初，随着元朝统治力量的瓦解，地方社会重新陷入动乱。这时，市底（即市邸，今市桥）元帅黄子恩是拥有武装的一方乡豪，他与禺南的紫坭元帅张志卿联合何真参与了讨伐南海邵宗愚的战争。[①] 乾隆《番禺县志》也记载了明代沙湾巡检司设于市桥的一些情况：

> 沙湾司属有石桥在市中，乡以此名，又名市邸。地枕海，又名市海。相传旧议建县治，已立城门，后乃改附郡。今两水犹称东城涌、西城涌。万历间，海忠介题其门曰："市海长城"，盖谓斯乡为东南保障也。[②]

可见，明代的市桥是一处海防要地，即海瑞所谓的"市海长城"。地方官府很可能曾一度想在原来的市底（邸）元帅黄子恩所在地方，建立县治，因此"相传旧议建县治"并非空穴来风。估计这种设想一度付诸实施，"已立城门"，"后乃改附郡"，因而留下了"东城涌、西城涌"的地名为见证。[③]最后的结果是，将原设在市桥以北白沙堡的沙湾巡检司，改设于南面的市桥。

---

① 汤开建：《元明之际广东政局演变与东莞何氏家族》，载《中国史研究》2001年第1期。

② （清）乾隆《番禺县志》卷二十《杂记·二十六》。

③ 西城涌，简称"西涌"，今仍在；"东城涌"简称"东涌"，即今天的东涌路所在。清代以来，这些河涌就成为水色展演的主要场地。

而明代位于迳口的菱塘巡检司的情况则没有太多的记载，只在后来的方志中讲到"明末倾塌，寄居民祠，原额弓兵二十三名"①，后迁徙于新造村（应为墟，旁为礼园乡所在）。② 至于菱塘巡检司为何从迳口迁往新造，其情况与沙湾巡检司从白沙堡迁往市桥类似。在明初以前，礼园也是一处乡豪控制的地方。据景泰二年（1451）陈琏（廷器）所撰的《黎氏七世祖碑铭》载：

> 处士，黎其姓也，民俊，名也，番禺礼园，其家也。信叟，太考也，霆震，公父也。前元至治壬戌年二月二十四日，其生也。国朝洪武乙亥年三月十三日，其终也……元季岭海兵乱呼号，境土虽在困厄中，未尝易所守，其行之高也。时握兵权，视杀人如刈草菅，往往以善言劝止之，多赖存活，其德之原也。圣朝平定海宇，客游大都，数年获回故居，督家人治稼穑，足衣食，供祀先，侍宾客，视编民。恒推所有，以周人急，不责其报，乡邻感其惠也。晚年开别墅于其礼园山冠，野服徜徉其间，深情萧闲。遇亲朋，即留款以叙情阔。酒酣耳热，击节高歌，意气慷慨，有古人风度也。③

　　可见，明初以后，礼园黎氏宗族同白沙堡的沙湾寨一样受到官府的打压，并移驻菱塘巡检司以加强控制。

二、明代番禺大谷围地区的士大夫群体

（一）明代番禺县科举群体概况

　　入明之后，番禺地区的科举功名日见兴盛，由科举之途成为士大夫的群体分别由举人、进士和庶吉士三部分构成。明代，番禺县文人在乡试中共有688人考取举人，列广东第二。其中，考取第一名举人（解元）的有20（一说15）人，是明代广东解元人数最多的县。

---

① （清）康熙《番禺县志》卷四《建置》。
② （清）光绪《广州府志》卷六十五《建置略二》。
③ （明）陈琏（廷器）：《黎氏七世祖碑铭》（景泰二年辛未冬十一月吉日立），载《礼园黎氏族谱》。

表2-1 明代乡试番禺县解元名录

姓名	科次	姓名	科次
陈圭	洪武二十九年（1396）丙子科	涂瑞	成化十三年（1477）丁酉科
张举	建文元年（1399）己卯科	张绍龄	成化二十二年（1486）丙午科
李霑	永乐三年（1405）乙酉科	林高	弘治八年（1495）乙卯科
金诚	永乐十五年（1417）丁酉科	梁津	嘉靖十三年（1534）甲午科
金诚	宣德七年（1432）壬子科	张大猷	嘉靖三十一年（1552）壬子科
陈政	正统六年（1441）辛酉科（番禺籍，后徙增城）	李成性	嘉靖四十三年（1564）甲子科
罗琛	景泰元年（1450）庚午科（南海籍，《番禺县志》作罗森，番禺人）	钟维诚	万历元年（1573）癸酉科
陈晟	天顺六年（1462）壬午科（番禺籍，登进士榜改姓钟晟）	郑伟	万历四年（1576）丙子科
江源	成化元年（1465）乙酉科	刘景辰	万历十六年（1588）戊子科（南海籍，番禺人）
王维节	成化四年（1468）戊子科	陈学诠	崇祯六年（1633）癸酉科

从洪武四年（1871）何子海考取辛亥科三甲第93名进士开始，整个明代，番禺县共有101人考取进士，包括以南海、顺德及其他外省籍（学）考取进士的番禺人17名，以番禺籍（学）考取进士的南海、顺德及其他外省人氏8名，明代属番禺、清代以后划入花县、增城的部分人氏7名，有籍贯争议、存疑的3人，合计35人，不包括以上部分的则有86人。这些进士当中，7人入选翰林院庶吉士，居当时广东首位。明代不同时期番禺县人考取进士的人数分别为：洪武年间3人，永乐年间6人，景泰年间3人，天顺年间4人，成化年间11人，弘治年间6人，正德年间5人，嘉靖年间22人，隆庆年间3人，万历年间17人，天启年间1人，崇祯年间10人（含赐特用进士出身）。其中，成化二十年甲辰一科就有6位番禺读书人考取进士，崇祯十五年壬午科特用榜，赐特用进士出身的文人有5人，嘉靖四十一年丙辰科也有4人考取进士。明代番禺县，同一科有2人考取进士的年份有永乐十六年戊戌科、永乐十九年辛丑科、成化五年乙丑科、成化二十三年丁未科、弘治十二年乙未科、正德六年辛未科、万历八年庚辰科、万历十七年己丑科、万历四十四年丙辰科、崇祯四年辛未科；同一科有3人

考取进士的年份有景泰五年甲戌科、天顺八年甲申科、成化二年丙戌科、嘉靖二年癸未科、嘉靖十一年壬辰科、嘉靖二十年辛丑科、嘉靖三十二年癸丑科三甲、嘉靖三十五年丙辰科、万历三十八年庚戌科、万历四十一年癸丑科；同一科有4人考取进士的年份有：成化二十年甲辰科、嘉靖四十一年壬戌科、隆庆五年辛未科；同一科有5人考取进士的年份有：崇祯十五年壬午科特用榜。① 以上说明经历正统年间的黄萧养之乱后社会经济有了一个稳定发展时期，加上嘉靖之后番禺的宗族制度也普遍建立起来，大力地推动了地方教育的发展。

（二）明代禺南大谷围地区科举群体概况

元末，沙湾何子海，名庆宗，号伯川，20岁考取了元至正丁亥（1347）第四名举人。因元朝国运日衰，他不齿入仕而归隐于乡。明初洪武二年（1369）他参加乡试考取第二名举人，并在两年后荣登进士，官到凤阳睢宁知县；② 后来他在所编《谱图》序文中说："吾家自府判公（何德明）积德百余年，迨于中叶，诸孙数十人，诗礼士宦，他族莫及焉……"③ 而石壁郭瑛，字延攒，明永乐十二年（1414）举人，十六年（1418）进士，任金华县知县，廉明刚断，属下贪官皆惧，受万民敬重。在任时，尊儒学，重建学宫，造就诸多人才。④

明初，禺南地区虽已有何子海、郭瑛等人考取进士，但这时的士绅文人人数较少。到正统、景泰、天顺年间，禺南地区与整个珠江三角洲一样经历了黄萧养之乱，很多文人没能参加科举考试，获取功名的人也比较少，只有崔铎和韩殷。

明代中叶以后，禺南地区的家族开发沙田，建立乡族学校，积极培养子弟读书，参加科举考取功名，科名鼎甲的家族层出不穷。

---

① 以上明代番禺县进士人数均录自《大明朝（广东）进士题名录》（泰和堂藏），以及参考同治《番禺县志》之《选举》《列传》统计。
② 民国《番禺县续志》卷四三《余事志一》。
③ 何润霖：《古代沙湾何氏族人教育及科举概貌》，载《番禺古今》2010年9月（总第十四期）。
④ （清）同治《番禺县志》卷三十七《列传六》。

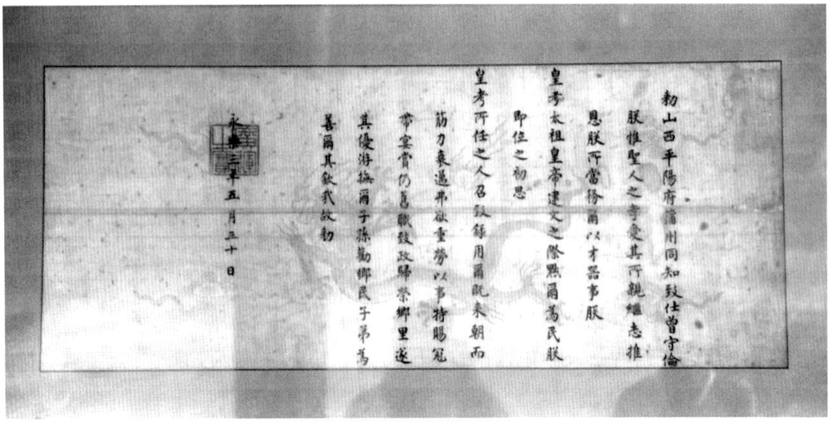
敕山西平陽府蒲州同知致仕曾守倫
朕惟聖人之孝愛其所親繼志推
恩朕所當務爾以才器事朕
皇考太祖皇帝建文之際黜爾為民朕
即位之初思
皇考所任之人召致錄用爾亂來朝而
筋力衰邁弗敵重勞以事特賜冠
帶寔賞仍舊職致政歸榮鄉里遂
其優游撫爾子孫勸鄉民子弟為
善爾其欽哉故勅
永樂三年五月三十日

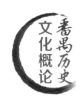

龙岐曾十世司马祠内的御赐曾守伦圣旨

成化、弘治、正德年间的文人士绅，不少师从陈白沙（如何潮、陈昊元、韩野鹤），或崇尚濂洛之学，或倡导关闽之学，他们考取举人、进士功名，在朝廷和各地担任职务，推行理学教化，返回家乡期间，不少人讲学授徒，推行教化，劝诫子弟读书，对祖墓进行修缮，初步建立家族的祭祀制度。但是，由于当时明朝的法律还未改过来，所以，大规模的宗族建构活动还未能展开。

嘉靖、万历年间的禺南士绅文人获取功名后，也在朝廷和各地担任职务，一方面与当时权倾朝野的“南海士大夫集团”关系密切，或为同窗同门，或为好友，有些甚至是其中的主要成员，积极参与各种学术活动。① 有些师从湛若水（如王渐逵），也有些人师从黄佐（如龙湾冯元、官堂林大典等）。另一方面在家乡开始了大规模的宗族建构活动，按照宋明理学建构符合儒家正统的宗族组织，在推行儒家教化中起到举足轻重的作用。其中，包括编写族谱、设立族产、兴建祠堂、修缮族墓等一系列工程。这批士大夫的代表人物如沙湾王渐逵及其子王原相，板桥黎瞻，大岭陈昊贤之子陈其具，傍江古文炳，市桥谢元光之子谢与思，张于逵，石楼陈大有，员岗崔奇观，韦涌方肯堂，官堂林咸，员岗梁士楚等。此外，也有一部分士绅到浙江、福

① 如王渐逵、黎瞻考取功名时，朝廷虽尚未允许民间建立家庙，但后来他们也成为南海士大夫集团主要成员并主导了本族的宗族建构。

建等沿海地区担任地方官，参与过抗倭战争（如梁士楚、陈大有、林咸）。

明代中后期，禺南地区还出现不少科名鼎甲的显赫家族，出现了父子、兄弟皆为进士、举人的品官之家，如员岗崔铎（举人）、崔廷圭（进士）兄弟，沙湾王渐逵、王原相父子进士，大岭陈昊元（进士）、陈昊贤（举人）兄弟及陈昊贤、陈其具（举人）父子，市桥的谢元光（举人）、谢与思（进士）父子，韦涌方绍魁（举人）、方肯堂（进士）父子等。

（三）明代禺南大谷围地区进士群体分析

今番禺区（禺南大谷围地区）在明代全县 101 名进士中约占 20 名，其中洪武四年（1371）1 人，永乐十六年（1418）戊戌科 1 人，景泰五年（1454）甲戌科 1 人，成化二年（1466）丙戌科 1 人，弘治十五年（1502）壬戌科 1 人，正德三年（1508）戊辰科 1 人，正德十二年（1517）丁丑科 1 人，嘉靖二十年（1541）辛丑科 1 人，嘉靖三十二年（1553）癸丑科 2 人，嘉靖四十一年（1562）壬戌科 1 人，隆庆五年（1571）辛未科 2 人，万历八年（1580）庚辰科 1 人，万历二十年（1592）壬辰科 1 人，万历三十八年（1610）庚戌科 1 人，万历四十一年（1613）癸丑科 1 人，崇祯四年（1631）辛未科 1 人，崇祯十五年（1642）壬午科特用榜 1 人。其中，嘉靖三十二年（1553）癸丑科就有张于遑、古文炳两人为同榜进士，隆庆五年（1571）辛未科韦涌方氏兄弟为同科进士。

附：明代禺南大谷围地区（今广州市番禺区）进士名录

序号	姓名	籍贯	科次	官职
1	何子海	沙湾	洪武三年（1370）举人，洪武四年（1371）辛亥科三甲第 29 名（该批第 93 名进士）。	官至睢宁、永康二县知县。
2	陈绶	河村	由南海学，洪武十八年（1385）乙丑科丁显榜进士。	官至户部主事。
3	郭瑛	石壁	由南海学，永乐十二年（1414）举人，永乐十六年（1418）戊戌科三甲第 65 名进士。	官至行人，浙江金华县知县。

（续表）

序号	姓名	籍贯	科次	官职
4	韩殷	古坝	景泰五年（1454）甲戌科三甲第208名进士。	官至刑部郎中。
5	崔廷圭	员岗	成化元年（1465）举人，成化二年（1466）丙戌科三甲第214名进士。	官至广西按察佥事加副使。
6	区玉	石壁（南海籍）	弘治十五年（1502）壬戌科三甲第113名进士。	官至福建建宁知县。
7	韩贵	市桥	弘治十八年（1505）乙丑科三甲203名进士。	官至大理寺丞。
8	陈昊元	大岭	弘治壬子（1492）举人，正德三年（1508）戊辰科三甲第160名进士。	官至浙江青田县知县。
9	王渐逵	沙湾	正德十一年（1516）举人，正德十二年（1517）丁丑科第35名进士。	官至刑部主事，赠光禄寺少卿。
10	李兆龙		嘉靖十四年（1535）乙未科韩应龙榜进士。	官至按察司佥事。
11	李时行	东边头（今柏堂东溪）	嘉靖二十年（1541）辛丑科三甲第26名进士。	官至南京兵部主事。
12	冯元	龙湾	嘉靖二十年（1541）辛丑科三甲第36名进士。	官至南京户部郎中。
13	张于逵	市桥	嘉靖二十二年（1543）举人，嘉靖三十二年（1553）癸丑科三甲第51名进士。	官至浙江台州府知府。
14	古文炳	傍江（一说市桥）	嘉靖二十二年（1543）举人，嘉靖三十二年（1553）癸丑科三甲第250名进士。	官至广西南宁府知府。
15	何维复	河村	嘉靖三十五年（1556）丙辰科诸大绶榜进士。	官至江南潜山知县，升同知，有传。
16	王原相	沙湾	嘉靖四十一年（1562）壬戌科三甲第66名进士。	官至湖广右布政使。
17	方亮工	韦涌（南海籍）	隆庆五年（1571）辛未科三甲第192名进士。	官至广西按察副使。
18	方肯堂	韦涌（南海籍）	隆庆五年（1571）辛未科三甲第255名进士。	官至长史。
19	张思扩	紫坭	隆庆五年（1571）辛未科张元汴榜进士。	官至茶陵州学政，擢广西平南县知县，省志不载。

（续表）

序号	姓名	籍贯	科次	官职
20	谢与思	市桥	万历七年（1579）举人，万历八年（1580）庚辰科三甲第113名进士。	官至浙江诸暨、福建大田知县。
21	冯应京	龙湾（南直泗州卫籍）	万历二十年（1592）壬辰科三甲第250名进士。	官至湖广按察佥事。
22	许大成	潭山（顺德籍）	万历三十八年（1610）庚戌科三甲第132名进士。	官至行人。
23	崔奇观	员岗	万历四十一年（1613）癸丑科三甲第31名进士。	官至御史，赠太常寺卿。
24	黎崇宣	市桥	万历三十四年（1606）举人，崇祯四年（1631）辛未科二甲第9名进士。	官至南直广德州知州。
25	陈际泰	大岭	崇祯元年（1628）举人，崇祯十五年（1642）壬午科特用榜，赐特用出身，第94名进士。	官至广西平乐县知县擢监军道。

（以上进士名单综合乾隆《番禺县志》、同治《番禺县志》整理）

小　结

明代番禺科举群体主要通过激烈的科举考试竞争获得科举功名，得到与功名相适应的官位，充分发挥其聪明才智，对当时社会做出了积极的历史贡献，这大致表现在以下三个方面：第一，任职中央和地方行政官员。番禺籍庶吉士、进士和举人中，不乏清正廉明、为民请命、造福一方的好官。第二，任职教官，培养人才，传播和普及儒学文化。明承袭元制，明初就以举人作为选任府、州、县学教官的重要来源之一，而且还规定会试下第副榜举人例充府、州、县学教官。因此，明代番禺举人除任行政官职者外，也有一部分任职府、州、县学教官，包括助教、学录、教授、学政、教谕、训导等。第三，著书立说。番禺籍的科举群体不仅构成了明代现任官员和后备官员的主体，而且，由于他们的文化素养在总体上远在一般士人的平均水准之上，所以，又成为当时思想、文化产品最主要的传播者和创造者。作为其中

的一部分，番禺科举群体也以自己的著述为思想、文化做出了应有的贡献，在其领域涉及经学、文学、史学、地理方志、天文、军事、音乐、法律等众多方面。这一时期禺南的进士，不少人通过自身的实践包括藏书、研究学问，在广州城或家乡讲学授徒，资助教育事业（如创办教育机构、捐资助学等形式）等，推动地方教育的发展。

三、明代番禺大谷围地区士大夫的文化创造

（一）明初大谷围地区士大夫的宗族文化创造

元末明初，随着元朝统治力量的瓦解，地方社会重新陷入动乱，除了本地的乡豪割据自立外，来自南海和东莞等周边地区的叛乱也波及了这个地区。此时期，番禺的乡豪不是组织武装，修建堡垒，捍御盗寇自保，就是随东莞何真起兵，后来就归入其部下，被授予官职。他们开拓市桥台地和周边平原的土地，修建祠墓祭祀祖先，与官府保持密切的联系。

到明初，《明集礼》中《品官家庙》一章对祠祭做了具有法律意义的规定，它引用朱熹的规定时，加上了"凡品官之家"几个字，它所说的家庙，就是朱熹在《朱子家庙》中所说的祠堂。[①]

这一时期，禺南地区修建祠堂的家族极少，少数几个具备功名和品官人物的家族开始修建符合当时礼制的家庙建筑。如员岗崔族修建"祠堂"祭祀祖先的习惯似乎一直延续到明初，"公讳棻，字松茂，番禺人，曾祖讳以大，祖讳鐩，父讳瀚，皆世抱潜德……公性质敏，幼业儒孝……婚嫁已毕，即自立山建祠，可谓善厥贻谋矣"[②]。留耕堂是沙湾何氏的祖祠，始建于元至元乙亥年（1275）。《何氏族谱·留耕堂考》载："颜之曰留耕堂者，其由来旧（久）矣，考其肇创之年，则在于元至元乙亥。"[③] 这是留耕堂始建年代的原始记载。留耕堂创建虽早，但屡毁屡建，见诸文字的就有《建留耕堂始末志》载："留耕堂建自元至正（按：应为至元）乙亥，未几，元季毁于兵

---

① ［英］科大卫：《祠堂与家庙——从宋末到明中叶家族礼仪的演变》，载《历史人类学学刊》第一卷第二期，2003年10月，第1—20页。

② 《重修员岗崔氏家乘》（残本）卷六《丘墓考·皇明秀峰崔公墓志铭》。

③ 《何氏族谱·留耕堂考》。

燹。"留耕堂毁后，"子孙各祀其祖于私室"。[①]沙湾进士何子海于明初留耕堂被毁而还没来得及重建的时候，就建了肯构堂、孔安堂等祠堂奉祀其曾祖父进士何起龙及以下祖先。祭祖制度的这一变化，反映出当时沙湾何族已开始呈宗支分化的倾向。在这种趋势下，重建始祖祠堂无疑是宗族重新整合的重要手段。就在何子海去世（1379）十多年后，沙湾何留耕堂即由其他族人重修起来了。[②]

《建留耕堂始末志》载留耕堂在元末毁掉之后于"洪武癸酉（按：二十六年，1393）乃重修"。到明英宗正统五年（1440），为了扩大而拆毁，后又扩建。据《何氏族谱·留耕堂考》载：

> （留耕堂）肇创之年，则在元乙亥，究其经营管理者，则镇南、拙隐二公其人。未几，毁于元季兵燹。子孙各祀其祖于私室。迫至皇明洪武癸酉年，而衡翁与征士翁始合族人重建而新之，至正统庚申年，而居易又与族人图谋改作而昌大焉。规制宏敞，一遵古礼。不惟坚至牢固，足以妥神；而且轮奂足以容众。

可见，留耕堂创建虽早，但屡毁屡建，先后在明洪武、正统年间均有重建，这在《何氏族谱·留耕堂考》《建留耕堂始末志》等文献中都有明确记载。根据当时官方的礼制，官宦之家可设家庙，祭高祖以下五代，沙湾何族以官宦之家的身份，自然有资格建立家庙。若从何子海计起，高祖刚好是何人鉴。所以，元末建立留耕堂，奉祀始迁沙湾祖何人鉴，对于一个五世聚居一乡的仕宦家族来说，应该是顺理成章的。刘志伟认为，这时的家庙，从性质、用途到功能都与后来的宗族祠堂有很大的差异，但留耕堂的建立，在家族日益分化为多个支派和家庭的时候，无疑起到了形成和保持家族凝聚力的作用。

宋明之间是国家礼仪变革较为频繁的时期，国家礼仪的变革在民间社会很大程度上体现在祖先祭祀礼仪的演变上。早在南宋时期，朱熹等人针对

---

① 何子海《肯构堂记》，见吴道镕辑《广东文征》卷四。

② 刘志伟：《祖先谱系的重构及其意义——珠江三角洲一个宗族的个案分析》，载《中国社会经济史研究》1992年第4期。

广泛流传的佛教通俗礼仪，对国家祭祀的礼仪进行改革。朱熹把士庶祭祀的场所，不称为"庙"，而改称为"祠堂"。朱熹还规定祠内放四龛，供奉高、曾、祖、弥四世神主，他反对用画像或塑像。科大卫认为，虽然早在宋代，朱熹的《家礼》已经在广州刊行①，但普及的时代，相信必比这个时候迟，弘治八年（1495）任广东布政使的林同还需要"劝民行吕氏乡约及文公家礼"②。珠江三角洲的居民点，没有一处在明代以前兴建的祠堂或家庙，即使是离珠江三角洲较远的的粤北，开发虽比三角洲要早，但好几处自认在明以前有宗族发展的地方，不论根据传说还是文献，都没有建祠堂或家庙的记录。③ 而对于宋元之际所出现的所谓"祠堂"祭祀情况，科大卫认为"在

《明集礼》中家庙布局图

宋代，建祠堂供奉祖先的做法不少，但是，当时的祠堂不一定是后来《明集礼》规定的'家庙'模式，也包括形形色色的其他场所"④。到明初，祠堂内只安放一个有着特殊地位的祖先塑像或画像，亦有把供奉的祖先神位安置在佛寺、庙宇里面的，往往有子孙和地方上其他人一起举行祭祀。

直到明初以后，地方社会和祖先祭祀的关系才确实开始发生变化。⑤ 所以，宋明之间的禺南家族从宋末一直延续到明初的所谓"祠堂"，并非明清时期按照《明集礼》规定的"家庙"式祠堂建筑，可能是建在祖坟旁的小房子，里面只安放家族中某个祖先

① （明）黄佐：《广东通志》卷四八《廖德明传》。
② （明）黄佐：《广东通志》卷五十《林同传》。
③ ［英］科大卫：《祠堂与家庙——从宋末到明中叶家族礼仪的演变》，载《历史人类学学刊》第一卷第二期，2003年10月，第1—20页。
④ ［英］科大卫：《祠堂与家庙——从宋末到明中叶家族礼仪的演变》，载《历史人类学学刊》第一卷第二期，2003年10月，第1—20页。
⑤ ［英］科大卫：《祠堂与家庙——从宋末到明中叶家族礼仪的演变》，载《历史人类学学刊》第一卷第二期，2003年10月，第1—20页。

塑像或画像。不过，这些记录显示了早期的禺南家族已经积累了丰厚的祖产，为此后建立由明代士大夫倡导建立新的祭祀传统奠定了物质基础。

此时，墓祭是最主要的祖先祭祀形式，一些保存至今的家族墓地就记录了乡豪家族延续的谱系。在当时的法律框架下，宋元时期的禺南地区，有资格修建家庙祭祀祖先的家族不在多数，除了宋代就有功名和品官的如沙湾何、王等少数几个家族能够修建家庙外，大部分家族祭祀祖先还是在墓地，番禺地区现存众多的庞大家族墓群就显示了唐宋以来历代的财富积累和文化积淀。如石楼陈存诚家族墓群反映了宋元以来番禺乡豪——石楼陈氏家族陈存诚一支的累世繁衍的谱系，庞大的墓群反映了财富的积累，以及番禺家族早期墓祭的一些早期的模式。

（二）明中后期大谷围地区士大夫的谱系与宗族文化创造

明代中叶，随着南海士大夫集团的崛起，番禺士大夫群体也相应崛起，并参与了南海士大夫集团的一系列文化创造活动，形成了番禺文化发展的第二个节点。番禺文化在经济发展的过程中，文化的创造更上一层楼的同时，"岭南文化"的向岭北输出又进一步。

1. 明代中后期大谷围地区的文人谱系

陈献章（1428—1500），明代思想家、教育家、书法家、诗人，广东唯一一位从祀孔庙的明代硕儒。因曾在白沙村居住，人称白沙先生，世称为陈白沙。曾拜吴与弼为师学习程朱理学，但其学术思想却独树一帜，开创"江门之学"，史称"元末明初诸儒，皆朱子门人之支流余裔，师承自有，矩矱秩然……学术之分，则自陈献章、王守仁始"[1]，"有明学术，至白沙始入精微"。[2] 特别是他精心培养一批学生，对明中叶以降直至清代均发生深远的影响。陈献章门下高足，除了最著名的增城人湛若水之外，还有林光、张诩等人。而沙湾何瀌、大岭陈昊元、沙亭屈群力、古坝韩野鹤、西村潘梧则是禺南地区最早接受陈献章思想的第一代传人。陈白沙大部分弟子的事迹

---

① 《明史·儒林传》。

② （明）《明儒学案》卷五《白沙学案上》。

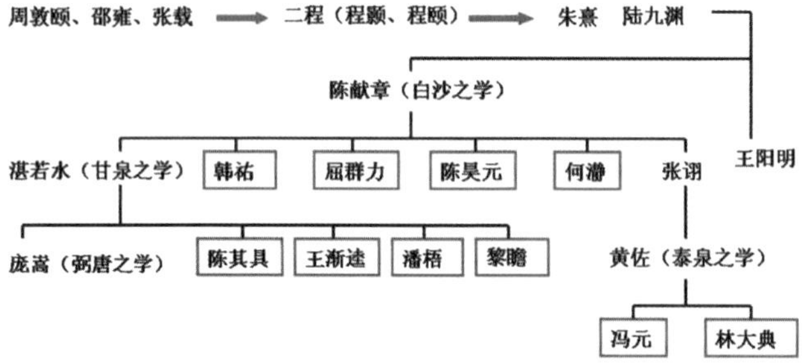

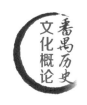

禺南文人与宋明（程朱）理学、白沙学派的谱系关系图

均被收录在同治《番禺县志》卷三十八《列传七》张诩[1]的传记里头，同时附在其下的还有何瀞、容贯、张天祥、屈群力、陈護、林高、李文等白沙弟子的传说。

沙湾何瀞，字宗濂，何族十一世孙，同治《番禺县志》载其父“何贞，字绍元，沙湾人。喜读书、饮酒，每良夜，携童冠持钓于江，归则焚香坐户牖下吟哦，自号‘渔读居士’。言行必顾道义。尝遣其子瀞从陈献章游”[2]。可见，何瀞成为陈白沙弟子与其父有莫大的关系。沙湾《何氏族谱》载，何瀞于明成化二十三年（1487）[3]请陈白沙为其父何贞写《渔读公墓志》[4]，同时为何氏大宗祠“留耕堂”题匾、撰联（今存），其中有“成化丙申子始至白沙，从余游”[5]。《编次陈白沙先生年谱》亦载：“成化十二年丙申，门人番禺何瀞来从学。”《何氏族谱》则说何瀞：“公天资纯粹，仪貌端严，赋性温良，立心正直，孝友和睦，谦逊勤书，善吟咏。早岁从游白沙子门。治《诗》《易》二经，得其旨要。子史百家莫不究览。”何瀞去世后，被敕赠为承德郎。现《陈献章集》内，有陈献章与何瀞酬唱的诗如《何宗濂书来，推许太过，复以是诗》《次韵何宗濂》等。

---

① 张诩，字廷实，号东所，南海县人成化二十年（1484）甲辰科进士，其素性耿介，不久辞官。成化十七年（1481）师从陈白沙，“以自然为宗，以忘己为大，以无欲为至”，直至陈白沙去世，前后19年，是追随陈白沙最久的学生。福建莆田彭韶称他“岭南孤凤”。弘治年间巡按使黄铠推荐他“学优良、行高慎”，正德初年，吏部以“敦庞博雅，绰有古风，恬静清修”荐之，正德八年（1513），御史高公韶推荐“学有体用，不为一偏之行，冀起用”，皆辞不就。著有《白沙遗言纂要》《东所文集》《南海杂咏》《新会崖山志》等。

②（清）同治《番禺县志》卷三十八《列传七》。

③ 一说成化十八年（1482）夏。

④ 载于《陈献章集》中。

⑤（清）同治《番禺县志》也载入此墓志。

同为白沙弟子的陈昊元，"字乾善，大岭人，弘治五年举人，陆川教谕，内艰服□，改直隶南宫，正德三年进士，知浙江青田，不乐仕宦，留心濂洛之学，廷臣交荐，以科道召辞归，杜门讲学以终"①。大岭《陈氏族谱》也有几乎同样的记载。陈昊元不乐仕途，后辞职返乡，讲学以终。②《陈氏族谱》里面收录了陈昊元留下的《竹洲祖读书法则》和《竹洲祖劝学文》两篇文章，从中可以窥见陈昊元在地方致力于推行教化的情况。《竹洲祖读书法则》可以看出他对理学的研究领域、方法，及其在地方所进行的教化实践，③《竹洲祖劝学文》侧重于对本族子弟读书考取功名的劝勉。④

陈献章（白沙）画像

另一位禺南白沙弟子屈群力的事迹亦附在张诩的传记里头："屈群力，字子仁。沙亭人，性高旷，晚筑'来熏书院'，集耆年硕彦讲学其中。"⑤陈白沙曾应沙亭屈氏的聘请，由新会携弟子容贯（字一之）设帐于番禺沙亭乡数年之久。容贯还曾在沙亭附近的新造郊外觅得北溪筑庐而居。授徒结束后，容贯陪陈白沙北上京师，后又返回新造继续居住，还在新造建"白沙夫子读书处"，堂匾曰"白贤堂"，悬挂"翰墨留香"匾额。屈群力为纪念陈白沙，则将乡名严坑改名为"思贤"。⑥

此外，还有古坝韩祐，字野鹤，"府学生，闻白沙讲学江门，执贽往从之游，有得于主静之旨。数年告归，教授于乡，学者多向慕之。白沙书赠'积善余庆'四字，今悬祖祠中"⑦。民国《番禺县古坝乡志》说他"敦品励

---

① （清）同治《番禺县志》卷三十八《列传七》。

② （清）同治《番禺县志》卷三十八《列传七》。

③ （明）陈昊元：《竹洲祖读书法则》，载大岭《陈氏族谱》。

④ （明）陈昊元：《竹洲祖劝学文》，载大岭《陈氏族谱》。

⑤ （清）同治《番禺县志》卷三十八《列传七》。

⑥ 黎如白：《陈白沙先生在番禺新造地区的遗迹》，载《番禺文史资料》第四期，1986年9月。

⑦ 民国版《番禺县续志》卷十八《人物志一》。

行，少负笈羊城，曾夜拒奔女，后从新会陈白沙先生游四载，所为诗皆渊渊有古意。白沙先生极称许之。性慷慨，尝捐地建祖祠，捐田作尝产。白沙先生为书'积善堂'额，至今仍存，且序次其事，泐石祠中"①。

湛若水在禺南士人中的影响与陈白沙相当。湛若水，号甘泉，增城人，学者称他为甘泉先生。生于成化二年（1466），弘治五年（1492）举于乡，六年（1493）会试不中。他本无意于仕途，但因从母命而入南京国子监读书，弘治十八年（1505）考取进士。正德元年（1506）在京师认识王守仁之后仕途通顺，升任南京礼部尚书，转任吏部、兵部尚书，嘉靖十九年（1540）致仕，三十九年（1560）卒，享年94岁。湛若水生前所到之处，必创立书院以奉祀其师陈献章，以示怀念。他到处讲学，也培养了大批弟子，并在明中叶逐渐形成一个学派。从某种意义上来说，湛若水、王守仁的心学比陈献章的心学有更大的发展规模。其追随者有南海庞嵩、增城张潮、东莞钟景星、南海郭棐、澄海唐伯元、德庆许孚远等。②

在禺南，湛若水最得意的弟子是沙湾王渐逵（1498—1558）。王渐逵，字用仪，号青萝子，得湛若水授五经大义，与黄佐等成为陈献章的再传弟子。他于明正德十一年（1516）考取举人，正德十二年（1517）为进士，官至刑部主事。他为官后第一次回到家乡，就在青萝嶂下筑室授徒，造福桑梓。欧人余在《王青萝先生集·序》说："四方学者，来游甚众。于是旦夕与李三洲、何古林、伦右溪、方西樵、冼少汾、黄泰泉诸先哲往来，反复辩论乎诸家之说，发明六经之蕴，使后之学者，咸知所归，天下翕然宗之。"第二次谪归后，他居家十余年，于乡中筑"樾森楼"讲学授徒，毕生沉醉于师传理学的研究，成绩卓著。他还曾与伦以训等创立"越山诗社"，主讲于广州镇海书院，著有《青萝文集》二十卷。

湛若水还有弟子潘梧，西村人，据同治《番禺县志》载："从学于小禺洞，端粹醇谨，动遵礼法。若水喜之曰：'是所谓言坊行表者，士生岂不贵

①（民国）韩锋《番禺县古坝乡志》之《五、人物·（二）韩野鹤》。
②黄启臣：《明清时代的珠江文化》，载《黄启臣文集（三）——明清社会经济及文化》，中国评论学术出版社2010年版。

特操哉！'……七世祖庙未立，力倡建之。"①

　　湛若水的弟子中不少为"南海士大夫集团"的重要成员。"南海士大夫集团"崛起于明中叶，基于学术的原则和地域性政治团体联合的需要，相连成势，互抱为团。在京城里，他们曾经参与国典国策的制订；在任职地，施行重大的经济改革措施，整顿风俗；在家乡，则亲手整合和建立宗族组织及其相关制度，对推动明代广东儒家教化起到决定性的作用。② 禺南的士绅如大岭陈其具，字才甫，号唐山，为陈昊贤之子，同治《番禺县志》记录了其功名、所历官职、著述，

湛若水像

在职期间推行的儒家教化情况，还特别说到他致仕后参与南海士大夫集团的一些重要活动："其具，弱冠以儒士领，嘉靖四年（1525）乡荐，中十一名乙榜（按，举人），授武宁教谕。尝刻《文公家礼》以正俗，逐奸僧以除异端。升昌化知县，未任，丁父忧，服阕，补湖广钟祥。丁母忧去，起补福建连城，酌田粮，均徭役，雪冤抑，化争讼，与诸生讲明正学，士民翕然信之。年五十一，乞休归，与刘模、岑万、庞嵩、何维柏诸人，四仲月为天关大会，发明圣贤心性之旨，又为'粤山诗社'。生平敦孝友，严义利之辨，所著《思诚日录》《读易疑义》并《文集》十卷，时称为'有道古儒'。"③ 屈大均在《广东新语》卷十《弼唐之学》中也提到陈其具与南海士大夫集团的联系："弼唐与陈唐山、林艾陵、刘素予、黄莱轩、岑蒲谷、邝五岭、何古林、霍勉衷为天山讲易之会。四仲月则大集天关。"④

　　黄佐在禺南士子中也有一定影响。黄佐，字才伯，号泰泉，香山人，正德十六年（1521）庚辰科进士。次年进入翰林院担任编修。嘉靖九年

①（清）同治《番禺县志》卷四十二《列传十一》。

② 罗一星：《明清佛山经济发展与社会变迁》，广东人民出版社1994年版。

③（清）同治《番禺县志》卷三十九《列传八》。

④（清）屈大均：《广东新语》卷十《弼唐之学》，中华书局1985年版。

广州二沙岛黄佐塑像

（1530）秋，为广西提学佥事。他是一位卓越的思想家，被认为是继丘浚、陈白沙之后岭南儒学的又一位集大成者。《四库全书总目提要》认为，在明朝人物中，黄佐的学问最有根底。万历《广西通志》将他列入名宦传，清朝初年，他与王阳明等人一起被列入广西名宦祠，供人致祭。黄佐的番禺弟子有龙湾冯元（字大本，号竹亭）、官堂林大典。由于黄佐曾师从陈献章高足张诩，所以其弟子被认为是陈白沙的三传弟子。而"南园后五子"之一的李时行则于湛若水、黄佐倡学东南时"先后及门，多所述作"。①

2. 明代中后期大谷围士大夫的宗族文化创造

"明代中后期珠江三角洲的士大夫集团在文化上的主要贡献，是既将宋明理学的意识形态和伦理观念地方化，又将地方文化传统和地方价值观纳入宋明理学的规范中，使之伦理化和正统化。"②其最主要的表现就是士大夫通过修祠堂、编族谱、置族田、祭祖等方式，形成强烈士大夫文化象征和广泛社会功能的地域组织。

如谱系的建构，以明代大岭乡陈族为例③。在大岭《陈氏族谱》里，收录了一篇没有署名、题为《族考》（此文得自陈族大良房）的小文章，当中提到了大岭陈族承认自己为珠玑巷移民的时间大致为嘉靖年间，由此也可以推断《大宋开禧元年南雄始兴县珠玑巷九十七家造迁徙团词人》及其包括的《赴始兴县迁徙词》《赴南雄府告案给引词》两篇短文应该在此文之前：

---

① （清）同治《番禺县志》卷四十《列传九》。

② 刘志伟：《在国家与社会之间——明清广东地区里甲赋役制度与乡村社会》，中国人民大学出版社2010年版。

③ 本部分参见朱光文《明代士绅与宗族建构——以番禺珠玑后裔大岭陈氏宗族为中心的考察》，载石坚平主编《良溪古村与珠玑移民》，中国华侨出版社2011年版。

陈氏之先……有孙徽为温州司户参军、大理评事，概唐季中原失驭，有燕巢于幕之耀，改名晖，自金陵徙泰和域西之柳溪，乃唐庄宗同光之元年癸未岁也。泰和遂以晖为始祖。晖子承逸，强明有干，为众所推，命为都干领泰和邑事。自是子孙世为柳溪之陈。至九世有轵公府君者，以明经行修，据南雄保昌尉，生子七人，二归泰和，五留番禺，□①为宋高宗绍兴末年也。再生有子，一子讳泰定，自番禺入大良，则光宗绍兴熙间云。今居大岭者，为番禺宗。居大良者，为顺德宗。大良以泰定公为始祖，盖传至予，凡有十二世矣。先是吾家旧谱，但叙始自南雄，继自所知而已。嘉靖中，泰和有陈雍以孝廉来掌吾邑教事，出柳溪之谱而相合焉。始知柳溪徙南雄，源远而流长，且遡及□姓之先，生上自古，始以至今兹，皆传志史事之笔，罔非实录。上下数千百年，烛照数计。凡乡诸姓，凡云来自南雄者，皆未有若此之详明矣。②

　　从上可知，大岭陈族之所以能够"发现"自己为珠玑巷移民是因为"泰和有陈雍以孝廉来掌吾邑教事，出柳溪之谱而相合焉"的缘故。这个发现一下子把陈族的谱系连到了江西泰和，为建立大谱系奠定了基础。其现实意义正如科大卫和刘志伟所认为的：声称自己的家族是珠玑巷的后代，表达了自己在当地的入住权，从而与当地没有入住权的水上居民划清了界线。同时，也是这个原籍军户家族为脱离军籍，摆脱沉重赋役的一项重要举措。③ 所以，这一改变对于陈族建构大宗族的架构的意义之大可想而知。

　　立于隆庆二年（1568）的《有宋始祖遗庆陈公安人连氏墓志铭》中，岑万除了回顾和交代自己受陈其具委托撰写碑文，还用大量的篇幅叙述了大岭陈族构建大宗族的一些情况。而此时陈其具已经不在，主持这件事的人是

---

① 疑缺"时"字。
② 大岭《陈氏族谱·族考》。
③ 参见［英］科大卫《中国乡村的社会结构：香港新界东部的宗族与乡村》，出版社1986年版。刘志伟：《附会、传说与历史真实——珠江三角洲族谱中宗族历史的叙事结构及其意义》，载《中国谱牒研究》，上海古籍出版社1999年版；刘志伟：《族谱与文化认同——广东族谱中的口述传统》，载《中华谱牒研究》，上海科学技术文献出版社2000年版。

十五传的陈斐台：

> 赐进士第、通议大夫、福建等处承宣布政司左布政岑万拜撰。
> 赐进士第、奉议大夫、山东等处提刑按察司佥事、前南京、四川道御
> 史赵勋篆额并书丹……谨按状，公讳善，字遗庆，号致远，行四。其
> 先世原籍江西泰和县柳溪村，九世至公，父讳轵，仕宋为南雄保昌
> 尉，生公。高宗南渡时，彭贼震惊太后，公自南雄避乱，迁徙番禺大
> 岭凤翔里居焉。安人连氏，子三：长道美，娶钟氏；次道诚，分支增
> 城博弓；三道通，分支顺德大良。孙日南①，娶戴氏。中间世数，未
> 暇备详传。至十世榆轩，十一世昊元、昊贤，唐山子（引按：即陈其
> 具）则其十二世也。父子兄弟，科甲簪缨，绵绵不绝，溯世德渊源所
> 自来者，咸以为非公及安（人）②之积德不至此。生终年月，以世远
> 难考。原合葬南坑山辛向，今涓良辰，重修立石，欲令其子孙历久远
> 不忘也。于是乎志，以复唐山子之托。铭曰"凤凰叶卜，五世其昌。
> 至于有宋，播迁靡常。避地则吉，终焉允臧。爰及厥配，懿德克勤。
> 云初远绍，长发其祥。佳城永固，其归其藏。"隆庆二年戊辰三月四
> 日甲寅，十五传孙斐台等立石。③

岑万在碑文的核心部分用了大量的篇幅，从大岭陈族始祖陈遗庆，到
十一世陈昊元、陈昊贤兄弟，一直到十二世陈其具本人，追溯了大岭宗族的
"源流"与"迁徙"历程，并着重渲染了大岭陈族在明代中叶"父子兄弟，
科甲簪缨，绵绵不绝"的盛况，可谓大岭陈族建构宗族过程中具有里程碑意
义的一份文献。

关于谱系的建构还有明代陈元德的谱系建构为例。④ 明代中叶以来，众
多禺南陈姓村落奉陈元（玄）德为始祖，使陈元（玄）德祖先崇拜成为禺南
独特的历史文化现象，陈元（玄）德堪称"番禺的罗贵"。 明中叶，禺南各

---

① 此时，由十世榆轩上溯到陈日南之间的谱系仍是一片空白。

② 原文脱"人"字。

③ （明）岑万：《有宋始祖遗庆陈公安人连氏墓志铭》。

④ 本部分参见朱光文、陈铭新《名乡坑头：历史、社会与文化》，岭南美术出版社
2013年版，第三、五、六章及附录部分《陈元德故事演变版本一览表》。

地的宗族制度相继建立，各地许多陈姓村落都不约而同地建构以陈元德为祭祀中心的实体性宗族。明隆庆、万历年间，陈元德的墓地得到确认、重修，以石楼举人陈大有为骨干的陈族社会精英在坑头创建了祭祀陈元德的晋尚卿祠，坑头仲儒陈公祠等早期的祠堂在此时也陆续创建，众多的祖先墓地得到修缮。族谱也开始被编纂出来，宗族制度在坑头由此铺展开来。

再如祠堂的建立。明宣德八年（1433）、嘉靖三十三年（1554）沙湾进士王渐逵先后重修祖墓。王渐逵墓志铭载："……嘉靖壬辰，建祖祠，修族谱，立宗法，定祭仪，乃次年而芝生于祠，盖至和所召也。乡之风尚，咸蒸蒸兴起。"[1] 可见，沙湾王族最早兴建祠堂的时间可能是嘉靖年间（1522—1566），建立起符合正统的宗族组织。立于嘉靖三十六年（1557）的《王氏祠堂记》为禺南地区为数不多的明代祠堂碑记之一。该碑为王渐逵在明嘉靖三十六年王氏祖祠（绎思堂）落成之际，邀请其老师湛若水作碑记时所撰。碑记以师徒一问一答的对话形式呈现，形制独特。[2]

还有沙湾李族祠堂的建立个案。宋代探花李昂英的祭祀，经历了由"城祀"到"乡祀"的过程。从宋到明，在广州建立祭祀李昂英的祠堂，都是官府和地方人士而不是李昂英家族拜祭的地方。而后来明代在乡下的祠堂才是宗族的祭拜中心。宗族祭祀李昂英的祠堂主要分布在顺德的碧江、陈村和番禺的沙湾、石壁、市桥等地。[3] 明隆庆四年（1507），族人合力扩大规模，于沙湾乡东建起祖祠，依照广州海珠岛李忠简祠，命名为"赐谥李忠简祠"，其堂名依旧以宋理宗御赐之"久远堂"和"向阳堂"名之。邀请明嘉靖二年（1523）进士，历任贵州巡抚、都察院金都御史的李义壮撰写《明隆庆庚午修久远祠堂记》。继之，四房子孙又分别建起仁房报本堂、义房绍远堂、礼房诒谷堂、智房□然堂四大分支宗祠，以后子孙又分建祠堂，建立起一个长幼有序、礼教严明、奉公守法、经济颇为富裕的大宗族。

---

① （明）张时彻：《明恤赠奉议大夫光禄寺少卿赠中宪大夫刑部主事、王青萝先生墓志铭》，载冼剑民、陈鸿钧编《广州碑刻集》，广东教育出版社2006年版。

② （明）湛若水：《王氏祠堂记》，载民国版《番禺县续志》卷五《建置志三》。

③ ［英］科大卫：《祠堂与家庙——从宋末到明中叶家族礼仪的演变》，载《历史人类学学刊》第一卷第二期，2003年10月，第1—20页。

第二节　明清之际的大谷围士大夫与海云寺遗民群体

一、明末大谷围地区的士大夫群体

黎遂球画像

在禺南地区，这一时期的文人于明末多有进身仕途，报效朝廷的志向，如大石《何氏家谱》中的何石卿笔记载："……当明之季，陈子龙、夏允彝结几社，张采等结夏社，同里黎遂球应之，声称籍甚；英杰与族人际泰、际有云结振麟社，以读书学古相切剴"。据《修复振麟社永远课文碑记》载："……每月课文，立为规条奖赏，尔时揣摩帖括者，焚膏继晷，努力前程，莫不磨厉（砺）以须……"[①] 这批文人或饱读诗书、或为名门之后，或考取功名，曾担任朝廷和地方官吏；深受儒家忠孝思想影响，多抱有报国之志。

韩上桂（1572—1644），古坝人，明代举人，戏曲作家，字芬男，一字孟郁，号月峰，别署浮天游子，他幼受父教，精通文学，性豪放，擅吟咏，怡情诗酒，好填南词，常于酒间放歌，有"万历间岭南第一才子"之称。他在乡间与韩日缵、李待问、李云龙、黄宗羲等名士交游，放怀诗酒。他同时学兵法以至剑击马术。万历二十二年（1594）中举人，两赴春官，不受，遂放怀诗酒，游泳胜地。万历四十四年（1616），他出任定州学政，即于任上著《定州志略》，次年丁母忧去职。天启末，起南京国子监博士，历官至建宁府同知，在辽东任督运粮草之责，明亡，不食而死。入清后被追谥为"节愍"。韩上桂的诗文，一挥而就，多有慷慨激昂之气。韩上桂创作了两部戏曲（向称杂剧、传奇）：一为《凌云记》，今存；一为《青莲记》，已佚。今仅《群音类选》卷十四收录《御史调羹》《明皇赏花》《华阴骑驴》《捉

---

① 何绍逊编撰：《大石历史钩沉》（征求意见本，梁强提供）。

鲸《明皇游月宫》五出佚曲,《月露音》收录《御史调羹》《泛湖》两出佚曲。二者均是岭南较早的剧本。陈子升说:"岭南故未有以填词度曲为传奇行家者,晚近韩孟郁(即韩上桂)始为《青莲记》。"① 《凌云记》保存至抗日战争前夕,共二十一出,胡毅生曾准备在《南华》刊物排版刊出,国民党元老胡汉民曾为其题诗。

黎崇宣,市桥人,曾为袁崇焕老师,擅长诗词、古文,臂力过人,好骑射,喜谈兵。明万历三十四年(1606)举人。任海阳教谕。崇祯四年(1631),成进士(殿试二甲第九名)。任南京广德知州。任内政简刑清,惜民如子。后以亢直挂冠归里,奉母罗氏至百岁。常资助贫困者入学,备受乡民拥戴。著有《怡怀集》。②

黎遂球(1602—1646),板桥人,字美周。同治《番禺县志》卷四十二有其传记:"五六岁能读书,九岁能文,工诗古文辞,下笔辄奇警纵横。天启六年知县张国维拔冠邑试,明年举于乡。"③ 后来,他再试不第,便杜门著述,肆力于诗古文辞。他工画山水,早年刻意学文征明用笔,后师法黄公望、倪瓒。所作笔墨苍莽,老辣明秀,功力深湛。兼写花卉、翎毛、鱼虫。《黄牡丹诗画图》卷,陈澧为之题诗。水墨画鱼、虾、螺、鸡圆劲沉着,富有情趣。传世作品有崇祯十四年(1641)作《送区启图北上山水图》册页,现藏广州美术馆。黎遂球工诗文,与邝露、陈邦彦合称"岭南前三家",著有《莲须阁集》《周易爻物当名》《易史》《诗风》《史刻》凡百余卷行世。④ 黎遂球曾拜南明参军授兵部职方司主事,清军南下出守赣州,城破与弟遂淇同殉节。南明追赠黎遂球为兵部尚书,赐谥"忠愍"。赣州人后来建了一座"五忠祠",祭祀在赣州之役中死难的五位忠烈之臣(南明五忠——黎遂球、杨廷麟、万元吉、姚奇允、龚棻)。⑤

黎遂球留给后世的精神遗产除了其"南明五忠"的身份外,还有以"岭

① (清)同治《番禺县志》卷四十一《列传十》。

② (清)同治《番禺县志》卷四十一《列传十》。

③ (清)同治《番禺县志》卷四十二《列传十一》。

④ (清)同治《番禺县志》卷四十二《列传十一》。

⑤ (清)同治《番禺县志》卷四十二《列传十一》。

南前三家"在岭南有重大影响，尤其是他问鼎江南的"牡丹状元"的名衔。同治《番禺县志》载：他"数上公车，道经吴、越，与徐沨、吴伟业、张溥、张采、金声、陈标泰辈结交，抵邢关，集郑超宗影园，与诸人赋《黄牡丹》诗，各十首，遂球第一。超宗携金罍为赠。时称"牡丹状元"。生平好

南村镇板桥村黎氏宗祠（永思堂）的"忠孝廉节"牌坊

游，自燕赵秦楚鲁蜀以及滇黔，足迹无不至。"① 翁筱曼认为，这是岭南士大夫文学在江南的一次超越，是一件标志性的文化事件。黎遂球与"牡丹状元"，在岭南文学史上已经成了一组不可分割、相互注解的词语，更重要的是这一名衔和人物背后所蕴含的文坛佳话，不仅成为岭南文学史上大书特书的一笔，更演化为岭南文学史上的经典。清代学海堂的文学教学大量地利用了岭南的文化资源，对于岭南古代文学发展过程进行系统讲授。②

同治《番禺县志》载：

梁朝钟，字未央，员冈人。士楚曾孙也……知县张国维试士，首拔朝钟，深器重之。袖其文，质熙昌。熙昌称道不辍，由是知名。朝钟感怀时事，与季父庠生克载、同郡举人陈学伾、曾起莘、张二果约为方外游。总督熊文灿闻其名，延为子师。……归粤著书自适。崇祯十五年（1642年），举于乡，明年中进士乙榜。"③ 梁朝钟博学倜傥，好奇计，有大

① （清）同治《番禺县志》卷四十二《列传十一》。
② 翁筱曼：《"黄牡丹状元黎遂球"的经典化——从清代学海堂课卷谈起》，载《岭南文史》2011年第4期。
③ （清）同治《番禺县志》卷四十二《列传十一》。

志，为文豪逸如其人。著有《辅法录》《家礼补笺》《日纪录》《喻园集》等。曾建有"吼阁"用于藏书。①（被誉为明代广东三大藏书家之一。）

甲申燕都陷，悲愤几绝。南都建，征之不出；闽中征之，又不出。南明绍武元年，唐王聿镦称帝广州，授国子监司业。顺治三年十二月十五日，清兵大举进攻，广州城陷，聿镦死。十六日，朝钟整冠带北面成礼，复拜辞家庙，屏家人赴水，为邻人所救，卒骂清兵而死。桂王赠资政大夫、礼部尚书，谥文贞。清建立后谥号"节愍"。康熙四十八年，学使樊泽远榜其门"义继西山"赋诗凭吊。后建"义继西山坊"于梁氏宗祠内。乾隆年间入祀"忠义祠"。②

同治《番禺县志》又载：

陈际泰，大岭人。崇祯元年（1628年）举人。十三年特用进士。《题名碑》列入"十五年壬午科"。时帝欲不次用人，车员特旨考选举人廷试，贡生俱准以主事同知、知县特用，同邑选四人。授平乐知县，擢临江知府，历湖广布政司参议兼佥事。会苏观生等拥立唐王抗永明，以际泰知兵，授为监军道督师，与永明总督林佳鼎战于三水，兵败，复招海盗数万，遣大将林察将之，战海口，斩佳鼎。大清兵入广州，死于家。③

二、从"隆兴寺"到"海云寺"

唐宋时期，随着广州与海外交往的频繁，番禺南部大谷围濒临珠江水道的地区出现了多处佛教寺庙，不少居民点就围绕在这些庵寺周围。雷峰山就坐落于大镇岗北麓，陈边村的西侧，原为珠江航道边上一小岛，后来随着泥沙的淤积成为江边冲积平原上的小山丘。山上曾有一座被誉为"粤中四大

① 徐信符著、徐汤殷增补：《广东藏书纪事诗》。
②（清）同治《番禺县志》卷四十二《列传十一》。
③（清）同治《番禺县志》卷四十二《列传十一》。

清代雷峰山及周边地图

丛林之一"的千年古刹——海云寺。[①] 清初诗人王畿在《雷峰寺》诗题解中写道:"雷峰山,在番禺袁山乡,寺曰海云,又曰金瓯,博大奇观。"[②]

在天然和尚主席并扩建前,海云寺（又称雷峰寺、金瓯寺）一直被称为隆兴寺。后世流传"海云寺"和"金瓯寺"是两处地方,实则大谬。同治《番禺县志》载:"雷峰山,在城南四十里,海心冈西,有海云寺,俗呼金瓯寺,天然和尚说法处。谨按:《广东图说》以海云、金瓯为两寺,误甚。"[③] 由此可知,"金瓯寺"和"海云寺"为同一寺,而仅为雅俗之称呼而已。今雷峰山东麓的陈边村,其村路即有"金瓯大道"一名,而陈边村亦古称"金瓯村",来历便是如此。

关于海云寺前身——隆兴寺的始建时间和创立者,文献记载有不同说法。一说是南汉时期贾胡（古印度商人）马罗连为酬谢佛恩而创建,乾隆《番禺县志》载:"海云寺,在员冈雷峰山,相传为贾胡建……"[④]

乾隆年间,檀萃在《楚庭稗珠录》中说:"雷峰山在番禺之东南茭塘,近虎门。昔本海中,今则桑田四绕,上有隆兴寺,贾胡马罗连所创。天然主席于此。"[⑤]

康熙《番禺县志》载:

---

① 该寺主体建筑群于20世纪40年代番禺沦陷时遭兵燹而毁,仅存禅院斋堂,到1958年"大跃进"时,禅院斋堂也被毁弃,如今早年遗迹已无可寻矣。

② （清）释今释:《雷峰海云寺碑记》。

③ （清）同治《番禺县志》卷四《舆地略二》。

④ （清）乾隆《番禺县志》卷五《古迹·寺观》。同一记载见（清）康熙《番禺县志》卷四《建置》。

⑤ （清）檀萃:《楚庭稗珠录》卷四《粤诽上》。

雷峰山，在茭塘，屹立平田中，秀丽高耸。相传昔时在大海中，山前有观音庙，有贾胡巨舶阻风于此，祈神得无恙。后数年，贾胡复至，为修庙召僧更名隆兴寺。今寺僧称开山主为马罗连，即贾胡姓名也。①

释今释在《雷峰山海云寺碑》中说的更为详细：

番禺东境有山曰雷峰，此吾师天然昰和尚海云道场也。自唐以前，浮沉于紫澜，迥薄中一凫一髠耳。刘汉间，有海舶抵其下，涉夜风浪大作，舟欲覆，舶主搏颡呼观世音菩萨名号，俄见神光起于山顶，祝曰"若幸而获济，愿建祠以答神祝"。赆未几，风定，乃捐资筑院置香火田，以规久。于是鱼龙日远，阡陌交罗，耕凿既繁，村落着美。②

该寺如果为南汉创建，则宋代文豪苏轼被贬岭南惠州，途经广州城郊石榴岗，远远望见珠江对面的雷峰山，并欣然摆渡前往游览，且即兴题"金瓯古道"四字的传说，从时间上考虑可能会是事实。另一说为南宋开庆年间僧人全公创建。成化《广州志》载："隆兴寺，在郡南员冈堡，宋开庆间，僧全公创□□□□。国朝洪武二十四年归并西禅寺，有田三百二十三亩八分七厘六毫。"③

海云寺三眼井盖

到了明初，从前引成化《广州志》的记载可知，洪武二十四年（1391）隆兴寺曾一度归并西禅寺。不过，至迟到明末隆兴寺应该已经逐渐恢复。

南明永历二年（1648），天然和

①（清）康熙《番禺县志》卷一《山水》。
②（清）释今释：《雷峰山海云寺碑》，载康熙《番禺县志》卷十八《艺文》。
③（明）《广州志》卷二十五《番禺县·寺》。

尚住持"隆兴寺"时，因今湛和尚大发宏愿而更名为"海云寺"。《海云禅藻集》之《今湛》篇章中记载得十分清楚：

> 今湛字旋庵，三水人，族姓李，原名廷辅。髫龄发大心愿出世，住雷峰隆兴寺。闻天然禅师倡道诃林，与其徒达此，籍本寺田亩室庐供诸十方，躬延禅师作开山第一祖。时龙象云集，寺故湫隘，众无所容。湛发愿行募，泥首击柝于阛阓者三年。前后殿阁，巍然鼎新，改名海云。又范金铸伽文睒史诸相，遂成宝坊。……

另《海云禅藻集》之《邓尔雅》篇中也有较为详细的记录：

> 雷峰山"海云寺"，本名隆兴，在番禺员岗，距广州东南卅余里。明崇祯间，僧今湛住持。入清后，发愿行募，殿阁增新，改名海云。躬延天然昰禅师作开山第一祖。龙象云集，遂成宝坊。

上文显示，今湛最先于隆兴寺住持，但其钦慕天然（函昰）和尚的名节，于是有意将此寺交给天然和尚来管理。天然和尚函昰与其徒弟对规模甚小的"隆兴寺"进行了脱胎换骨的改建，并且连寺庙之名也更改为"海云寺"。至此，我们今天所知的"海云寺"就正式诞生了。当然，海云寺的建造并非如上所述那样简单，其前后大概共经历了25年才得以最后建成。作为海云寺方丈，函昰在资金的筹措、寺院的设计与工程的督促方面，是花费了许多精力的。广东省博物馆藏有一个他亲笔书写的行书手卷，是海云寺建造的原始资料，全文如下：

> 见禅到山，云雷峰大殿阶道太短，山僧以为不作仪门，总存湖外一大山门。亦罢。今想放生湖目前未暇及成，而大殿各堂寮虽渐次见功，毕竟殿前近路，不可无关闭；因想旧刹竿两墩尚有丈馀，盍移仪门至此。使阶道自殿台起，至仪门后檐止，有四丈余或五丈，亦自不促。即不济，必须得三丈五六。若只三丈，便觉促矣。大殿六丈馀阔，则殿台离地须三尺高，至少亦须二尺五，方见尊重。今除去月台，使殿台至仪门后檐止，阶道一平，不可层级。两廊地与仪门后二滴地，高低一样，亦须离阶道地二尺，至少亦一尺五，不可浅。阶道

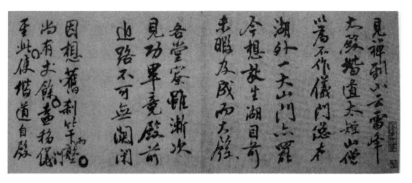

函昰议建雷峰海云寺殿宇札（局部）

砌石，只须正间阔，留两旁种松柏。殿两旁及殿后地，高低亦当如殿前阶道地相准，亦种松柏，取幽深不觉浅露也。钟鼓楼，沿两廊出，至仪门，东北角为钟楼，东南角为鼓楼，俱高过仪门，大约矮大殿二三尺。钟鼓楼距仪门尚有一间地，可作旦过寮或门头寮，稍矮仪门一二尺方好看。又仪门不可过浅，后二滴深准两廊，前二滴亦如之。前后小舍相距至少亦要二丈，共五间。中三间空净，不安像，只在后小金柱间作闪身，如正间阔，随时开闭，使大殿可一望见湖。弥勒尊像留供湖外山门也。左右二间造四天王像，若韦驮尊像及伽蓝尊像，偕大殿两廊相对，此大殿与仪门式大概如此。总因放生湖未能即凑手，故复出此。若目前大势可得连上，则不必立仪门，仍照春时谕帖。或谓风水宜立仪门富气，亦随大众酌量耳。天然亲笔，七月十八日。①

　　这份文件是函昰就海云寺的布局问题写给门人的一封信，从内容分析，应当是写于顺治十四年（1657），当时他住在庐山栖贤寺。这是函昰传世字数最多的墨迹，它不仅是一件书法精品，也是一篇珍贵的海云寺营建史料。从信中可以看到，函昰对海云寺的营建，考虑得十分细致。可以这么说，寺院的营建工作能顺利展开并最终完成，与函昰发的愿力是分不开的。今释曾评论说：

---

① 该文献转引自杨权编《天然函昰》（广东历代书家研究丛书），岭南美术出版社2012年版。

粤自双林示灭，像教东流，担荷之责，主法是寄。天下佛土，不乏庄严，有其人则开正眼，无其人则陷魔军。雷峰僻在一隅，历二十五年营建未讫，但孳孳于炉韝，不汲汲于因缘，而为博山一枝深密覆荫，此所谓显晦因人者也。①

在资建海云寺的檀越②中，群蛇混杂，不一而足，有乡绅、地主、富豪、士子、官吏等，但其中有一位是历史上赫赫有名的"乱世枭雄"平南王尚可喜，不可不提，因为他与海云寺之间颇有一番纠葛。清陈伯陶《胜朝粤东遗民录》卷四记载："平南王尚可喜慕其（指函昰）高风，以函昰开法雷峰之'海云寺'，因捐金铸铜佛，高丈余，置寺中。复广置寺产，俾成海邦上刹。""三藩"之一的平南王尚可喜，虽然仰慕天然和尚宗风，然而天然和尚察觉其为人阴险狡诈、优柔寡断，终究不可与之沆瀣一气而分道扬镳。

《海云禅藻集》之《樊封》记载：

天然名曾起莘，以名孝廉教授乡里。青年即披剃出家，父、母、姊、妹，咸为僧尼，人多怪之。及国变，缙绅故老多遁迹空门，天然每为之汲引，世人始服其先见云。平南慕其高踪，聘迎至邸，一宿即告归。或闻之，曰："平藩具佛性而无定力，游豫多忍，萧蔷之祸，近在目前，遑计其他耶。"后悉如其言。

《海云禅藻集》之《樊封》又载：

寺在雷峰，林峦秀美，明末僧今湛主持其间。鼎革后，天然和尚主讲焉。平南镇粤，仰其高风，为之广置寺田，更虔铸佛像，金光丈六，以志香火因缘。土木之盛，近时罕有，遂为海邦上刹。

经过二三十年的苦心经营，海云寺规模宏大，瑰丽无比。同治《番禺县志》卷二十四亦载：

海云寺，在员冈雷峰山。相传为贾胡建，明崇祯间僧今湛住持。

---

① （清）同治《番禺县志》卷四《舆地略二》。
② 指"施主"。即施与僧众衣食，或出资举行法会等之信众。

国朝顺治初，僧函昰开法于此。"平南王"尚可喜捐金铸铜佛，高丈余。寺距羊城东南水路四十里。博大奇观，幽趣莫比。国朝张学皋《海云寺》诗二首："冈回峦复合，杳不辨雷峰。几点竹间露，一声岩畔钟。

雷峰山海云寺基址建筑夯土层

桥荒流水住，门静白云封。不觉神俱穆，笙簧奏古松。""海阔开山后，门通早晚潮。烟霞供老衲，花雨洒空霄。倚石泉频饮，摩松鹤漫招。自令幽意洽，不惜挂帆遥。"

三、以海云寺为中心的遗民僧群体

明清易代，广东成为清兵与南明政权的主战场，这时候，心系家国的广东文人要么投身战争，要么抗节不屈，蛰处山林，不仕新朝，再加上一大批诗僧，组成了庞大的广东文人队伍。在清兵屠广州城过程中，广东特别是广州地区的寺院居庵成为汉人抗清的政治避难所。清朝建立以后，因为明末不少官员文人学士遁迹佛门成为"遗民僧"，清初四帝扶持佛教，加上平南王尚可喜曲意侫佛，使广东佛教获得重大的发展，盛极一时。而身为曹洞宗第34代传人的天然和尚则成为广东逃禅遗民的精神领袖。

天然（1608—1685），俗名曾起莘，法名函昰，字宅师、丽中，别字天然，号丹霞老人，番禺县慕德里吉迳村人，出身于番禺望族，17岁补诸生。年轻时作《莫厌贫》诗云："读书慕先贤，抱志在四方。"他经常与张二果、罗宾王、梁朝钟等人在罗宾王之散木堂（今广州芳草街）聚会，纵谈时事，评古论今。明崇祯六年（1633）他中举人。次年赴京会试落榜。崇祯十二年（1639），他以赴京参加会试为名，辞亲北上，到庐山归宗寺，拜道独为师，削发为僧，成为曹洞宗三十三传法嗣，号天然和尚。其父母、妻子、妹

天然函昰像

妹亦随之为僧尼。崇祯十四年（1641），天然随道独到广东罗浮山华首台寺，为寺首座。之后，他先后到福州长庆寺、江西庐山归宗寺、惠州罗浮山华首台寺、韶关丹霞山别传寺、广州海幢寺居住弘法。他住持的众多寺院，成为抗清义士的庇护所。①

顺治十五年（1658），天然返回番禺员岗乡雷峰山，将隆兴寺修葺一新，并易名为海云寺。因为他是"遗民僧"的领袖，那些不愿向清朝归服称臣的广东志士纷纷投其门下削发为僧。海云寺的僧众不但人数多，而且法众文化修养高，社会影响大。据《圣朝粤东遗民录》所记，约有3000人。其中曾任礼、兵、户部官员者4人，进士3人，举人8人，解元、会元各1人，文学、诸生等40多人。据姜伯勤教授考证，仅海云寺莲社的67个成员中，就有进士5人，占7.46%，举人6人，占8.95%，文学家占了26.86%。在这些士大夫僧人中，不少是"外观比丘色相，内隐光复大志"。如番禺举人梁朝钟、黎遂球、罗宾王，东莞举人张二果，一代诗人屈大均、程可则，总督熊文灿等，都是取得皈依证，居家修行的信徒。②

以天然和尚为首的三千饱学之士，著书立说，造就了岭南文化史上的高峰。

天然和尚和他的师弟函可，都是清初岭南杰出的诗僧。后人选取天然以下"今""古"两代诗僧及居士有关天然和尚及海云寺的诗作，编成《海云禅藻集》，衮衮成迭，蔚为大观。该书分为上、中、下三大册，总共收录诗歌、词作和散文1305首。作者除了禅僧，也囊括了一大批明末清初志同道合的抗清义士，如"牡丹状元"黎遂球，"岭南七子"中的程可则、陈恭尹、王邦畿等。《海云禅藻集》，皇皇巨著，不但记录了一大群为历史沧海所淹没

---

① 关于天然和尚一生的经历参见（清）同治《番禺县志》卷四十九《列传十八》。
② 黄启臣：《黄启臣文集（三）——明清社会经济及文化》，中国评论学术出版社2010年版。

了的志士仁人，更为难得的是记录了一个朝代的更迭。这一点，在《海云禅藻集》的凡例中说得很清楚："是集颜曰《禅藻》，《雷峰志》之一尔，禅者既已声尘俱断，宁用文藻标其唾弃。癸甲之秋，天然和尚开法岭表，四方章缝之士望光皈命，于时不二门开，才俊名流翕然趋向。斯集也，志一时之盛，见当日工文翰者皆弃辞藻而归枯寂，非入枯寂而又以禅藻名也。观者毋因其名而反议其实焉。"

《海云禅藻集》上中下册

在这批海云一脉的僧人和文人之中，还有不少书法造诣颇深的书家。其杰出者，除天然和尚与他的法嗣"十今"之外，还有今载、今印、今镜、今离、今种（屈大均）、今日（李成宪）、陈恭尹、梁佩兰等人。

这里着重介绍几位均礼函昰（天然和尚）为师的禺南重要文人：

陈虬起，大岭人，字智藏，生员，法名今儆，同治《番禺县志》说他：

> 静默寡言，与物无忤。少从萧奕辅、梁祐逵、黎邦城、区怀年等结社于芳草精舍。感伤时事，抑郁之气，时流露于诗词唱和间。厥后曾起莘、李云龙与千山剩人，倡道于别驾罗宾王散木堂，朝夕往还，时闻绪论，渐有脱然人世之想。丙戌（按：当为清顺治三年，1646）乱后，即弃章缝，居雷峰，以居士充书状。戊戌为僧，难落受具，历典清职，诗草乱后遗失……①

陈虬起少与区怀年等于芳草精舍结社联吟，后与李云龙等日夕往还，论道于罗宾王之散木堂，渐有脱然人世之想。清顺治三年（1646）隐居于员岗雷峰，十五年（1658）落发为僧。

韩嘉谋，官桥人，字旅庵，进士韩海族兄，终生不应考，后入海云寺出家，法名古咸，字无物。他能诗善画，尤善画墨竹，水墨淋漓，气格沉厚，

---

① （清）同治《番禺县志》卷四十九《列传十八》。

与历代名家无异。因他归隐后藉藉无名,收藏家或商贩往往将其作品刮去名字,改题名画家之名,居然高价出售。这是韩嘉谋的不幸。今广州美术馆还保留他的《潇湘烟雨墨竹卷》,也有名字剥改之迹。著作有《复初集》。《海云禅藻》也收入其诗。其子鹄亦能诗,著有《止亭诗钞》。①

潘楳元,字晓先、浣先,西山(今化龙西山村)人,法名今竖,字亚目。顺治初,选授北流教谕。康熙五年(1666)武举人,康熙丙辰(1676),推荐广州教授;康熙十二年(1673)参与编纂《番禺县志》(习称《王志》,今已佚)十二卷。著有《广州乡贤传》《西村夜话》,卒年六十四。迁海期间,潘楳元不但帮助娄君玉免罪,还在番禺县令诬陷龙湾乡人"助逆叛乱"发兵进剿时从中调解,保全千余家。②

四、屈大均的文化成就与遗民精神

(一)屈大均的主要经历与重要著述

屈大均无疑是明清之际岭南遗民群体中最有影响力的核心人物之一,也是岭南遗民精神的杰出代表。

屈大均(1630—1696),沙亭乡人,字翁山,又字介子,初名邵龙,号非池。明末清初的岭南著名爱国诗人、学者,与梁佩兰、陈恭尹合称"岭南三大家"。他16岁时补南海县生员。次年(1646)清军陷广州,又次年,18岁的屈大均参加其师陈邦彦及陈子壮、张家玉等的反清斗争,同年失败。后至肇庆,向南明永历帝呈《中兴六大典书》,不久因父病危急归。清顺治七年(1650),清兵再围广州,屈大均为避祸,于番禺县雷峰山海云寺削发为僧,法名今种,字一灵,又字骚余。名其所居为"死庵",以示誓不为清廷所用之意。顺治十三年(1656),他开始北游辽东等地,返回关内后,多次密谋反清复明。康熙二十二年(1683),郑克爽降清,屈大均大失所望,即由南京携家归番禺,终生不复出。屈大均一方面为捍卫汉族儒家之文明而战,投身其中,付出全力,另一方面,回归家乡,著书立说。一生著述甚

①(清)同治《番禺县志》卷四十九《列传十八》。
②(清)同治《番禺县志》卷四十三《列传十二》。

丰，在多方面取得极高的学术成就，可以说是集诗人、词人、史学家、文学家和思想家于一身。据朱希祖统计，他著有《皇明四朝成仁录》《永历遗臣录》《安龙逸史》《南渡剩篋》《广州府志》《永安县次志》《闽史》《广东新语》《翁山诗外》《翁山文外》《翁山易外》《广东文选》等，囊括了哲学、历史学、文学、民俗学、地理学、植物学、动物学、气候学、语言学、天文学、诗歌等领域。其中，《翁山诗外》《广东新语》《广东文选》在学术史上影响甚大。屈大均藏书亦丰，曾有"四百三十二峰草堂"以藏书[①]，而其家乡沙亭有三阊书院，则为其乡学藏书之地，所著《四书兼考》即刊刻于此。[②]

屈大均禅服像

（二）《广东新语》与《广东文选》的历史文化价值

屈大均穷二十年之精力，终于在晚年完成了兼具史志价值和诗性精神的关于广东文化的巨著《广东新语》。《广东新语》不仅具有特别重要的文化史地位，而且产生了特别深远的历史影响。据邬庆时《屈大均年谱》所载，《广东新语》于明永历三十二年、清康熙十七年（1678）成书，

清宣统版《翁山诗外》

时屈大均已49岁。是谱于本年下记曰："先生撰《广东新语》二十八卷成。先生自刻所著书皆无年份，第一行序字，第二行姓名，第三行序文，殆以避

---

① 见《翁山文外·序》。

② 徐信符著、徐汤殷增补：《广东藏书纪事诗》。

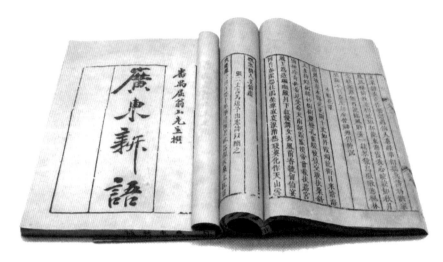

屈大均《广东新语》书影

署新朝年号也。"① 不仅《广东新语》一书有意避免使用清朝年号，屈氏所有著
作皆如此。

对于《广东新语》的价值，屈大均也表现得非常自信，他在此书卷首的
《自序》中说：

> 《国语》为《春秋》外传，《世说》为《晋书》外史，是书则广
> 东之外志也。不出乎广东之内，而有以见夫广东之外。虽广东之外
> 志，而广大精微，可以范围天下而不过。知言之君子，必不徒以为可
> 补《交广春秋》与《南裔异物志》之阙也。②

《广东新语》是一部空前绝后的、具有百科全书性质的、关于广东的笔
记著作。特别值得注意的是此书蕴涵的主观色彩和时代特征，这种诗性精神
不仅是作者冒着一定政治风险经过精心准备的有意为之，而且是在不得已的
情况下其独立思想、反抗个性的学术化表达。这种精神，不仅与屈原独立不
迁、伤时忧国、悲天悯人的精神相合，而且与司马迁在《史记》中表现出来
的强烈诗性精神和理想人格追求相通。《广东新语》中透露出的这种诗性精
神和人格追求使其超越了一般的史志、笔记著作，从而获得了学术文化意义

---

① 邬庆时：《屈大均年谱》，广东人民出版社2006年版，第151页。
② （清）屈大均：《广东新语·自序》，中华书局1985年版，第1页。

以外的一种思想文化意义。这是其他史志笔记著作所不能达到甚至是难以比拟的。①

一个非常明显的表现是，作者经常在比较客观地记录广东风物或人物之余，在字里行间或结尾处发表议论或表达感慨。这种具有强烈主观情感和价值判断的成分使《广东新语》具有不同于普通史志笔记著作的特殊性质，也使其体现了作者思想与行事的风神。

屈大均晚年完成的又一项重大学术工作，是选辑自汉代至明代广东重要人物的诗文作品所成的《广东文选》。从广东文化精神和文学学术传承的角度来看，可以认为《广东文选》的编选是屈大均广东情结的又一重要表现形式，其中寄托了编选者传承与弘扬广东文化的深远用意。

屈大均本人对《广东文选》一书非常重视，甚至是饱含深情的。他在《广东文选·自序》中就动情地说：

> 嗟夫！广东者，吾之乡也。不能述吾之乡，不可以述天下。文在于吾之乡，斯在于天下矣！惟能述而后能有文，文之存亡在述者之明，而不徒在作者之圣。吾所以为父母之邦尽心者，惟此一书。②

可见作者对于家乡和家乡文献的一往情深，从中也可以清晰地感受到作者为桑梓之地、父母之邦尽心尽意的坚定信念。以此书倡导和恢复儒家正统、保持和弘扬广东文学正脉的用意不仅非常明显，而且特别坚决。这当是屈大均针对当时广东乃至全国世风、文风状况的有感而发。

（三）屈大均的遗民人文精神

无论是从岭南文化史的角度，还是从中国文化史的角度来看，都可以认为屈大均是对广东文化极为用心、勤勉，一生著述甚丰并产生了重大历史影响的第一人。屈大均的这种开创性贡献不仅远绍前人的传统，而且具有超越同侪的重大价值和深远意义，在后来者中亦鲜有堪与之比肩者。

---

① 左鹏军：《屈大均的广东情结与中原认同》，载《岭南学》第四辑，中山大学出版社2011年版。

② （清）屈大均辑、陈广恩点校：《广东文选·自序》，广东人民出版社2008年版，第1—2页。

从文化价值观念的渊源上看，屈大均在世变之时、鼎革之际对于广东文化的一往情深和着力提倡，是以对于中原文化为代表的汉族正统文化的深度认同为基础的。这种认同，从屈大均早年就开始萌生，而随着时代的剧变，明朝为清朝所取代，甚至连岭南如此偏远的所在也全面地成为清朝的天下。在这种天崩地解、江山变色、政治文化环境发生如此重大变化的情况下，屈大均对于中原文化的认同不但没有减退，反而明显加强，以至于成为他最重要的文化信仰，成为他判断的主要标准和行为的主要准则。

在屈大均看来，清军虽然以血腥的手段征服了广东，但是这最后失去的汉族土地上，最大可能地保留了汉族的民族血脉和文化传统，这正是汉族同胞永不屈服、志图恢复、还我河山的文化之源。就如同南宋王朝虽然最后在广东灭亡，却留下了深远的民族精神和历史遗响一样。在屈大均的思想意识中，南宋之亡与明朝之亡的历史竟然是如此相似。这种直接而巨大的冲击之下造成的历史兴亡之感成为屈大均思想中最为深刻的冲突，也是一种强大的力量，驱使他不能不思考和探寻其中的究竟，并志图恢复汉族的河山。

当广大的中原地区早已被征服，早已成为异族统治的天下的时候，他的多种想法就只剩下了一种可能，即通过对广东文献、人物、文学、历史、山川的记载，来彰显这片土地上仍然可能遗存的汉族文化传统。因此，屈大均晚年关于广东文献的整理、研究和著述，与其说是一种学术行为，不如说是一种具有政治意味的思想文化活动。据左鹏军教授研究，他实际上是在以一种比较隐晦的、也是更长久的方式传承着处于灭亡危机之中的汉族文化，是在以一种不得已的途径保护着已经被异族征服了的汉族正统。这是屈大均如此深切地认同中原文化的根源所在，也是屈大均遗民文化精神的集中表现。①

在许多岭南士人看来，南宋被蒙元所取代，明朝被清朝所取代，不仅具有极大的相似性，而且真切的时局动荡、改朝换代的巨变就发生在他们身边，历史仿佛重新上演了一次令汉族同胞伤心不已的亡国哀曲。于是，在

---

① 左鹏军：《屈大均的广东情结与中原认同》，载《岭南学》第四辑，中山大学出版社2011年版。

明清之际的岭南，产生
了另一批遗民文人群体，
而且这一群体较宋末元
初那一次更加强大。这
是岭南遗民精神的第一
次充分彰显，也是最有
光彩的一次闪耀。

　　生活于清乾隆末年
至道光中期的诗人、思
想家龚自珍，在屈大均
的著作还因犯忌被禁之

屈大均墓

际，就曾读过并产生了强烈的共鸣。他在《夜读番禺集，书其尾》中写道：
"灵均出高阳，万古两苗裔。郁郁文词宗，芳馨闻上帝。"又云："奇士不可
杀，杀之成天神。奇文不可读，读之伤天民。"① 确是如此。岭南诗人、学
者、思想家屈大均以出众的才华和过人的胆识，在时局纷乱、兴亡难测、人
心不古的明清之际，以坚定的信念和伟大的人格彰显了岭南遗民精神的深远
渊源和思想高度，从而成为岭南一代士人的杰出代表；而这种遗民精神和文
化信仰也使他个人和整个岭南一道，汇入当时盛行一时、影响广泛的维护汉
族正统和儒家传统的思想潮流中，从而成为岭南与岭北乃至中原广阔地区
进行文化沟通、声息相通的重要基础。

　　左鹏军教授认为，从岭南思想文化史的角度来看，屈大均的遗民精神不
仅是他个人与中原相通的契合点，而且是岭南地区与中原相契合的关节点，
也是来自岭南的声音汇入时代风潮的重要标志。于是，屈大均的诗性精神、
遗民思想、抗争意识获得了超越岭南文化与学术本身的典范性价值，具有彰
显易代之际士人品格和时代精神的独特意义。②

---

① （清）龚自珍：《龚自珍全集》，上海人民出版社1975年版，第455页。
② 左鹏军：《屈大均的广东情结与中原认同》，载《岭南学》第四辑，中山大学出版
　社2011年版。

第三节 清初到中叶大谷围地区士大夫的文化成就

一、清初到中叶番禺县沙茭二司的基层设置与禺南盗乱的应对措施

（一）沙茭二司设置的变化

奉旨迁界石

明清鼎革后，番禺县设四个巡检司：鹿步巡检司、茭塘巡检司、沙湾巡检司、慕德里巡检司，此前的狮岭巡检司割附新成立的花县[1]。鹿步巡检司因兵燹蹂躏，借住民房，原额弓兵23名，顺治七年（1650）裁革，每司只设参吏一名，皂隶二名[2]，雍正十三年（1735）知县逯英详请改建波罗庙旁。[3] 至于慕德里巡检司，"顺治六年颓塌，借居江村劳江祠，康熙七年，巡检向登云于旧址重建，正厅一间，后衙三间"。这样的四巡检司格局直到清末都没有改变。

康熙《番禺县志》载，除了慈济宫外，市桥乡"徙海时，诸寺观皆毁……"[4]，又载："康熙三年拆边，市桥奉迁，业经拆毁，后于钟村民房居住，令仍移市桥。"[5]

---

① 弘治时其中流沙巡检司割附平乱后新成立的从化县。

② （清）康熙《番禺县志》卷四《建置》。

③ （清）光绪《广州府志》卷六十五《建置略二》。

④ （清）康熙《番禺县志》卷四《建置二十六》。

⑤ （清）康熙《番禺县志》卷四《建置·四巡四署》。

又载："康熙三年拆边，市桥奉迁，业经拆毁，今于钟村民房居住，原额弓兵二十一名"。① 而从康熙《番禺县志》中的《番禺县境图》已看到钟村的位置标注了沙湾巡检司。光绪《广州府志》载，"沙湾巡检司在市桥乡，康熙七年重建"②。乾隆《番禺县志》载："沙湾司属有石桥在市中，乡以此名，又名市邸……"又"旧议建县治已立城门，后乃改为附郡"；③ 据尹源进的《平南王元功垂范》载，清初迁海："茭塘司的沙头墟，东村，石头岗，石横村已属界外。"④

可见，明初以后市桥已经是沙湾巡检司的驻地，沙湾巡检司曾于康熙年间，从市桥迁至钟村，市桥乡曾在清初遭受"迁界"的严重影响，明代作为区域政治经济中心的地位被一度打断。复界后，沙湾巡检司仍迁回市桥。而茭塘巡检司署由迳口迁到了礼园（新造）受到迁海的影响较小。

表 2-3　番禺县巡检司分辖区

巡检司	驻地	分辖区
沙湾	驻市桥	都1、堡13、图27、客图1、村87。
茭塘	驻新造	都1、堡21、图34、客图4、村174。
鹿步	驻鹿步圩（庙头村）	都1、堡12、图21、村116。
慕德里	驻江村	都3、堡32、图33、村192。

（资料来源：同治《番禺县志》卷三《舆地一》。）⑤

在沙湾司、茭塘司交界的地方曾有和分司冈和分司桥的叫法。分司冈即七星冈"在城南六十里，七峰相属，南一峰上有塔。南为坑头，水坑诸村，属沙湾司；北为梅坑、南村诸村，属茭塘司，故又名分司冈焉。⑥ 而分司桥：清代，番禺四个司均以山脉或河涌为界。唯沙湾司与茭塘司之分界处（官涌村

---

① （清）康熙《番禺县志》卷四《建置》。
② （清）光绪《广州府志》卷六十五《建置略二》。
③ （清）康熙《番禺县志》。
④ （清）尹源进：《平南王元功垂范》卷下，抄本，藏广东省立中山图书馆。
⑤ 胡恒：《清代巡检司时空分布特征初探》，载《史学月刊》2009年第11期。
⑥ （清）同治《番禺县志》卷四《舆地略二》。

官涌村附近的分司桥

和永善村之间）却是一条宽不过 2 米，深不过 1 米的水渠。故名"分司桥"。清代，坑头村以北的七星冈正好为禺南沙茭两司的交界处，曾建有七星塔于其上，据民国版《番禺县续志》卷四十一《古迹二》载："七星冈塔，在南村七星冈下。兴建年月无考。"

（二）沙茭二司以下的基层设置

康熙《番禺县志》卷一《舆地》载有巡检司下有海阳乡、周南乡，阜丰乡，务本乡、宁仁乡等建置，还有茭塘都和沙湾都。这些说明清初番禺县巡检司下原来的"里"已经改为"乡"了。① 这一时期，茭塘巡检司下辖务本乡、周南乡、阜丰乡，沙湾巡检司下辖宁仁乡、海阳乡。② 到清乾隆年间，禺南地区依旧实行"司—乡都—堡—图—甲—村"的行政区设置。禺南地区有海阳乡、周南乡、务本乡、宁仁乡、茭塘都、沙湾都等司以下的几个建置。原"乡十而以十都分属之，后定为六都（分属之）"③。

到了清嘉庆年间，司下领都，都下领堡，堡下领村的机构大为变动，特别是在禺南的沙湾司和茭塘司内，各村纷纷联合成立自治性质的"社"。如沙湾司内便先后建立了 7 个"社"。这 7 个社分别是：同风社（驻钟村，12 村）、螺阳社（驻渡头，7 村）、协恭社（所驻地不详，6 村）、同安社（驻石碁，27 村）、平康社（驻沙墟，23 村）、亲仁社（驻上罗塘，即今大罗塘）、本善乡（驻沙湾）及各散乡，还有一个相当于"社"的九如镇（驻紫坭）④。后来的同治《番禺县志》所附的地图中已经不再见到海阳乡、周南乡、阜丰乡、务本乡、宁仁乡等地名建置了。

---

① （清）康熙《番禺县志》卷一《舆地》。
② （清）乾隆《番禺县志》卷六《乡都十五》《乡都十六》。
③ （清）乾隆《番禺县志》卷六《乡都十五》《乡都十六》。
④ 清末嘉庆至光绪年间，设九如镇，镇址在紫坭，由紫坭、韦涌、古坝三堡组成，下领紫坭、三善、龙湾、古坝、韦涌、大洲、沙亭、南涌、乌洲 9 个村，是番禺西南部的重镇，也是当时番禺唯一的镇。

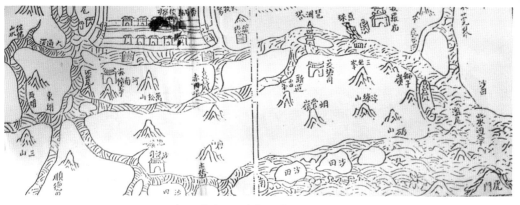

康熙《番禺县志》所载禺南地图

乾隆《番禺县志》所载禺南地图

（三）清初到中叶大谷围地区盗乱的严重化 ①

由于禺南大谷围地区、特别是狮子塔（今莲花山一带）濒临狮子洋，处于广州港的出海门户的险要位置，清乾隆以前，就在邻近莲花山的南村设立番禺县丞。《番禺县志》载：

> 自珠江下流至波罗江三江之水会流于黄木湾以入大洋，琶洲、赤岗双塔并峙，而狮子山屹立中流，虎门蹲踞海口，为夷船聚泊之所，尤邑之险隘也。故鹿步、沙湾、茭塘连缀三司，复以县丞移驻南村，所以督巡检营弁交资巡缉耳。②

① 该部分参见朱光文、陈铭新《名乡坑头：历史、社会与文化》，岭南美术出版社2013年版。

② （清）乾隆《番禺县志》卷一《舆图·县境图说三》。

同时，清代中叶禺南大谷围地区因防务松弛而盗匪日益猖獗。乾隆年间任广州知府的赵翼在《檐曝杂记》卷四《茭塘海盗》就特别指出茭塘司地区，尤其是邻近狮子洋的地区（即今石楼及周边滨江地区）的盗乱问题非常严重：

> 番禺县茭塘十数村，世以海盗为业。……行劫皆以白昼……其出海口，有水讯兵讥察，则例有私税。以出海一度为一水，率不过月余。乾隆三十五年，盗魁陈详胜者率其徒出海，久不归。讯兵计其期已过，会出哨遇之，遂索补税焉。盗乞缓期，俟厚获当倍偿。兵不许，则相争。

这一记载说明海盗的猖獗其实与驻守讯兵受贿纵容联系在一起的。海盗与官兵的冲突往往是因不能满足官兵的利益勒索而产生。乾隆三十五年（1770）八月，乾隆帝对此十分恼怒，认为首犯陈详胜："不过番禺村民，既纠党多人历久出洋滋事，岂能不稍露踪迹，何以玩忽养奸至于如此，该处吏治营务尚可问乎！着李侍尧逐一详查，将该管各官严行参处。"他要求两广总督李侍尧既要"严行申饬"营务，又要"勒限严缉"盗匪，"毋使一人漏网"。①

乾隆年间，沙茭地区的盗匪问题愈演愈烈，终于引发了著名的老鼠山②事件。老鼠山原本只是茭塘司金山村的一个小山阜，但是，由于盗匪问题严重化而进入朝廷高层的视野。由于濒临白沙湖水网地区，并连通狮子洋，清代的老鼠山成为盗匪聚集之地，不仅地方百姓对此噤若寒蝉，地方官吏也不敢冒犯。老鼠山情形几乎尽人皆知，只是当时地方官员心怀恐惧极力回避而已。

截至乾隆四十五年（1780）八月，广东沿海未及半载即发生盗案40余

---

① 《清高宗实录》卷八六六，第620-621页。
② 老鼠山是指位于今番禺区石碁镇金山村的老鼠山。明初，因村民生活贫穷而时常到村北谷围山偷盗谷物，俗称谷围山为"老鼠山"。明代官府在此设立金差营，以镇守盗贼。

起，这些案犯"惟番禺县之沙湾、茭塘二处最多"①。不久，乾隆谕令剿袭，广州知府李天培"密探各盗散处沙湾、茭塘各乡村内，有凌大头蓉等陆续归家，派拨附近各县及弁员等带领兵役分路堵截海口，进村搜捕，前后缉获盗犯共147名……此案海洋大盗纠伙百余人，肆行劫掠，贻害地方，非寻常盗案可比"②。

（四）永宁通判和永靖营都司的设立

清乾隆年间，为了弹压盗乱和整顿吏治，广东官府于坑头西北、七星岗西南麓设立品级高于番禺知县的广州府永宁通判（正六品）。两广总督觉罗巴延三向朝廷上奏《酌筹沙湾茭塘善后事宜》，其中重要的一条就是完善地方官员问责制，对文武官吏职责及奖惩条例明晰化。设置永宁通判正是这一措施的具体化。乾隆四十五年（1780）十月，两广总督觉罗巴延三等奏：

标注永宁通判和永靖营都司的清同治番禺县南部地图（载同治《番禺县志》）

> 会勘沙湾、茭塘各村情形，业已盗氛净尽，村宇敉宁。惟查沙、茭二司系附省海滨大镇，向设文武员弁巡访，恐微末呼应不灵，似应移驻参游丞倅等员，始足以资弹压。其应由何营调拨员弁，何郡移驻同知通判之处，当周详筹画具奏。得旨：好。

坑头古称"永宁"源于永宁通判（陈铭新摄）

① （清）《国朝耆献类征初编》第19册，台湾明文书局1985年印行，第155-294页。
② 《清高宗实录》卷一一一三，中华书局1986年版，第877页。

详妥为之，以期永久无弊。①

两广总督觉罗巴延三等封疆大吏认为，沙茭地区"向设文武员弁巡访，恐微末呼应不灵"，希望朝廷"移驻参游丞倅等员"，"始足以资弹压"。这个很可能就是永宁通判和永靖营都司设立的原因。同样是也在乾隆四十五年（1780），广东巡抚李湖在其上奏朝廷的《安辑事宜十款》中建议"沙湾南岸市桥村，北岸新造墟向设巡检各一，分司缉捕，南村驻县丞一，秩微不足弹压，请移同知一员驻沙湾茭塘适中之坑头村，两巡检可随时调遣，遇盗警会石碁营弁堵缉"②。

可见，当时广东巡抚李湖认为原设在南村一带的县丞仅为正八品，级别太低，不足以弹压地方，建议朝廷于坑头设立正五品的同知，但是最后乾隆皇帝批准设置的是正六品的永宁通判，不过，其级别也超过了番禺县知县及其下属的县丞、巡检，次于正四品的永靖营都司（驻石碁），表明了广东地方官府对沙茭地区出现的盗乱的高度重视。

乾隆四十七年（1782）三月，兵部同意了广东官府的设防要求：

> 番禺县属沙湾、茭塘之石碁地方，设立专营③，以资防守，应设游击、守备各一员，中哨千总一员，外委千总二员，左哨、右哨、把总各一员，外委把总各二员，马步战守兵六百三十名，哨船六只，均于各标内酌拨移驻，仍隶提督管理。④

同治《番禺县志》亦载：

> 永靖营游击署，在府东南九十里石碁汛。乾隆四十七年，拨提标左营游击设立永靖营，今改为都司署。永靖营守备署，在本营西北二十里南村汛。乾隆四十七年，拨高州镇右营守备驻此，今改为外

---

① 《清高宗实录》卷一一一七，中华书局1986年版，第930页。
② （清）同治《番禺县志》卷二十二《前事三》。
③ 即后来的永靖营都司。
④ 《清高宗实录》卷一一五三，中华书局1986年版，第448页。

委署……①

同治《番禺县志》对石碁永靖营加强下辖沙茭二司水路上的各汛地的人员配备、水上船只及民众的管辖有详细的描述：

> 沙、茭涌口甚多，石碁村逼临狮子洋，为舟行总汇，请立专营，以扼其要。石碁水师汛房并列村内，宜移涌口旁，易于盘诘水陆，各汛酌添弁兵。石碁营在陆路，汛地俱属水乡，宜设橹船、快桨船各一，官涌口、市头村、石壁汛各设快桨船。市桥汛设四橹船一，令千把总带兵巡辑（缉）。茭塘涌口无船汛，与内河巡船不相接连，应令左翼镇派楼船一，配兵巡徽。移驻汛兵，挈眷迁徙，每兵酌给房二间。各村民船，令沙、茭巡检编号，给印照，刊船户姓名，俾一望了然；凡大船，梁头七尺以上者，限用四桨，小船六尺一下用两桨；禁民间私造洋船。新设移驻各员必久任，专其责成，请在外拣调，照"海疆例"，五年俸满保升；遇有盗案，文职以巡检为专管，厅员为兼辖，武职以千把外委为专管，守备为兼辖，将领为统辖；如有沙、茭民人偷越各属行劫，照"失察奸民出口例"参处。②

二、清初到中叶大谷围地区科举功名概况

清代科举制度承接明代传统，清代禺南地区的科举群体也分别由举人、进士和庶吉士三部分构成。清代，番禺县籍文人有122人考上进士，居广东第三。由于经历明清之交的动乱、地方的奴变运动，以及迁海的灾难、文字狱等，清初顺治、康熙、雍正三朝番禺籍士人科举功名人数极少，取得进士的人数更少：顺治1人、康熙7人、雍正4人。自乾隆年间开始，番禺县的进士人数开始呈不断上升趋势，特别是乾隆19人、嘉庆11人，主要原因是复界后，特别是乾隆年间社会经济稳定发展。而嘉庆进士人数减少很可能是因为海盗和匪寇的频繁侵扰。

至于禺南地区的情况，从清代沙湾何族的科举发展特点略见一斑：

---

① （清）同治《番禺县志》卷十五《建置略二》。
② （清）同治《番禺县志》卷二十二《前事三》。

雍正年间的罗边"嘉会"门楼及"兄弟登科"
门匾

建于嘉庆年间的罗边家族书院——培兰书院

　　一因生聚之繁，一因奖励之厚。康熙己酉以后，边界弛，故生聚繁；乾隆丙午以后，沙田多，故奖励厚，斯时也！子若孙莫不以其性之所近，习文者有之，习武者有之，比比然矣，故科举称盛焉。①

　　清初，禺南文人为保存民族气节，不愿事清为官，或弃官归隐，或遁迹山林，削发为僧。直到迁海复界之后，康熙、雍正年间尽管经历了文字狱，但地方科举教育已经开始复苏。尤其是乾嘉时期，随着禺南地区的社会经济逐渐恢复，一批新兴家族通过大面积开拓沙田迅速崛起，他们培养子弟参加科举考试。这期间产生新一批数量可观的禺南士绅文人阶层。在清代番禺全县122名进士中，禺南地区（包括茭塘司和沙湾司）占40名以上（以进士为例，原为茭塘司、后来划出禺南的沥滘、小洲、深井等地有6人以上）。其中，清初到清中叶禺南地区考取进士的人数为：顺治0人，康熙0人，雍正3人，乾隆9人，嘉庆2人。清初至清中叶，今番禺区境内进士人数占30名以上，其中乾隆年间6人，乾隆十三年（1748）就有2位文人考取戊辰科三甲同一榜进士。

① 何炳钟：《青萝何氏登科记》清光绪二十八年（1902），转见何润霖《古代沙湾何氏族人教育及科举概貌》，载《番禺古今》总第十四期，2010年9月。

附录：清初至清中叶禺南大谷围地区文进士题名录

序号	姓名	籍贯	科次	官职
1	何际泰	大石	崇祯壬午年举人，顺治十五年（1658）戊戌科三甲第160名进士。	官至山东栖霞县知县。
2	方殿元	韦涌	康熙三年（1664）甲辰科，二甲第28名进士。	官江南江宁县知县。
3	蔡名载	螺山（今蔡边）	康熙五十七年（1718）戊戌科三甲第37名进士。	官至罗定州学政。
4	李显祖（榜姓黄）	钟村	雍正元年（1723）举人，雍正十一年（1733）癸丑科三甲第136名进士。	官至户部主事，后调任四川合江县知县。
5	韩海	官桥	雍正元年（1723）举人，雍正十一年（1733）癸丑科三甲第233名进士。	官至封川县教谕。
6	苏兆龙	韦涌	雍正十年（1732）举人，乾隆元年（1736）丙辰科三甲第71名进士。	任四川蓬溪知县。
7	谢堉	市桥	雍正十年（1732）举人，乾隆二年（1737）丁巳科三甲第198名进士。	官至广西北流知县，改四川府经历。
8	李肯文（李显祖子）	钟村	乾隆二年（1737）丁巳科三甲第79名进士。	官至浙江龙泉知县，后调秀水县知县。
9	黄壮	沙亭	乾隆丙辰恩科经魁，乾隆七年（1742）壬戌科三甲第175名进士。	官至文林郎、候选知县，琼州府教授。
10	凌鱼	凌边	乾隆十三年（1748）戊辰科三甲第13名进士。	知县署长沙府通判靖州知府，历任湖南桂阳、昭陵、醴陵诸县知县。
11	何纮	大石	乾隆十三年戊辰科三甲第28名进士。	惠州府教授，官至永安教谕。
12	韩超群	紫坭	乾隆十三年（1748）戊辰科三甲第174名进士。	官至河南尹阳县知县。
13	谢敦源	市桥	乾隆二十四年（1759）举人，乾隆二十五年（1760）庚辰科三甲第53名进士。	官至翰林院庶吉士。
14	区洪相	韦涌	乾隆三十七年（1772）壬辰科吴锡龄榜三甲第76名进士。	官至浙江武义知县。
15	何会祥	沙湾	乾隆四十八年（1783）中举人，乾隆六十年（1795）乙卯恩科三甲第15名进士。	钦点翰林院庶吉士，散馆授检讨，改授内阁中书。
16	刘霈	山门	嘉庆二十四年（1820）己卯科三甲第105名进士。	

（以上进士名单综合乾隆《番禺县志》、同治《番禺县志》整理）

三、清初到中叶大谷围地区士绅文人群体及其文化贡献

（一）名动士林的士大夫学术群体与个体

清初到中叶，特别是乾嘉年间，大谷围地区已经形成一个颇具规模的士大夫学术群体。民国版《番禺县续志》卷四十三《余事志一》中录有一篇陈璞所写的短文，当中就提及这一时期茭塘司的科举文化代表人物：

> 大箍围茭塘之地，村落多依山濒海，洲渚萦互，田野开旷，幽逸之气常回簿而不散，故诗人文士往往出其间。前明则白塘（即柏堂）李青霞先生，与于南园五子之列；板桥黎忠愍公，以黄牡丹诗称状元；国初则新汀屈华夫先生，居岭南三大家首；雍正时，则韩桥村先生生于官桥，许扬云先生出于潭山，皆名动海内。扬云先生以"鸿博"征。乾隆初，则蓼水车蓼洲先生亦征"鸿博"不就，可谓盛矣；嘉道以来，员冈则崔鼎来先生，亦诗名著一时。此非幽逸之气连绵而不绝欤？

这一批士绅文人均集中于禺南大谷围茭塘司的民田区村落。其中，清初到中叶属于茭塘司的科举学术文化精英就有官桥韩海、潭山许扬云、蓼涌车腾芳、员冈崔弼。关于韩海的生平，同治《番禺县志》有载：

> 韩海，字纬五。官桥人。侨居郡郭之东。少敏颖，嗜好学问，工声律，为郑际泰、梁佩兰所知。性孤介，授徒富人家，以坐位小失，拂衣归，至乏食无悔。雍正元年，举于乡，十一年成进士。官封川教谕。鸿博之举，制军鄂尔达、抚军杨永斌，欲首荐海，海赋《夏莲》诗，有"欲待移根归太液，须寻十丈藕如船"句，乃不果荐。著有《东皋诗文集》。①

从上可知，考取功名之前，韩海已是知名的学者。考取功名后，他为官封川教谕，后一度由两广总督鄂尔达、广东巡抚杨永斌首荐为博学鸿儒。韩海"弟彪，从兄瑶五，俱名诸生。族兄嘉谋，嘉谋子鹄，并有诗名。嘉谋有

---

① （清）同治《番禺县志》卷四十四《列传十三》。

《复初集》，鹄有《止亭诗钞》"①。

许遂（许扬云）也是名动一时的人物。同治《番禺县志》载：

> 许遂，字扬云，潭山人。康熙三十五年举人。性警敏，读书淹贯，为文豪放自喜，尤长于诗。授清河知县。综理殷繁，肆应不迫。力请上官蠲逋赋，凡兴作便民者，辄为之。在官五年，以事挂吏议归，杜门著作，名益起。雍正九年，与修《通志》。乾隆元年，开鸿博科，巡抚杨永斌荐之，格于部议，不得与试。还，过清河。清河人士留宴者久之。江宁都院某，合先后被论者二十五人，上其名于部得召见，起用者七人，而遂仍放归。苏巡抚杨某，又欲以治河荐，会内迁去事遂已。诗格律高古，得太白神似，复以雄丽浩衍之学济之，自成一家言。年七十六卒。著有《真吾阁前后集》。族子振华，亦以诗名，著有《近山楼集》。②

可知，许扬云不但才华横溢，"读书淹贯，为文豪放自喜，尤长于诗"，辞官归里，"杜门著作，名益起"，为粤帅鄂尔达、杨永斌等广东地方大吏雅重，一度被举荐入京以应博学鸿词科之选，后格于部议，未能入试。尽管如此，但乾隆《番禺县志》说士林对许扬云评价甚高，称其"平生注力乐府，规抚汉京，近体不肯落大历、元和以下。取到既正，复以雄丽浩衍之学济之，卓然成一家之言"③。

车图南，即车腾芳，更是以道德文章誉满岭南士林，为时人所雅重。乾隆《番禺县志》载：

> 车腾芳，字图南，号蓼洲，邑之蓼涌人。……举康熙庚子乡试第十人。……（从）腾芳学者日益众。乾隆丙辰会开鸿博。至是腾芳虽得许遂、钟狮同征至京，后期不得与试，仍归教授，又二十年仕为海丰教谕，在官七年，以老乞休。乾隆乙酉，年八十卒。腾芳自少淡

---

① （清）同治《番禺县志》卷四十四《列传十三》。
② （清）同治《番禺县志》卷四十三《列传十二》。
③ （清）乾隆《番禺县志》卷一五《人物（十）》。

名利，敦品行，于辞受取予间，毫不敢苟。当是时，才名籍甚，诸当道贵人咸延誉之，亦不轻投一刺。庞醒使屿令番禺时，即厚腾芳。每晤谈必竟日卒，未尝干以私，邑人咸敬信之，亦不敢向腾芳稍关说。……善诱后进，羊城师度，推有道德、能文章者，以腾芳为最。一时造就兴起，几于胡瑗之在苏湖。前后掌番禺、宝安、惠阳山长，垂三十年，及门多知名登显仕，庄尚书有恭其最著也。所著有《莹照阁集》十六卷，学使郑虎文称其五言古诗可嗣响江门。①

由此可见，车腾芳不仅以个人的道德文章为世人瞩目，还先后主持番禺、宝安、惠阳三地书院，掌教三十余年，培养出以状元庄有恭为代表的大批岭南英才，"其五言古诗可嗣响江门"，在岭南士林中有着崇高的声望。

从乾隆十二年（1747）至乾隆二十二年（1757），车腾芳主持了番禺学宫的重修，历时十年，途经数任知县。② 他作《重建番禺儒学记》，以勉励后生。车腾芳的弟子、状元庄有恭在后来的碑文中明确指出，"董斯役者，吾师车讳腾芳之功为多"③。而在时任中宪大夫太仆少卿的沥滘人卫廷璞，为此次学宫重修撰写的碑记中，提到的唯一一位绅士的名字也是车腾芳。④ 车腾芳著有《莹照阁集》十六卷，入《清史列传》。

员岗举人崔弼，亦为清中叶岭南士林中的才子。他少承家学，有才名，曾"以两走京华，一走江浙，积书几于万本"⑤，其所著《两粤水经注》详细介绍两广的山、地、江、湖。又著《波罗外纪》，为考证海上丝绸之路的重

---

① （清）乾隆《番禺县志》卷一五《人物十》。

② 此数任番禺知县分别是：周侯（周儒）、凌侯（凌存淳）、万侯（万承式）、赵侯（赵长民）、张侯（张学举）等。明清两代史籍有载的番禺学宫大小重修整修次数总共不下20次，短则几个月，多则几年。此次维修十年，历时最长。

③ （清）庄有恭的《重修番禺县学碑记》有两个版本：一见民国版《番禺县续志》卷三十六《金石志四》；二见（清）吴道镕编《广东文征》第五册，香港中文大学出版社1978年版，第144－145页。两者有些地方略有出入。关于撰文缘起，前者说有恭因"学之师弟子来请记"撰写碑文，后者讲到是在"邑绅走函请予记"情况下撰文。

④ （清）卫廷璞《重修番禺县学碑记》云："岁丁卯，邑侯周公以振兴人才为己任，遂集绅士车腾芳等公议。"

⑤ （清）崔弼：《自述》，载《珍帚编后集》卷十。

要文献。

同治《番禺县志》载：

崔弼，字积匡，员冈人。……弼少承家学，年十二能诗，未弱冠，已成诗一卷，名《卯兮集》。既壮，才气纵横，时贤倾倒。中嘉庆辛酉举人。……弼平日游公卿间，未尝干以私，间以公事询之，辄不对。……弼日事纂述，自亲铅椠，卒时年八十九。总督阮公为题其墓曰："诗人崔鼎来宝藏"。

崔弼《波罗外纪》书影

著有《珍帚编诗》《游宁草》《两粤水经注》《波罗外纪》等书。①

还有蔡章，与梁康人、许扬云、车图南被推为岭南士林的名儒耆宿、文人领袖。同治《番禺县志》载："蔡章，字阆斯，市桥人。康熙五十七年（1718年）副贡。五十九年举人。少聪慧，经史百家，过目成诵。长，严厉抗直，不肯诡随。授徒城中，从学者，常百数。文章、师范，人咸推之。著有《四书讲义》。"② 乾隆《番禺县志》说他"以汉唐大家为法，所为文踈古巉峭夭矫轮囷"，为宪使宋之伟"以豪杰士目之，名誉大起"。时人称其对后来通经学古的士风形成具有"廓清之功、振拔之勇，实为风气开先"，"人士以前辈事之"。③

同治《番禺县志》还载有禺北大田人谢元介，与许遂、韩海、车腾芳等人是同一学术群体的士大夫："谢元介，字作大。大田人。由东莞学，举雍正二年乡试。居会城（省城）之东山。喜填词，善诗，与许遂、韩海、车

①（清）同治《番禺县志》卷四十四《列传十三》。

②（清）同治《番禺县志》卷四十三《列传十二》。

③（清）乾隆《番禺县志》卷一五《人物十》。

腾芳辈相唱和。家贫授徒馆，庄氏最久。有恭兄弟皆从之游。十三年，充福建乡试同考官。乾隆六年卒，年五十八。著有《东麓诗文集》。据'任志'修。"还有市桥谢敦源：乾隆二十四年（1759）举人，翌年中进士，选庶吉士。才情清绮，词赋最工。后来因事罢归，每日与布衣野老交游，酒酣高咏，跌宕不羁。年三十八卒。著有《清丽集》二卷。[①]

（二）科名辈出的书香世家

值得一提的是清初至中叶，禺南士绅文人群体中出现不少书香世家，亦不乏科举鼎盛的家族。

除了钟村李显祖、李肯文父子进士之外，还有沙湾何学青，"乾隆三十五年恩科举人。以知县拣发湖北，历署安陆、长阳、房诸县，补东湖县"[②]。学青子"应骕，字高聘。姿性颖异，博学攻诗，尤善书。中乾隆五十九年恩科举人。嘉庆六年，大挑一等，分发四川"。由于任官政绩显著，直隶总督蒋悠铦称许他是"直隶第一能吏"。何学青的另外两子何应骥和何应驹也先后中举人，都以军功获封。何应驹之子"绍曾，县丞，加五品衔。绍和，乙亥顺天举人，候选知州"[③]。这一家族的宅第挂上"三代文魁"的匾额，建起了甲第连绵的"东楼""西楼"和题名"畿南世宦""楚蜀世宦"的两条小巷与家祠，成为沙湾乡的官宦世家的标志性景观。

何会祥一族是沙湾乡中另一世代书香的家族。何会祥在乾隆四十八年（1783）乡试中举人。六十年（1795）恩科成进士，钦点翰林院庶吉士，散馆授检讨，嘉庆三年（1798）大考三等，改授内阁中书，四年协办侍读。[④]今沙湾东村的"翰林祠"即为纪念他而建。何会祥有两子，分别是嘉庆六年（1801）举人和国学生。何会祥之父何应翮及祖父何宏博，均被赠儒林郎及翰林庶吉士。其叔父何士同和何公雍也分别被赠予文林郎或儒林郎和内阁中书以及协办侍读，加一或二级。

清嘉道间，经过百余年休养生息，广东藏书事业渐次复苏。嘉庆、道光

---

① （清）同治《番禺县志》卷四十四《列传十三》。
② （清）同治《番禺县志》卷四十五《列传十四》。
③ （清）同治《番禺县志》卷四十五《列传十四》。
④ 民国版《番禺县续志》卷十九《人物志二》。

为广东藏书的恢复期，私人藏书家始联翩出现。其中禺南地区就有几位举人为著名的藏书家。

陈仲良，字希亮，大岭人。同治《番禺县志》说他"幼聪慧，日诵二千余言。九岁，毕《十三经》。家有藏书积万卷，月夜披阅经史而外，凡天文、地舆、壬禽、奇乙，以及风角、术数，莫不通晓"①。深厚的知识积累，为陈仲良从政打下扎实的基础。随后，陈仲良通过科举走上仕途，曾任知县、知州、知府。他著述颇丰，有《仪礼约旨》《节训策纂补正》《周礼纂注》《仪礼经传通解集成》《周易道器通》《经籍类求》《经义释疑》《论史随录》《古文存稿》《西北沟洫

陈仲良家族府第——陈永思堂

大岭村陈永思堂花园船厅

水利辑说》《沿海边防辑说》等书。子泰初，翰林院编修、平乐府知府；泰遂是咸丰辛酉（1861）科举人。何品端先生评价说，陈仲良是"番禺农村地区较早较大的藏书家"，其家族是"家族型、官僚型与学者型的藏书家（族）"。②

（三）勤政廉政的地方官员

这个时期，禺南士绅群体中产生不少在外为官，勤政为民的清廉官员。如凌鱼，字沧州，凌边人，同治《番禺县志》载："……鱼举乾隆十二年乡试，十三年成进士。榜下，分发湖南，历任桂阳、昭陵、酰陵诸县。廉

① （清）同治《番禺县志》卷四十六《列传十五》。

② 何品端：《番禺近代十大藏书家》，载《番禺古今》第一期，1997年7月。

介明敏，治事若不经意，而案无留牍。在桂阳时，政暇辄进诸生，讲授经义，而严课试之，文风丕振。续修《县志》，考核详明。宦十余年，所至有遗爱。"① 谢坰，字灵川，市桥人，"雍正十年举人，乾隆二年进士，选北流知县，抵任，即兴利除弊为务，粮税印贴诸陋规，悉裁汰之。县有税厂巧宦者，藉以饱囊，坰一洗前辙，捐俸修学宫，建铜阳义学，置租二百余石为膏火。需教民制龙骨以备旱。岁饥，复捐俸倡赈"②。陈仲良是一位勤政廉政的地方官员。同治《番禺县志》载他在川 17 年，每至一地，常微服私访，查得其实而兴利革弊。对讼师、棍徒、窝家等尤为严厉，访查得实即绳之以法。川俗强悍，官吏动辄以刑威杀人，而"盗贼"却不止。仲良则施以仁惠、平恕，在州、县任内从无劫案发生。③

也有父子均为勤政廉政的地方官员。同治《番禺县志》载："李显祖，字垣之。钟村人。雍正元年举人，十一年进士。授户部主事，外补得四川合江县。性鲠直狷介，苞苴屏绝，大小务悉亲决，吏役不能为奸。日接里老问疾苦，教农桑……在任十余年，民爱之。护理泸州甫半载，以老归。"④ 李显祖"子肯文，字庆冠。少颖敏过人，于书不再读。雍正十年，举乡试。乾隆二年成进士。授浙江龙泉知县，县民健讼狱，多数十年不决者。肯文至，判状三百，无不受理，民畏之，积案一空，豪猾敛迹。调秀水县，旋卒官，年四十八"⑤。李氏父子进士均勤政廉政，"显祖父子从仕二十余年，囊无长物，俱以廉吏称于世云"⑥。后钟村建有"父子进士坊"纪念他们的功绩。⑦

（四）教化乡族的致仕文人

清初至中叶，禺南士大夫群体中有不少人退休回乡后致力于乡族教化和教育或宗族建设的。如苏兆龙，字吕载，号见亭，韦涌人，"性颖悟，年

① （清）同治《番禺县志》卷四十四《列传十三》。
② （清）同治《番禺县志》卷四十四《列传十三》。
③ （清）同治《番禺县志》卷四十六《列传十五》。
④ （清）同治《番禺县志》卷四十四《列传十三》。
⑤ （清）同治《番禺县志》卷四十四《列传十三》。
⑥ （清）同治《番禺县志》卷四十四《列传十三》。
⑦ "父子进士坊，在沙湾司钟村。乡人为李显祖、李肯文父子建"。参见民国版《番禺县续志》卷四十一《古迹志二》。

十二，补县学生。雍正十年中举人。乾隆元年成进士，官四川蓬溪县知县。兆龙平居，习静耽书，不善于语言……遂告归，授徒自给。好奖励后进……从游者甚众，成才亦多"①。沙湾进士何会祥"自通籍后，渐富田宅……割所有田为始祖尝业，其后此田子母相生，万有余倾，田税为一邑冠。族中数千人，世蒙其惠，号称富庶，皆会祥不私其子孙，而公于合族之力也"②。其中，不少族田收入用于教育子弟读书之经费。著有《勤业轩诗文稿》。而凌鱼回乡后"以读书敦行，教其乡人"③。又员岗崔魁文，字升良，员冈人。

> 雍正元年六十，始受知惠士奇，补南海学诸生。是年即举于乡。居乡里，以整饬风俗为务，戒征遂，禁赌博，尤严惩打降之习。不率，则闻之官，里党为肃。生平辟佛法，……著有《古文粹》十卷，《一山诗集》四卷。④

第四节　清末大谷围士大夫、沙茭局与地方自治

一、道咸年间的洪兵之乱、沙茭局与禺南地方自治

1840 年以来，中国不断遭到西方列强的武装侵略，逐步沦为半殖民地国家，开始了近代化进程。钦差大臣、两广总督林则徐曾将清初修筑的莲花城作为抗英的第二道防线。后来，继任的两广总督琦善与英方代表义律也曾在莲花城密议《善后事宜章程》(即《穿鼻草约》)之事。1841 年，鸦片战争爆发后，英军攻陷虎门，沿番禺水路攻广州，处在战争前沿的禺南沿海、沿江各乡宗族纷纷起来组织乡勇抵御来侵者。与此同时，由外部侵略所引发的内部阶级矛盾不断激化。随着太平天国运动的兴起，在中英冲突的直接诱

① 民国版《番禺县续志》卷十九《人物志二》。
② 民国版《番禺县续志》卷十九《人物志二》。
③（清）同治《番禺县志》卷四十四《列传十三》。
④（清）同治《番禺县志》卷四十五《列传十四》。

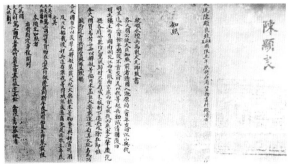

咸丰四年（1854）陈显良致英、法、美三国公使照会　　　　　同安社学旧址

发下，广州附近活动的秘密结社天地会迅猛发展，发动了洪兵① 反清举事。咸丰五年（1855）六月，禺南各地洪兵分别占据了钟村、市桥、新造等地区。

石楼乡人陈显良是禺南地区反清的最高指挥，其余首领沙湾何博分，官涌高建兴，猛涌林洸隆，莘汀屈金、李亚计等率部到化龙烟管岗汇合，祭旗反清。两广总督叶名琛派沈隶辉率领水师，合禺南沙、茭二司团练攻入陈头、猛涌，欲截断新造侧翼；派把总苏海率沙茭团练在市头登陆，进驻南村，阻塞新造后路；叶名琛还责令番禺知县李福泰"克日收复失地"，派兵从正面进攻新造。陈显良为保存实力，再图后举，乃于二十日由水路突围，翌日抵达沙湾南排头，略事休整。复于二月初三日，经水路入顺德，通过西江进入肇庆，转战于粤西、西南各地。

在内外交困、地方动乱频发的时候，沿珠江后航道的禺南乡村宗族在乡绅的领导下建立了有效的防御联动机制以维持原有的社会秩序。他们以原有的"社"为单位组建"社学"团练武装，配合广东官军抵御洪兵进攻。当时的禺南地区各社就曾出现茭塘司的东山社学，沙湾司的同风社学、螺阳社学、平康社学、同安社学等社学团练机构，后来一些地区的社学及其涵盖地区略有调整。

珠江三角洲洪兵向西江转移后，清朝广东官府和沙茭局对参加人员及其家属大加搜捕和屠戮，即所谓的"清乡"行动。洪兵举事对番禺县南部既

---

① 起义军自称"洪兵"，即洪门造反军之意。又因以红旗为标志，亦称"红兵"或者"红巾军"。

沙茭局早期旧址——市头蒋氏大宗祠

有的社会秩序冲击很大，禺南地区的士绅认为，南村、市头一带正居于番禺沙湾、茭塘两巡检司的中心点，濒临珠江，地理、军事位置十分重要，便于相互呼应，联手抵御内外敌人："夫沙茭之地，大箍围居中，东西亘五十余里，而市头、南村又居大箍围之中，南（实际方位应为西南）则本善、龙湾、古坝、紫泥、三善、韦涌诸乡，俱有水间之。北则沥滘、河南、林社诸处，亦各阻于。欲合其势非居中不能运。"① 更为重要的原因很可能是"各处多为贼据，东山一社，籍以保全……"②，"……故沙茭局之设，于南村、市头为宜"。所以，"官军凯旋，令士绅率丁壮留善后，乃即市头蒋氏祠设沙茭局"③。又"方书院之未创也，进剿时借寓于市头蒋、梁、罗祖祠，办善后借寓于蒋世德堂、于四笏堂"④。可见，不管是抵御洪兵进攻之时，还是"办善后"而"书院之未创"的时候，有较长一段时间沙茭团练总局是以市头蒋氏宗祠（世德堂）及梁、罗等姓氏祠堂为局址的。

① （清）《赍南书院记略》，载同治《番禺县志》卷十六《建置略三》。

② 民国版《番禺县续志》卷二十二《人物·国朝》。

③ （清）陈泰初：《赍南书院碑记》，载民国版《番禺县续志》卷十《学校志一》。

④ 《赍南书院记略》，载（清）同治《番禺县志》卷十六《建置略三》。

贲南书院所在地本为地方军事机构，即茭塘司属南村守备营旧址，平定洪兵起义后，"幸邑绅询谋佥同，联呈大宪，恳给南村旧守备营之废址，蒙恩批准"①。南村守备营"……故有千总，邑绅以钟村距营较远，请量移千总于钟村，书院即其故署也"②。

从沙湾司和茭塘司各乡向沙茭团练总局捐款名单中，可见宗族的财力和在地方的影响力，如沙湾乡何姓、石狮头（即石子头，今石楼）乡陈姓、市桥乡谢姓，也有极少数多以个人名义捐资的，如南村邬钧飓等、李村高廷霖和高恩、南村邬建勋等，更有一乡几姓合捐的，如黄埔乡梁、冯、胡三姓和钟村各姓。③

清咸丰以前的禺南地区基层社会组织，分别由担任行政功能的巡检司，担任教化、教育功能的乡约、社学，担任军事、治安的永靖营、守备营等组成。咸丰以来，随着社学、乡约的军事化，特别是沙茭团练总局的建立，禺南地区各地社学团练机构逐步演变成总局以下的分局。茭塘、沙湾两司总局先设于市头蒋氏宗祠，后设在南村贲南书院，南村成为清末番禺地区实际上的军事政治中心，局绅由禺南各地大族乡绅操控，成为名副其实的士绅联盟机构。而沙茭局也逐步取代原来的巡检司、永靖营、守备营等的职能，成为统辖禺南地区的区域性乡村组织：

> 沙茭总局，在南村，为沙、茭两属士绅集议之所。南洲局，在河南。彬社局，在官山墟。冈尾局，在明经乡。石楼局，在石楼乡。赤山局，在赤山乡，陈族置立。以上茭塘司属。仁让局，在本善乡。石桥局，在市桥乡。萝西局，在紫坭乡塘边坊，同治初建。鳌山局，在三善乡。韦涌局，在韦涌。古坝局，在古坝乡。龙湾局，在龙湾乡。沙亭局，在沙亭乡。以上沙湾司属。④

在晚清的广东，"公局"在多数情况下是指士绅在乡村地区的办事机构，

① 《贲南书院记略》，载（清）同治《番禺县志》卷十六《建置略三》。
② （清）陈泰初：《贲南书院碑记》，载民国版《番禺县续志》卷十《学校志一》。
③ 《广东洪兵起义史料》（上册），广东人民出版社1992年版。
④ 民国版《番禺县续志》卷十《学校志一》。

通常是"团练公局"的简称。基层社会从此发生一些变化，公局成为清末足以取代番禺县以下巡检司行政机构的一个级别。①

沙茭团练总局的局绅主要由沙茭两司的大族乡绅担任，员岗乡人梁铝沅于咸丰十一年（1861）就曾被推举为团练总局局长。后来，团练总局逐渐拥有武装，征收局费、缉捕、审判、仲裁等权力，甚至在地方上有一定的立法权，使清朝末年的统治得以延伸到县以下的基层社会。② 地方绅董依赖团练局、所等非正式机构，在功能上逐渐取代官方的巡检司等行政官署，成为晚清乡村社会的主要支配者，从而使晚清基层行政官署萎缩不振。清末洪兵举事后，番禺县地方官员对基层社会控制能力弱化，地方局绅逐步成为地

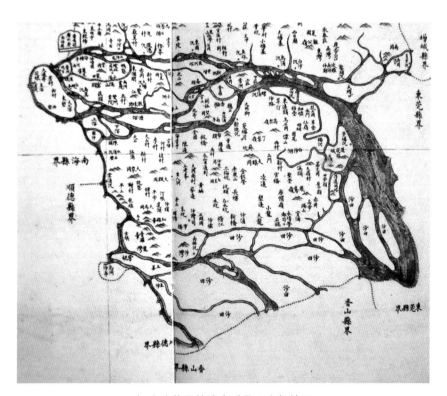

标注沙茭局的清末番禺县南部地图

① 贺跃夫：《晚清县以下基层行政官署与乡村社会控制》，载《中山大学学报》（社会科学版）1995年第4期。
② 邱捷：《晚清广东的"公局"——士绅控制乡村基层社会的权力机构》，载《中山大学学报》（社会科学版）2005年第4期。

方社会的土皇帝。据清末《安雅报》载，番禺沙茭局所辖地段"素为盗匪渊薮"，历来都由知县"请派委员会同在局诸绅办理清乡"，局费由知县"请派委员专行催缴"。1908 年，局绅崔其濂等提出改良清乡办法，他们请求局费"改归总局员绅经理"，被知县婉拒，但知县表示可以讨论"究竟由局收支是否力能收足，不致别滋窒碍"；同时知县还同意"将委员护勇二十名裁撤"，而由局绅"添募二十名来县支领口粮"。① 以上足可以说明地方局绅权利增大的问题。

士绅由于在社会等级结构体系中享有诸多特权和承担诸多社会职责，因而在民众起义中主要扮演了国家代理人兼社区守望者的角色。从广东天地会起义来看，士绅们既是官府的财政资助者、军事同盟者，又是官府的情报员和善后工作处理者。士绅们之所以扮演了上述角色，与当时的社会结构与社会控制有着直接的联系。②

二、清末东塾学派、大谷围地区士绅文人群体及其文化贡献

清末禺南地区的士绅文人群体以咸丰年间的洪兵之乱为界，大致分为两批：道光、咸丰年间和同治、光绪年间。同治之前考取功名的文人士绅，除了担任各级官员外，不少人在鸦片战争中抵御过英军，后来还参与保卫广州，平定咸丰年间的洪兵之乱；大多数为清末广东"东塾学派"的主要成员，饱学之士，在学海堂、禺山书院、菊坡精舍等著名学府担任学长或为专课生，当中，不少人还参与过清末和民国方志的编撰工作。

在平定洪兵之乱前后，这批士绅在民众起义中主要扮演了国家代理人兼社区守望者的角色。他们通过协商，在南村建立沙茭团练总局（即贇南书院），成为地方士绅阶层联盟，同时组织团练武装，成为控制禺南地方社会的主要人物。沙湾举人何壮猷、进士何文涵，员岗进士崔其濂、举人梁錤

---

① 参见《改良沙茭清乡》，载《安雅报》，1908年4月15日。
② 雷冬文：《近代士绅在民众起义中的角色扮演———以广东天地会起义为例》，载《安徽史学》2003年第3期。

沅，南村乡绅邹夔飏和邹建勋、举人
邹彬，板桥士绅黎炳瑞，潭山士绅许
瑶光，市桥士绅韩兆祺，西山举人潘
亮功，山门进士李光廷，赤岗举人陈
璞，石楼举人陈龙韬、乡绅陈希献、
进士陈景鎏、举人陈崇鼎，穗石兄弟
进士林国庚、林国赞，大石进士何若
瑶，穗石举人陆殿邦，大岭进士陈泰
初，岐山士绅张殿球，凌边举人凌
孟徵、凌鹤书，蔡边举人蔡蕙清等
就是其中的代表。

（一）举人群体及其贡献

清末禺南举人中，有不少在文化
艺术方面取得成就，其中以陈璞最为

清代广州越秀山上的学海堂

著名。陈璞（1820—1887），字子瑜，号古樵，赤岗村人。自号尺冈归樵，
晚号息翁，是晚清岭南著名学者、诗人、书画家，东塾学派主要成员之一。
民国版《番禺县续志》载陈璞"父文澜，始居郡城。家贫，璞八岁出就外
傅。性聪敏，读书过目成诵。香山黄培芳一见奇之，使列门下，学益进，补
府学生员。与南海邹伯奇、同邑李光廷、陈澧，汉军陈良玉，以文章道义相
勖。咸丰元年，恩科中第五名举人。考官万青藜，极称赏之。会试下第归，
值发匪起，绅士设局郡城，倡办团练。璞赞画功多，大吏奏保，以知县选
用"①。可见，"过目成诵"的陈璞拜香山黄培芳为师，学益有进。于咸丰元
年（1851）考取举人。他会试下第后返回广东，在官府倡办团练应对太平
军时有功，以知县选用。

民国版《番禺县续志》用了大量篇幅描述了陈璞任职江西安福县知县时
勤政为民的事迹：

---

① 民国版《番禺县续志》卷二十《人物志三》。

八年，授江西安福县知县。时，贼氛益炽。传言南安已陷，安福境内踩躏，或劝勿赴任。璞曰："仕则身已许国，岂可图避祸难乎？"下车适兵燹之后，田野荒芜，民多逋赋，前令募勇多名，赴乡催征。璞曰："若此则奸徒，藉以舞弊，骚扰害民矣！"立罢之。日事拊循，劝课农桑。每行县，以一二老吏相随，遇有控诉，辄就田塍树下，反复研讯。乡氓聚观，判牍一下，相诵悦服。所至，争输粮税，不烦追呼。在署每遇放告，亲收呈词。凡细故争执，推诚譬晓，多有觉悟，自愿息讼而退者。未尝轻施捶楚，勘验尸伤，躬自按视，虽血秽狼藉，不稍避。吏役不能为奸，则曰："数十年无此苛刻官。"百姓悦之，则曰："数十年无此好官也。"或讽以节劳，叹曰："吾才不能使民无讼，人跪堂下，我坐堂上，犹敢以为劳乎？昔辛并州系囚于狱，己每露宿庭外，吾虽不及之，庶几尽吾心耳。"①

陈璞画作（陈铭新供图）

后来由于丁父忧，陈璞再次回到省城广州，为学海堂学长数十年，分纂府县志，参议军事。"巡抚郭嵩焘耳其名，招致之，亟避去，再三礼聘，参议军事。奏保得旨，以同知用。蒋果敏公益澧抚粤，尤敬礼之。"②

后来，洪兵作乱，陈璞在省城安良局办事为人所忌，被迫返回赤岗故里筑园著述，成为诗、书、画三绝的岭南著名学者：

暇则与二三故旧，登临觞咏以为乐。生平议论飚发，所为骈散文皆雅洁，一轨于古。名流碑状，多出其手。尤工诗、书、画，有"三绝"之目。书，得米、董神髓；画，苍浑秀润，法大痴、北苑，亦间效清湘，殊自矜重，不轻涉笔。陈良玉题其画

① 民国版《番禺县续志》卷二十《人物志三》。
② 民国版《番禺县续志》卷二十《人物志三》。

云："戴公文节去后风流尽，画品于今独数君。"论者韪之。年六十八卒。四壁萧然，有《尺冈草堂遗诗》八卷、"遗文"四卷，已梓行。《缪篆分韵补正》一卷，未刊。①

在文化艺术方面取得成就的还有沙湾举人何壮猷。何壮猷，字高翻，号桐圃，道光二十三年（1843）中举人，以其军功被保举为知县。他博览群籍，善文，尤长于诗赋骈体文，并通数学。当时沙湾乡人称："文有高翻，武有博分。"②后他被聘为同治《番禺县志》分纂。可县志尚未编完他便去世，人皆怜惜。

不少人在清末乃至民国推动教育发展方面做出贡献，如石楼陈希献之孙陈崇鼎，光绪年间进士，曾创办召棠两等小学堂，民国年间修纂《番禺县续志》时负责总理局务等职。③南村人邬彬，"字继彬，号燕天……生平见义勇为，光绪初，议设册金局，由司捕各属筹款，为岁科两试新进邑学、文武生员印卷之资。彬倡议购买大沙头（位于莲花山海口）田数顷，以田租缴纳册金，寒畯裨益匪浅"④。

（二）进士群体及其贡献

清末禺南进士中，以所任官职、学术文化成就，以及对地方的影响来看，大石何若瑶，山门李光廷、沙湾何文涵，穗石林国庚、林国赞兄弟为个中佼佼者。

何若瑶，大石人，字石卿，道光八年（1828）举人，七赴会试不中；道光二十年（1840）大挑二等，选为海康训导。1841年，成进士，改翰林庶吉士，散馆授编修。咸丰三年（1853）丁母忧，遂不复出，曾助番禺县令平定洪兵之乱，李福泰深重之。咸丰六年（1856）主讲禺山书院，并请总纂《番禺县志》，发凡起例，未成书而卒，年六十。为人静默恬淡，遇事镇定有执，独未获大用于世，识者惜之。所著有《公羊注疏质疑》《两汉考

① 民国版《番禺县续志》卷二十《人物志三》。
②（清）同治《番禺县志》卷四十八《列传十七》。
③ 民国版《番禺县续志》卷二十一《人物志四》。
④ 民国版《番禺县续志》卷二十二《人物志五》。

证》《海陀华诗集》《文集》等。①

李光廷（1812—1880），山门人，字著道，号恢垣，清咸丰元年（1851）中举人，次年中进士，任吏部封验司主事，曾主讲禺山书院。咸丰年间，曾参与平定番禺境内的洪兵之乱，组建沙茭团练总局——贲南书院。同治二年（1863）补学海堂学长，嗣执掌端溪书院以终。他是清末广东著名的西北历史地理学家和文学家，东塾学派主要成员之一，工诗及骈散文，尤精研史学地理。他晚年抄书，凡63种，各系以跋，成《守约篇丛书》160卷。另著有《汉西域图考》7卷、《广元遗山年谱》2卷、《北程考实》2卷、《宛湄书屋文钞》8卷等。《汉西域图考》成书于清同治九年（1870），该书详考汉时西域各国的位置及其沿革。陈澧为《汉西域图考》作序时说："古人之书，大都有忧患而作也，今日之患为千古所无之患，李君之书，遂为今日所不可无之书，岂徒以其奇而已哉。"② 可见李光廷影响之大。

李光廷藏书甚富，藏书楼号曰"宛湄书屋"。晚年以抄书自娱，参对

清末进士李光廷旗杆夹

《海山仙馆丛书》《岭南遗书》《史学丛书》发现还有不少秘本要籍遗留未予收入。何品端先生评价说，李光廷可称"番禺农村中官僚与学者型的藏书家"③。至今，山门村大宗祠前矗立其进士旗杆夹，而草堂村李氏大宗祠也有其举人和进士旗杆夹。

林国庚、林国赞兄弟，穗石人，同为学海堂专课生，两人手抄《汉书》，两月而毕，人咸叹服。"从陈澧受经学，赏誉之曰二林，国之宝也。"林国庚，字扬伯，"九岁能诗文，年二十补府学生"，

---

① （清）同治《番禺县志》卷四十八《列传十七》。
② 民国版《番禺县续志》卷二十《人物志三》。
③ 何品端：《番禺近代十大藏书家》，载《番禺古今》第1期，1997年7月。

"南海孔氏岳雪楼藏书至富，国庚馆于其家，得以恣览群籍，兼综条贯，学益宏邃。光绪十一年选举优行贡生，考取八旗官学教习举为学海堂学长。十四年中举人，总督张文襄公之洞创建广雅书院，延为史学分校，迨文襄移鄂，聘为两湖分校，且曰'使岭学流入中原'，其推重如此。十六年会试，挑选誊录。十八年成进士，常熟翁尚书同和称'岭南隽才也'，选翰林院庶吉士，散馆一等该吏部文选司兼验封司主事"。后主讲端州书院。① 而林国赞，"字仲明，国庚弟也。少敦敏，至性过人，十龄就外傅，读张茂先《励志诗》榜壁自警，曰'人而无学，尸人也；学而无用，末学也。'闭户读书，深夜不辍。补府学生，试高等"。后为学海堂专课生，"又肄业于菊坡精舍。生平喜读乙部，日尽数卷，丹黄烂然，尤精邃于陈寿《三国志》"。陈澧称其"博学强识，考史之学，罕出其右"。同门中，贺县于式牧及南海廖廷相、谭宗浚、嘉应饶轸，皆推为畏友。"光绪十一年中举人……十二年，举为学海堂学长……十五年成进士，以主事用，签分刑部直隶司行走。方与顺德李侍郎文田讨论'元秘史'，旋中寒，以足疾乞假归里。卒年仅四十……"②

何文涵，沙湾人，字博订，号玉川，清同治二年（1863）进士，官至工部营缮司主事，曾任禺山书院院长七年。后来，又主持沙茭局，在中法战争中因防御广州外围得力立功而加五品衔。著有《一壶吟稿》三卷传世。诗文皆清隽雄直，纯任自然。有诗文稿名《玉川集》，由何炳钟作序，但未刻印成书，③ 新中国成立初期遗失。

此外，比较著名的禺南进士还有：石楼陈景濂（即景鎏），钦点翰林院庶吉士编修，福建兴泉永道；大岭陈之鼐，钦点主事签分户部；大岭陈维岳，工部都水司主事；员岗崔其濂，钦点内阁中书；还有大石何荣阶，大岭陈泰初，沙湾何天辅、何端树等。

① 民国版《番禺县续志》卷二十三《人物志六》。
② 民国版《番禺县续志》卷二十三《人物志六》。
③ 民国版《番禺县续志》卷二十二《人物志五》。

附录：清末番禺大谷围地区文进士一览

序号	姓名	籍贯	科次	官职
1	何若瑶	大石	道光八年（1828）举人，道光二十一年（1841）辛丑科二甲第1名进士，传胪。	官至海康训导，改翰林庶吉士，散馆授编修。主讲禺山书院。
2	陈泰初	大岭	道光二十三年（1843）举人，道光二十五年（1845）乙巳恩科二甲第45名进士。	官至吏部封验司主事。
3	李光廷	山门	咸丰元年（1851）举人，咸丰二年（1852）壬子科二甲第72名进士。	官至吏部封验司主事，主讲禺山书院，补学海堂学长，执掌端溪书院以终。
4	何文涵	沙湾	同治二年（1863）癸亥恩科二甲第115名进士。	官至工部营缮司主事，主讲禺山书院。
5	廖鹤年	仙岭	同治四年（1865）乙丑科三甲第143名进士，会元。	官至主事。
6	陈维岳	大岭	光绪元年（1875）乙亥恩科举人，光绪三年（1877）丁丑科二甲第45名。	官至主事，工部都水司主事。
7	何荣阶	大石	光绪三年（1877）丁丑科二甲第83名进士。	官至翰林。
8	邬质义	南村	光绪三年（1877）丁丑科二甲第119名进士。	官至主事。
9	何文全	沙湾	光绪三年（1877）丁丑科三甲第134名进士。	官至知县。
10	陈景鎏（濂）	石楼	同治十二年（1873）癸酉科第2名举人，光绪六年（1880）庚辰科二甲第80名进士。	钦点翰林院庶吉士编修，福建兴泉永道。
11	崔其濂（源）	员岗人	光绪二年（1876）丙子科光绪乙亥科第77名举人，光绪六年（1880）庚辰科三甲第30名进士。	钦点内阁中书。
12	林国赞	穗石人	光绪十一年（1885）中举人，光绪十五年（1889）己丑科二甲，第118名进士。	官至主事，学海堂学长，以主事用，签分刑部直隶司行走
13	何天辅	沙湾人	光绪十六年（1890）庚寅恩科二甲第8名进士。	官至主事。

（续表）

序号	姓名	籍贯	科次	官职
14	林国赓	穗石人	光绪十四年（1888）举人，光绪十八年（1892）壬辰科二甲第32名进士。	翰林院庶吉士，散馆一等该吏部文选司兼验封司主事，主讲端州书院。
15	何端树	沙湾人	光绪二十四年（1898）戊戌科二甲第24名进士。	官至知县。
16	陈耀墀	坑头人	光绪二十九年（1903）癸卯科三甲第148名进士。	官至知县。
17	陈之鼎	大岭人	光绪二十七年（1901）辛丑补行庚子恩正并科举人。光绪三十年（1904）甲辰科二甲第45名进士。	官至知县，主事。

（以上进士名单综合同治《番禺县志》、民国版《番禺县续志》整理）

第五节　明清禺南大谷围地区的科举望族

所谓科举望族，是指隋唐开科考试以来，特别是明清时期，依靠家族累世的科第功名入仕、担任朝廷和地方各级官员，跻身政坛，享受朝廷恩荫，

19世纪50年代末外国人所拍广州附近的祠堂及旗杆竖、夹、斗照片

在地方社会具有社会、经济、文化、政治声望的家族（宗族）。根据实际情况，禺南地区的科举望族定义为：①宋元以来，尤其是明清两代，均有子弟考取功名，且取得至少一位进士或以上、多位举人功名的家族，或者三代之内至少产生了两个以上举人的科举家族；②家族功名人物担任县级以上官员，在任职地和禺南地方社会有一定的影响；③以家族（宗族）的名义，在地方拥有较多的田产（尤其是沙田），同时控制庙宇和墟市等的经营权；④该家族在功名人物的主导下，于禺南推行儒家教化，同时在地方重大事务中曾起到举足轻重的作用；⑤这些大型家族所居住的聚落社区规模相对较大，祠堂建筑宏丽。

一、累世科第、岭南望族——沙湾何族

关于沙湾何族，骆秉章在《侯潮何公墓志铭》说："番禺望族，首推沙湾何氏，文物衣冠，自宋迄今不替。"沙湾何族在宋、明、清三代均有功名，先后在宋末和清末出现过两个高潮，是禺南地区乃至整个岭南地区最为著名的、累世科第的功名望族。

何族有据可查的科名，始于宋代五世兄弟四人：长子何起龙是宋淳祐进

沙湾留耕堂（何氏大宗祠）仪门

沙湾何氏大宗祠前广场旗杆夹群

士、太常寺正卿，次子何斗龙是特科省元、嘉赐"博
学宏词"，三子何跃龙由太学生授从事郎，四子何翊
龙举明经、授文林郎，后成为沙湾何氏留耕堂的四大
房始祖。到明洪武三年（1370），何子海中举人，次
年中进士，授将士郎，任邳州睢宁县丞，后任永康县
丞，甚有政声，安宁西街现仍存香山黄佐所题的"进
士里"巷门，为何子海故居所在。

　　清乾隆以后特别是清末，何族连续出现 4 名文进
士：乾隆四十八年（1783），何会祥中举人，后成恩
科进士，同治二年（1863）何文涵中进士，光绪十六
年（1890）何天辅中进士，光绪二十四年（1898）
何端树中进士；清末还出现了被誉为"三代文魁"的
何学青家族、世代书香的何会祥家族两个影响深远的
科举世家，何族功名达到全盛。①

纪念明初沙湾进士何子海的安宁
西街进士里

① 据沙湾《何氏族谱》和同治《番禺县志》综合，参考何润霖《古代沙湾何氏族人
　教育及科举概貌》，载《番禺古今》总第14期，2010年9月。

员岗昌大堂丛桂坊　　　　小谷围北亭村崔氏宗祠员岗崔其濂的进士旗杆夹
（载《广州市文物普查汇编——番禺区卷》）

二、明清禺南望族——员岗崔族

员岗崔族的功名始于元至正年间，崔天桂通过乡贡辟荐获得"解元"功名①，盛于明代中叶，并一直延伸至清末。明代崔族功名兴起始于天顺、景泰年间，经成化、弘治、正德、嘉靖朝，到万历朝达到一个高峰，计有进士2名，举人8名。早在明景泰癸酉年（1453），九世祖崔铎考中举人，开崔氏家族明代获取功名之先河。随后，在明代中后期陆续出现若干位功名人物，如崔廷圭考取成化二年（1466）丙戌科进士。崔奇观考取万历四十一年（1613）癸丑科进士。

到清代，员岗崔族有进士1名，举人18名，到光绪六年（1880），崔其濂考取庚辰科三甲第30名进士②，清代员岗功名达到鼎盛。

---

① 见（清）同治《番禺县志》卷十《选举表一》。
② 据民国版《番禺县续志》卷三十三《人物志六》。

大岭进士陈维岳功名匾

大岭进士陈之鼎旗杆夹

大岭进士陈泰初旗杆夹

三、明清禺南邹鲁乡——大岭陈族

大岭陈族科名始于明代，盛于清代。其非凡之处，在于这个家族在明清两代均有两名进士及多名举人的功名，明清两代分别出现陈昊贤、陈仲良两个官宦世家。大岭陈族计有进士 5 名，举人 15 名，贡生 6 名。① 其中，明代有进士 2 名：陈昊元、陈际泰（特用进士）。弘治、正德年间，十一世陈昊元、陈昊贤兄弟，或师从陈白沙，崇尚濂洛之学，或倡导关闽之学，先后获取进士、举人功名，在家乡期间，通过讲学著述，推行教化，建立宗族。其家族中，陈昊贤（父、举人、朝列大夫）、陈其具（子、举人、知县）、陈在延（孙、举人、知县），形成诗书门第、官宦世家。

到清代，大岭陈族更为出色，有进士 3 名，分别是陈泰初、陈维岳、陈之鼎。其中陈仲良家族最为显赫，其本人为举人，长子陈泰初为进士，四子陈泰遂为举人；长孙（陈泰初长子）陈维崧为举人，次孙（陈泰初次子）陈维岳为进士，孙（陈泰裕长子）陈维湘为举人。一门祖孙三代都是举人、进士，成为番禺著名的书香世家，大岭堪称明清禺南科名鼎盛的邹鲁之乡。②

---

① 据大岭《陈氏族谱》和（清）同治《番禺县志》统计。

② 据大岭《陈氏族谱》和（清）同治《番禺县志》综合。

四、清代禺南武科翘楚——石楼陈族

石楼陈族之功名始于宋代陈友谅，于宋理宗朝授朝议大夫、知嘉兴路。而明代的陈大有中举人，是石楼陈族功名的真正开创者和家族的缔造者。据民国版《番禺县续志·选举表》及光绪十一年（1885）《石楼陈氏家谱·选举表》统计，在明清两代500多年里，石楼陈族共出了进士5人，举人23人，贡生10人，秀才148人（至清末实际人数是189人）。其中，清代的同治、光绪年间，是石楼科名鼎盛时期。

石楼陈族科举以清末武科最为突出，居禺南各乡族武科功名之首。在石楼陈族5名进士中，武进士占4名（其中2人为御前侍卫）；22名举人中，武举人占12人；128名秀才中，武秀才50人。在同光年间短短的40多年里，就出了众多武林高手，乃至大内高手。

重修复建后的石楼陈氏宗祠（善世堂）"六传光范"仪门牌坊（陈铭新摄）

石楼陈氏宗祠中座善世堂及功名廊（陈铭新摄）

石楼武进士、陈国超旗杆夹
（陈铭新摄）

清代石楼陈族中，以武举人陈大元家族最负盛名。陈大元的长子陈龙韬，道光二十四年（1844）举人；次子陈希献，在番禺修邑学贡院，迁建禺山书院，开修志局时均由他总理经费；孙陈景周（陈希献之次子）咸丰十一年（1861）副贡生，内阁中书，宣统元年（1909）举孝廉方正；孙陈景鎏（三子陈鹏韬之长子），光绪六年（1880）进士，钦点翰林院庶吉士，散馆授翰林院编修；曾孙陈崇鼎（陈景周之次子），光绪十七年（1891）举人，朝考一等附列于进士行列。孙陈宝清、陈景沂、陈景璆、陈景潜，曾孙陈崇科、陈崇魁、陈崇熹、陈崇衮均为国学生，曾孙陈崇揆为廪生（优等秀才）[1]，真可谓"世代书香"。

石楼武进士、花翎侍卫陈元威旗杆夹（陈铭新摄）

---

[1] 综合（清）光绪十一年（1885）陈希献编《石楼陈氏家谱》（手抄本部分）和民国版《番禺县续志》整理。

五、文武兼备的番禺望族——市桥谢族

立于白云区大田村谢氏大宗祠前的市桥进士谢敦源旗杆夹（王锦添摄）

立于白云区大田村谢氏大宗祠前的市桥进士谢堳旗杆夹（王锦添摄）

"市桥谢氏向抡元，名乡望族可称尊，由来科举连绵发，英国勋衔港议员。"这是旅外邑人黄煊先生所写的一首题为《市桥谢氏》的竹枝词，短短四句却充满对市桥谢姓的赞美之情。明清时期，市桥的谢姓与吴、黎、韩、李、张姓同为乡中望族。迄清末民初，谢族成为市桥人口最多的大姓，谢地大街的谢族祠堂群曾建筑宏伟壮丽。市桥谢氏族人功名始于明代中叶，盛于清代。计明代有进士1人（谢与思），举人2人（谢元光、谢天光），清代进士2人（谢堳、谢敦源），举人5人［谢禹翱、谢圣鞑、谢光辅、谢天显（武）、谢大韬（武）］，明清合计进士3人，举人7人。其中明代有一门举人、进士的谢元光（举人）、谢与思（进士）父子，一门两举人的谢圣鞑、谢光辅父子；还有武举人谢天显、谢大韬等。[1] 象征昔日谢族望族功名的祠堂群和旗杆夹均已湮没在历史的长河里，欣喜的是在今白云区（原禺北慕德里司）的同宗同姓的大田村和大朗村仍保留两位市桥进士谢堳、谢敦源的旗杆夹。

---

① 据（清）同治《番禺县志》卷四十五《列传十四》。

六、清代禺南科举望族——大石何族

大石何族的功名始于明代，盛于清中叶，清末达到鼎盛。计有进士4人。影响较大的如崇祯壬午年（1642）举人，顺治十五年（1658）戊戌科三甲第160名进士，官至山东栖霞县知县的何际泰；乾隆十三年（1748）戊辰科三甲第28名进士何纮；光绪三年（1877）丁丑科二甲第83名进士何荣阶。特别是道光二十一年（1841）辛丑科二甲第1名进士何若瑶，被选为海康训导，改翰林庶吉士，散馆授编修，曾助番禺县令平定洪兵之乱，知县李福泰深重之。咸丰六年（1856），他主讲禺山书院，并请总纂《番禺县志》，发凡起例。未成书而卒，年六十。著有《公羊注疏质疑》《两汉考证》《海陀华诗集》《文集》等。①

大石何惇叙堂石界碑

大石何氏祠堂

---

① 据（清）同治《番禺县志》卷四十八《列传十七》。

七、宋明三科甲——沙湾王族

沙湾王族，科名始于宋代，盛于明代，清代科举功名趋于衰落。宋代，王族就有王元甲登咸淳七年（1271）张镇孙榜进士。明代，最值得称道的是十一世王渐逵家族。王渐逵为岭南理学名儒、"甘泉学派"创立者——湛若水的门生，明正德十一年（1516）中举人，十二年（1517）中进士。王渐逵次子王原相为嘉靖四十一年（1562）进士。王原相子王中耀，为万历四十年（1612）武举人。因沙湾王氏宋明三科甲，历代官宦世家，并自建"名宦乡贤祠"以祀祖，族姓地位在乡中由是显赫，荣耀异常，故巡抚许振祎特为其族裔亲题"笃生名宦""世毓乡贤"以彰显政声，光前裕后。①

沙湾进士王原相所书天一阁"宝书楼"木匾

沙湾王氏宗祠"笃生名宦"仪门

---

① 何润霖：《沙湾古牌坊》，载《禺山风》2009年第1期。

八、团练兴家的清末禺南大族——南村邬族

南村邬族之崛起，始于嘉庆年间。据族谱载，廿一世邬鸣谦联集银会，在万顷沙修田置业，财力渐丰，家业日隆。[1] 邬鸣谦在积累财富的同时，还积极兴修祖墓，建构宗族，修建包括庙宇在内的乡村基础设施，在地方颇有影响。[2] 道光、咸丰年间，邬氏家族通过组织团练，参与平定洪兵之乱，不但赢得了在地方上的威望，还赢得了和平发展的大好时机，家业进一步充实。[3]

与此同时，科举功名方面有了较大的突破。同治、光绪年间，该族共出了5名举人，1名进士。首先，邬族世隆堂一支出现了"一门三举人"的科举成绩。邬彬年十九，县试第一，同治六年（1867）考取丁卯科举人，长子邬宝铨中同治九年（1870）举人，四子邬宝莹中光绪二十七年（1901）举人，故有"一门三举人，父子同折桂"之美誉。之后更是兴建余荫山房，光宗耀祖。而邬孚敬及邬宝璇父子亦分别于咸丰十一年（1861）及光绪五年（1879）中举人；继而，是邬族

南村邬氏大宗祠古建筑群

南村邬氏大宗祠仪门牌坊

① 邬泳雄：《邬氏光大堂族谱》卷一，载《家族源流》（手稿）。
② （清）沈桂芬：《皇清敕授儒林郎布政司理问潜居世叔行状》，参见邬泳雄《邬氏光大堂族谱》卷一《家族源流》（手稿），第三章《文献汇编》第三节《通奉家庙祐昌堂事宜汇纂·六·寿序》。
③ 据民国版《番禺县续志》卷廿二《人物志·国朝》。

赉思堂一支涌现了进士邬质义，邬氏家族一举成为清末禺南的功名望族。[①]

九、饮誉江南的禺南书香世家——韦涌方族

明代，韦涌方族已经功名显著，如方绍魁为举人，其子方亮工是隆庆五年（1571）辛未科三甲第192名进士，官至广西按察副使。此外，方肯堂，中隆庆五年（1571）辛未科三甲第255名进士，官至长史。

到清代，韦涌方族以方殿元家族最著。方殿元，字蒙章，号九谷，康熙三年（1664）甲辰科，二甲第28名进士，历官江南江宁县知县。他能以经术饰吏治。旋引疾去，侨寓苏州。犹于故乡置祭田百亩，以给贫困之兄弟。工诗文，尤长于乐府诗。所著有《九谷集》与《清史列传》并行于世。方殿元、其子方还、方朝与梁佩兰、陈恭尹等七人同为清代广东以诗文并称的"岭南七子"[②]。方还，方殿元长子，方朝之兄，居吴，喜以诗结纳四方。诗人来吴者，登广歌堂，赋诗饮酒无虚日。他还工于诗。著有《灵洲集》《清史列传》行于世。方朝，字东华，号寄亭，方还之弟，太学生，与兄方还并称"广南二方"，有《勺园集》。

十、古坝韩族

此外，古坝韩族也是禺南著名的功名望族，明清两代分别出现两个科名比较显赫的家族。明景泰元年（1450），韩殷考取举人，景泰五年（1454）中进士。其弟韩统中举人，从弟韩约也是举人。明末，韩上桂幼受父教，精通文学，擅吟咏，并学兵法及剑击马术，于明万历年间考取举人，为明代著名戏曲作家。清代，韩懋林考取乾隆五十四年（1789）举人，其儿子韩廷杰和孙韩日华，先后中举。[③]

① 据民国版《番禺县续志》和《南村光大堂邬氏族谱》综合。
② "岭南七子"是指清代广东以诗文并称的七人——梁佩兰、程可则、陈恭尹、王邦畿、方殿元、方还、方朝。
③ 据（清）同治《番禺县志》和（民国）韩锋《番禺县古坝乡志》综合。

第三章　民国番禺县政治文化中心的南迁与新式文化

第一节　民初"大天二"与禺南社会的动乱

在清末民初的政治和社会变局下，广东社会一度处在失序的状态，有所谓"广东盗匪，甲于天下"的说法。邱捷教授研究认为，民国初年（大致是1912—1925年）广东（尤其是珠江三角洲地区）乡村基层权力机构包括警局、区乡办事所、团局，而主要是团局。这些机构内有昔日的士绅、商人、回乡官吏、军官等，有军事经历、直接掌握武力的人物通常在这些机构内当主角。民国初年广东乡绅控制下的乡村基层权力机构，较之清朝士绅的公局更少关心公益事务，对乡村居民的剥夺和压迫也更严重和粗暴。民国初年，广东省在大多数时候相对于中央政府实际上是独立的，省一级政府对各县也不能充分行使权力，县以下的基层权力机构获得更多的独立性，有些时候甚至同政府、军队发生严重的对抗。治理广东的历届政府，都未能在全省建立统一的县以下权力机构。① 广东田赋、沙捐实收的情况，以及广东社会的进一步军事化，可以反映出省、县政府与基层权力机构关系的变化。

民国初年，战乱造成大量军队枪械散落民间，导致广东盗匪问题的严重化。② 据20世纪20年代末的一项调查，番禺、东莞等10个县的民团有枪

---

① 邱捷：《民国初年广东乡村的基层权力机构》，载《史学月刊》2003年第5期。
② 邱捷、何文平：《民国初年广东的民间武器》，载《中国社会科学》2005年第1期。

民国禺南"大天二"曹荣的豪宅敬修堂

20万余支,其中仅番禺县的民团就有10万余支。①在番禺,除了旧日的绅士之外,参加过革命党或充当过民军军官的某些人物,回到乡村地区,也成为新的士绅,从而在地方社会逐步形成一些亦官、亦绅、亦团、亦匪的人物控制基层权力机构的格局,他们被称为"大天二"。他们利用手上掌握的武装,建立所谓的护沙队,在沙田区强行向农民征收款项和赋税,称为"收行水",数量远远超过地方政府。在一些乡村地区,这种情况一直延续到20世纪40年代末。②地方政府对这些地方豪绅武装的态度和政策是矛盾的:一方面鼓励各地建立民团以防御盗匪,另一方面也担心这些商、乡团演变为破坏其统治秩序的力量。乡村地区的商团、民团成为政府难以控制、人数众多的武装,同军队、政府之间经常发生冲突。

番禺县南部地区的情况也大体如此。到20世纪20年代初期,禺南茭塘司形成的著名贼窝是土华、小洲、茭塘和胜洲。珠江三角洲地区著名大盗有番禺罗鸡洪、顺德漏暴鱼、南海歪咀裕,人称"三大盗"。其中番禺大盗罗鸡洪,出身贫苦,因挪用亲属汇款而离家出走,20多岁时先投奔妹夫小洲大盗简伟的土匪团伙,后另辟堂口,打家劫舍,掳人勒索,有"番禺大盗"之称。后又拉了沙湾私塾教师何端下水为笔墨师爷,为祸乡里,被番禺县当局招抚后仍贼心不改,盘踞南海罗村重操旧业,恶贯满盈,最后被南海

---

① 胡仲弢:《广东地方警卫队各县编练经过情形》,印行时间大约在1928—1930年之间,第15页。

② 邱捷、何文平:《民国初年广东的民间武器》,载《中国社会科学》2005年第1期。

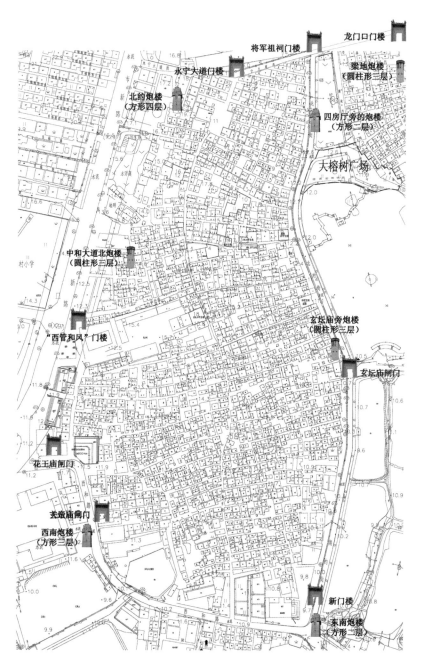

坑头炮楼、门楼分布图（载《名乡坑头：历史、社会与文化》）

县当局击毙。①

据《番禺百年大事记 (1900—1999年)》转载民国报纸报道，民国二年（1913）7月10日，位于番禺西部的钟村被"驳壳会"土匪掠劫。军队捕获匪5人，军队撤走后，当夜匪众百余人进村抢劫南豪街30余户。大石乡也有10户被掠。位于番禺北部、后来成为番禺县政治中心的新造，在民初也多次遭到兵灾。民国十一年（1922）5月14日，新造遭兵劫。是日有番号不明的军队数百人分乘小轮六艘从长洲方向驶来，携炮及机枪登岸，新造商团被击溃后，挨户搜掠，从新造墟至大园、文边等村庄，皆遭洗劫，击毙乡民23人，劫去财物达数万元。民国十二年（1923）7月19日，新造曾边村曾、文两姓发生械斗，死伤数十人，焚毁屋宇多间。②

番禺东部的石楼化龙地区，历来是盗匪出没的区域，盛产粮食的江鸥沙、海心沙等大片沙田又是匪寇甚至是军队轮番抢夺的对象。1921年，茭塘匪首黄贵人初盘踞茭塘，四处打单掳劫，向深水、冈尾两社36乡勒收保护费，致两社及四七沙田地荒芜。1926年8月20日，广属警备派军队一营并江巩、安顺两舰会同县长江宗准率领的各乡民团，于是日凌晨4时，包围茭塘村匪首黄贵人初。激战至中午，击毙匪首匪徒40多人，捕获9人，缴获机枪步枪一批，救出被掳儿童2人，查出被掳后杀害的尸体9具。10月9日，冈尾(今化龙、石楼)、深水(今新造)成立护割委员会。租赁轮船2艘，县署派兵巡缉，防止茭塘黄贵人初余党勒收保护费和抢掠；1927年1月16日，茭塘土匪黄济军泰(黄贵人初之弟)纠合东莞袁虾九、跛手忠等股匪数百人，乘轮船携火炮、机枪于是日下午5时分数路袭击化龙明经乡，与民团、县驻军激战，8时匪始逃逸。乡民被击毙5人、被掳去2人，县兵被掳去2人，被掠20余户；1929年11月23日，两股土匪聚于石楼之江鸥沙、沙湾之蟛沙，向附近沙田围田投函打单，限期每亩田缴交保护费2元；

① 韩健：《番禺大盗罗鸡洪》，载《番禺文史资料》第九期，1991年11月。
② 番禺市地方志编纂委员会办公室编：《番禺百年大事记（1900—1999年）》，广东人民出版社2000年版。

并扬言对抗缴的乡村定予洗劫。广东省政府饬海军派舰只前往剿办。①

　　除了匪患严重之外，宗族之间的械斗也成为社会动荡的因素之一。民国初年，番禺大盗李金华（山门人）把官桥新村焚掠一空，甚至连街石也被撬去卖掉，整个村庄变成废墟。当时，九屯人在书院带动下，群策群力，帮助官桥新村乡民重建家园，仅数年就面貌一新。而书院却为此将这几年的收益，除必要的祭祀费用外，全部耗尽，什么"拜金""学金"都没有发放，其余八屯毫无怨言。其团结互助精神难能可贵，值得后人称赞。② 民国时期的祠堂修建的记录，从一个侧面反映了当时禺南地区治安的混乱和族群关系的紧张。据民国十九年（1930）《重建密松祖祠碑记》（化龙镇塘头村密松刘公祠内）载："原夫此四世祖祠，于咸丰年间建立，迨民十被邻乡焚毁，又由族人成江、佩余等集议复建，远近响应，踊跃捐输。至民十九，遂于落成……"

　　沙湾最大的一次劫案发生在民国十六年（1927）。该案有10个惯匪（均沙湾人）潜入福安当楼洗劫。该当铺本因押入不少金饰、衣物、名贵珍玩而损失惨重，震动一方。经立案通缉，由省、港、澳侦缉"大头生"（外号，沙湾人）分别在澳门等地将劫匪擒拿归案，囚于广州市第一监狱。后公安局获悉"广州起义"迫在眉睫，即于起义前将劫匪正法。经

莰塘后岗炮楼及门楼

---

① 番禺市地方志编纂委员会办公室编：《番禺百年大事记（1900—1999年）》，广东人民出版社2000年版。

② 《番禺九屯与九成书院》，载石碁镇文化站编《岐山拾趣》，1993年10月。

胜洲炮楼

沙湾乡公所集众绅公议，由县参议何蹑天作保，找到远避西江的何端，让他写了《自白书》(时何端仍以悍匪罪名受通缉)后，回乡担任沙湾的抗日自卫大队长。为了加强乡村防御，沙湾的仁让公局还与邻乡的螺阳社学结成联盟，组织起八约团练。①

位于番禺南部沙田区的榄核、潭州地区是盛产粮食的区域，而潭州是该区域最大的市镇，它和沙田一样，成为各种势力争夺的区域。民国十三年（1924）5月17日，潭州遭土匪掠劫。番顺著匪李顺、黄口宽纠集匪众五六百人，分五路进攻潭州墟，击溃当地民团后，攻入村镇洗劫，烧毁民房四五十户，杀害乡民10余人。民国十四年（1925），榄核八沙（浅海沙、张松沙、涩湄、沙涌、新涌、合生、大坳沙、沙湾涌）农民协会正式成立。周辉洪为执行委员长。农军队长为梁木炳、关胜。农军组成后，击退了到湄抢割晚稻的股匪，还缴获长枪5支。到民国十五年（1926）6月9日，李顺率土匪数百人，乘轮6艘，冒充官军，洗劫潭州。是日上午11时，分三路涌进潭州，民团被击溃，匪遂进村洗劫，击毙10人，乡民四出逃难。6月17日禺南南边月、太婆汾、墩涌乡农民自卫队出击大刀沙、大龙涌口一带土匪，击毙匪徒3人，捉获2人，缴获"番邑兄弟党"打单图章、分赃单等赃物。②

---

① 刘志伟、陈春声：《清末民初的乡村自治——沙湾〈辛亥年经理乡族文件草部〉介绍》，载柏桦主编《庆祝王钟翰教授八十五暨韦庆远教授七十华诞学术论文合集》，黄山书社1999年版。

② 番禺市地方志编纂委员会办公室编：《番禺百年大事记（1900—1999年）》，广东人民出版社2000年版。

第二节　民国番禺县府的南迁及大谷围地区成为独立行政区的趋势

梁莎在《明清到民国时期番禺县治的迁徙与原因分析》一文中认为明清至民国时期番禺县治经历了捕属、新造、抗战时期三个不同的历史时期。其变化不仅是时代的产物，同时也反映一种近代化的发展趋势。[①]
从民国七年（1918）广州设市政公所，到1958年1月，禺北禺东的南岗、萝岗、黄陂、石井、江村、嘉禾、神山、岗楼、鸦湖、蚌湖、同文、太和、龙归、良田、竹料、钟落潭、九佛17乡划归广州，广州市区设立及其扩展、番禺县府的南迁与大谷围地区成为独立行政区的趋势是同时并存的，最终奠定了市桥成为番禺政治、经济、文化中心、番禺大谷围地区成为独立行政区的格局。

清末民初番禺县南部地图
（载民国版《番禺县续志》）

一、番禺县府从广州城初迁新造及茭塘司以珠江后航道为界被拆分（1912—1938）

民国元年（1912），广东省废广州府，番禺县属广东省粤海道，仍沿旧

---

① 梁莎：《明清到民国时期番禺县治的迁徙与原因分析》，载《中国市场》2010年第14期。

制划分为沙湾、茭塘、鹿步、慕德里四司。民国七年（1918）广州设市政公所，民国十年（1921），正式设市。民国二十年（1931）番禺县下设区、乡两级机构，全县划分为8区、55乡、623村。原沙湾司为第一区，原茭塘司为第二、三区，鹿步司为第四、五区，慕德里司为第六、七、八区。其中，涵盖今番禺区的第一区（原番禺县沙湾司）官署驻地在市桥、第二区（原番禺县茭塘司南部地区）官署驻地在新造。第一区设9个乡：市桥、螺阳、沙湾、平康、九如、同安、亲仁、同风、协恭。第二区设6个乡：显社、东山社、深水社、冈尾社、南洲社、彬社。值得注意的变化是，此时番禺县第一区的划分与原来沙湾司范围一致，而茭塘司则以珠江后航道为界被一分为二，成为第二、三区。

　　番禺县行政区的这一次变迁基本奠定了茭塘司以珠江为界被分割开来的局面，从而成为茭塘司南部地区与同属大谷围的沙湾司合并为新番禺县域的基础。而茭塘司北部（即今广州市海珠区）则率先成为广州城区的一部分。胡恒以番禺县为例研究认为，民国初期的区乡规划是将巡检司辖区划小、拆分的结果。民国以后番禺县基层区域形态又发生了多次变迁，并最终形成今日的乡镇格局。① 胡恒认为，追根溯源，番禺县基层区划的源头正是清代的巡检司辖区，经过民国、新中国时期的不断调整形成今日格局，其总的趋势是划小辖区、增加乡镇数量。加强对巡检司等错杂分防区域及其近代形态演变的研究，有助于揭开县下区划起源的历史源头。②

　　民国二十一年（1932）12月，番禺县政府从广州市区（惠爱东路与德政中路交界处）迁署至新造（原茭塘司署驻地）。至于县府迁至新造的原因，何品端先生在《会议桌上的"禺南县"》一文中认为：民国以后，广州要建设为新的城市，第一步是将原设在广州市的番禺县府和南海县府迁出。然而，南海县只要把县府迁至佛山便可以了。但番禺县府除广州以外，再找不到像南海佛山镇这样的一个地方，所以迟迟未能迁出。加上番禺人在广州建设也多，就清末民初时所建的新式中、小学都建在广州，迁出甚有损失。迟

① 番禺县基层区划变迁情况，根据新编《番禺县志》第一编《建置区划》整理。
② 胡恒：《清代巡检司时空分布特征初探》，载《史学月刊》2009年第11期。

冈尾社界碑　　　　　　　　　　新桥乡公所　　　　　　　　　　潭山乡公所

　　至严博球就任番禺县长时的 20 世纪 30 年代初期，才将位于广州市的超过
千百年之久的番禺县署卖了出去，选了茭塘司的礼园乡新造墟作为番禺县
府的驻地。之所以选新造墟为县府驻地，何品端先生认为是因为新造近广州
市，对县城原"捕属"区域可以统辖；又新造处珠江南岸之滨，与禺北只一
江之隔，也易交往和管辖。① 其实，更为重要的原因可能是这里的水运和商
业均比较发达。清末民初，新造已成为广州城和市桥以外番禺最大的商业市
镇之一。民国版《番禺县续志》卷十二《实业志》载："各墟市之商业，以
市桥为最……次则新造、东圃、高塘三墟。新造为茭塘司商业之中心，棉
花、橄榄、番薯最有名……"② 《礼园黎氏族谱·礼园大事记》载："民国
二十年辛未十月，邑侯严博球将县治迁新造，盖鉴新造形势为全县之中心
点，人民朴秀，水陆交通利便，于是呈于上司，由羊垣而迁于是焉。乃将旧
水云寺故址为府址，左为宿舍，右为看守所，前为营房。又将全墟开马路，
又筑公路至市桥、石楼，商业骤繁荣焉。"

　　广州建市后，逐渐向东南扩大市区，把禺南与禺东、禺北隔断。市区

---

① 何品端：《会议桌上的"禺南县"》，载《番禺文史资料》第十二期，1998 年
　　12 月。

② 民国版《番禺县续志》卷十二《实业志》。

新造民国番禺县府旧照　　　　　　　　　　新造衙门街
（载《番禺百年图鉴》）

的扩大早在晚清开始，不断开发西门以外之地，成了富豪聚居和商业繁华的
"西关"地区，但再西就是珠江之滨，不可以再西进了。所以，民国以后，
广州市区不断向东南面的茭塘司和鹿步司之地扩展，逐渐自西而东把禺南
与禺东、禺北从中截断。番禺县长严博球上任后亦于县内较大的墟镇开建马
路，如市桥、东圃、沙河、黄埔、新洲等（沙湾也在在建之内，但遭沙湾人
一力反对而未行）①。

二、沦陷期间，县署迁徙及李辅群经营下市桥的畸形繁荣

（一）县署迁徙，新造沦陷并遭敌伪、土匪数度劫掠

1938 年，日军先狂轰滥炸，随之从水路占领新造。据《礼园黎氏族
谱·礼园大事记》中对日军占领新造墟和礼园乡进行过细致的记录：

> 民国二十七年（1938）戊寅秋九月初六日，天甫明，日寇水陆
> 攻至陆路，由化龙、沙亭迂回。水路则用橡皮船数艘进攻，又有飞机
> 数架助战。前数日，县长利树宗率属西撤，至是只有散勇、警察及乡
> 民与之作战而已。惟不堪其水、陆、空三面压迫，且弹下如雨。战至
> 日午，遂被攻克。焚烧墟场，泰平县署亦夷为平地。其酋为吉田稔。

---

① 何品端：《会议桌上的"禺南县"》，载《番禺文史资料》第十二期，1998 年 12 月。

十一月十五，日寇大兵大剿禺南，虽三家之村亦蹂躏殆遍。旋帅驻新造，令乡民供应一切。时天寒甚，寇又戮数人，闯入民家，肆恣为虐，及今思之，心为之悸。自是寇常驻新造，彼去此来，海面常泊战舰，至投降方退。我黎氏子弟被惨杀者，凡数十人可哀也。

原国民政府番禺县政府流亡到钟村和灵山龟脚岗，三水的六和、沙坪，四会的威井等地，禺南的沙湾、禺北的北兴，也曾在澳门中央酒店办公。同时，伪政府也在

1938年11月在番禺石楼大岭村扫荡的日军陆战队（载番禺区档案局网站）

此时建立了与国民政府对峙的伪县治（驻广州东山）。

日军在新造建立日伪统治后，1944年郑少康部游击队曾攻打新造伪二区署，随之是杂匪的抢掠。据《礼园黎氏族谱·礼园大事记》载：

> 三十三年甲申（1944年）闰四月二十九日，据守大山大石一带之郑少康部游击队三鼓时突攻伪二区署（敦仁善堂），虏去伪区长冼尧甫及职员数人。七月二十六日夜四鼓，杂匪劫新造，至天明而散。有乘船至者，有从市桥公路来者。甫至，放机枪示威，乡人以为游击队，不敢御之。匪乃从容挨户破门入抢夺货财，着店伴抬之下船。虽时钟履屐之微，亦搜刮净尽，于全墟荡然，十室九空，气象愁惨，想开墟以来未有之浩劫也。十月初三日夜三鼓，郑部游击部队再攻伪区署，俘去伪军员数人，机枪一挺，伪区长陈河清在羊城，乃免焉。

1945年，伪禺南剿匪总指挥官汪宗准，伪县长冯某，会同李辅群（李塱鸡）部围攻新造礼园，礼园乡民以一乡之力抵御，8人殉难，是为

"二一八之役"。此役于《礼园黎氏族谱·礼园大事记》亦有详细记载：

> 三十四年乙酉（1945）二月十八日凌晨，伪禺南剿匪总指挥官汪宗准，伪县长冯某，会同李朗鸡部，率伪军数千于烂炮台登陆，围攻礼园。自寅至酉，竟被攻入抢掠殊惨。护乡烈士黎日潮、黎铭潮、黎锦福、黎康文、黎锡壎、黎耀雄、黎富雄、黎新妹等八人殉难，是为二一八之役。战后，由治安联防会立碑于涌口社前，以资纪念。而吾礼园是役，以一乡之力而抗全省之兵，元气于是乎一蹶矣。呜呼痛哉！人事不减，竟至于此，智者憾焉！

（二）沦陷时期，李辅群（李塱鸡）控制下市桥经济的畸形繁荣

早在清末民初，市桥已经是除了广州城以外番禺县最大的市镇。民国版《番禺县续志》卷十二《实业志》载："各墟市之商业，以市桥为最。市桥，在沙湾司各大乡之间，一面又与沙田接壤，人民殷富，交通利便，有商店千余间……"①

市桥北邻广州，南毗港澳，却又不在主要陆上交通线上而偏处一隅，工商业并不发达。然而，它位于沙荗大谷围地区的中枢地带，水运发达，东南面是广袤的沙田。这独特的地理环境，使它在不同的历史条件下，有着不同的经济结构。抗日战争前，市桥是大沙田农副产品的集散地，以及农用器材、农民生活用品的供应枢纽，同时也是禺南沙湾、石楼、南村等几处地方占有大量沙田的地方宗族集团消费品的供应点。其

李辅群控制禺南时期修建的东涌炮楼

---

① 民国版《番禺县续志》卷十二《实业志》。

工商业以农村为主要经营范围，是一种各自分散经营的自然经济。①

广州沦陷后，日军分三面包围了市桥。市桥各姓的自卫队，事前获得敌情，在国民党驻军独九旅不战而退之后，已势孤无援，也纷纷撤出市桥，转到北郊丹山、罗塘、蔡边等村。沙湾抗日自卫队长何端亦率队员 10 多人撤向蔡边、旧水坑一带。于是，市桥在完全没有抵抗的情况下，就被日军顺利占领了。② 日军进行了烧杀抢掠之后，不久撤离。此时，各种武装力量和行政机构都已撤走，而日军又未能在番禺建立伪政权，整个番禺处于"真空"状态。各地歹徒和乡内痞棍便乘机而起，各自招兵买马，划地为盘，如李塱鸡、黄志达（受难保）、钟村陈林（发疯贼）、沙头王九仔及市桥附近各村大大小小的土匪，对市桥形成了一个包围圈。当时市桥本身虽有少数地方势力，如韩才（跛惊才）、谢昌（高大昌），但力量薄弱，不足以控制整个市桥。所以市桥这块"肥肉"，便成为这些土匪觊觎的猎物，最终遭到群匪的一次大洗劫，导致市面百业萧

群园俯瞰全景图（曾骏浩摄）

李辅群（塱鸡）山门群庐

---

① 何侃基：《沦陷前后的市桥工商业》，载《番禺文史资料》第二期，1984年12月。

② 韩健：《日寇入侵市桥追记》，载《番禺文史资料》第十期，1992年10月。

20世纪40年代广东省番禺县冈尾乡岳溪村官印3枚

1949年元旦《新番禺月刊》封面（李伟东提供）

条。① 不久，刘海筹当了市桥伪维持会长，又请来日军一个连队，驻扎在市桥东涌路黎氏宗祠（诒燕堂）。其后，汉奸李辅群（李塱鸡）为首的沙匪集团进驻市桥，李辅群被委任伪第四路军司令官，霸占了禺南各地。② 李塱鸡一面尽量网罗各种恶势力借以坐大，另一面极力排挤曹荣为首的集团势力，以便独占市桥。③

抗日战争期间，广州、佛山相继沦陷，番禺县城新造被日机炸毁，顺德陈村亦被炸烧成废墟，邻近产米地区的粮食、农副产品，便集中于市桥进行交易。同时，李塱鸡控制市桥后，这里成了恶势力全面垄断盘剥的大本营。它既是港澳至内地走私贩私的走廊，也是垄断货源炒买炒卖的据点和转运站。由于这些恶势力集团，大多数集敌伪顽和匪霸于一体，他们以手上的武装为后盾，控制了珠江三角洲大部分地盘，一方面走私贩私，另一方面以他们的堂口为标志，勒收商贾小贩的保镖费、保护费，使市桥这一地域有着特殊的相对稳定性，因而邻近县市镇的商贩、难民涌集而来，使市桥工商业呈现畸形繁荣景象。手工业迅速萎缩的同时，市桥嫖赌饮荡吹行业却恶性膨胀，构成虎狼垄断的典型沦陷区畸形的经济繁荣现象。④ 正如《新番禺月刊》所载：

① 黎应榆：《沦陷期间市桥遭受的一次浩劫》，载《番禺文史资料》第二期，1984年12月。
② 韩健：《日寇入侵市桥追记》，载《番禺文史资料》第十期，1992年10月。
③ 何侃基：《沦陷前后的市桥工商业》，载《番禺文史资料》第二期，1984年12月。
④ 何侃基：《沦陷前后的市桥工商业》，载《番禺文史资料》第二期，1984年12月。

市桥德门街旧照（载《番禺百年图鉴》）

　　市桥位于番禺之南，和中山东莞比邻接壤，那里隔虎门不及三十华里，市桥和香港的交通在线，以电扒的行驶速度，仅需六小时余，可以朝往而夕返，禺南一带，平田万顷，粮食丰饶，兼得鱼盐之利，同时，又是省港交通的最好中站，和西北江出口的歇足点，沦陷期间，市桥既有此优越条件，顿然畅旺，那里大天二群雄莘出，市桥竟有"小澳门"的荣衔，当时河道上鳞栉相比，交通几为阻塞，而货物运输，畅通无阻，可说是市桥的鼎盛时期。[①]

三、抗日战争胜利后至 1949 年，县署迁市桥及关于设立禺南县的争论

　　1945 年 8 月，日本投降，短暂的和平环境给市桥经济、文化带来了急促的发展，市桥成为全县政治、经济、文化的中心。

　　《新番禺月刊》载：

---

① 民国《新番禺月刊》1949年1月第2期（李伟东提供）。

胜利以后，接着复员，市桥顿形冷落，直至去年，大局稍定，人们发现了市桥是一个很自由的所在，同时，货物运输，又避免先行结汇的种种麻烦手续，于是又像从新发现新大陆般卷土重来，回忆去年八九月间，电扒围迹河面，多至四十余艘，一度沈寂的市面，也见活跃起来了。①

1945 年 9 月，番禺县署迁到市桥。② 1946 年，县属公和乡、敦和乡、沥滘乡、彬社乡（今均属海珠区），崇文二十四乡（今分属荔湾区），龙洞堡、石牌堡、冼猎场、车陂堡（今分属天河区、黄埔区、萝岗区）按战前决定，正式划属广州市。

抗日战争结束后不久，社会各界便展开了对番禺新县城选址，乃至分县的种种争论。正如《礼园黎氏族谱·礼园杂记》所载："自严氏迁县治于新造，新建官署，在抗战中悉为日寇夷平。迨光复后，县治遂设于市桥，而禺北人士以道远，故曩有'以东围为佳'之说。继又有'南北分治'之说，平情而论，倘非分治，则仍以新造为适中也。今日各印刷肆出版之全国及本省地图，则仍以新造为县治者焉。"此时，一份关于设立禺南县的议案亦呼之欲出。《划出原日沙湾茭塘两司属境，新设禺南县治案》提出，"自民廿一年（1932 年），县治迁新造，已偏处东南，现复因抗战后，新造被毁，将县治设于市桥后，更偏处禺南之南"。③

何品端先生在《会议桌上的"禺南县"》一文中就详细记录了 20 世纪 40 年代末，要从番禺县另立"禺南县"的议案。④ 何品端先生重点分析了抗日战争结束后禺南大谷围地区在经济上占据优势的情况。他认为，番禺全境沦入敌手后，禺南凭借着广袤的沙田区，生产出大量粮食商品，禺南的市桥、灵山又迅速取代了顺德陈村成为华南最大的谷物集散地，促进了当地

---

① 民国《新番禺月刊》1949年1月第2期。
② 县府初在先锋巷谢氏大宗祠（南祠），1949年年初，移到群园（李塱鸡住宅）。
③ 何品端：《会议桌上的"禺南县"》，载《番禺文史资料》第十二期，1998年12月。
④ 何品端：《会议桌上的"禺南县"》，载《番禺文史资料》第十二期，1998年12月。

的商业的繁荣。同时，他还认为，抗日战争胜利后，市桥及其周边地区拥有了全县最大的工业渡头砖瓦业，沙湾信兴和、生利、鱼窝头李辅群农场三大糖厂，又新增设的榄核的甘冈浅海沙"国本农场"，是当时全县设备最先进的糖厂。由此，禺北与禺南的贫富差距更为悬殊。市桥及其周边地区已经具备作为番禺县府所在地的绝对优势了。禺南在农业、工业都有长足发展，使禺南的上层人物要求脱离本县另立新县的呼声日高一日，至民国三十七年（1948）4月的"番禺县参议会第一次大会"上正式提出来了。当时提案约有10个，而最为突出的是《划出原日沙湾茭塘两司属境，新设禺南县治案》的提案，辩论长达两个小时。该提案为第56号，划为"人民建议"，原文有将番禺县划出原日沙湾茭塘两司属境，新设禺南县治案。

> （一）查番禺县治，原设穗城，县属辖境共分四司：沙湾司、茭塘司，在县治所在地穗城之南，故称禺南。鹿步司居东，故称禺东，慕德里司处北，故称禺北，当时地点适中……自民廿一年（1932年），县治迁新造，已偏处东南，现复因抗战后，新造被毁，将县治设于市桥后，更偏处禺南之南……近广州复扩大市区，而以前禺南与禺东之仅有相连之走廊地（东圃），亦被划入，遂至完全隔断……本年三月李厅长扬敬巡视禺南，在本县参议会席上发表意见，亦以为禺南有新划县之必要。（二）查番禺面积共有1724.35平方公里，禺南占744.65平方公里，人口余80余万，沙田民田约80万市亩……禺南均占半数。……①

该提案署名为："建议人李民雨暨禺南各乡公所团体及上绅等"。经激烈争论后，即席推出李民雨、许宏志、何体宁、崔子策、陈豹文、周棠、陈照奎、刘可平、何沛力、刘格平、区达三、何叶吉、王清泉、樊家就、钟汝权15人为专案研究，李民雨为召集人。当时全县38乡，禺南只有15乡，即市桥、沙湾、九如、协恭、平康、螺阳、亲仁、冈尾、同安、显社、深水、东山、同风、彬社、和平，只有15票。再加上团体中农会的李雨田、教育

---

① 何品端：《会议桌上的"禺南县"》，载《番禺文史资料》第十二期，1998年12月。

会的许宏志、自由职业的何光洪、商会的黎步颐和何本仁等（或会再多一些）是禺南人士，也只有20票上下的少数，必然不会通过。就李民雨为召集人的15人专案研究组，便有9人不是禺南人士：周棠（仁风乡）、陈照奎（太和乡）、刘可平（佛岭乡）、何沛力（石井乡）、刘格平（同升乡）、何叶吉（东莞十五屯）、区达三（七社乡）、樊家就（龙洞乡）、钟汝权（萝岗乡）。内部已是矛盾重重，结果，这个"禺南县"只在议会桌上走了过场，如果一投票便会被否决了的。以当时客观上讲，番禺如果分出了禺南自设一县，则剩下的禺北和禺东（部分已划入广州市）便没有什么经济可言，作为议长的伍观淇（禺北和风乡）当然不会使之付诸实现的。结果，当然是下一次大会才能决定。但解放战争节节胜利，国民党的统治已土崩瓦解，"禺南县"提案便不了了之。

四、1949年后，市桥和平解放并正式成为新番禺县城

1945年日本投降到1949年这一时期，市桥已经是国民政府番禺县府所在地，是全县的政治、军事、经济、文化中心。临近解放时，经过岳溪渡口伏击战、北亭围袭击战、石碁墟遭遇战后，禺南的沙湾、渡头、涌边、灵山、榄核、丹山、钟村、大石、沙溪、南村、市头、江南、里仁洞、化龙、

20世纪60年代的市桥（陈斌摄）

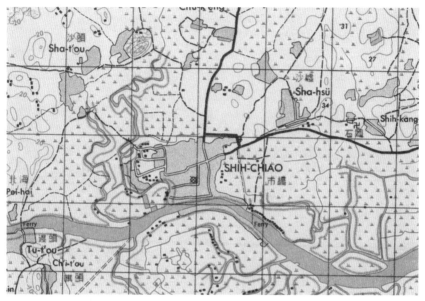

1949年的市桥及周边地图

新造、石楼、赤岗、石碁、大小龙、新桥、罗家、白岗、招村等大小乡村都
是中共领导的武工队活动的地区，而且除了市桥、大石、诜敦外，都有由中
共领导的武工队发动的公开或半公开的不同形式的群众组织。①

　　随着解放战争的胜利进展，1948年冬，中共番禺县工作委员会在石碁
望边村老统战朋友梁学文家"蕙圃园"的东楼成立，积极发展人民武装，加
强武装斗争，发动群众反"三征"，同时抓紧开展统战攻势，团结争取地方
各种势力，或策反起义，或争取中立，孤立顽固之敌，以减少阻力，扫除障
碍，配合大军，解放番禺。②

　　1949年10月，由谢庚伯出面，与市桥副乡长谢文初、黎姓绅士黎步
颐（市桥商会会长）联合谢、黎、韩、李、吴、张等地方宗族，各选代表二
人，组成市桥各界人士和平解放委员会。又通过李甦约请他们于新中国成立

① 番禺县党史办：《解放市桥的回顾》，载《番禺文史资料》第一期，1984年3月。
② 韩健：《和平解放县城市桥的前前后后》，载《番禺文史资料》第十一期，1996
　年10月。

市桥谢地大街古民居群

前夕在石冈学校商谈和平解放市桥问题。番禺独立团派出代表谢明、叶明华、李甦等与市桥地方代表谢庚伯、黎步颐、谢文初共同商谈。独立团方面表示，坚决执行"三大纪律、八项注意"，保障人民生命财产安全。并订立三条规定：第一，市桥各机关团体的文件档案要保护好，听候解放军入城接管；第二，地方一切武装力量，听候解放军改编；第三，解放军入城前各单位要负责维持治安，保护人民生命财产安全。经过此次商谈，对安定人心、减少破坏，起到很大作用。[①]

1949年10月23日，番禺解放，隶属广东省珠江三角洲地方军事管制委员会。于市桥成立军事管制委员会。

---

① 韩健：《和平解放县城市桥的前前后后》，载《番禺文史资料》第十一期，1996年10月。

五、小结

民国年间，番禺的行政区域经历了频繁的变化，番禺由王朝时期以广州为中心的行政区域，转变为今天的番禺行政区域，除了辖区地理空间大小的改变之外，更是作为地域单位在性质上发生根本转型的转折点。民国时期番禺区域改变的沿革变化大致如表3-1所示。

综上所述，清末以来，禺南大谷围地区，即沙湾司的全部和茭塘司的南部地区，之所以在民国以后，尤其是抗日战争结束后最终成为独立的行政区大致有以下几个原因：

第一，是由其先天独特的自然地理条件决定的。大谷围地区本身是个四周被珠江水道环绕的相对独立的地理文化单元。

第二，自清末道光、咸丰年间以来在平定洪兵之乱基础上形成的沙茭团练总局，是一个由禺南大谷围地区的士绅主导的地方自治组织，它的成立超越和取代了巡检司，对后来大谷围地区成为一个独立的政治文化单元，影响深远。

第三，民国时期广州设市，位于禺南、禺东、禺北交汇处的原南海县和原番禺县捕属及其周边地区被逐步划出成为市区。随着广州市辖区向东南的扩大，番禺县南、北、东交流就被人为隔断，禺南地区形成相对独立的局面。

第四，清末到民国时期禺南大谷围地区经济相对禺北、禺东要富庶，经济上在全县（划出番禺县捕属区后）占据绝对优势。

第五，民国初年，番禺县第一区的划分与原来沙湾司范围一致，而茭塘司则以珠江后航道为界被一分为二，成为第二、三区。随着茭塘司被以珠江水道为界拆分，使大谷围无论在地理上还是在行政设置上都被独立了出来。

第六，民国初年，县府的南迁使番禺的政治中心与禺北、禺东相距更远，由此又更加速了大谷围地区的独立性。抗日战争结束后，新造因被日军轰炸和劫掠而衰落，而市桥则在沦陷期间经济环境破坏相对较少，1949年又得以和平解放，由此使市桥最终成为番禺县城。

表 3-1　民国时期番禺区域改变的沿革变化

民国	元年	1912年	裁府。全省划为六道。粤海道辖广州府、肇庆府罗定州属30县。省、道治均设番禺。	广东省粤海道番禺县。		粤海道又名广肇罗道。1920年撤道。
	七年	1918年	广州设市政公所。			
	十年	1921年	广州正式建市。		县辖的捕属（广州东片）及河南市区划入广州市。	
	十四年	1925年	7月，在广州成立中华民国国民政府。广东省政府改组。全省划为6个行政区。番禺属广州行政区。	广东省广州行政区番禺县。		6个政区为：广州、北江、东江、西江、南路、海南。
	二十一年	1932年	12月，县治从广州迁至新造。			原县署在德政北路口。
	二十五年	1936年	广东设9个行政督察区，番禺属第一区。			
	二十六年	1937年		7月，县属公和乡、敦和乡、沥滘乡、彬社乡（今海珠新滘）、崇文二十四乡（今荔湾区芳村）、龙洞堡、石牌堡、冼猎场、车陂堡（今天河黄埔区）划属广州。		抗日战争期间，为动员民众抗日，左列各乡于1938年10月暂归番禺管辖。胜利后，1946年12月，复归广州市。
	二十七年	1938年	11月，广州、番禺先后沦陷。县政府流徙于钟村、灵山、北兴及沙坪、三水一带。			
	二十八年	1939年	广东省政府迁韶关。全省划为9个行政督察区。番禺属第一区。	广东省第一行政区番禺县。		
	二十九年	1940年	汪伪县政府成立。伪署一度设南村，后移至广州东山。	广东省番禺县。		汪伪县政府接管原划归市属各乡，并一度代管花县。
	三十四年	1945年	8月，抗日战争胜利。9月，县署移至市桥。	广东省第一行政区番禺县。		县署初设先锋巷祠堂，1949年年初移至市桥海傍路。

第三节　民国时期禺南地方精英与乡村建设运动

经历民国初年的社会动荡后，1928—1929年之间，陈济棠确立了他在广东的政治、军事、行政统治权之后，大力实行肃清匪患、加强统治的措施。同时，陈济棠政府对南京政府保持一定的独立性，这种局面一直持续到1936年，这使广东有了一个近代以来少见的稳定局面。这一时期被誉为近代广东经济发展史上的黄金时期，陈济棠大规模进行工农业建设，同时以番禺县为模范县，广泛推行包括农业、教育在内的乡村建设运动。禺南不少地方精英参与了包括教育、工业、农业、市政、交通等在内的乡村建设运动。如沙湾东村人何蹑天，毕业于广州大学，曾任番禺八桂中学的训育主任，后出任番禺县严博球县长时期（20世纪30年代初期）的县参议员和顾问。他主张加强乡村建设，参加了1933年县教育大会等，对番禺的施政工作曾有较大的影响。

一、民国禺南地方精英与乡村教育

（一）黄庆与番禺县立中学

黄庆①（1900—1977），化龙塘头人，梁漱溟弟子，民国乡村建设运动骨干人物之一，民主爱国人士，教育家。他早年毕业于广东高等师范附中，后考入北京大学，曾在京积极参加"五四"运动。1926年参加北伐战争，任第四军第十师秘书。1927年回到广州任广东省军事厅政治部主任。1928年冬，受广东省教育厅厅长黄节之聘，梁漱溟到广东，由"三陈"（省主席陈铭枢、陆军编遣委员陈济棠、海军司令陈策）推荐任广东省府委员，兼任省立第一中学（后名广雅中学）校长，把一中作为教育"实验学校"。梁漱溟即推荐黄庆任教务主任、代校长。黄庆掌校四年，以教育有方，学生成绩

---

① 阮逊、何仲芹：《怀念黄良庸先生》，载《番禺政协文史资料》第六期，1988年11月。

优异，为时所重。

民国二十年（1931），广州市成立后，番禺县政府迁往新造，7月10日，县政府委任黄庆筹建番禺县立中学，并任校长。番禺县立中学设高中（师范科）、初中、小学三部，其中，初中部和校本部设在南村贲南书院（即原沙菱局旧址），高中部设在南圃邬公祠，小学部设在潜居邬公祠（祐昌堂）①。学校有学生110多人，学校实施教学与训导合一，重视农业劳动与艺术教育。高中部采用"道尔顿制"（即在教师的计划指导下，学生以自学完成作业）和单元教学法，收到良好效果。民国二十三年（1934），裁撤高中部，师范科并入县师范学校。民国二十六年（1937）初，县政府借口经费困难，决定停办县立中学。同年夏，县人何绍甲、廖道谦、陈湛銮等上书建议县政府提取地方公尝（族产）作为办学经费，接收原县立中学校舍校具及教学设备，创办私立贲南中学，推何绍甲任校长。

1933年，黄庆辞去校长之职，与徐名鸿秘密到福建参加李济深、蔡廷锴等组织领导的福建反蒋人民政府，后失败。1934年夏，他到梁漱溟所在的山东乡村建设研究院任研究部班主任和训练部主任，成为梁漱溟的得力助手，努力实验教育救国和乡村建设运动，推行村治实践。1939年，梁漱溟以国民参政员身份巡视华北一带前后八个月，黄庆以秘书之职随行，后来与第三方面人士发起组建"统一建国同志会"。1941年，黄庆参加中国民主同盟；1943年，民盟召开第一次全国代表大会，他当选为中央执行委员；此间，他曾出任重庆北碚勉仁中学校长。1949年，民盟被迫解散，他回到家乡化龙筹办深水乡中心小学，出任校长，后受聘为中山大学哲学系教授。新中国成立后，黄庆当选为第一届全国政协委员，曾任民盟中央宣传部盟史办公室主任。1977年11月，黄庆病逝于北京，享年77岁。

（二）第一次全县教育大会与禺南乡村小学教育

早在民国二十一年（1932），番禺县长严博球决定改良和取缔私塾，委任各乡小学筹备员从速设立学校，增加小学数量，作为孔子后裔的小龙孔

---

① 番禺县化龙镇人民政府、番禺县民间文化三套集成办公室编：《化龙风物志》，1987年12月。

族也建立玉书小学校，其办学经费由族中的各种基金会筹集："……至民国十八年五月，县委族人宽伯、少白、纪南及余为筹备员，组织小学一间当即集众议决，兼善箱，每年拨助七百元，杏坛箱每年拨助五百元，联庆箱每年拨助一百五十元，宜秋箱每年拨助一百元五十，共一千五百元为办学费用，苟有不敷，得再向各箱摊拨常年经费。"[①] 小学校以家族祠堂为校址，同时得到当时的广东省教育部门及番禺县政府的积极支持，成为该乡普及乡村教育的基础。

民国二十二年（1933）7月3日至9日，第一次全县教育大会在南山乡（今南村镇）县立中学召开。县长严博球致开幕辞说，"本县自迁新造以来，力谋全县乡村之新建设，赖邦人君子同心协力，凡所规划，得依次施行"。他指出："乡村教育，为一切建设之本原，自应有勃勃生机，以树立风声而导夫先路；今次举行全县教育大会，集合本邑教育人士之精华，立百年树人之大计，将以直接关教育之普及，间接促进地方之繁荣，在番禺文化史上，不啻开一新纪元，其意义重大，未可以等闲说之也。"当时估计，全县学龄儿童数达10万人，而全县小学只有326所，在校学生仅3万人左右。未入学者达6万人以上。因此，严博球说："以四十人为一班，应占课室一

20世纪30年代在南村贲南书院举行的番禺县第一次教育大会秘书处全体职员合影
（载《番禺百年图鉴》）

---

① （清）孔宪程：《玉书小学校成立纪要》，载《番禺小龙孔氏家谱》卷十二《杂志五》。

间计，尚需一千五百间。"县长感到普及小学教育的压力，提出解决的办法，要"本年颁布实施义务教育办法，责令已设有学校之乡村，施行强迫就学；未设立学校之乡村，实行强迫办学"，并施行中心小学区制，作为县中各村校小学的"本导"。

当即成立了番禺教育会，严博球亲任会长，并制定了会章，组织了机构。会上广泛讨论了有关乡村教育的问题，还邀请邑中名流学者如许崇清、金曾澄、林砺儒、崔载阳等主讲有关教育问题。大会还从实践方面着想，聘请几位教师举办备课、教案、教学等专题，邀请教师上演话剧，最后县参议长伍观淇以"保养教"为题做了讲话。大会发表了《番禺县第一次教育大会宣言》，又在同年12月编印了《番禺县第一次教育大会总报告书》。为举办这次大会，南村人士视为当地一件大事，以极大的热情协助筹备，数十年来村民仍津津乐道。①

第一次全县教育大会后，禺南各地乡村均先后建立乡立小学堂，推进基础教育。如古坝乡人韩锋在其著《番禺县古坝乡志》提到："吾乡有乡立小学一所，学生约一百三十人，其经费胥由韩姓各祖尝分别拨出。至若私塾从前亦颇发达，自经严前县长博球掌理县政后，取缔私塾极严，私塾先生不敢违抗功令，相率而往下沙设教，盖各沙佃户之子弟当未届耕作年龄亦恒读书

番禺第一次全县学生学艺比赛比赛颁奖典礼（载《番禺百年图鉴》）

---

① 何品端：《三十年代在南村召开的首届全县教育大会》，载《番禺文史资料》第九期，1991年11月。

民国禺南乡村小学课堂

三数年，冀能执笔记数也。至对于学者之奖励则觉今不如昔。缘乡人重视科举，故当科举时代各太祖立有专条，凡子弟得一增附生者，年奖学谷若干，得一恩拔副岁优贡生者，年又奖学谷若干，其余举人若干，进士若干，翰林若干，另一次过奖花红金若干，贡生以上更加奖戏金若干，酒席金若干，皆有规定。民国以来，……仅学生入校读书，视其学级之高，下得年支若干书金而已。"① 他把民国古坝乡村教育的情况与清代科举教育做了比较，至少说出了三点不同，一是传统的私塾被取缔，推行新式教育；二是传统的私塾教育往沙田疍民居住区迁移，无意中促进了沙田疍民文化素质的提高；三是民国宗族祖尝对于基础教育的投入不如往日的科举时代。

　　韦涌在陈济棠主粤时期，由热心教育人士推动，办起义学，校址设在雷氏始祖祠；石壁有垂远、务本、仁儒、奕业（均为区姓各房族）、忠简（李姓）；谢村有最良（马姓）、襟湖（光大堂李姓）、衍溪（红祠堂李姓）；屏山有孝享（简姓）、乡立小学（简、黄及小姓）等。清末废科举后，大石乡的有识之士纷纷前往广州学堂求学，其中一些人学成归乡，1929 年创办了大石地区第一所新式小学——西山学校（大石小学前身），以新思想、新教

―――――――――――――

① （民国）韩锋：《番禺县古坝乡志·四、教育》。

民国岳溪乡立小学旧址

材、新教法教育学生，令人耳目一新。西山小学办学成绩好，教育质量高，邻近乡村如礼村、大山、猛涌、植村、河村、诜敦、里仁洞都有学生前来就读。后来学校规模扩大，在村心祠堂设分校。1938 年日军侵略，广州沦陷，西山小学停办，到 1941 年才在隔基祠堂恢复。[1]

　　岳溪乡立小学是始建于陈济棠主粤时期、番禺大谷围地区仅存的民国小学旧址，位于今番禺区石楼镇岳溪村塘大一街 5 号，学校整体上坐北朝南，四面修筑围墙，主体建筑由门楼、办公楼、礼堂、一期课室、二期课室组成。学校北部地势稍高，为空地，过去应为学校操场。根据旧址现存的碑刻记载，学校分三期——民国二十三年（1934）、民国三十六年（1947）及 1954 年陆续建成。其中，首期工程建成门楼、办公楼、礼堂处在一条中轴线上。办公楼大门左侧墙基上镶嵌的碑铭记载："民国廿三年十一月十二日奠基，校长梁程伟立石。"正门为两柱拱形西式门楼，两侧修筑围墙，办公楼为混凝土、红砖砌筑，正面以灰沙石米批荡，原顶层西式山花上以灰沙砌塑学校名称、施工单位名称，现已模糊不清。办公楼分两层，一层的"教务处"铭牌仍清晰可见，地面铺砌精美的菱形花纹地砖；二层有木梯可上，为

---

① 何绍逊编撰：《大石历史钩沉》（征求意见本，梁强提供）。

教师宿舍。昔日由岳溪乡中人士敬送、上书"□俭勤奋"字样的贺镜，至今悬挂在北面的墙上，仍保存完好，依稀可见凸刻在上面的捐赠者的一串名字："梁植生、梁冠仁、梁庆云、梁祺光、梁景洪、梁祺明、孟杰臣、孟葵生、孟添祐、孟成就、孟亿暄、孟祥庭、何胐卿、何寿初、何耀堂……"从上可见，学校始建于民国二十三年（1934），当时学校的校长为梁程伟，捐建者多为岳溪乡梁、孟、何三大姓人士。尚不清楚何澄溪及其子何添、何贤当时有否参加捐建。学校一期工程应建于陈济棠治粤时期，大概与民国二十二年（1933）7月开始、县长严博球、黄庆等人在禺南地区推行的乡村教育有关。严博球在1933年7月3日在南山乡（今南村镇）县立中学召开第一次全县教育大会，要求"本年颁布实施义务教育办法，责令已设有学校之乡村，施行强迫就学；未设立学校之乡村，实行强迫办学"[1]。岳溪乡立小学就是当时番禺县小学教育体系中的一员。

二、冯锐与禺南地区的乡村工农业建设

1. 冯锐其人

陈济棠工农业建设政策的实施者是其任命的番禺人——农林局局长冯锐。[2]

冯锐（1897—1936），字梯霞，广东番禺县黄埔乡石坊村（今属广州市海珠区）人，早年从岭南大学附中转到南京金陵大学学农科，毕业后以优异成绩考取公费留学美国，获康奈尔大学农业经济学博士学位。归国后，在南京东南大学任教授。1925年后，任河北省定县中华平民教育促进会试验区主任。1931年秋，他应学友荐聘，回广州任建设厅农林局局长，兼岭南大学农学

冯锐

---

① 何品端：《三十年代在南村召开的首届全县教育大会》，载《番禺文史资料》第九期，1991年11月。

② 关于这一时期的农业推广情况，参见朱光文《陈济棠治粤时期的农业推广（1929—1936）——以稻作、蚕桑、蔗糖为例》，华南农业大学2009年科学技术史专业硕士毕业学位论文。

市头糖厂旧照

院教授、院长，以期用西方先进科技和管理方法，改良我国农业落后状况。

1934年冯锐任广东省蔗糖营造场经理，广东粮食调节委员会委员。冯锐大胆利用外资和引进西方先进技术，终于促成广东制糖业的飞跃式发展。更可贵的是，当时所办的糖厂及所培养训练的技术骨干，成为新中国甘蔗糖业界的中坚，为我国制糖业的发展做出了重要贡献。

我国以甘蔗制糖，历史悠久，可上溯至汉代，但千百年来一直沿用牛拉石压，以古老方法生产土糖。引进西方技术，以现代化方法生产白砂糖，则自冯锐倡议并组织实施兴办广东六大糖厂开始。因而在制糖业界，冯锐被尊称为"我国现代蔗糖业之父"。

正当新型制糖业逐步进入正常生产运作时，广东政局突发剧变，陈济棠联同桂系李宗仁、白崇禧倒蒋失败，被迫下野，出走香港避难。原陈的部属余汉谋出任广州绥靖公署主任，代替陈济棠掌管广东军政大权。没了靠山的冯锐犹如断线风筝，加上冯锐在推行糖业统营政策时与余汉谋有结怨，于是被罗织贪污罪等罪状，1936年未经公开审判就被秘密处决。死时年仅39岁。

2. 冯锐与禺南地区的农业推广

冯锐主政广东农林局时，有着试图通过在广东的农业改良进而实现改造社会的宏大构想和终极关怀。他在番禺县农业推广处成立和广州河南农品展览会开幕大会上一针见血地分析了番禺乃至广东的乡村社会问题：一是"乡村经济的困竭"，二是"农业生产的衰落"，三是"贼匪的庞多"，他把解决广东深层次的社会问题寄希望于农业推广，认为倘若能切实推行"什么贼匪的问题，就有解决的希望"，而且能够"提高地方人民自治的精神，务使地方人民得到自行经营事业利益，打破以前一切奴隶式的被动工作"，增加地方人民"发展事业的责任心"。他寄希望他所领导执行的推广制度"不受任何政局变幻的牵累"，"人民有自由发展实业的机会，不受他人无理的压迫"。① 他希望农业推广能够达到"改进乡村生活，使中国三万万以上的农民，变为更健全更优秀的国民"，成为"治疗残废国家的良药"，成为"培养民权，建立民主政治的根本方法"。②

陈济棠治粤时期，为了发展农村经济，划定番禺县为农业推广模范县，设立农业推广处。目的是"推广农业之改良设计于全体农民，使全县成为一农业推广模范县，训练及表证之中心，逐渐普及农业推广于全省，以为各县农业推广之先声"③。最终确定下来的是第一区（原属番禺县沙湾司）的市桥、第二区（原属番禺县茭塘司）的新造、第三区（原属番禺县茭塘司）的敦和市、第四区（原属番禺县鹿步司）的东圃、第五区（原属番禺县慕德里司）的高塘等处五所。当时覆盖番禺县第一区的市桥表证场，于1932年1月22日成立，场址设在平康社学附近，并以该社学为办事处。开办及经常费用，由九社分担，并每社选派一人为筹备委员。不久，在1932年2月10日成立筹备委员会；覆盖番禺县第二区的新造表证场于1932年1月23日成立，表证场设在大岗脚。开办及经常费用，由各乡分两等均派，甲乡每月派七元，乙乡每月派四元，每社选派三人为筹备委员，2月14日成立筹备委员会。

各个表证场下设多个表证农家。表证场驻有技术员，前往表证农家推广

---

① 冯锐：《设立农业表证场的真意义》，载《农业革命》第1卷第4期（《番禺县农业推广处成立广州河南农品展览会开幕特刊》）。

②《番禺县农业推广处成立》，载《农业革命》第1卷第4期（《番禺县农业推广处成立广州河南农品展览会开幕特刊》），第1-15页。

③《农业革命》第1卷第1期，第38页，1932年1月1日，广东省建设厅农林局发行。

农业。番禺作为一个农业推广模范县，就是要确定一个县的农业推广处需要多少个表证场，表证场下属有多少农家为合适，表证场的技术员如何指导农家进行新法耕作栽培，积累经验。农业推广处的人员由农林局训练，教之以农业推广的知识和技能。训练时间为1个月，期满即派赴番禺各示范区工作。[①]

1932年，农林局改良推广稻作的实施区域主要集中在"番禺县农业推广处所辖有车陂、江村（即高塘）、新造及市桥等四表证场"[②]，以及农林局下属的河南农业表证场也归于番禺农业推广处管辖。水稻良种推广开始向全县铺开。

1932年，番禺农业模范县推行，原来的设想是推广的范围由原来一区扩展到一县，再推广到全省。实际上后来各县农业推广处的设立因为经费和人员的问题而困难重重。初期在番禺的尝试是较为成功的。农业推广人员不但善于与地方乡绅沟通，得到他们的大力支持，而且推广机构的设置也较好地利用了乡区原有的宗族祠堂、庙宇或团练社学，得到地方乡绅以及像"河南农村建设促进会"等地方组织的支持，得以顺利进行。但在其他地方的推行就首先要取得县级官员的支持，其次是地方精英的协助。可以说，1932年的番禺农业推广处只是区域性的农业推广组织的一个雏形，它的建立为后来各县农业推广处的建立提供了一些经验。

3. 冯锐与禺南地区的甘蔗糖厂

冯锐除布置各地发展农林业外，对甘蔗发展特别关注，深知甘蔗对发展糖业有密切的关系。根据冯锐起草的《复兴广东糖业三年计划》，至1936年，农林局分别设立了广州、惠阳、潮汕3个蔗糖营造区，建起6家大规模的机器制糖厂，同时在大型糖厂的周边相应地建立起多处甘蔗种植场。广州区包括番禺、东莞、顺德、南海及珠江三角洲其他一些县。1933年，依托市头、新造、东莞糖厂，建立广州第一蔗糖营造场，其辐射地区主要是番禺、增城等主要蔗区，共建立了4个甘蔗种植场。包括新洲种植场，面

---

① 《第二次纪会周报告》，载《农业革命》第1卷1期，1932年1月1日，广东省建设厅农林局发行。

② 《本局廿一年度各种农业推广设计施行方法》，本局廿一年度各种农业推广设计，施行方法（计划丛书，第五号），广东建设厅农林局1932年印行。

积 450 亩；磨碟沙种植场，面积 120 亩；陈村种植场，面积 400 亩；农林局种植场，面积 3 亩。蔗糖农业推广过程中建立起来的一批糖厂，如 1934 年在禺南大谷围地区的新造和相邻的市头建立的两大糖厂，是中国第一批近代化的甘蔗糖厂，其建立使珠江三角洲原来单一的农业生产布局开始发生变动。在这批近代工业的带动下，到 1936 年，广东全省植蔗面积达 4245 万亩，① 产量列全国前茅，蔗糖业成为广东继蚕桑业之后的又一个经济增长点。番禺在 1934—1936 年成为广东的榨糖中心和种蔗大县。

抗日战事爆发，番禺的两间糖厂先后在 1938 年停产，但是蔗糖业作为番禺的支柱产业仍然存在，蔗糖业的技术变革仍然缓慢进行。粗径条蔗种的普及引起了土糖加工业的变革②。土糖寮原来使用的畜力和人力被淘汰，大多数采用了半机械化生产，以增加对甘蔗的压榨力，提高出糖效率。到 1949 年年底，全县榨蔗糖寮 15 间，其中小型的机器糖厂 13 户，牛榨的 2 户，拥有糖炉 40 条。全年压榨甘蔗能力 45172 吨，糖产量 4800 吨。全县种蔗面积 14300 亩，每亩产量为 3.4 吨，甘蔗总产为 47390 吨。③

三、民国广东乡村建设运动的示范区——番禺蓼涌民众教育实验区④

在陈济棠治粤时期番禺县模范县乡村建设运动的大环境下，从民国二十四年（1935）开始，在一批地方精英的倡导下，当时的广东省政府于民国番禺县城新造附近的蓼涌流域南村、沙边（今属市头村）、市头、板桥、罗边五村（今均属南村镇）范围内举办过蓼涌民众教育实验区，作为民国广东乡村建设运动示范之区。

---

① 冼子恩：《陈济棠办糖厂经过及其真相》，载《南天岁月》，广东人民出版社1987年版。
② 关于粗径种甘蔗的栽培意义，参看吴建新《近代华南甘蔗品种的演变与传播》，载倪根金编《传统农业与乡村社会研究》，台湾万人出版社2007年版，第97—113页。
③ 番禺县糖业志编写组：《番禺县糖业志》，1990年版，第2页。
④ "番禺蓼涌民众教育实验区"原由广东省立民众教育馆主办，后改为广东省教育厅直辖，改名为"广东省立蓼涌民众教育实验区"，载《广东民教》第一卷第二期（胡家樑提供）。

1. 目的和实施范围

关于设立蓼涌民众教育实验区的目的，黎明在《番禺蓼涌民众教育实验区概况》一文中讲到：

本民众教育之立场，企图用教育力量，谋乡村经济之改善，教育之普及，自治之完成，以破除社会上贫愚弱散之病源；并欲藉此工作，以寻得乡村民教事业之实际推行方案，供全省各县办理民众教育之参考与示范，此蓼涌民众教育实验区之缘起也。①

实验区的设立还是配合当时广东建设厅设立市头糖厂、新造糖厂，改良甘蔗种植和建设新农村的一项重要措施：

新造一带乡村居民大半务农，近来广东建设厅于该处植蔗制糖，建设事业，颇有生气。惟物质建设，须有心理建设相辅而行，始能收建设之实效。故于蔗糖营造场制炼处附近乡村，设立民众教育实验区，对近村乡民施以教育，树立新农村建设之途径，关于开办经费，由省立民教馆担任职员薪金部分，再由广州区第一蔗糖营造场补助。此项计划，预算，已呈准省政府备案，并选定番禺县第二区蓼涌水流域附近乡村为办理实验区地点，负责办事人员，由省立民教馆，及第一蔗糖营造场双方选派若干员，并会函聘请当地适当人选共同策划办理，于二十四年一月开始办理各项工作……②

2. 工作内容

蓼涌民众教育实验区的主要工作包括"固定事业"和"活动事业"两大部分。其中，"固定事业"包括"农艺会""合作事业""表证农场""切菜制造合作试验"等"生计教育方面"的内容；"妇女识字学校""妇女读书会""书报阅览室""夏令儿童识字班"等"文艺教育方面"的内容；"举办社会调查""实施公民训练""设立民众俱乐部""开辟民众体育场"等"公

---

① 黎明：《番禺蓼涌民众教育实验区概况》，载《乡运通讯》，1937年（胡家樑提供）。
② 黎明：《番禺蓼涌民众教育实验区概况》，载《乡运通讯》，1937年。

民教育方面"的内容。而"活动事业"则包括"新春同乐大会""农民联谊会""学生家长联谊会"①"儿童节庆祝会""本区成立典礼大会""各种纪念日活动事业"。②《蓼涌民众教育实验区办理纲要修正案》中对实验区的主要工作做了调整和细化。生计教育方面：大多数农家能改良种植方法，增加农产收入。大多数依劳作为生活之工人，能增进工作效率，获得优良工资。区内各乡成立合作组织。大多数农户有相当副业。荒山荒地能有相当之利用。区内过剩人口有相当之职业。文艺教育方面：年在 16 岁以上，40 岁以下的民众，大多数具有读书看报能力。区内民众大多数，具有发奋向上的精神。增进健康之组织，正常娱乐之组织，家事管理之改进。公民教育方面：区内各乡有健全自治之组织，区内各乡人口调查清楚，区内各乡自卫有相当之组织。③

3. 罗英贤与蓼涌民众教育实验区

蓼涌五乡之一的罗边曾在蓼涌民众教育实验区中扮演了重要角色，多个实验区的场馆和试点均设在罗边村内。据陈义先生在《蓼涌实验区旧故事》一文中记载，罗边人罗镜泉的第十五子罗英贤曾留学日本，后到秘鲁经商，1933 年回故乡休养治病，目睹家乡耕作技术落后，农产品产量质量都不理想，以致村民生活难以提高，加之盗贼猖獗，人们生活不得安宁。他立志要改变这一现状，遂从国外引进先进耕作技术，选取优良种子，从提高生产力着手去改造农村，使村民过上好日子。他参照先进国家发展模式，拟成书面建议，呈递本地政府，获准之后，就以罗边村为试点，实施他的理想事业，试图将罗边及周边地区建成没有犯罪、村民和睦相处、安居乐业的新农村。罗英贤邀请北平燕京大学南下学生周振光为主任，邀请其弟罗英才（罗镜泉第二十一子，留学日本学农业）为农业技术顾问，聘梁巨洵、黄冠洲为职员，负责日常管理及文化教员。实验区运作资金除他本人出资部分，还通过罗英豪协调，争取到市头糖厂甘蔗农贷支持。广州沦陷前夕，广州城及糖

---

① 原文为"学生家长联谊会儿童节庆祝会"，"儿童节庆祝会"可能是衍文。
② 黎明：《番禺蓼涌民众教育实验区概况》，载《乡运通讯》，1937年。
③《蓼涌民众教育实验区办理纲要修正案》，载《民众教育半月刊》第八、九、十期合刊（胡家樑提供）。

厂遭到日本飞机的轰炸，实验区停办，罗英贤被迫前往云浮避难养病。①

四、张正时与禺南地区市政交通建设 ②

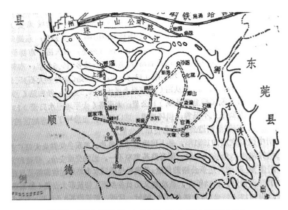

民国时期番禺县南部地区交通线路地图

螺阳乡岐山人张正时（1871—1932），字盛琮，号端甫，张凤华子，为清光绪二十五年（1899）廪贡生，民国元年（1912）任新会县县长，民国十一年（1922）任三水县县长，民国十五年（1926）任第五军军法处长，所任各职向以廉洁见称。民国十八年（1929），作为县长李民雨同乡的张正时辞去军法处处长之职后，就任番禺县第一区（即原沙湾司）区长兼螺阳社乡乡长，成为李民雨施政的重要助手。到县长严博球上任即于县内较大的墟集建马路，如市桥、东圃、沙河、黄埔、新洲等。

民国二十年（1931），番禺县设立沙茭二司筑路委员会，修筑新造到市桥、沙湾至渡头、市桥至石楼及明经公路。张正时辞去区长之职，转任沙茭公路筑路委员会委员，执行县长严博球在番禺县内大事修筑公路的计划，经常在市桥"山天草堂"的"番禺沙茭筑路委员会"办公。他满怀信心，不遗余力地发动各界人士集资筑路。当时的经费来源只有自筹基金，靠发行公路股票（每张 100 元）作为开办经费。他除尽力认购外，还鼓励其嫂将全部私蓄白银 1000 多元，全数购买股票。但是，张正时因筑路，常与地方豪强发生冲突。有豪强劣绅甚至以重金串通土匪，伺机行刺张正时。民国二十一年（1932）11 月 23 日，时值隆冬，乡村嫁娶频繁，鞭炮声不绝于耳，张正时于市桥谢地大街的"山天草堂"议事厅中与广州律师谢寿宜等议事，被

---

① 陈义：《蓼涌实验区旧故事》（未刊稿）。

② 中共广州市番禺区沙湾镇委员会、广州市番禺区沙湾镇人民政府编：《沙湾镇志》，广东人民出版社2013年版。

凶手闯入用左轮手枪击中，不幸遇害。张正时有子女 12 人，长子张瑞权曾任广州知用中学校长及广州市副市长。①

五、民国后期罗怀坚与萝山小学、萝山中学的创建

民国时期，罗边村曾于北约基房一带开办私塾。抗日战争胜利后的民国后期（1949 年前），罗边村的乡村教育与罗怀坚先生有着密切关系。罗怀坚早年留学菲律宾，攻读西洋音乐及声乐，学成归国后，先在广东省立北江工农职业学校任英语老师，后任岭南大学音乐系教授。20 世纪 50 年代，全国高等院校调整，他调任华南农学院、广东林学院图书馆副馆长。②

罗怀坚首先创办的是萝山小学。据罗汉强先生回忆，抗日战争胜利后，为了使罗边子弟跟上时代之潮流，更新观念，接收新文化新思想和科学知识的基础教育，罗怀坚先生以极大的热情和社会责任感，四处奔走，发动本村人士筹建萝山小学，得到了罗镜全家族、罗四侣、罗少涛等乡亲的捐助。1946 年，萝山小学在邻近乡村中率先开办，与此同时成立了萝山小学校董会，管理学校具体事务，由罗镜全之十四子罗英忠先生任校董会主席，罗怀坚亲任校长，时任海军总司令的陈策亲笔为萝山小学题写牌匾。罗怀坚先生聘请了一班高水平的老师到萝山小学任教，先后有沈仲礼、沈世杰、罗素裳、王世林、叶卫民、骆仕明、杜瑞祥、卢山影等，罗怀坚校长还创作和教授学生唱《萝山小学校歌》。萝山小学的开办，结束了罗边村只有传统私塾而没有现代学校的局面，从而使罗边乃至邻近乡村的弟子得以接受新文化的教育。1949 年中华人民共和国成立前夕，罗怀坚又创建了萝山中学，亲任校长，并聘请了中共地下党员李逢泰为教务主任。卢山影、王世林以及罗怀坚的长子罗颂明、长女罗肖梅也在萝山中学任教。③ 进行传统乡村教育的培兰书院，曾经被用作萝山中学校址，再次发挥教育的功能。此外，课室还

① 冷生：《主持修建禺南公路的张正时》，载《番禺文史资料》第四期，1986年9月。

② 罗汉强：《缅怀罗怀坚校长》（未刊稿）。

③ 罗汉强：《缅怀罗怀坚校长》（未刊稿）。

萝民国山中学旧址——罗边培兰书院全景

设在罗氏宗祠、杰南祖、景云堂等处，学生宿舍则设在旁边的黄家祠。① 当时的萝山中学招生范围覆盖南村、板桥、市头、罗边一带，全校只设一个班，全班只有20人，实行大班制上课，老师轮流教学，教学内容是与传统教育不同的新文化和现代科学技术。②

　　从清代中叶到民国后期，罗边的乡村教育一直都能与时俱进，不管是科举时代的书院、私塾，还是清末民初办新式学堂，以及民国后期的小学、中学，南村地区乃至番禺地区都处于领先地位。

---

① 罗中文：《罗边村古今谈》，载《番禺文史资料》第九期（南村专辑），1991年11月。
② 罗汉强：《缅怀罗怀坚校长》（未刊稿）。

第一节　盗采与封禁：
莲花山的保护及其风水、海防、航运意义

　　明代中后期，莲花山因"石蛎"附生而名"石砺"；清康熙到乾隆年间，因山上有石状如狮子，故名"狮子"或"狮石"，并与"石砺"之名并行；清同光年间以来，"莲花"之名出现且与"石砺"之名并行。清末到民国后期，"莲花山"在官方所绘制的地图上被作为整座山的总称，而"石砺冈（山）"则只标示在莲花山主峰的位置上，被作为局部景观名称来处理，而"石砺冈（山）"之名仍广为流传于邻近乡村，继续作为整座山的俗称。同时，山上的塔也经历了乾隆以前的"浮莲塔"与"狮子塔"并行；到乾隆以后改称"石砺塔"；再到道光年间地方改名为

莲花山莲花塔在广州城东南方位置图

"莲花塔"，与官府文献中的"石砺塔"并行。而山上之城，则从乾隆年间名

为"莲花城"之后就一直没有更名。20世纪80年代以来,"莲花山"及其上的塔、城全部被命名为"莲花",成为"番禺莲花山旅游区"的组成部分之一。①

一、莲花山在广州城风水格局中的地位

广州城坐北朝南,选址在一个明堂开阔、水流曲缓的空间环境,背靠高山丘陵,前有珠水环抱,是"五岭北来峰在地,九州南尽水浮天"②的风水宝地。在广州城的正北方和东北方,有九连山为祖山,南昆山、白云山为少祖山,越秀山为龙山。《白云粤秀二山合志》曰:"越秀山,在会城北,为省会主山,由白云逶迤而西,跨郡而耸起,东西延袤三里余。俯视三城,下临万井,为南武之镇山。"③唐以前有番、禺二山为左辅右弼,宋以后有东山岗地和城西坡山为左辅右弼。乾隆《番禺县志》载,广州城前正南方有大夫山,"即抱旗山,俗呼'大乌冈'音之讹也。高削千仞,横亘数里,为郡前镇山,西北两江钥鑰,上有古烽堠"④。同治《番禺县志》又载:"与府治相对……其北为屏山……"⑤如果说河南一带的高地为广州城的案山的话,那么,大夫山就起到广州城"朝山"的景观意义。唐宋之后,特别是明代省会水口景观逐步从扶胥港的南海神庙一带向南延伸并定格在狮子洋莲花

从狮子洋远眺莲花山

---

① 参见朱光文、陈铭新《"南越封疆之华表"——明清以来广州府番禺县"莲花山"之山、塔、城名演变考》,载《文化遗产》2017年第1期。

② (清)屈大均:《广东新语》卷三《山语·石砺山》,中华书局1997年版。

③ (清)崔弼、陈际清:《白云粤秀二山合志》。

④ (清)乾隆《番禺县志》卷四《山水十三》。

⑤ (清)同治《番禺县志》卷四《舆地略二》。

山一带。可见，在广州城被称为"镇山"①的有北面的九连山、南昆山、白云山、越秀山，正南方的大夫山，还有东南方向的石砺冈（莲花山）等。

在广州城的"上水口"，即珠江水流入的地方，即西北方向有石门山镇锁上水口："石门山，在城西北三十里，两山对峙，夹石

莲花山古采石场遗址

如门，高二十余丈，前有控海楼，下有贪泉。"②西南方向自东往西分别有海印、海珠、浮丘三座石岛关锁"天门"的"三关"（并在前二者之上建炮台）。在广州城东南方向的"下水口"，即珠江水流出的地方，分别有赤岗砂岛、琶洲砂岛镇锁，在最后一道水口，则有石砺山镇锁虎门水口。

关于石砺山在广州城的风水地位，屈大均在《广东新语》中说道：

> 石砺山，在番禺茭塘都，四周裹海，磅礴中流，外即牂牁大洋，中有石壁，蹲踞状如狮子，狮腹中空，可坐六七人，飞泉百丈，为虎门捍山。一岩名锦廊，石如回廊，可百余步，形家以山为南海捍门，控制内外，险若金汤，故筑城置墩，以为御寇重地。予尝有公揭云，粤省灵秀全注于牂牁巨溪，所恃狮石、虎门、南岗头诸山屹然横峙，以峻外防，而留旺气，所谓水口重关，海门之金锁非耶。③

同治《番禺县志》亦载：

> 石砺山，在城东南八十里，屹峙海旁，高二百余丈，绵亘四十余峰，为虎门捍山。一名狮石山，以东南有石壁，峻削状如狮子，故

---

① 镇山是指一地区内的主山。
② （清）同治《番禺县志》卷四《舆地略二》。
③ （清）屈大均：《广东新语》卷三《山语·石砺山》，中华书局1997年版。

莲花山红砂岩砺石——狮子岩

名。下即狮子洋……①

狮子为石砺山上"五兽"之一,乾隆《番禺县志》卷四补充曰:

> 巨石嶙峋,大者如狮如牛,小者如猴如蛇如鳌,昔人呼为五兽把关,实属都会之捍门,金汤之锁钥也。

可见,屈大均和同治《番禺县志》均认为石砺山对于广州城的意义,一为风水上的"虎门捍山""水口重关",一为军事上的"御寇重地""海门之金锁"。石砺山特殊的地理位置决定了它特殊的文化和军事意义。

二、明代中后期的盗采、封禁及风水塔的建立

由于盛产红砂岩砺石,莲花山成为乱采滥挖的对象。早在西汉时期,营建南越王墓所用的石料就来自石砺山。② 同治《番禺县志》载:"……考此山纯石,色赭质坚,人多贵之,称曰砺石,石工往往开采,狮腹、锦廊,实皆采石镵凿而成,非自然之境。后荐绅以山为会城形胜所关,自万历以来,告官封禁,历有成案。谨附录于后。"③ 明万历年间,官府就对番禺的石砺山屡行封禁:"万历七年,邑侯沈思孝封禁一次,时因土棍陈言达私采。"④ "万历四十四年,南海生员庞端业、郭琦借伊祖都御史庞尚鹏、光禄正卿郭棐祀税为词,肆行开凿;又以命妇郭邝氏出名,捏控陈自扩等,纠众劫杀,希图

---

① (清)同治《番禺县志》卷四《舆地略二》。
② 参见麦英豪《广州西汉南越王墓及出土珍品小记》,载广州市文物考古研究所编《广州文物考古集》(广州考古五十年文选),广州出版社2003年版。
③ (清)同治《番禺县志》卷四《舆地略二》。
④ (清)同治《番禺县志》卷四《舆地略二》。

挟制。经邑侯王三重勘结封禁。"① 可见，盗采石砺山的人既有附近本地的宗族"土棍"，亦有邻近的南海人。

到万历四十四年（1616）正巧境内瘟疫流行，人民罹厄，民间认为是采石无度伤地龙脉所致。仙岭人刘如性② 夫人凌氏建议丈夫联合邑举人李惟凤、生员陈奎聚等上书官府，勒碑封禁采石，建文昌塔以镇压邪气，消除灾难。乾隆《番禺县志》载："形家言以山有五兽，锁截下流，为巨海捍门，关系会城风水。……万历四十年邑举人李惟凤、刘如性、林彦枢、崔知性、梁瑛等告官封禁，复建浮屠其上，今呼石砺塔。"③ 力主修建石砺塔的李惟凤（山门）、刘如性（仙岭）、林彦枢（官堂）、崔知性（员岗）、梁瑛（未详）等基本为茭塘司人氏。

屈大均在《广东新语》中说："形家者以为，中原气力，至岭南而薄，岭南地最卑下，乃山水大尽之处，其东水口空虚，灵气不属，法宜以人力补之，补之莫如塔。"于是"以赤岗为巽方而塔其上"④，而在赤岗东面"当二水中，势逆亦面巽"的石冢上建琶洲塔。

清末仇巨川纂《羊城古钞》载：

> 海鳌塔，在城东南四十里琵琶洲上，……洲当会城下游，有二山连缀，穹然若魁父之邱。其内一石山冢高平，建塔其上，名曰海鳌……赤岗、海鳌两塔屹然与白云之山并秀，为越东门户，引海印、海珠为三关，而全粤扶兴之气乃完且固。盖吾粤诸郡以会城为冠冕，会城壮，则全粤皆壮。乃今三塔在东，三浮石在西。西以锁西北二江之上游；东以锁西北两江之下流。而虎门之内，有浮莲塔⑤ 以束海口，使山水回顾有情，势力愈重。是浮莲塔又为江上之第三道塔云。⑥

---

① （清）同治《番禺县志》卷四《舆地略二》。
② 刘如性（1579—1661），字养芝，号淡然。番禺县茭塘司仙岭乡（现番禺区化龙镇明经仙岭村）人，万历三十七年（1609）中举人，升授中宪大夫。
③ （清）乾隆《番禺县志》卷四《石砺山》。
④ （清）屈大均：《广东新语》卷十九《坟语·四塔》，中华书局1997年版。
⑤ 可能是当时士绅对石砺塔的别称。
⑥ （清）仇巨川纂、陈宪猷校注：《羊城古钞》卷七，广东人民出版社1993年版。

莲花塔

因此，石砺塔（即后来的莲花塔）与几乎同时期建立的其他两座塔具备同样的功能，就是"省会水口"的建筑标识，强化"省会水口"的风水意象。

今莲花塔是八角形的楼阁式砖塔，用青砖赭石砌筑而成，高50米，外观9层，内分11层，红色的墙，绿色的琉璃瓦，八角攒尖顶。该塔由于雄踞在珠江入口处，成为给往来的船只测定方位和指示航向的坐标。

除了镇压邪气、消除灾难和船只导航的作用，明代广州三塔的兴建，还与祈求文章文笔之风盛行有关。《相经纂》说："凡都省府县乡村，文人不利，不发科甲者，可于甲、巽、丙、丁四字方位上择其吉地，立一文笔尖峰，只要高过别山，即发科甲，或于山上立文笔，或于平地建高塔，皆为文笔峰。"明代广州府的科举文化水平已经显著提高，在科举制度下，人人希望高中金榜，仕途无限，因而也就有了登临转运的需要。[①] 珠江三角洲许多村落就将这一时期的塔称为文阁、奎阁或魁星阁。

明清时期珠江三角洲一带所建之塔绝大多数为风水塔，它们主要还是镇风水、壮景观、固地脉的特殊建筑，祈求文运、镇压邪气，乃至作为导航标志，其实都是附带的功能。陈忠烈对明清时期珠江三角洲的"水口"这一华南地区特殊的"历史坐标"做了大量考察后认为，广东"水口"建筑的营建经历了由明代万历年间严格按照风水理念修建的省会赤岗、莲花、琶洲三座省级风水塔的"首倡期"，到清代后期的"泛化期"两大阶段，即不管在水

---

① 周霞：《广州城市形态演进》，中国建筑工业出版社2005年版。

流入口（上水口），还是出口（下水口）都会修建水口塔或类似建筑，以镇锁水口。①

然而，万历四十四年（1616）兴建石砺塔后，并未有效阻止盗采石砺冈的行为。崇祯年间一直到明末清初，盗采行为依然屡禁屡犯。据同治《番禺县志》卷四《舆地略》载，崇祯年间不但有地方宗族的人员李远昌、杜维英等以修建李忠简祠及李璧英墓为名，肆行开凿；也有猾匠李黄佐借炮台为名，瞒准开凿，还有南海梁华勾通土棍陈思肖，以修筑基围为名，瞒准开凿。而禁采的主角有乡绅崔奇观、里民陈应知、举人黎遂球等。②

三、清初迁海、封禁及莲花城的建立

前面所提及因地处"省会水口"的特殊地位，莲花山及其上的莲花塔被赋予了风水上镇山镇邪消灾、祈求文运和作为导航标志的意义。但是，到清初，因"省会水口"的地位而附带的军事海防意义又突显出来了。明清之际，屈大均就提到石砺山特殊的海防地位："石砺山，在番禺茭塘都……为虎门捍山……形家以山为南海捍门，控制内外，险若金汤，故筑城置堠，以为御寇重地……屹然横峙，以峻外防，而留旺气，所谓水口重关，海门之金锁非耶。"③可见，石砺山除了风水的意义外，还具有"控制内外，险若金汤"、作为"海门之金锁"的军事战略地位。这种地位在清初的禁海时期体现得更为明显。

郑成功收复台湾之后，以台湾为基地，进攻东南沿海，使清廷上下寝食不安，便下令实施海禁，由莲花山沿海冈尾十八乡提供原料和夫役在莲花山上建筑城堡，作为军事防区。康熙《番禺县志》载："康熙三年，徙海民于内地，划山属禁界，外设立砖城、营房、墩台于其上。"④乾隆《番禺县志》亦载："康熙三年六月，徙茭塘、沙湾近海各乡居民，空其地为界外，筑石

---

① 陈忠烈：《"水口"——解读华南地方史的一个坐标》，中山大学"文本与史实：解读华南地方史"学术研讨会论文。

② （清）同治《番禺县志》卷四《舆地略二》。

③ （清）屈大均：《广东新语》卷三《山语·石砺山》，中华书局1997年版。

④ （清）康熙《番禺县志》卷一《舆地山水附》。

莲花城

砺山巅为城，建墩台营房，县令彭襄派茭塘、沙湾两司，排人户损银修筑，民至窘匮。"这座康熙三年（1664）兴建的城，到乾隆年间得名"莲花城"。

莲花城位于番禺莲花山东北角的第二峰，莲花城虽名为城，却是一座城堡，为不规则椭圆形的城堡式建筑，占地面积20多亩。城墙以石作基础，里外用青砖砌筑，中间填土。高5.66米（有说10多米高），厚2.34米。城的南、北面各有一石券拱门。城内原有墩台、兵房、马厩等，操练场城外有烽火墩及20门炮台，今已湮没。今天我们见到城墙上的砖块有六七种规格，且红杂相混，五颜六色，可见是用番禺县南部各乡祠堂、庙宇和民房的旧物作为建筑材料的。

乾隆《番禺县志》载："……更蒙当事轸念水口，腾倾多方培植，既造两浮屠于赤冈、琶洲之上，复于石砺添建营塔，为莲花之城。盖一以护卫风龙，使下关不泄。"[1] 可见，莲花城的修建与石砺塔等一样兼具风水的功能。莲花山的军事战略地位主要源于其在省城广州的特殊的地理位置，以及地方官府和社会精英所赋予的风水意义，而莲花城的修建无疑又进一步强化了这种原有风水意象，即以军事城堡的形式重新标示了省会水口文化景观。

康熙三年修建莲花城后，盗采石砺冈的行为依然屡禁不止。同治《番禺县志》载：

> 康熙三十三年（1694年），土棍庞卓子、洪庆之等假冒营旗名色，肆行开凿，经生员陈文觉等联禀封禁。[2]

---

① （清）凌鱼：《呈禁私凿石砺山》，载（清）乾隆《番禺县志》卷十九《艺文三》。

② （清）同治《番禺县志》卷四《舆地略二》。

又据同治《番禺县志》载：

> 康熙五十八年（1719年），抚丁陈可明、土棍陈汉玺，假东莞翰林陈似源、邑进士蔡名载，以建坊为名，肆行开凿，经守炮台汛弁张功禀请封禁。[①]

英国画家托马斯·丹尼笔下1793年的莲花山及莲花塔

莲花山上莲花城正门

可见，康熙年间的盗采者不但有邻近地区士绅的指使，更由当地宗族成员在利益驱使下"背约败祖"批准开采。这一次由守护炮台的官兵向上一级官府请求禁采石砺冈，由此说明莲花山石矿资源造就了庞大利益需求和利益链，成为盗采屡禁不止的根本原因。盗采和封禁成为莲花山挥之不去的历史主题。

四、清中叶以来莲花山的盗采与封禁

同治《番禺县志》载：

> 乾隆二十九年（1764年），土豪陈倩明、陈廷麦勾引棍商劳普

---

① （清）同治《番禺县志》卷四《舆地略二》。

赡等，借承四亩七分之虚税，肆行开凿，经生员黄一贯等禀准封禁。通省绅士凌鱼等呈请宪示勒碑，一竖莲花城，一竖郡学前，永远封禁。①

乾隆年间的这次封禁，缘起土豪勾结棍商开凿石砺冈，经进士凌鱼上呈官府勒碑保护。道光年间《石楼八景诗集》在介绍石楼八景之一的"狮江帆影"时说：

> 村之东，石砺山外，流枕狮江，夷舶贾船，帆樯上下，交加倒影，备极奇观。

延至清末，这种地方利益与环境保护的博弈仍在进行，同治《番禺县志》载：

> 蛎石，产茭塘石蛎冈，色淡紫，质坚洁，不生咸潮。其山为省城捍门，历奉官禁，不许开凿。②

这一时期，莲花城仍然在进一步发挥其作为广州省城军事要塞的地位。鸦片战争期间，林则徐也曾将莲花城作为抗英的第二道防线。两广总督琦善督管广东之后，首先拆除炮台，解散水勇，撤销军防，并于道光二十一年（1841）与英方代表义律在莲花城密议《善后事宜单元程》（即"穿鼻草约"）之事，核心问题就是割让香港岛。咸丰四年（1854）红巾军（洪兵）起义队伍也曾在此驻守。可见，直到近代，于广州乃至广东而言，莲花城之海防战略地位仍然极为重要，曾享有"广东长城"之美称。

五、小结

屈大均《广东新语》和同治《番禺县志》等文献均认为莲花山对构建广州城的风水格局具有重要意义：一为风水上的"虎门捍山""水口重关"，一为军事上的"御寇重地""海门之金锁"。因此，为了保护莲花山，明中后期

---

① （清）同治《番禺县志》卷四《舆地略二》。
② （清）同治《番禺县志》卷八《舆地略五》。

以来，地方官府、茭塘司的著名士绅、部分地方宗族人士等积极推动封禁，对作为"虎门捍山"的莲花山做出种种保护努力。到明万历四十年（1612）按照风水理念修建的莲花塔。清初以来，莲花山因"省会水口"的地位而附带的军事海防意义又被突显出来。清初迁海期间修建的莲花城到清末仍发挥作用，由此，莲花山作为"省会水口"的文化景观，被逐渐凸显出来。由于近代以来陆路交通的发展，珠江后航道的交通功能逐步被边缘化，省会水口的景观一度受到冷落。①

明中叶以来，莲花山"省会水口"的景观建构对禺南地区的乡村影响深远：周边的乡村均将莲花山作为村落自身风水格局的构成部分，而莲花塔作为风水塔在莲花山的兴建，使附近的乡村争相模仿，兴建水口塔、水口桥等用于锁水口、兴文运。在莲花山的带动下，风水景观在禺南地区村落逐渐普及开来。

第二节　民田区乡村的聚居模式与基本类型

一、"住民耕沙"与"庐墓一体"的聚居模式

番禺民田区的聚落是在以大谷围（市桥台地）为中心、周围被一群小岛屿环绕的群岛的基础上形成的②，地形上以岛屿台地为主，先是在周边的海湾形成一些冲积片，如北部的大镇岗以北的今员岗和市头、南村、罗边、板桥等蓼涌下游一带，西部的今钟村以西、石壁以南、屏山以北的地区，东部

---

① 新中国成立后的前三十年，这种重要的风水景观资源遭受严重的破坏。改革开放以来，随着莲花山被开发成为旅游区，莲花塔、莲花城的修复重新受到关注。20世纪80年代，香港知名人士的一系列捐建举措把一度落寞的风水景观重新启动起来。新建的望海观音像、莲花禅寺以及一系列亭台楼阁在一定程度上利用了传统的风水景观资源，延续了省会的风水意象。同时，改革开放后在南沙新建的天后宫、虎门大桥无疑也是这种风水意象的延续，同时也标志着现代"省会水口"的逐步南延。

② 佛山地区革命委员会《珠江三角洲农业志》编写组：《珠江三角洲农业志一》（初稿），载《珠江三角洲形成发育和开发史》，1976年。

化龙镇沙亭、山门、莲花山三点范围内的区域，西南部的沙头、青萝嶂、沙墟、石岗之间等处仍是海湾。随着珠江带来的泥沙在台地丘陵周围淤积组合成今天的民田区。

依托大谷围（市桥台地）及周边平原的地理条件，番禺民田区居民逐渐形成"住民耕沙"的聚居模式。道光《南海县志》中就提到了珠江三角洲这种独特的聚居模式：

> 海坦围田，或以庐墓为辞，乃饰说耳。粤人安葬，最讲堪舆，淤积之地，全无气脉，掘及尺余，即见咸水，曷敢埋骨。且离村庄邈远，种禾尚有海盗之虑，讵敢筑室而居。业者固居乡中大厦，即家人佃户，亦不出乡，其于田者，止受雇蛋户贫民。佃户计工给足米薪，驾船而往，出入饮食皆在船中，无须庐舍。其或有者，则系厌谷利薄，而筑基种果，数顷之广，止散庐一二间耳。卖果已毕，则席卷而归。①

从上可知，珠江三角洲的民田区不管是居住还是安葬，都注重堪舆和气脉，还考虑到"海盗之虑"，所以就逐渐形成"住民耕沙"的居住生产模式，即民田区的聚居地与沙田区的农耕区两种截然不同的文化景观和聚落格局。

由于注重堪舆和气脉，所以包括番禺在内的珠江三角洲乡村宗族聚落，其选址一般是"民居高阜""背山面水"，布局是"庐墓一体"的布局。如屈大均所言："广之著姓右族，其在村落者，人多襟冈带阜以居，庐井在前，坟墓在后。"② 如果居住地地势卑下，"其濒海者，亦必多置山场，以为蒸尝之业。子姓以昭穆序，葬先茔。贫者乘凶血葬，毋有积久而不葬，或以无地而葬以水火者"③。这是庐墓一体的类型，正所谓"吾不庐墓，而墓咫尺吾庐，虽谓之庐墓，可也"④。可见，聚落选址要兼顾生人之"庐"与祖先之"墓"的双重环境。

---

① （清）道光《南海县志》卷十六《江防略二》。

② （清）屈大均：《广东新语》卷十九《坟语·山场》，中华书局1985年版。

③ （清）屈大均：《广东新语》卷十九《坟语·山场》，中华书局1985年版。

④ （清）屈大均：《广东新语》卷十九《坟语·山场》，中华书局1985年版。

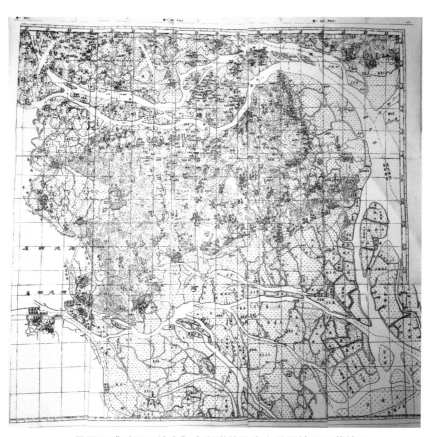

民国版《番禺县续志》中所附的禺南大谷围地区聚落地图

二、禺南宗族祠堂与聚落形态演变

番禺大谷围地区的聚落发展受到地形、水体、风水、宗族、民间信仰、财力等因素的影响而呈现出多姿多彩的聚落形态和景观意象。其中，家族形态、宗族组织在不同时期对聚落的发展有着巨大的形塑作用，不同时期形成的聚落形态也互相叠加、重组，进而增加了其复杂性。下面以单个宗族为例，举例叙述宗族演变与聚落形态的关系。

第一种情况是宋元时期，一部分拥有功名和品官的家族开始依托大谷围一带的岗丘高地建立祖墓或兴建家庙祭祀四代以内的祖先，形成早期的"中心式"（或扇形）聚落布局形态，如员岗的崔氏祠堂（昌大堂）和附近的小山丘（祖墓），沙湾（北村）的文屋山及何氏大宗祠（留耕堂）均以自身为

扇形的顶点形成早期的聚落雏形。明清以来的聚落演变就是以此为基础继续发展而来的。清代以后，在聚落的中部或前沿形成一排祠堂，最后形成"梳式布局"的聚落形态。这种并非十分规整的布局往往沿着岗丘的外围一圈一圈地往外展开，形成接近弧形的"梳式布局"。这种情况的聚落并没有因为后来祠堂的出现而改变原有的中心式（或扇形）聚落布局形态。原因是明代中叶以来原有的家庙在不改变位置的情况下按照家庙式祠堂的样式进行大宗祠或祖祠的不断扩建、改建，整个聚落的中心或顶点依然没有改变。

第二种情况是很大一部分的番禺大谷围民田区村落在宋元时期没有取得功名和品官，到了明代中后期才开始建设家庙式祠堂，这种祠堂往往是在聚落发展了一段时间后才建立的，一般不会位于村落的中心部位，而是位于村面或偏于一隅。这种明代中叶建立的祠堂会出现两种可能。其中一种是同一宗族的两个或多个房份群体因为地形和水体的阻隔而发展成独立聚落组团，并且分别兴建房份祠堂，如潭山的红、白石房祠，石楼的善世堂和诒燕堂，

明经村右里祠堂街梳式布局村面

蔡边、新造礼园等，然后在村落前沿陆续形成一排祠堂。清嘉庆年间直至清末民国，乡村中大量出现大宗祠或祖祠，即所谓的"合族之祠"。这种大宗祠或祖祠对聚落景观其实并没有实际的统合作用，反而因为势力强大的房份早期兴建的房祠建筑规模更为宏伟，装饰更为精致而呈现出强房统合的聚落景观，如石楼的善世堂、大岭的显宗祠就显示出某一强房祠堂对聚落的整合作用。而势均力敌的房份祠堂同时整合聚落的情况，如潭山许族的红、白石房祠，蔡边蔡族各房祠等。也有些宗族聚落是在明代中后期就先后完成房祠和大宗祠或祖祠的建设的，如大石乡东街隔基的锡类堂、西街村心的裕德堂和敦叙堂（何氏大宗祠）。

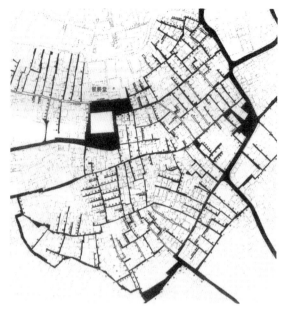

沙湾核心区街巷布局图

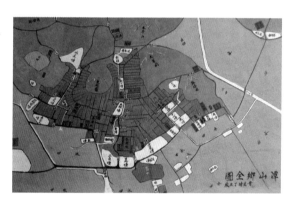

光绪年间潭山乡地图（局部）（摄自潭山村史馆）

第三种情况是一部分番禺大谷围民田区的村落直到清初以后才开始建构宗族的，包括一些从宋明建立聚落中分支出来的支系，如新水坑。

此外，如果多个姓氏聚居的村落，分别依托不同的岗丘高地，向不同或相同的方向发展，形成多中心、复合型更为复杂的聚落文化景观。如小龙孔、谭、曾，屏山的简、黄、郭，沙湾何、王、李、黎，石壁区、李、黄，谢村李、马、张、陈等姓氏构成的聚落就是如此。不过，尽管有些聚落有多个姓氏，然而同一个聚落中也有大族和小姓的区别，所以不少多姓的村落还是会有大族祠堂统合聚落的情况，这与强房统合聚落景观的情况有相似之处。如沙涌江、胡、幸三族，以江姓为主，屏山的简、黄、郭，以简姓为主等。当然，在多个姓氏的村落中，也有各族的宗族势力均不强的情况，则通过庙宇整合聚落景观，如新桥村是以位于跨龙桥一旁的圣母宫（天后庙）为聚落中心整合村落的。

三、民田区乡村聚落的基本类型

番禺地区的传统聚落，从人文景观上大致可以分为民田区和沙田区两大类，番禺的大谷围民田区聚落是番禺传统聚落的主体。其开发较早，明清宗族组织发达，历史上科名鼎甲的家族比比皆是，留下了丰富多彩的文化遗产。从所在的地理环境与聚落布局来看，民田区聚落又可以分为台地、台地边缘以及水乡等聚落类型。①

第一种是台地型聚落，主要建在大谷围的中部，部分形成较早，村落规划相对规整，一般多为梳式布局，但发展余地较小，族田较少，受经济条件、宗族实力和空间限制，台地型聚落一般为中等甚至小型规模。中等规模的如坑头。坑头村选址在昔日茭塘司和沙湾司交界的七星岗南麓高地上，总体上，坐西向东，呈船形布局，一条主街贯穿村心南北，多条次街分布东西，呈耙齿式形态。村前主街以东的南北方向上，列布着多个条状大水塘，景观开阔。坑头村始建之初，以中部的从善陈公祠为中心向四周扩展开来，近十座房份祠堂分布在东西南

台地边缘型聚落——小谷围练溪村旧貌

---

① 参见朱光文《番禺文化遗产研究》，广东人民出版社2011年版。

北四个方位，面向南北主街和村面主街，各房以祠堂为中心聚居，逐步扩展成今天南约、北约、中约分布的格局。小型规模的如新水坑陈姓村落，总体呈"田"字形，网格状规整布局，四周环绕着接近矩形的村墙。东西和南北两条大街呈十字交叉贯通全村的四个方向，两条大街为全村的第一级街道，其交汇点建有一座"南北十字街"的门楼。居住区以东西十字街为界，分为南约和北约。北约的街道，有北约东街、北约西街，南约

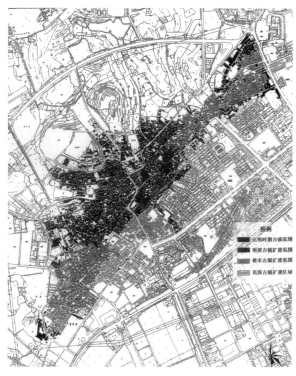

沙湾乡图

的街道有南约西街和南约东街，均为次于南北十字街的南北向第二级街巷；北约的东西北巷和东西南巷为次于东西十字街的东西向次干道。还有北约的东西北几巷（约十条，均以方位、数字命名），南约的东西南几巷（约十条，均以方位、数字命名），又是次于南约西街和南约东街东西向第三级街巷。这些东南西北交错的街巷，以第一级的南北十字街和东西十字街为骨架，以第二、三级街巷为分支网络，形成规整有序的村落布局。村落主要大街铺砌整齐的麻石条，街道一侧保留着完善的排水沟渠。

第二种是台地边缘型聚落，大都依托并建在市桥台地或丘陵的边缘，背靠高地、面向珠江或冲积平原，预留发展空间很大，水陆交通便利。这种聚落一般是一个或几个宗族的居住区，聚落规模一般比较大。按照形成时间的差别，又可以分为宋元以来形成的聚落和明初屯田后形成的聚落两种，经过后期的发展两者已经没有太大的区别。宋元以来形成的聚落，多为大族聚居

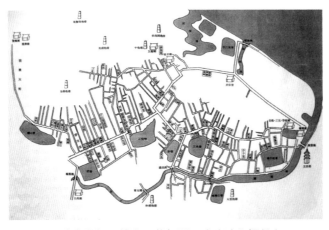

清末民初石楼乡聚落复原图（陈鸿业提供）

地，一般都占有大片的沙田，沙田的地租收入以及对沙田的控制，使这些乡镇的宗族发展成为一些十分强有力的大族。这些大族聚居的地方如沙湾司的沙湾（何）、市桥（谢）、古坝（韩）、蔡边（蔡）、石碁（黄）、沙涌（江）、茭塘司的石楼（陈）、员岗（崔）、潭山（许）、南村（邬）、茭塘（黄）、凌边（凌）、新造（黎）等，是禺南著名的大村，其单姓人口占该村绝大多数。这些宗族拥有族田数量较多，如沙湾何姓，仅留耕堂即达6万亩，石楼陈姓达3万亩。

从总体上看，台地边缘聚落大都是因地制宜，依靠高地而建，或面向水运发达的珠江航道，或因风水原因而出现特殊的布局，总体上没有统一的形态，部分大型乡镇如大石、员岗、石楼、市桥、沙湾等就呈现比较复杂的市镇形态，但是也许是受到后期宗族礼制的规范，局部仍是传统的"梳式布局"形态。

典型的例子如石楼乡，主要依托两座小山发展开来，形成今天石一村和石二村两大组团。其中，马鞍岗聚落组团后来就形成石楼的西约和中约居住区（又称为"西街"，即今石楼一村），狗趾岗聚落组团后来就形成石楼的东约居住区（又称为"东街"，即今石楼二村）。由于地势较低，狗趾岗聚落组团（东约）的开发时间可能要比西约和中约都要迟。万历十四年（1586），东约才开始在东南部兴建十一世祖南轩公祠（介祉堂）。清代，在狗趾岗南部组团的东面和北面先后修建了敏行始祖祠、三元庙、吕祖庙、跃龙庙、接龙亭、梯云桥等多座公共建筑。到嘉庆十二年（1807），作为整合陈氏家族的措施之一，开始创建一世祖敏行公祠后寝与头门；道光十八年（1838）增建中座、拜庭与东、西客厅；道光二十年（1840）之秋，形成完整规模①；到道光二十五年（1845）冬，复加油漆，以昭轮奂，并于头门外塘边填筑，以壮观瞻；道光二十六年（1846）竣工。在一世祖敏行祖祠扩建期间，清道光十九年（1839)重建迁海期间拆毁的十一世祖南轩公祠（介祉堂），咸丰元年（1851)于东约东南部新建二十世祖翠山公祠（积荫堂）。根据陈铭新先生提供的《清末民初石楼乡风景全图》分析推测，狗趾岗聚落组团依托狗趾岗一带高地和南麓坡地，形成北高南低、坐北朝南的格局，大概在明代中后期，形成以大井头—阳明大街—镇龙大街为村面、以十一世祠介祉堂为中心的聚落组团。组团整体上呈现的"梳式布局"形态，局部依山势呈扇形分布。主要街道，自西北往东有：钟秀巷、大井头、中和巷、大巷、里巷、财主巷、全庆巷、井头巷。大概从清初复村开始，狗趾岗组团继续向南面发展，但是由于缺乏规划，组团没有按照原来的"梳式布局"模式发展，而是一度呈现比较混乱的布局，主要街巷形成相互交错的混乱布局，街巷彼此没能联通，构成多个丁字路口；大体到清末，狗趾岗南部组团重新走上规整的形态，至民初一直延伸到玉带河，形成比较规整的村面。坐北朝南的街巷，自西往东分别为：接源巷、接龙巷、乐善巷、翁和巷、南镇里、南镇东街、塘边路等。石楼二村的这片历史街区，整体上朝向为坐南朝北，局部比较复杂，其中，西部边缘和西北部的房屋均为西北—东南向，但比西部边缘的房子明显更为接近南北朝向；东部狗趾岗麓的房子遗址延伸到玉带河涌边的，则显得比较规整，基本为坐北朝南向。

番禺这种台地边缘聚落，不少大概相当于江南市镇的规模。据黄国信研究，明清广东之建制"镇"多为带有地方政权和军事性质，或有驻官（如巡检、县丞、通判、主簿、同知等官员），或有驻军，或有城墙的据点，而较为纯粹的商业聚落则几乎不称"镇"，称"墟"或"市"②，而这些墟市内的民众也习惯称本居住地区为"乡"（如著名的"佛山堡"，又称"季华乡""忠义乡"），这与江南地区的情况形成鲜明对照。他还认为，明清时

① （清）光绪十一年（1885）《石楼陈氏家谱·序》。
② 黄国信：《明清广东"镇"之考释》，载《中山大学史学集刊》第二辑，广东人民出版社1996年版。

期江南、广东两地以"镇"命名的聚落，职能是不同的。一般认为，明清史上的镇已经"完全是小商业都市"，而在广东担当江南市镇职能的聚落是"墟"，"镇"基本上仍以军事职能为主。江南的镇与广东的墟的区别中隐含的一个逻辑是墟属于乡村，墟市里面的经济活动是乡村经济活动的一部分，而镇则已超越乡村，是从乡村中产生出来的、有别于乡村的一种聚落。产生这种差别的原因可能与两地的地主是否城居有关。① 从清代开始，珠江三角洲地区便有"九江不认南（海）、两龙不认顺（德）"的民谣，说明它们的经济总量很大，是珠江三角洲颇有代表性的市镇，对外的文化声望甚高，对外不需冠上县名，人们便知道它们在何方，已经有一个非常清晰的概念了。②

　　台地边缘还有一种"水乡"的聚落类型。番禺民田区因为处在台地的核心部位，其大部分聚落其实并不具备如顺德地区典型的岭南水乡景观特色③，比较典型的岭南水乡只占极少数，主要分布在东部边缘（石楼大岭村）和西部边缘与顺德接壤的地区（如石壁、韦涌、钟村、谢村、古坝、龙湾、三善、紫坭、沙湾等）。古桥的多少，往往与河网的密集程度相对应。如沙湾乡原有石桥多座："单瓦眼"和"双瓦眼"（双孔桥）、凝紫桥、云桥及八角炮楼东侧的桥、康公主帅庙的桥、"菁莪管钥"附近的桥、槐花社附近的桥，后都先后被拆毁。④ 而古坝乡的石桥有静波桥、大桥头，石墩木板桥有安盛桥、可山桥（今称乡府桥）、勒园桥、三续桥、北洲桥等。现存的靖波桥，位于沙湾镇新洲村村府边，文起堂侧之横涌上。据乡间父老言，此桥建于明末，为石墩木板平桥，清乾隆年间改为石板桥，石桥以巨大的花岗岩条石平铺而过，其中有四块长5米，宽0.5米，每块重逾4吨，是邻近乡村少

① 黄国信：《明清社会经济史中的"镇"：江南与广东的比较》，参见郭常英《"市镇研究"大有可为——"中国江南市镇国际学术研讨会"综述》，载《史学月刊》2004年第5期。
② 何品端：《沙湾的丰富历史文化与旅游资源》，载《番禺文史资料》第十六期（《番禺旅游资源专辑》），2003年12月。
③ 关于岭南水乡的概念，参见朱光文《岭南水乡》，广东人民出版社2005版。
④ 中共广州市番禺区沙湾镇委员会、广州市番禺区沙湾镇人民政府编：《沙湾镇志》，广东人民出版社2013年版。

有的古大石桥。紫坭乡的桥一般分为两类，一类是石桥墩，坤甸木铺桥面，
如鲤鱼涌上的包公庙桥、桥头坊涌上的大桥头、关西坊杨家涌上的关西桥。
另一类是木桩墩、松木板铺桥面，如一续桥、隔塘桥、牌坊桥、村南桥等。
紫坭村内的桥有个特点：有桥必有树、必有埠头；三善村内石墩板面的积
善桥、乐善桥、德善桥、北街桥、福善桥较为知名。民国版《番禺县续志》
载，南村乡也有不少古石桥："粪步桥　在南村。昔年粪船往来，皆泊于此，
故名。"又"谷桥、七里桥、鲤鱼桥、绿水桥……此四桥俱在南村"。据《南
村草堂笔记》，谷桥，在文澜门外。绿水桥，在绿水社旁。其南数十步为鲤
鱼桥。皆跨蓼水之上游。唯七里桥则遍寻弗获。东山庙与邹氏大宗祠之间，
有七星桥，以七星冈得名。疑"七里"为"七星"之讹。

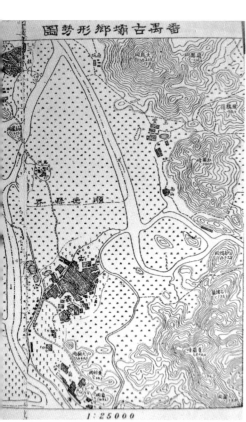

民国番禺古坝乡聚落地图
（载《番禺古坝乡志》）

大岭聚落形态图

按照河涌的走向、密度以及河涌与聚落建筑的组合方式，番禺民田区的岭南水乡聚落形态，大致可以分为线形水乡（如大岭、古坝）、网形水乡（如韦涌、三善、紫坭）两种形态。网形水乡的水网一般呈 Y、T、井字三种形态。线形水乡和网形水乡的局部也分为单边水巷型和双边水巷型两种。如三善村因村的西南面靠鳌山而建，河涌将村子分为东西两部分，东部的民居群坐东朝西面向河涌，西部的住宅则坐西朝东临河而建，是典型的双边水巷聚落，而大岭和古坝则是单边水巷型聚落。已获评第三批中国历史文化名村的大岭，处于大谷围东部边缘的半沙半民的地理边缘，以及白沙湖的水网地带，这决定了大岭古村聚落总体布局既类似于珠江三角洲的平原、丘陵交错地带的传统规整梳式布局，后倚菩山，前对河涌，主要街道与次要街道交错呈鱼骨状分布，又具备小桥、流水、人家的岭南水乡景观，属介于自由式岭南水乡布局与规整梳式布局之间的过渡聚落类型。[1] 大岭聚落主体是中约、西约、上村三部分。主要街道呈线形自东南向西北扩展，最后形成坐东北向西南的聚落朝向。主要街道有安和大街、西荣大街、升平大街、中兴大街、文明大街、柳源大道，大致沿菩山山势呈西北—东南方向，基本上与玉带河平行；而村西北角石楼河沿岸的聚落则是在水上居民上岸后形成的。

第三节　风水与乡村聚落的规划营建

珠江三角洲民田区是中国风水应用于聚落规划建设的重要区域之一。本节拟以清代番禺大谷围地区的传统聚落和建筑为例，分析风水观念对该地区的传统聚落选址规划，以及祠堂、庙宇等传统公共建筑，尤其是对水口桥、水口塔等在内的水口景观的规划和营建的影响，试图说明风水在包括番禺大谷围地区在内的珠江三角洲民田区农业聚落营建中大范围发挥作用应该是在清初以后，特别是清末。而这种造风水的热潮与清代岭南文人取得科举功名的最后一个高峰也刚好契合，是岭南地区科举功名在经历清初的沉寂，清中

---

① 参见朱光文《广府传统的复原与展示——番禺大岭古村聚落文化景观》，载《岭南文史》2004年第2期。

叶的恢复发展后，到清末发展到一个较高程度，在聚落规划营建中的集中体现。而清代番禺大谷围地区传统聚落风水建筑的大量出现，无疑也是地方社会士绅化的重要表现之一。①

一、风水与传统聚落的选址规划

前文所言的"粤人安葬，最讲堪舆"一语点破了"住民耕沙"的居住模式和"庐墓一体"的布局特点与风水的紧密联系。风水学中所说的理想环境，应该是背靠祖山，左有青龙、右有白虎相辅，前景开阔，远处有案山相对，有水自山间流来，曲折绕前方而去；四周之山最好有多层次，即青龙、白虎之外还有护山相拥，前方案山之外还有朝山相对；朝向最好坐北向南，如此即形成一个四周有山环抱，负阴抱阳，背山面水的良好地段。② 据同治《番禺县志》载："大箍围，茭塘之地，村落多依山濒海，洲渚萦亘，田野开旷。"③ 这里不仅反映了番禺县南部大谷围的聚落地理特征，而"依山濒海"无疑也是"庐墓一体"聚落的大致环境，同时也兼顾了家族祭祀与土地拓殖的双重需要。

明永乐间何如澄《沙湾原始考》载，何姓"由雄而入广，由广而至番

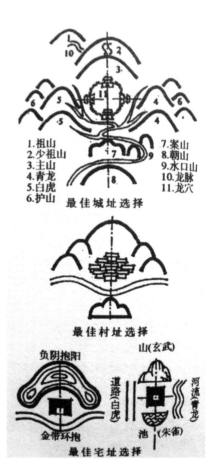

最佳选址风水图（载《古村落：和谐的人聚空间》）

---

① 朱光文：《风水与清代番禺的乡村规划》，载《博物馆文化遗产与教育"新挑战·新启示：岭南博物馆与教育"学术研讨会论文集》，中国农业出版社2013年版。
② 楼庆西：《中国古建筑二十讲》，生活·读书·新知三联书店2001年版。
③ （清）同治《番禺县志》卷四十三《余事志一》。

最佳住宅选址风水图（载《古村落：和谐的人聚空间》）

禺之青萝。夫青萝一乡，前踞虎门之巨川，后庑萝山之峻岭，元峤山辅其左，九平山拥其右，山明水媚，而一地迂回，坦夷其中。当时地广人稀，原有张、劳二姓居焉。余四世府判公爰相兹土，有田可耕，有水可渔，有山可樵，有地可牧，生者可养，死者可葬。……乃卜居于此，此炎宋绍定六年，纳价入广东常平司，买得土名第六洲田、鸟沙田、蚝门沙田"①。沙湾何族祖依青萝嶂等大片山场为族产，前临大片沙田，这种所谓"有田可耕，有水可渔，有山可樵，有地可牧，生者可养，死者可葬"的聚落选址，正是风水观念规范下的"住民耕沙"的居住、生产模式与"庐墓一体"的理想聚落布局选址的具体标准。

《博陵崔氏族谱·居址考》中也特别讲到了位于大谷围北部的员岗乡的风水格局："诚之祖由广迁员岗，寻其来龙去脉，接锦城，有双鲤下塘之象，故为员岗下塘崔氏，已而生齿日繁，枝业扶疏……见其山明水秀，众峰旋绕，两水归源，遂卜筑徙宅焉。厥后，子孙环居日广，东西南北襟处……"② 员岗乡远枕白云诸远山，近依榆屏岗为龙脉，正对大镇岗（又名三老峰）诸岗为屏案，员岗上涌在西，员岗下涌在东，皆自大镇岗发源，自南而北如玉带蜿蜒绕村而过，分别在村西北和东北汇入珠江后航道，狮岗、象岗、分（又称"幡"）旗、鹏程、龟岗、麒麟岗、老虎岗，诸山岗既呈青龙

① （清）同治《番禺县志》卷四十三《余事志一》。
② 员岗《博陵崔氏族谱·居址考》。

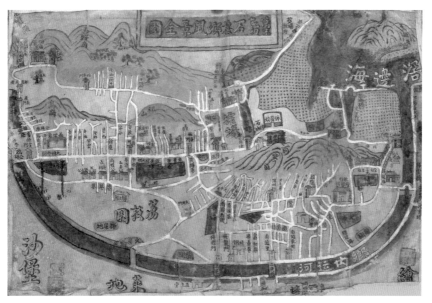

清末民初石楼乡聚落全图（陈永绘制）

白虎左拥右抱之势，其中，狮岗、象岗又分别镇锁上下涌水口，称为"狮象把关"，加上大小罗桥锁上涌水口，图南拱桥锁下涌水口。村南近村处自西向东分别有三座小山丘：石牌嘴、松柚（幼）岗、南无山，如三条石龙引入村内，称为"三龙入脉"。

《石楼陈氏家谱序》所载的《康熙己卯江右王邦宷国师石楼风水论》一文，让我们看到清初迁海复界以后，位于大谷围东部的石楼陈族运用风水进行乡村宏观规划的实例：

> 按图详观，盛乡来龙发于马鞍山。周围数十里，高百余仞。辞楼下殿，崔巍耸峙。三台落脉，老龙嫩枝，分结阳宅。住场当以居中为第一福地，右为第二福地，左为第三福地。三地皆明堂广阔，星辰耸秀。堂局端正，沙水湾环。右肩则有坟前、飞鹅嶂列，左肩则有石矶渡头侍卫。西有赤冈以蔽辛庚，东有浮练以护辰巽，南有冈尾以屏翰巳丙。左水则大河环绕，至潮而出，右水则小圳逶迤环村而去。此真山清水秀，对向天然者也。按图细观，令人精神恬爽，心目豁然。

宜其居此地者。五传六传之后，宗枝繁盛，瓜瓞绵绵。魁名盛于吉
水……①

禺南大谷围地区乡村风水的流行还受到莲花山风水建构的影响。莲花
山"省会水口"文化景观对于广州城及其附近居民来说，具有其独特的感觉
形象，极富"可识别性"和"可印象性"的特点，并逐步扩展开来，以至影
响到周边地区的各级官府、士绅、宗族对县府和乡镇的规划建设。从莲花山
附近村落现存与之相关的对联可知，莲花山（石砺山）的风水建构对地方社
会的影响深远。大岭村龙潋善元庄公祠（锦绣堂）门联曰："天水源长，砺
山峙秀。"茭塘东村天后宫门联曰："化宇宏开磐石砺，恩波远注接湄洲。"
茭塘西村牌坊联："茭接砺山狮海，汪涵千顷泽；塘连龙岭雄峰，启秀万年
祥。"茭塘西村利群亭联："拔地莲城凝彩露，擎天花塔入青云。"冈尾书院
门联："云霞开石砺，风月满沙湖。"潭山村"寿峰第一"门联："寿星照出
沙湖月，峰景飞来石砺云。"潭山村寿山亭联："寿星辉映沙湖月，山气爽连
石砺云。"山门村迎石楼乡出会联曰："石砺耸当前，看者番驾莅石门，恰值
主人还石砺；楼台开异景，庆此际装成楼阁，翻疑平地涌楼台。"山门村牌
坊联曰："山迎石砺，源溯陇西，千年往事从头越；门对沙湖，堂开镇毓，
万里前程放眼量。"②

二、风水与禺南乡村的水口规划

（一）关于"水口"

所谓"水口"，即这个环境的水入口处与出口处："凡水来处谓之天门，
若来不见源流谓之天门开，水去处谓之地户，不见水去谓之地户闭，夫水
本主财，门开则财来，户闭则用不竭。"③所以，水来处要开敞，水去处宜封
闭，这样才能留住财源。水口的范围有大有小。从水入至水出，水所流经的

---

① 《康熙己卯江右王邦寀国师石楼风水论》，见光绪十一年（1885）《石楼陈氏家谱
　序·前事》。
② 参见朱光文、陈铭新《"南越封疆之华表"——明清以来广州府番禺县"莲花山"
　之山、塔、城名演变考》，载《文化遗产》2017年第1期。
③ 楼庆西：《中国古建筑二十讲》，生活·读书·新知三联书店2001年版。

地区即是水口的范围。《入地眼图说》卷七《水口》云："自一里至六、七十里或二、三十余里，而山和水有情，朝拱在内，必结大地；若收十余里者，亦为大地；收五、六里、七、八里者，为中地；若收一、二里地者，不过一山一水人财地耳。"

按照这种风水观点，水口范围是与家族、村落的财富成正比例的。水口包容的地面越大，所能承受的容积越大，造福的涵盖面越大。水口的概念是相对的，大水口内有小水口，许多小水口构成大水口。每村有村里的水口，每县有县里的水口，每省有省里的水口。有水就有水口，有水口就圈定出特定地围，依地围而讨论吉凶，讨论人与环境的关系，这种方法是可取的。何晓昕在他的《风水探源》一书中对水口理论和营建做了充分肯定，认为："它类似现代建筑中的给排水，但作用与象征意义又远非给水排水所能比及。水口很值得现代建筑学、建筑美学、建筑心理学、建筑环境景观学乃至建筑卫生学来共同探讨和发掘。"

珠江三角洲民田区农业聚落外部空间，无论在山地丘陵还是平原泽地，多以水口作为村落门户。水口多距离村落1～2里。水口与村落距离远近，决定了村落发展规模或余地，或如今日所称之"环境容量"。除选择好的水口以外，最主要的是造桥，辅以树、亭、堤、塘，以及文昌阁［又名魁（奎）星楼、文塔］等高大建筑物，以增加对村落的镇锁气势，彻底把关。

大岭水口建筑群

沙头水口建筑风景画（摄自王锦添先生家中）

其目的与其说是出自某种象征或意味性隐喻，不如说是为了弥补自然环境的不足，使整体景观趋于平衡与和谐。所以，水口从建筑技巧上，为一村落开辟了一个内容丰富的入口序列空间。至于在低短水口处建立高大建筑物，目的在于使自然构图趋于稳定，使人获得一种和平感，满足村民的防卫心理。重要的还在于，水口从文化观念上造成了封闭一统的空间，有利于保存祖先人文教化与事物。① 在番禺大谷围地区，这些水口景观所涵盖的建筑包括了水口庙、水口塔、水口桥、水口林等。

（二）大谷围地区乡村的水口规划

番禺大谷围乡村水口规划的一个范例是位于其西南部王族居住的沙头乡。沙头乡（又称碧沙乡）东南水口位也曾有一组经过精心规划的建筑群。除了水口桥迎龙桥② 外，其西端，过去有座刻有皇帝圣旨准王天香在村中自执白骨的碑亭。桥头有古榕数株，沿涌水松遍植，环村绿树成林，为典型的岭南水乡小桥流水景观。而迎龙桥（俗称"大桥头"）东走，还有一条蜿蜒二里的石路与市桥聚龙桥（俗称"小桥头"）相接，两桥间有门楼，上石匾书"西陲屏翰"，为清代市桥乡书法家谢天显所题。两桥与门楼三者同属一组建筑，两桥造型相似，同为沙头人王天香始建。市桥聚龙桥较长较宽，反称"小桥头"。西郊桥下急流湍濑，直泻西海（市桥水道）。一桥一楼与濒水红棉、古榕相映成趣。沙头人王青夷曾于1919年2月17日绘有《文昌阁（文塔）石拱桥景画》，记录了沙头东南水口建筑群的旧貌。沙头文塔，估计与桥配套建设高三层，内供奉文昌帝君及魁星踢斗造像；据说建于明朝中叶，至今已历400多年历史。塔门对联云"九桥锁水龙湾聚，一点明星照碧沙"，把周边的景色点缀得恰到好处。而文塔又正对沙头墟，故又称"文阁望墟"。③

番禺大谷围乡村水口的规划另一个范例是位于大谷围东部陈族居住的石楼乡。清康熙初年迁海复界后，石楼陈族一方面进行聚居地的重建，另一

---

① 司徒尚纪：《广东文化地理》，广东人民出版社2001年版。
② 2002年年底，因西环路扩建，番禺区政府出资59万元对沙头迎龙桥（"大桥头"）实行异地搬迁保护，将迎龙桥迁建到了大夫山森林公园之中。
③ 据沙头王锦添、王泽滔提供资料整合。

方面也着手营建一系列的水口建筑。其中，清康熙初年修建了翰墨桥、白马庙、跃龙庙、凌云阁、浮莲塔、青云台等水口建筑，乾隆六年（1741）重修了跃龙庙，道光二十年（1840）再重修了跃龙庙，清末咸丰年间重建白马庙，清同治年间重建了凌云阁、青云台以及浮莲塔，光绪十五年（1889）修建了道元桥等多座桥梁。大约于清末民初，修建了横跨于娘妈涌与滘边河交汇的涌口处的镜海桥。经过石楼陈氏宗族从清初到民初一系列时断时续的建设，形成了三组水口建筑景观。

第一组为浮莲岗下的水口建筑群，位于滘边海汇入莲花山水道的水口处，依托石楼下水口镇山——浮莲岗和小浮莲岗而建，由浮莲塔、青云台、五大夫亭等组成的下水口建筑群。作为这组建筑所依托的浮莲岗与石楼乡隔江相望："浮练山，在城东南一百里，又名浮莲冈，与石砺山并峙，中隔平田，下瞰狮子洋，大箍围、诸村南边皆借其屏蔽。山足多石如涛头，土人呼为花鱼石。有岩名大屋岩，又名玉宇岩。右数十武为善广岩，西行里许复有一小岩名药房，其余小岩数十，皆风涛激薄而成也。其绝顶有浮莲塔。山之西麓为青云台，石楼村所建。"[①] 在这组建筑中，"浮莲塔，一名大魁阁，又名巽峰塔，在浮练冈高峰，为石楼乡催官位，建于清康熙初年，重建于同治

石楼水口山——浮莲岗

———————————

① （清）同治《番禺县志》卷四《舆地略二》。

辛未，塔下有青云台、五大夫亭，详载青云台碑记。"① 接着，该乡在浮莲岗西麓，石楼乡水口位（俗称"冈尾口"）建了一座青云台，初为方形楼阁，高二层，后改为五层八角形高塔："青云台，在浮莲冈西麓，为石楼乡镇砥水口，建于大清康熙初年，用方阁高二层，重建于同治辛未，高五层，此地有梅花书屋，小蓬瀛馆并大小亭三座，古迹则有洗砚池、神仙掌印各名胜，树木丛荫山水幽雅，列坐其次，足以游目骋怀，亭之左右又植梅柳百余株，当梅花盛开，骚人雅士咸载酒来游，畅咏其下争相唱和，粉壁留题，绝多锦囊佳制诗钞待刻，详载碑记。"② 塔、台、亭几类不同的建筑错落有致地出现在海拔116.6米的浮莲岗上，蔚然壮观，周围栽有100多棵梅花、桃花、桂花和杨柳，环境幽雅，常有骚人墨客到来吟咏，也有渔翁在江边悠然垂钓，自得其乐，后为石楼八景之"练溪钓月"主景，这组建筑为昔日石楼乡大水口的标志性景观，俨然是石砺山（今莲花山）省城水口建筑群的翻版。

第二组为跃龙涌的上水口建筑群，位于今石楼一村与赤山东村交界处，由跃龙涌上的翰墨桥、白马庙等组成。跃龙涌上游接近飞鹅岭。其中"翰墨桥，此桥水口为一乡发源之处，即堪舆家所谓翰墨水也，故取以为名，又名鸡公桥，在西约，大清康熙初年始砌以石，与会元桥相去四百二十五步，桥旁有白马庙，详载碑记"③。又"白马庙，在石楼乡西约翰墨桥旁，建于大清康熙初年，重建于咸丰甲寅详载碑记"④。关于白马庙，民国版《番禺县续志》也有记载："白马庙，在石楼乡西约翰墨桥旁。康熙初建，咸丰四年重修。"⑤ 此外，在跃龙涌上下水口之间，也建有三道石墩平板桥，均始建于清光绪十五年："会元桥，一名汇源桥，在石楼乡中约。上至翰墨桥，相去四百三十五步。"⑥ "道元桥，一名导源桥，在石楼乡东约。上至捷元桥，相

---

① （清）光绪十一年（1885）《石楼陈氏家谱序·建置》。
② （清）光绪十一年（1885）《石楼陈氏家谱序·建置》。
③ （清）光绪十一年（1885）《石楼陈氏家谱序·建置》。
④ （清）光绪十一年（1885）《石楼陈氏家谱序·建置》。
⑤ 民国版《番禺县续志》卷五《建置志三》。
⑥ 民国版《番禺县续志》卷六《建置志四》。

去一百六十七步。"① "捷元桥，一名接源桥，在石楼乡东约，上至会元桥，相去一百六十五步。"② 三座平板石桥与跃龙涌的上下水口建筑组群构成一塔、两庙、五桥重重关锁的石楼水乡市镇景观。

第三组为跃龙涌的下水口建筑群，位于跃龙涌汇入滘边海的下水口处，由凌云阁、梯云桥、跃龙庙等组成。其中"凌云阁在石楼东约，高三层，建于大清康熙初年，重建于同治癸亥详载碑记"③，而"梯云桥，在东约凌云阁旁，建于大清康熙初年，修于乾隆壬子，重修于同治癸亥，下至涌口步头，相去三百一十步，上至道元桥，相去五百六十五步"④。又"跃龙庙，在石楼东约梯云桥旁，建于大清康熙初年，修于乾隆辛酉，增建于道光癸卯，庙右置有客厅，重修于同治癸酉，庙左置一小亭，一河两岸，地极幽雅，详载碑记"⑤。关于跃龙庙，民国版《番禺县续志》也有记载："跃龙庙，在石楼乡东约梯云桥旁，康熙初建，乾隆六年，道光二十年均重修。同治十二年，于庙左置一小亭，面河，风景幽雅。"⑥ 三座建筑聚集于跃龙涌水口，小巧别致，成为石楼水乡市镇的一道亮丽风景。

此外，还有为娘妈涌与滘边河交汇的涌口处的镜海桥下水口建筑，"镜海桥，在石楼乡中约'采访册'。"⑦

三、清代番禺乡村的风水规划与地方社会的士绅化

自郭璞提出"风水"概念以来，风水就与人民的生活息息相关，成为中国传统社会的重要观念之一。除了从理论和技术上对风水进行阐述的大量著作以外，迄今为止，关于风水与社会生活的研究，大多从民俗层面论述风水与丧葬、居住环境、改变命运等方面的关系，尚未从区域社会变迁角度进

① 民国版《番禺县续志》卷六《建置志四》。
② 民国版《番禺县续志》卷六《建置志四》。
③（清）光绪十一年（1885）《石楼陈氏家谱序·建置》。
④（清）光绪十一年（1885）《石楼陈氏家谱序·建置》。
⑤（清）光绪十一年（1885）《石楼陈氏家谱序·建置》。
⑥ 民国版《番禺县续志》卷五《建置志三》。
⑦ 民国版《番禺县续志》卷六《建置志四》。

蔡边螺山文塔

水门龙门桥

行关注。[1] 风水这类看似游离于官方意识形态的民俗观念，其实蕴藏着非常复杂的国家与社会的互动关系，应置于整体社会变迁的背景中加以考察。[2]

岭南地区对风水的追求大概从明代中后期兴建广州城三座水口塔后开始。从清中叶到清末，与风水相关的大规模乡村建设才在珠三角民田地区渐次铺开。正如邓炳权认为，岭南建筑到晚清发展到了又一个高峰，其年代大致为清代咸丰、同治至光绪年间。晚清珠江三角洲的乡村，除了注重整体规划，祠堂、庙宇、民居等乡土建筑数量大增外，风水观念在乡村规划中占据着举足轻重的地位，几乎一乡一

① 关于风水的研究文章很多，就笔者所及，从民俗角度研究风水的主要成果有：张邦炜：《两宋时期的丧葬陋俗》，载《四川师范大学学报》（哲学社会科学版）1997年第3期；万陆：《杨益的风水文化观及其实践》，载《江西社会科学》1998年第3期；廖鸿：《风水大著于世的六朝丧葬习俗》，载《中国社会工作》1998年第6期；雷玉华：《唐宋丧期考——兼论风水术对唐宋时期丧葬习俗的影响》，载《四川文物》1999年第3期；关传友：《中国古代风水林探析》，载《农业考古》2002年第3期；曾建平：《潮汕民居的美学意蕴——以陈慈黉侨宅个案研究为例》，载《汕头大学学报》（人文社会科学版）2003年第5期；黄艳燕：《风水与古代小说中的改运主题》，载《十堰职业技术学院学报》2004年第2期；李黛岚、柳云：《客家风水民俗刍议》，载《江西社会科学》2004年第11期。
② 郑振满：《明清福建家族组织与社会变迁》，湖南教育出版社1992年版。

塔。① 如前面所列举的，番禺大谷围地区的乡村聚落与建筑的风水规划与士绅化的关系主要表现在：①风水规划以祈求或彰显科举功名等为目标指向；②士绅对风水规划的直接和广泛的参与，风水观念与儒家教化的相互借用和渗透；③兴风水的时间与番禺大谷围地区科举鼎盛时期高度吻合。刘志伟曾指出，透过族谱中的祖先世系的记录，我们可以看到地方社会文化认同的一种表达方式，就是用一种不合乎士大夫的价值和规范的行为，去建立以士大夫文化为指向的地方社会的国家认同。② 风水何尝不是如此。清中叶以来，番禺大谷围地区的士大夫们借助风水的外衣，达到他们教化地方和建构国家认同的目的。在番禺大谷围地区乡村风水的规划中，毫无例外地有一个被着力营造的"催官位"建筑群的规划。比较典型的是石楼乡，该乡从康熙年间复界后开始进行的风水改造无疑就有兴文运的意图。当时陈氏族人请来的风水师王邦察指出了石楼地理环境中一系列风水要害位置，并提出了"兴利除害，尽人力以补天工"的两种改造方案，说经过改造之后，"将见文经武纬，科第联芳，玉堂金马，推毂登场，富比陶朱，豪同平孟"。两种不同的改造方案，自然会产生两种不同的效果：一是"一门三进士"，二是"一翰二支翎（一个翰林、两个当官的受到皇帝赏赐花翎、蓝翎顶戴）"。前一种可能会影响人丁发展，而第二种则对人丁无碍。最后，石楼陈族乡绅耆老们采取了第二种方案，其主要内容如下：①填塞深塘和牛轭塘的一部分，并栽种竹木；②扩大大宗祠（善世堂）的门闾，"不设照墙，以迎潮水"；③修建文、武庙；④疏凿村前"吉水"，使之加深扩阔；⑤在"第三阳宅"的东北方种植竹木；⑥增高北方屏嶂等。③ 这样的乡村风水规划无疑与追求家族功名是直接联系在一起的。

同样，市桥《黎氏家谱·诒燕堂风水论》不但从诒燕堂风水出发，阐述了祠堂风水格局与宗族兴旺的关系，还在后面特别提到了关于水口景观的

---

① ［英］科大卫、刘志伟：《宗族与地方社会的国家认同——明清华南地区宗族发展的意识形态基础》，载《历史研究》2000年第3期。

② 刘志伟：《族谱与文化认同：广东族谱中的口述传统》，载《中华谱牒研究》，上海科学技术文献出版社2000年版。

③ 陈铭新、陈鸿业：《古代石楼八景与石楼风水的传说》，载《禺山风》2009年第1期。

营造措施，及其与功名的关系，"……水宜深不宜浅，浅则局荡不聚；旧涌速宜凿开，乃见水缠玄武，富贵齐来；下关多种树株，始见地户周密，丁寿绵长；若未坤方百丈外建立文塔，运到旺气之年，决然催科甲杏苑芬芳，此为三元不败之祠也。管见如此，是否有当，请质高名。令祠逢午未酉戌为当运，应发之年。市□桥边树位建文笔办宜者乃合。光绪廿二年岁在丙甲季春，江西吉安府沈香楠云门氏订"①。可见，清末大谷围地区宗族在关注祠堂风水规划的同时，也相当注重水口与祠堂、宗族聚居区乃至整个村落的关系，特别是注重水口的营造与科名兴旺的关系。

第四节　沙田聚落文化景观

一、番禺大谷围周边沙田聚落形成的自然条件

根据地理学家的研究，现代珠江三角洲发育的起点，是全新世时期发生的海侵。距今六七千年，在今天的珠江三角洲，形成了一个深入内陆达150千米的河口湾。在这个海湾周围，有多条江河以不同方向流入，而在海湾中间，又分布着无数大小不一的岛屿。现代珠江三角洲的发育过程，就是各个河口三角洲逐渐向湾内伸展，使各个小三角洲逐渐并拢起来，同时又由于湾内的岛屿对波浪、潮流的顶冲作用而在周围形成多个沙洲浅滩连合起来的过程。在这个过程中，虽然从地貌学的角度看，海湾内的岛屿周围的淤积，并没有改变珠江三角洲发育以河口放射状汊道为特色的地貌结构，但从社会历史的角度看，海湾内星罗棋布的岛屿，对珠江三角洲发育形成的地理空间和社会空间结构的影响重大。

在唐宋以前（十世纪前），现在广州以南的多处丘陵台地，还是一些海岛，正所谓"海浩无际，岛屿洲潭，不可胜记"。唐代李吉甫《元和郡县志》载："大海在府城（引按：指广州）正南七十里。"也就是现在的顺德大良和

---

① （清）宣统二年《黎氏家谱·诒燕堂风水论》，市桥东城坊黎诒燕堂。

番禺沙湾一带。今天的番禺在古代是一个由多条江河口环绕的海湾，在这个海湾中分布着各种大小岛屿。沙湾一带的丘陵台地清末民初仍被称为"小谷围"。直到今天，今广州大学城所在地就被称为"小谷围"。沙湾水道以北由大夫山至莲花山一线的丘陵台地被称为"大谷围"。屈大均《广东新语》卷二《地语》云："下番禺诸村，皆在海岛之中，大村曰大箍围，小曰小箍围，言四环皆水也。"

番禺大谷围地区是珠江三角洲的一部分，而珠江三角洲原来是古海湾，后来经过约一两万年世界海平面的巨大变化，包括远古冰期时代、大规模海侵时期、海面较为稳定的过渡转变期和现代三角洲发展期等变化，经珠江上游带来的大量的泥沙淤积，逐步发育而成为沙田。其周边的沙田浮露海面的时间，大约距今 1000年。在番禺大谷围地区乃至整个珠江三角洲地区，独特的地形条件以及特殊的历史文化过程，使该地区分成两大部分，即由多块低丘台地和唐宋以前冲积形成的三角洲平原称为"民田区"，明清时期冲积形成的三角洲平原称为"沙田区"。[①] 今番禺大谷围主体为"民田区"，而东南边缘新冲积出来的平原，则是原冲缺三角洲的一部分，被称为"沙田区"。

沙田的含义相当广泛，它不仅仅局限于可耕作的冲积田地而言，

番禺南部沙田远眺（网络图片）

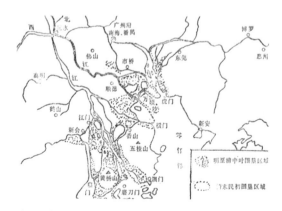

珠江三角洲的沙田区分布图（载《珠江三角洲农业志》）

---

① 刘志伟：《地域空间中的国家秩序：珠江三角洲"沙田—民田"格局的形成》，载《清史研究》1999年第2期。

番禺沙田区水上居民茅寮（陈斌摄）

1977年番禺珠江口沙田区围海造田
（陈斌摄）

凡是一切淤积涨生的田坦均属于沙田范畴，诸如围田、潮田、草坦、水坦、单造咸田等。甚至有人认为，有潮水所到者，即可统之谓"沙田"。沙田的形成主要有四种形式：①湾头淤积发育：由于河水受潮水顶托，便在海湾回流形成沙田；②沿河岸发育：在河岸两岸淤积而成沙田；③沿海岛屿、台地发育：围绕海岛和台地而成沙田；④两主流线之间发育：是一条河流主流受潮水的顶托而成沙田，如海心沙。①

二、清代以前的疍民与沙田区的形成

历史上，在包括番禺地区在内的珠江三角洲生活着一个特殊的族群——水上居民（疍民）。他们素"以舟为室、浮家泛宅"。新中国成立前后，他们陆续上岸居住，逐步融入民田区。南宋末年以前珠江三角洲已分布着不少的疍民。如《太平寰宇记》载："蛋户，为（新会）县所管，生在江海，居于舟船，随潮往来，捕鱼为业。"番禺市桥、顺德容奇、中山古镇等地都传说，在这些地方开村以前，河边只有渔民的船艇茅舍，到了南宋末年，才有北方

---

① 谭棣华：《清代珠江三角洲的沙田》，广东人民出版社1993年版。

的人民定居下来。

明初，明朝大军征服广东之后，在广东沿海设置军屯，广州各卫所的屯田就大多分布在从市桥台地以南、顺德桂洲、香山小榄到新会江门一带，屯军开垦的土地，大多就是在宋元以后西江北江河口伸出，在新会圭峰山经荷塘、均安、了哥山、顺德、沙湾到市桥一列台地外冲积形成的新生沙坦，由此开始了番禺等珠三角地区新沙田区大规模的开垦过程。后来在中山冲缺三角洲的西海十八沙和东海十六沙、番禺冲缺三角洲和新会崖门之内的大片沙田，就是在这以后逐渐形成并被开发成为沃壤的。①

明朝政府在洪武初年曾大规模地把疍民编入户籍，"编户立里长，属河泊所，岁收渔课"②，同时在广东大规模籍疍户为军。这一政策的实施，在后来编撰的一些族谱中仍留下痕迹。例如《番禺市桥房邓氏荫德堂家谱》记载该族祖先在明初入籍事曰："洪武十八年，为无籍事发，充广州府后卫守城当军伍，邓英与总旗谢谦、小旗胡全，贯籍番禺县沙湾司榄山堡十三图五甲役，户长邓胜和。"这些记载没有提到他们的祖先是否以疍户身份被编入户籍，或者是族谱编者有意隐瞒，或者是祖先的身份早已在流传中迷失了，到后来编族谱的时候已不知晓。一些宗族中关于祖先入籍的故事，之所以流传下来，本来只是一种通过户籍的获得以确认其身份的记忆，入籍以前的身份，在记忆中"迷失"，是完全可以理解的，我们似乎没有必要深究，但从这些记忆可以推见，一些宗族的祖先，其实是在明朝初年编制里甲时才登入户籍之中，从此成为王朝直接控制下的编户齐民，这一过程与明初籍疍户为军的政策很可能有着直接关系。③

到明代中叶，由于日益繁苛的赋税徭役征调，使编户齐民纷纷逃亡，脱离里甲制度的约束。里甲制度的瓦解是社会多种矛盾激化的结果，其中包括不堪疍长、河泊官凌辱的疍户等。明正统天顺年间，在珠江三角洲发生了规

---

① 刘志伟：《地域空间中的国家秩序：珠江三角洲"沙田—民田"格局的形成》，载《清史研究》1999年第2期。

② （明）嘉靖《广东通志》卷六八《外志五·杂蛮》。

③ 刘志伟：《地域空间中的国家秩序：珠江三角洲"沙田—民田"格局的形成》，载《清史研究》1999年第2期。

模宏大的黄萧养之乱。^① 这次事件最直接的影响，是在地方社会进一步确立起王朝的正统性，划清财产占有和社会身份的合法性和正统性的界限。^② 在黄萧养的队伍中，包括政府控制下的大部分村落的编民、大量的疍民^③ 和无籍之人。黄萧养之乱一度波及环大谷围的沿江地区，尤其是沿陈村水道东岸及周边的石壁、龙湾、古坝、屏山、钟村、谢村、沙湾、紫坭等大片村落。大量禺南地区的疍民亦参与了这场珠三角空前的动乱。^④ 正如科大卫所言，珠江三角洲新开发地带的居民，也就是沙田的居民，在明初应该是被编为低人一等的疍户。黄萧养之乱，让这些疍户中比较有势力的一群，有机会重新登记为民户，就这样，他们最终演变为珠江三角洲最有势力的陆上宗族。发生在南海、顺德两县的这种改变，因此展示出明朝地方政府的权力操作。^⑤而那些未被登记为民户的居民则为疍户，其所在的区域被称为沙田区。

三、清初的沙田与疍民的定居

清初禺南地区的迁海经历了一个酝酿的过程，首先迁徙的就是那些游弋在禺南珠江水域并与沿海有密切联系的疍户。康熙年间，因迁海而被迫移往广州西关的番禺疍民就达万人。^⑥

在茭塘司，顺治癸巳年（1653）由于战争的惊扰引发了沿江包括疍户等民众的骚动，大批的疍民、混合包括盗匪在内的水陆两路人马聚集在茭塘司东部的狮子洋水域。清兵乘着征剿之机，对附近的村落进行大规模的劫

---

^① 关于黄萧养之乱的经过，参阅郭棐《粤大记》卷三《事纪类》；黄瑜《双槐岁抄》卷七《黄寇始末》。

^② 刘志伟：《地域空间中的国家秩序——珠江三角洲"沙田—民田"格局的形成》，载《清史研究》1999年第2期，第15页。

^③ 有关黄萧养之乱与疍民的关系，参见吴建新《明清时期的广东蛋民》，载《广东教育学院学报》1986年第2期，第13－14页。

^④ 在沙湾西南的珠江河道上，有9块礁石。涨潮时礁石没顶，退潮时略露棱角，像水牛伏在水上，所以叫"九牛石"。当地有民谣说："九牛浮水面，黄萧养见面。"可见，黄萧养之乱产生的影响。

^⑤ ［英］科大卫：《皇帝和祖宗——华南的国家与宗族》，卜永坚译，江苏人民出版社2009年版，第103页。

^⑥ （清）焚封：《南海百咏续篇》卷一《移民市注》。

掠，大岭乡许族的族谱记载了这个事件："……因顺治癸巳年为茭塘村窝集疍民，设立太平市作孽，致大兵征剿，贻略茭塘、沙湾二司。七月二十二日，兵马集在溪头搭营十五天，房屋尽拆，家资席卷，男女人丁或捉或杀。前三月间，米贵如珠，每升余银捌分……"①

在沙湾司，康熙《番禺县志》载：

> 慈济宫，在市桥乡，前临沧海，后接飞凤山，汪洋巨浸，极目千里，疍舟晚薄，渔歌之声相接。徙海时，诸寺观皆毁，而此庙以灵感巍然独存云。②

又据乾隆《番禺县志》载：

> 两经徙海断飞鸿，壁屹难移慈济宫。飞凤山前蛋幻市，青螺嶂外雀乘风。渔歌蛋妇较商羽，僧诵梵船证异同。灌日沧溟何处极，北来瑞气上元中。③

从前引的文献可知，直到清初，沙湾司市桥的这座祭祀天后的庙宇前面是"极目千里，疍舟晚薄，渔歌之声相接"。这些"渔歌"便是疍民所唱的"咸水歌"。而从"飞凤山前蛋幻市""渔歌蛋妇较商羽"等句证明这一时期市桥一带水域聚集着大量的疍民。顺治十八年（1661）的"议迁"，即引发了市桥及周边水域疍民大规模的叛乱，波及整个禺南地区乃至临近的顺德、南海等河网地带的疍民。同治《番禺县志》载：

> 荣、玉皆疍户，党甚众，其缯船数百，三帆八棹，冲浪若飞。玉纠之习水战，助海寇。可喜募从征，授以武职，安插沙湾市邸，捕鱼为食。顺治十八年，议迁沿海居民于内地，俾避寇扰。大吏令尽彻缯船泊港汊，迁其孥于城邑。荣、玉失其故业，遂叛，势甚猖獗，直至城下，焚毁战舰，杀死官兵无算。十二月，官兵追至大石海，与

---

① 大岭《许五凤堂族谱》，收入陈华佳编《大岭村历史》1993年6月。
② （清）康熙《番禺县志》卷四《建置二十六》。
③ （清）乾隆《番禺县志》卷十九《诗·李文浩（番禺令）慈济宫》。

荣、玉大战，自辰至未，周玉就擒。李荣与余党窜匿。寻发兵沙湾搜捕余党，将抵茭塘界，巡检娄君玉以所部无叛党，叩马止之，请以身殉。将兵者悟而止，茭塘民赖以安。①

可见，周玉、李荣都是疍民，手下有几百条渔船组成的舰队。据钮琇的记载，部分渔船还配备了瞭望塔和火炮。② 迁海之前，平南王尚可喜已经招降了周玉、李荣并安置在市桥，使之成为他的珠江口沿岸兵力的一部。迁界令下达时，尚可喜命令他们把舰队开进内河，他们随即发动起义，占领顺德县城，并捕知县王胤，"声势大涨"，旋又烧毁新会，香山等地清军哨所，搬走官府仓库物资，"杀死官兵无算"。③ 周玉、李荣的水军随即被尚可喜平定，尚可喜因此扩充了为数 5000 人的一支驻军。④ 官军与周玉、李荣队伍在禺南的作战主要在茭塘司的大石附近珠江水域进行。最后，周玉被擒，而李荣及其余部得以逃亡。

茭塘巡检娄君玉谏阻官兵"进剿"茭塘反被诬陷。后来，由于潘楳元力为关说，始得免罪，从而避免了对禺南民众的杀戮。同治《番禺县志》亦载："韩应奎……康熙三年疍民李荣、周玉之乱，沿海恣其杀害，应奎往说之，暴稍戢，居民多赖保全……"⑤ 当时沙湾、茭塘两司一带的乡民踊跃为义军造船，广东官府被迫派出军队"专焚诸村已成未成之船"，仅市桥一地就焚毁一百三十余舟。⑥

康熙二年（1663），清政府将"沿海所有蛋民，悉徙内地，一切田园庐舍概行拆毁"，沙田区中疍民的"墩"也在拆除之列。清初疍民的反迁海斗争，进一步使疍民乘此机会摆脱疍籍，疍民的真正上岸定居是在复界之

---

① （清）同治《番禺县志》卷二十二《前事三》。

② （清）钮琇：《觚剩》卷七《粤觚上》。

③ （清）光绪《香山县志》卷二二《纪事》；胡定纂、陈志仪修：《顺德县志》卷九，清乾隆十五年（1750）刊。同治《番禺县志》卷二十二《前事三》；（清）钮琇：《觚剩》卷七《粤觚上》。

④ （清）雍正《广东通志》卷七，文渊阁《四库全书》本。

⑤ （清）同治《番禺县志》卷五十《列传十九·耆寿》。

⑥ （清）尹源进：《平南王元功垂范》。

后。针对海禁对广东等沿海地区社会经济和百姓生计造成的巨大破坏，广东巡抚王来任等清朝地方官员多次上书朝廷要求开放海禁。清朝平定"三藩之乱"、收复台湾以后，官府才开放海禁允许沿海百姓回迁到原居住地。

雍正七年（1729），清廷颁布谕令"准其（疍民）在近水村庄居住"。皇帝虽然表态，但土地权都在地主、豪绅手里，谁也不敢在别人的土地上建造永久性房屋，只好在墩边堤畔，或半跨河涌搭寮栖身。每间寮占地面积10多平方米，以杉作柱，以竹作椽，以稻草或干蔗壳为上盖，以稻草敷上泥浆作墙，能用上杉皮便算上好材料。为了防火，寮与寮之间有一定距离，煮饭的厨房也从不与主要居室连接。明末清初这样的疍民聚落日见增多。《广东新语》卷十八载："诸蛋亦渐知书，有居陆成村者，广城西周墩、林墩是也。"据记载，在沙田区中，疍民"聚其党属，结茅于荒畦僻港，维楫庐侧名之曰墩"，实为河边水上疍民聚居的草寮区。沙田区有不少以墩为名的村落。如香山的"诞嘉墩"，本作"疍家墩"，清初为疍民聚处，故名。雍正年间，徙居陆上的疍民已是"杂列编氓""服食视贫民等"，务农已久了。

然而，清初"疍民耕沙"只限于部分沙田区，"住民耕沙"还占主要地位。《广东新语》卷二载，顺、香、新等县的民众，"二月下旬偕出沙田上结墩"，犁田、莳秧，"至五月而毕，名曰田了，始相率还家"，反映的就是这种情况。而如前所言，清初珠三角疍民领袖周玉、李荣以渔业为生，但他们却有"田庐境墓，俱在界外"[①]，大概他们原是市桥一带半农半渔的疍民。

随着清代珠江三角洲冲积的加快，沙田的扩展，渔业资源急剧减少，迫使疍民改业，疍民耕沙就越来越普遍了。《敬学轩文集》中突出地记载了这种现象："海滨鱼虾之利甚微，贫民、蛋民皆籍耕、佃、工筑之业以糊口……日竭手足胼胝之力，佣工自给。"[②]"弥年农蛋十室九空，海利既并

① （清）樊封：《南漖百咏续编》卷一《凤凰岗注》。
② （清）龙廷槐：《与瑚中丞言粤东沙坦屯田利弊书》，载《敬学轩文集》卷一。

于豪强，鱼虾亦尽于网罟，止有耕种一途，籍之旦夕。"[1]可见，渔业资源减少以后，耕沙就是疍民唯一的活路，使他们逐渐经历从渔到半农半渔、完全务农的过程。这个过程也是他们从浮家泛宅到上岸定居的过程。

四、清中后期沙田聚落的形成

清代中叶，位于番禺县丘陵地带的"鹿步一司地更饶，唯沙（湾）茭（塘）两巡司……濒海沙坦广拓而腴，为一邑之最"。禺南大谷围地区的一部分疍民通过契约方式，逐渐融入民田区的宗族。如清乾隆年间，禺南地区部分宗族（如戴氏赤山房）吸收了附近异姓疍民进入本宗族。因为要求加入的人很多，只能采取拈阄的办法解决，虽有戴氏族人戏称他们这些人可组成"蟛蜞房""蛋家房"，但宗族值事最后允许了拈阄拈到了"戴"字的疍民加入他们的宗族，且大多数加入了最富庶的东涧祖一支。[2]同时，这一时期由于濒海低沙地带距离居民点更远，固有的"住民耕沙"方式已不适应沙田的发展了。一部分民田区的宗族改变耕作习惯，到远离村庄的沙田耕作。

清末广州珠江上的疍民（网络图片）

清中后期，在番禺冲缺三角洲开始出现一些为经营沙田设立的"耕馆"，以耕馆为中心，开始形成一些聚落。清道光间，开发不久的低平原，也逐渐出现疍民的聚落。番禺疍民在万顷沙围垦，一边"兴筑庄屋"，建立居民点。沙田区每筑一围，就建有"围馆"，流动的疍民与其他雇工居于此，

---

① （清）龙廷槐：《拟照旧雇沙夫议》，载《敬学轩文集》卷十二。
② 戴国雄编著：《戴氏岭南乾公天则世系番禺赤山房史考》，2003年版，第16—17页。

农忙时来，农闲时散去，疍民耕作历年，久而久之，定居围中，低沙地带的聚落就形成了。但是这些聚落与民田区有着明显的差别。[①] 清光绪年间，禺南（沙湾、茭塘两司）紫坭—沙湾—市桥—石楼这一条线以南的行政村，仅有大凹（坳）、南边月（大乌）、大涌口、龟岗（灵山）等称为"散乡"的几个村（见《番禺县续志》）。清末以后，随着大片沙田的垦辟，居民沿着河涌搭茅棚，村落成线状聚居，因此形成的村落很分散，俗称"围口"或"沙所"，有的绵延数里，多呈"一"字形、"十"字形和"⊥"字形，形成"沙田、河涌、茅寮"的沙田聚落景观。这种水乡聚落与顺德一带"榕树、河涌、镬耳墙"的岭南水乡景观[②] 有较大区别。

五、民国时期沙田聚落的文化景观

据民国时期的文献记载，番禺大谷围以南"有沙田三千余顷，……顾一考其内容，则纵横数十里，无一农村之显现"[③]。广大沙田区仅有41000余人，人均土地为七亩三分。[④] 民国番禺南村人邬庆时这样描述民田区和沙田区两种村落的差别：

1972年番禺东涌水乡风貌（陈斌摄）

> 广东农村多聚族而居，如外海之陈，沙湾之何，数万兄弟，同居一村最为繁盛。而数千、数百者

---

① 刘志伟：《边缘的中心——"沙田—民田"格局下的沙湾社区》，载黄宗智主编《中国乡村研究》（第一辑），商务印书馆2003年版。

② 朱光文：《岭南水乡》，广东人民出版社2005年版。

③ 民国番禺县政府：《番禺沙田建设新农村办理情形及扩充计划》，藏广东省立中山图书馆。

④ 民国番禺县政府：《番禺沙田建设新农村办理情形及扩充计划》，藏广东省立中山图书馆。

则随处有之……惟沙面各农村则不然，多是各族杂居，完全无姓氏之界限，甚至姓氏之观念。虽人口繁多如万顷沙，如鱼涡头，亦不见一祠，一厅。[①]

民国版《番禺县续志》卷一《舆图》显示出这样的人文地理景观，以市桥水道为一线，市桥台地才有密集的村落，市桥水道以南都是一望无际的沙田，仅河流两旁有零星的民居，是流动疍民居住的茅寮。

20世纪30年代，番禺县政府有"番禺沙田之农民，不特九成以上没有土地，即所居宅地，亦非其所有"的记述。至1949年市桥水道沿线以北的沙田以及狮子洋的海心都未成立行政乡，而是分别属于九如、沙湾、市桥、同安（石碁）、冈尾（石楼）等乡管辖。

民国以后，半农半渔的疍民最终摆脱渔业生涯完全从事农业。万顷沙一带尚有半农半渔的疍民，农忙时上耕寮，农闲时下渔船。[②] 随着沙田拍围向南发展，筑围后佃户逐渐形成相对定居的聚落，如榄核的万安围、甘岗下围、牛角上围、涩湄围、八沙涌、新涌等自然村。地主和"包农"（二地主）为了便于贮存稻谷，多在晒谷场边建筑"围馆"。这些围馆是高仅3米，三面环墙的砖木结构建筑。直至新中国成立初期，沙田地区为数极少的砖木混合结构建筑物，都属地主或包农占有。

六、新中国成立后沙田聚落景观的成型

疍民由于历来备受歧视，所以在新中国成立以前，不论从事水上运输或陆上耕作的疍民，都讳言其先祖是疍民，诿说是若干代以前从某地一些名乡大族"分支"出来的。1950年，政府于番禺大谷围南部的沙田区分别设立榄核、灵山、壕下、大乌、沙鼻、金沙乡。1950年从原属九如、沙湾两乡的"围口"沙田中划出成立榄核、灵山、壕下、大乌、沙鼻五乡，其中榄核乡辖下10个行政村（1—10村）。1953年土地改革后这10个行政村又合并成榄核、浅海、大坳3个小乡。1956—1957年农业合作化后，以高级

① 邬庆时：《广东沙田之一面》，载《广东文史资料》第5辑，1962年。

② 叶少华：《我所知道的东莞明伦堂》，载《广东文史资料》第16辑，1964年。

农业合作社为单位，发展形成 20 世纪 80 年代的行政村。1958 年莲花山渔业乡建立了群星、明星、卫星、东星 4 个渔村（从全县各地迁来渔民户组成）；1957 年，禺东南岗墩头基（今广州市黄埔区）等地渔业社渔民（含县境内和珠江口部分流动渔民）迁来莲花山定居，辟地建村，分为群星（原墩头基、南岗、七沙）、明星（原市桥、南浦）、卫星（原海心、大沙尾）、东星（原深井）4 个居民点。他们世代捕鱼、漂泊江河，第一次在陆上拥有固定住所，今已发展为莲花山镇（现已并入石楼镇）。[①]20 世纪 60 年代初期，人民政府提倡茅寮砖屋化，并以信用社建房合作存款方式扶助建房户，持续多年才逐渐改变沙田的居住条件。

　　1989 年夏天，叶显恩教授曾访问番禺县沙湾镇蚬涌村曾充当沙田佃户的蜑民。据他们说，这些地方（按：指他们今居的周围）古时本是浅海，是他们活动的天地。后来围垦成沙田，并为陆上的地主所占有。他们之所以租一丘沙田来种，是为了取得沟渠的捕鱼权，并能在田与沟间建一栖身之茅寮。这些茅寮已从 20 世纪 70 年代起先后改建成瓦屋或钢筋水泥小楼房，因皆在旧茅寮的基地上建筑的，所以，今天住宅的布局依然同过去相差无几。如在高处鸟瞰蚬涌村景观，便会发现它是沿着沟渠形成线状的路村。这种情形在东海十六沙和榄核镇属下村尤为突出。有

沙田区水上居民运蔗（陈斌摄）

---

① 番禺市地方志编纂委员会办公室编：《番禺县镇村志》，广东人民出版社1996年版。

番禺沙田区的茅寮（陈斌摄）

的沟涌渠的线状村竟绵长达 10 千米。[①] 而事实上，我们今天在沙田区所见的村落大部分是人民公社时期为集体出工方便聚集而成的。[②]

在沙湾的旁邻，有一个称作"基围壆"的小村落，过去是沙湾的附属村。村里的居民，被沙湾镇里人称为"蛋家仔""水流柴"，虽然这个村子与沙湾几乎紧连在一起，但村子过去也被认为属于沙田区，村里人过去也被视为"开便人"。在沙湾的北帝祭祀活动中，这个村子的居民是无权参与的。和其他沙田区的疍民一样，这个村子本来既没有祠堂，也没有神庙。但是，学者 1989 年在沙湾调查时，在这个村子看见一座非常简陋狭小的北帝庙，这座北帝庙大约建于 20 世纪 40 年代。当我们向沙湾人问到这座北帝庙的情况时，人们以一种不屑的态度说他们只是学镇里人拜北帝。基围二村的疍民北帝崇拜显然是一种新形成的传统。事实上，由于基围二村与沙湾邻近，同其他沙田区的聚落相比，这个村子可能有比较久的定居历史和比较稳定的定居居民。不难看出，这种新发展起来的村落对其宗主村落在文化上的模仿，反映出某种具有正统性象征的神明崇拜，可能被利用作为改变社会地位的文化手段。因而，民间神祭祀传统的形成和变化，实际上是地域社会变迁历史中的一种文化过程。[③]

---

① 叶显恩：《明清广东蛋民的生活习俗与地缘关系》，载《中国社会经济史研究》1991年第1期，第56—62页。

② 刘志伟：《边缘的中心——"沙田—民田"格局下的沙湾社区》，载《中国乡村研究》（第一辑），商务印书馆2003年版。

③ 刘志伟：《边缘的中心——"沙田—民田"格局下的沙湾社区》，载《中国乡村研究》（第一辑），商务印书馆2003年版。

七、小结

　　珠江三角洲在古代是一个岛屿星罗棋布的海湾，宋代以前，大量以艇为居的人漂泊在岛屿波涛之间，以渔盐贩运为业，被称之为"疍"。宋明以后，在这个海湾上的大小岛屿的周边逐渐淤积出大片不断扩展的陆地，形成了水陆相错的三角洲平原，水上的生计空间日见缩小，而农耕则在沙田开发的基础上迅速发展起来。作为沙田开发和农业经营主要劳动力的疍民在已经开发成沙田的基围上搭寮居住，并随着农业经营规模的发展，上岸改业农耕的疍民沿河涌基围搭建茅寮，逐渐在一些围涌的出入口或沙田经营的据点（如围馆）形成一些相对稳定的聚居点。长久以往，逐渐形成了新的聚落社区。明代宗族制度建立以后，包括番禺大谷围民田区和沙田区在内的村落在乡村文化景观上逐渐形成了较大的区别。番禺南部冲缺三角洲（沙田区）尽管河道纵横，水网交织，为典型沙田水乡景观，但是缺乏文化积淀，聚落形态较为单一，桥梁多为简易竹木桥，民居中没有青砖建筑，更缺祠堂和庙宇，房子简朴，以干栏式建筑草寮居多，每间寮棚面积只有 10 多平方米，以杉木作柱，以竹作椽，以稻草、芦苇或甘蔗壳盖屋顶，用泥浆纹稻草作墙，小部分为杉皮棚寮，珠江三角洲一带称为"茅寮"，这种聚落景观与顺德一带民田区、老围田区岭南水乡的景观特色[1] 有所区别。

　　沙田地名也可反映疍家从业渔转为业农的过程。沙田地名，或以渔具、渔业活动命名，如中山的罟步沙、晾网（今称浪网）沙、咸标（今称锦标）沙、撒网沙、罾棚沙，东莞的炕船沙；有些地名以盛产的鱼虾种类命名，如中山的白鲤沙，番禺的鱼虾窝沙，东莞的鱼沙，新会的鲟鳇沥沙、蟹洲沙；有些地名干脆以疍家名之，如番禺的疍家沙、邓家墩（粤人将"蛋家"讹为"邓家"），东莞的赖家庄等。古代将疍家的渔业活动，沙洲成田以前就是他们活动的地方，沙坦淤高以后，他们就成了沙田的开发者，原来的地名也沿袭下来。又如近代沙田疍民最集中的万顷沙，原为大奥沙，为咸水之边，沙洲原来是他们渔船停泊，避风之所，后来他们又是万顷沙农田的最早开

---

① 朱光文：《岭南水乡》，广东人民出版社2005年版。

发者。①

新中国成立后，当时属番禺的南沙地区经过人工开发的沙田将近有 10 万亩，并且通过政府主导下新形式的沙田开发模式，使开发出来的沙田创造了无限的经济价值。无论如何，番禺有史以来就跟沙田的开垦和开发密切相关。因此，尽管沙田区大部分已经划出作为南沙区的主体，但这个区域的文化中心，却是在现在的番禺区域内形成的。这个区域在文化上的主导和核心地位，不会因此丧失。

① 钟功甫、李次民：《珠江三角洲》，商务印书馆1960年版。

第五章　番禺大谷围地区的传统社区文化

第一节　民间信仰与诞会文化

一、番禺大谷围地区的民间信仰体系

长期从事珠江三角洲乡村社会史研究的科大卫教授曾说："岭南乡村社会的地缘关系建构于拜祭的对象。拜祭的对象在村民的眼中分为祖先和神祇两大类，维系于拜祭神祇和祖先的活动便构成乡村社会的主要体系的根据。控制土地的权限往往包括在拜祭的活动之内。同姓的联盟就建立在宗族组织对祖先的祭祀上，不同姓的联盟多建立在神祇拜祭上。"[①] 以神祇为中心的民间信仰与迎神赛会是解读明清时期珠江三角洲乡村社会演变脉络的重要途径，也是解读围绕民间信仰与迎神赛会而衍生的各种民俗仪式及民间艺术及其文化内涵的一把钥匙。

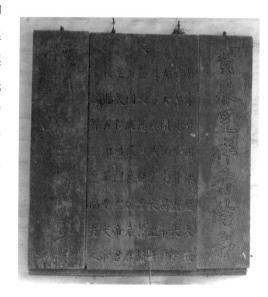

番禺地区常见的"九尊神"

① ［英］科大卫：《告别华南研究》，载华南研究会编《学步与超越：华南研究会论文集》，香港文化创造出版社2004年版。

番禺大谷围地区的乡村中供奉的神明很多，近代番禺人邬庆时在《南村草堂笔记》中讲到番禺人最为普遍信奉的几位神明：

> 邑人所崇奉之神以观音、关帝、主帅、天后、医灵、华光、洪圣、文昌、魁星、财神、金花等为普通。而家中香火有安七位神者，有安九位神者。皆由上列各神择而安之，而必以观音居中，其衔独书九字曰"大慈大悲观世音菩萨"，余则皆八字耳，亦有仅写"敬如在"三字者。①

根据沙湾镇建设委员会1987年的调查，1949年前沙湾的寺庙中，除了有5间佛教寺庵外，民间祭祀的祠庙共有14间，分别是青龙庙、巡抚庙、华佗庙、玄坛庙、天后娘娘庙、观音堂、华光庙、康公主帅庙、三元庙、福善庙、关帝庙、窦母娘娘庙、义士祠、望海观音。然而，在沙湾居民所供奉的神明中，地位最高的并不是这些庙中的神，而是一位没有自己专门庙宇的北帝。当地人把这位北帝称为"村主"。②

1949年前的石碁（今石碁镇和大龙街）有庙宇74间，现存10间；其中观音庙8间，现存1间；北帝庙12间，洪圣、主帅各6间，金花庙6间，现存1间；天后庙3间，华佗庙1间，华光庙5间，现存3间；其他19间，现存4间。③

沙湾武帝古庙中的文昌帝君

1949年前的市桥（含沙墟）原有普渡禅林（祀观音大士）、关帝庙、报恩祠（祀清雍正任两广总督的孔毓珣、广东巡抚王来任、茭塘司巡检娄君玉）、主帅庙（祀康公主帅）、大师公庙（祀劝善大师公）、慈济宫（祀天后）、炳灵古庙（祀炳灵公）、三圣宫（祀北帝、观音、关帝三神），还有普陀庵、

---

① 邬庆时：《南村草堂笔记》卷一，载《番禺之风俗》，民国九年（1920）版。
② 上述资料录自1987年番禺各镇《社会调查表》。
③ 上述资料录自1987年番禺各镇《社会调查表》。

莲塘村天后宫　　　　　　　冈尾十八乡洪圣王出会赤岗村高脚牌

法明庵等。①

　　在番禺大谷围地区的乡村中，乡村庙宇及其祭祀的神明在村落神庙体系中有着不同的地位，从其覆盖影响的范围可以分为：家神—社（约、坊、里）神—族姓神—乡神—跨乡神。神的种类大致分为自然神、人神乃至无来历神等类。番禺大谷围地区的神明系统可分为如下四种。

（一）住宅神明系统

　　在番禺大谷围地区一般人家中从门口过天井入厅堂，都有一系列的神灵错落布置，次序是：土地神—门官—天官赐福—井泉龙王（神）—定福灶君—九尊大神（常安九尊）—祖先位、地主位。如小谷围南亭乡关良故居正厅中的九尊大神为：南海广利洪圣大王、敕赐五显华光大帝、九天开化文昌帝君、北方真武玄天上帝、大慈大悲观世音菩萨、护国庇民天后元君、忠义仁勇关圣帝君、都天至富财帛星君、金花普主惠福夫人。

（二）社（约、坊、里）神明系统

　　社神源于古代之社稷崇拜。"社"是土神，"稷"是谷神。明初，朱元璋诏令天下立社。

　　洪武八年（1375）朱元璋亲自制定的《洪武礼制》规定："凡各处乡村

---

① 番禺地方志编纂委员会办公室编：《番禺县镇村志》，广东人民出版社1996年版。

人民，每里一百户内，立坛一所，祀五土五谷之神，专为祈祷雨旸。"又规定"凡各处乡村，每里一百户内，立坛一所，祭无祀鬼神。"根据这些规定，里应该是一个以社坛和乡厉坛为中心的祭祀单位，这样的祭祀单位自然就是一个村社。《洪武礼制》是地方官和士大夫在地方上推行教化的重要依据，这种制度很可能在乡村中推行过。清代南来的官员见到"粤中立社，多置一石，意为神之所栖，或依巨木奉祀"①明清笔记称广东这种文化现象为"靠树为坛"：

> 各乡俱有社坛，盖村民祈赛之所。族大自为社，或一村共之。其制砌砖石，方可数尺，供奉一石，朝夕惟虔。亦有靠树为坛者。②

珠三角乡村多于村口大树下放一石称为"社坛"，亦又在树下配以神像者，用的树种多是华南常见的快长不成材的榕树、木棉之类，配神之树称为"社树"。③"靠树为坛"同聚落设置有着严格的配属关系。④"土地""社公"和其他神祇同村中的坊巷布局保持着非常严格的配属关系，居民是坊众，同时又是专奉某一"社公"的"社众"。这种配属不但使社区生活有序化，有利于社区的整合。⑤番禺大谷围地区的民田区村落至今仍保存着众多的社稷坛，多以花岗岩砌筑，也有部分是"靠树为坛"的。以沙湾乡为例，现存北村承芳里的"大社"靠西侧有枝干茂盛的大叶榕老树而设。还有沙湾西村三槐里的社坛、北村亚中坊的"槐花社"、南村侍御坊"观澜门"社坛等。

（三）乡族神明系统

明清之际的番禺人屈大均曾经热情洋溢地讲述过神明崇拜对他故乡的开发作用：始祖"其择居时，舟载侯王神像顺珠江东下，至于沙亭之石头，舟

① （明）王临亨：《粤剑编》（元明史料笔记），中华书局1987年版。
② （清）张渠撰、程明校点：《粤东闻见录》卷上《杂神》，广东高等教育出版社1990年版。
③ （清）张渠撰、程明校点：《粤东闻见录》卷上《杂神》，广东高等教育出版社1990年版。
④ 陈忠烈：《"靠树为坛"——中国先民驻留澳洲的证据》，载《广东社会科学》2003年第6期。
⑤ 陈忠烈：《明清以来珠江三角洲"神文化"的发展与特质》，载广东炎黄文化研究会编《岭峤春秋——岭南文化论集（三）》，广东人民出版社1996年版。

止不动，因立庙以妥神，神止于斯，始祖亦止于斯，斩刈蓬藋，以树桑榆……其田土膏腴，有子母浮生之沃；而且植物芬芳，海鲜珍怪，又复繁多其类，故以为公之汤沐焉。……吾祖庙也，先公之所堂构，弗敢怠而荒也"①。

在禺南乡村社会有作为一族（单姓村）或一乡（多姓）之庙的，即"村主"（或"乡主"）庙。如穗石"……甲年迎主帅，八月建醮；乙年元旦演戏送神，二月迎天后行宫；丙年三月二十一建醮；丙年二月二十二日巡游送神；丁年迎龙牌；戊年送龙牌；己年迎主帅，周而复始。东约、南约、西约、中约、北约川流不息，所以祀神也"②。其中，穗石的"康公古庙，祀康公主帅，俗名主帅庙，不知建自何代，一乡之香火也。在北约直街下庙，两楹，其左为五公所，五约公议之所也，故又名五约庙。光绪重修，庙额四字应暄书丹者。庙内柱联应暄、应勳敬送。行像一尊，五约轮流迎归。奉事即于是年八月建醮巡游一乡周而复始"③。

小谷围有"北亭多庙，南亭多社"的说法。北亭原有庙宇15座，由乡中不同的宗族兴建和管理，如梁族的庙宇有张王爷庙、天后宫、土地庙、侯王庙、茅山庙、将军古庙、武帝庙、康公庙；陈族的有东山庙、先锋庙、华光庙、魁星楼（文昌庙）；崔族的有华光庙，属于全乡的庙宇有魁星楼（文昌庙）、金花庙等；北亭有梁姓管理的张王爷庙、天后宫、土地庙、侯王庙、茅山庙、将军古庙、武帝庙、康公庙；陈姓管理的东山庙、先锋庙、华光庙、魁星楼；崔姓管理的华光庙，还有全村公有的魁星楼、金花庙；练溪乡一村四庙，三圣公王庙、华光庙、包丞相府、天后宫，分别建于村头、村中、村尾和四望岗下。④

如番禺大谷围地区现存较好的庙宇中，沙头南昌古庙、紫坭包相府、龙岐侯王古庙、沙涌鼎隆堂（即关帝庙，沙涌江、幸、胡合祀）、谢村方帅庙、茭塘文武庙（祀文昌帝君和关帝）、石楼灵蟠庙（祀文昌帝君和关帝）、官涌华帝古庙、三善鳌山古庙（以观音为主神）、新桥圣母宫（祀天后）均是一

① （清）屈大均：《翁山文抄》卷三《侯王庙碑记》。
② （清）陆应锌：《穗石陆氏族谱·地理（山川宫室寓）》"上娘妈庙"，光绪年版。
③ （清）陆应锌：《穗石陆氏族谱·地理（山川宫室寓）》"帅府庙"，光绪年版。
④ 曾应枫、周翠玲、冯沛祖：《小谷围》，广东教育出版社2004年版。

乡之神庙。如果是"乡主"神的就享有在龙舟竞渡时把其"行宫"易驾到龙舟上坐镇的专利，其旗帜也成为一乡或一姓的标志。

表 5-1 紫坭村庙宇名录 ①

名称	又名	所在地点	现存	消失时间	消失原因	菩萨名称
洪圣庙		桥头坊		1958年	拆	南海广利洪圣王
观音庙		大川岗	2007年重建	1958年	拆	观音娘娘
主帅庙	康公庙	大川岗		1958年	拆	郑公元帅
洪山古庙	公王庙	大川岗	1988年重建	1964年	倒塌	洪圣公王
天后庙		大川岗		1952年	倒塌	天后娘娘
北帝庙	玉虚宫	大川岗		1962年	拆	北帝公
五圣庙		大川岗		1958年	拆	五圣公
巡抚庙		大川岗		1955年	拆	王来任
地母庙		大川岗	2004年建			至尊地母
地藏庙		大川岗	2004年建			地藏王
土地庙		关西坊		1958年	拆	土地公
关帝庙		山斗坊		1957年	拆	关帝公
土地庙		河涌坊		1952年	拆	土地公
关帝庙		河涌坊		1938年	拆	关帝公
财帛星君庙	财神庙	隔塘坊		1960年	拆	财神
关帝庙		隔塘坊		1958年	拆	关帝公
协天宫	关帝庙	隔塘坊	2002年迁建			关帝公
财帛星君庙	财神庙	新地坊		1962年	拆	财神
包相府	包公庙	新地坊	现存			包拯
奎星庙	奎星楼	新地坊		1962年	拆	奎星
龙王庙		新地坊		1963年	拆	海龙王
雷侯庙		东安坊		1959年	拆	雷神
北城侯	师傅庙	西安坊	现存			鲁班师傅
玄坛庙		西安坊		1962年	拆	赵公元帅

---

① 黄尧根：《紫坭村历史点滴》（未刊稿）。

（四）以社庙为中心的村落联盟

在明清时期，番禺大谷围地区形成了若干村落联盟，这些村落联盟有些可能是由明代里社乡约系统发展来的，不过直接的历史渊源，是与清末团练系统相关。这些村落联盟大多以特定的庙宇为中心，并且通过大规模的跨村落迎神赛会仪式形成凝聚力，并以此作为联盟的主要机制。今天很多乡村的节庆仪式活动，都与这种乡村联盟的运作有关。就我们目前的了解，禺南地区的社庙与村落联盟情况大略如表5-2所示：

表5-2　禺南地区庙社与村落联盟

庙宇与神明	社及相关村落	对应的清末团练组织（社学）	会期与主要仪式
茭塘司			
康公古庙，在官堂，又称"十甲庙"，祀康公主帅。	显社（社址在塘坵）：包括河村、植村、塘坵（今塘东、塘西）、员冈（又名员峤）、大石、大山、礼村、会冈（今会江）、官塘（今官堂）、陈边、猛涌（附大石，后改称存善）、金园（又名金溪）、大博头（又名博厚）、草堂、金坑坊（以上四乡俱附员岗），共七约，又称为"十甲"。	河桥社学，在塘坵，与显社对应。	农历正月初十日为康公主帅诞日。
东山庙，在南村。原主神为南海神，后改为祀北帝。	东山社（社址在南村）：市头（又名洲南）、罗边（又名萝山）、南村（又名南山）、板桥（又名桥溪）、上梅坑（又名梅山）、大冈南（又名山南）、里仁洞（又名里溪）、沙边（又名鳌山），九乡实际上只有七条村，指南村、市头、罗边、梅山、板桥、江南（又名大岗南）、里仁洞。其中，市头乡南约蒋姓单独轮值北帝诞，而北约、中约、沙边、涌口诸小姓联合成立一个名为三竹堂的组织，参与北帝诞轮值一年，所以市头整个乡就轮值两次。	东山社学，在南村，道光年间建成，与东山社对应。	农历三月初三为北帝诞，有东山社九乡会，以马色为主。

267

（续表）

庙宇与神明	社及相关村落	对应的清末团练组织（社学）	会期与主要仪式
冈尾庙，即南海神祠，在潭山，祀洪圣王（南海神）。	冈尾社十八乡：赤山东、赤岗、大岭、凌边、潭山乌石冈、石子头（石楼）、官桥、潭山红石祠、仙岭、西村、潭山白石祠、明经右里、岳溪、山门、明经左里、化龙方头、苏坑（眉山），为便于记忆，当时人们将参与洪圣出会的所有姓氏及其轮流次序编成歌诀：戴、陈、大、凌、乌、官、红、仙、草、子、西、白、右、溪、门、左、方、苏（据说南浦早期由于经费不足而退出轮流"出会"的活动，由苏坑补上）。	冈尾书院，在潭山，咸丰六年（1856）建成，与冈尾社对应。	每年农历二月十三日为洪圣王诞（波罗诞），有冈尾社十八乡出会，以马色为主。
南海神祠，在思贤，祀南海神。	深水社（社址在思贤乡）：沙路（古名沙亭），东溪（又名东边头），涌口（附莘汀），柏堂（又名白堂下），莘沙（又名莘汀），北村（又名牛轭地），严村（原名思贤，又名严坑），大冈脚（又名山屋），化龙细墟同，大街，隔山（又名水门），新、旧沙园（又名犁头冈），隔村（附新造），旧庄（附新造）。	深水社学，在思贤，与深水社对应。	每年农历二月十三日为洪圣王诞（波罗诞）。
所祀神明未明。	彬社（社址在官山墟）：琶洲、黄埔（又名凤浦）、赤沙、北山（又名北村）、仑头、土华（又名土瓜）、小洲（又名瀛洲）、西江、官洲、长洲、深井（古名金鼎）、南埗、贝冈、郭家塘（即郭家墩）、赤墈、诗家山（又名师山）、穗石（又名大石头）、大塱、北亭、南亭、鹭村（又名路村）、白泥涌（又名练溪）、新洲（附黄埔）、大湴。	彬社书院，在北亭官山墟，文澜书院，在郭塱，与彬社对应。	情况未明。

庙宇与神明	社及相关村落	对应的清末团练组织（社学）	会期与主要仪式
沙湾司			
康公庙，即正觉堂，在小龙，祀康公主帅。	同安十八乡巡游次序是：缸瓦堂、东村、茶园、潭边、下塱、蔗山、文边、塘尾坑、高地庄、陈庄、金山、朱地庄、桥山、小龙绍诚堂、田坎、塱尾、仇地、谭坊、孔地大祠堂、高田、后岗水、高园坊、西岗坊、沙涌、大龙园、大龙圩新街（相当于今大龙街傍江西村以东部分镇境），然后回宫。	同安社学，在石碁，与同安社对应。道光二十七年（1847）合石碁、傍江、新桥、沙涌、小龙、官涌、隔山、朗边、东村、茶园、谭边、文边、桥山、赤坜、金山、高地庄、蔗山、大岎等二十乡同建。	农历正月初六为康公诞，同安社学十八乡出会，又名"三马会"，以马色为主。每出游，神骑生马，报赛甚盛。
康公古庙，在钟村，祀康公主帅。	涵盖同风社部分村落，即今天的钟一、钟二、钟三、钟四、汉溪、胜石各村，"十甲"分别是：一甲彭元、二甲屈、三甲陈、四甲卢、五甲彭、六甲黄、七甲区、八甲李、九甲陈、十甲简。	同风社学，在钟村，与同风社对应。同风社（社址在钟村）：石壁、谢村、选敦、钟村、屏山、都那、双坑、玉堂、南山、汀根、横冈、莲湖。	农历正月十八为康公诞，由钟村十个较有影响力的姓氏组成的"十甲"轮流组织，称为"钟村出会""十甲会"，以马色为主，还有搭棚演戏等。
北帝庙（玉虚宫）	坑头、水坑（新、旧水坑）、蔡边	协恭社学，先后设于坑头和蔡边，与协恭社对应。	农历三月初三为北帝诞。

269

（续表）

庙宇与神明	社及相关村落	对应的清末团练组织（社学）	会期与主要仪式
关帝庙，在垦头祀关圣帝君。	该组织的村落从平康社、协恭社、亲仁社析出，首以龙美、东沙、榄塘、左边、垦头、白沙堡六乡联盟，后朱坑、甘棠、横坑、樟边四乡加盟，组成十乡联盟。	这些村落主要从亲仁社和平康社等社析出。	农历五月十三日为关帝诞，正月初十为会期，又称"辽东会"，主要为马色巡游，分为有扮相和没有扮相两种。
康公古庙，在大罗塘，祀康公主帅。	亲仁社，在大罗塘乡，道光二十八年（1848），合螺山、招村、丹山、甘棠、白沙、朱坑、碧沙、土涌、大富、横江、莲湖、横坑、张边、龙美、东沙、垦头、平步、榄山、罗塘、左边、榄塘、马庄二十三乡同建。该组织从亲仁社析出的五乡（把大罗分成大罗、小罗，平步分为大平、小平即为七乡）组成，包括今大罗、小罗、沙头、榄山、丹山、大平、小平等七乡。	这些村落主要从亲仁社析出。	农历正月初八为康公诞，主要有舞龙、马色等民间艺术巡游。
侯王古庙，在渡头，祀侯王。	螺阳社（社址在渡头），包括：渡头（又名龙津）、兰陵、田心（又名福田）、新村、岐头（又名碧山）、岐山（又名沙园）、石涌七约。	螺阳社学，在渡头，道光二十九年(1849)建，与螺阳社对应。	侯王诞，农历四月二十二日，抢花炮，夜晚鱼灯巡游等。

二、番禺大谷围地区民间信仰的演变

番禺大谷围地区的民间信仰和诞会组织大体经历了四个阶段的演变。

第一阶段是宋元明初时期。宋到元明之际，一方面是道、佛、巫觋等盛行，像屏山简子昱、冼敦孔思范、钟村陈实这样一些掌握法术或主宰地方事务的地方精英会被当作神明建庙供奉起来，神明崇拜和祖先祭祀往往叠加在一起；另一方面像南海神（洪圣王）这样的官方神明被地方社会接受，并不断扩大影响。同时，这也是地方社会根据自身需要创造新的传统，对官方庙宇进行重新解释的地方化过程。不管是宋明之间的地方乡豪通过控制官方庙宇的祭祀权，在本地建立新的行宫（分庙）创造出新的文化传统，还是清初以后陆续建立起来的新祭祀传统，民间社会都会创造一套话语努力把自己的庙宇与官方庙宇拉上关系，作为确立在地方社会权威的文化资源，从而置身于官方庙宇的的庇荫下，类似祭祀南海神（洪圣庙）的"七子朝王"这一类的故事就是在这样的背景下不断被演绎出来的。

　　第二阶段是明初到明代中叶。明初到明代中叶，官府为配合毁淫祀与儒家教化的展开，对珠三角那些未被祀典登录的佛道寺观等当作淫祠加以捣毁，设立社学和书院。正德十六年（1521），魏校作为按察司副使（以提学为职务）来到广东赴任。翌年，魏校为奔父母之丧离任，其在任仅一年。但是，就在这短短的一年时间里，魏校凭其所实行的捣毁淫祠①之事业，将自己的名字留在了广东的历史上。魏校试图以广州城为对象，把未被祀典登录的佛道寺观等看成淫祠加以捣毁，设立社学和书院，这表明他首先准备将广

冈尾社十八乡示意图（陈铭新制图）

用于冈尾十八乡洪圣王出会石楼轮值期间供奉行宫的神楼

---

① 所谓淫祠，就是指与朝廷所编纂的祭祀典籍（祀典）里所记载的祠庙，即与通称的正祠不同，未被祀典登录的祠庙。

州作为普及儒教的据点，然后在番禺等周边的农村铺开。这期间，包括番禺在内的珠三角的佛寺和庙宇等大量民间寺庙都被毁，只有少数被官方认可的神庙不但没有被毁，反而因此得以扩大其影响。[①] 禺南茭塘司曾兴建了不少南海神庙的"行宫"（又称"洪圣庙"），估计在此时遭到严厉的禁毁，这说明政府对于除官祀南海神庙以外的民间社会的南海神崇拜的正统性和合法性是不予认可的。至于禺南的情况，崇祯年间黎遂球所撰写的《南海神祠碑记》就记载："魏恭公简为督学使者，时以是为淫祠，欲毁之，方召工役撤垣壁，遽报恭简，去位而止。今祠柱犹有锯痕，深八寸许。"[②] 后来的同治《番禺县志》也载有此事："南海神祠，在大南冈麓板桥乡，黎姓建。黎遂球有记，略曰：魏恭简督学以是祠为淫祀（祠），欲毁之，方召工役彻垣壁，遽报恭简去位而止，今祠柱锯痕犹在，深入寸许。"[③]

第三阶段是乾嘉年间。明清鼎革以来，特别是乾嘉年间，随着海盗、盗乱及宗族械斗对包括禺南地区在内的珠三角地区的频繁侵扰，为满足防御的需要，在一些地区，原有的一族或一乡的祭祀组织，逐步与村社组织结合，发展成为区域性的祭祀组织，即"多乡之祀"。这种区域性祭祀组织一方面延续了原有的里社、乡约组织功能，另一方面又与联防组织重合起来。如禺南地区的钟村地区（属同风社部分村落）和石碁地区（属同安社部分村落）的康公祭祀组织，东山社北帝祭祀组织、冈尾社等的南海神（洪圣王）祭祀组织陆续出现。此时神明的祭祀在地方社会的演变，其实又折射了清初以来宗族的兴衰与神庙隆替的关系。如从嘉庆年间开始，一些崛起的地方新兴大族如南村邬族等，逐步掌握了神庙的控制权，甚至通过更换神庙所祭祀的神明，以彰显其实力。

第四阶段是清末。道光、咸丰以来，在抵御英军和洪兵之乱的背景下，乡约、社学日趋军事化，祭祀组织也与团练组织进一步整合起来，成为跨乡

---

① 刘志伟：《神明的正统性与地方化——关于珠江三角洲北帝崇拜的一个解释》，载中山大学历史系编《中山大学史学集刊》（第二辑），广东人民出版社1994年版。

② （明）黎遂球：《南海神祠碑记》，载康熙《新修广州府志》卷四十九《艺文庙记类》及雍正《广东通志》卷十六。

③ （清）同治《番禺县志》卷一七《建置略四》。

的村际祭祀和防御联盟。^①以禺南地区为例，属茭塘司的东山社（今南村镇东南部地区）九乡共有的东山庙（北帝祭祀组织）与东山社学，冈尾社十八乡（今化龙镇南部和石楼镇大部分）共有的冈尾庙（南海神祭祀组织）与冈尾书院，属沙湾司的协恭社北帝庙（北帝祭祀组织）和协恭社学，螺阳社七乡的侯王宫（侯王祭祀组织）等均为里社组织与祭祀组织、联防组织的重合。也有些祭祀组织和联防与里社组织并非重合的，如市桥以北原来分属平康社、协恭社、亲仁社等十个小乡的关帝祭祀组织和村落联盟，石碁地区的康公（主帅）祭祀组织和村落联盟。民国时期像协恭社和东山社这些本身就是由多个村落组成的村落联盟，此时又基于共同的北帝信仰和防御的需要而逐渐联合起来，组成规模更大的村落联盟。清末民初以来，社会动乱不已，为了加强乡村防御，禺南地区的不少村落联盟扩容结盟的现象似乎不止于协恭、东山两社。沙湾的仁让公局（沙湾乡四大宗族的联防组织）就与邻近的螺阳社七乡结成联盟，组织起八约团练。^②这种村社、祭祀、团练的结合，以及乡村军事化的乡村演变趋势，已成为清末以来包括禺南地区在内的珠江三角洲乡村社会演变的一种主流。^③

除此之外，番禺县沙湾司屏山乡"亦佛亦道亦巫"的简子昱生平

屏山简佛祖庙俯瞰

---

① 参见朱光文《官祀在民间——番禺县茭塘司南海神祭祀与地方社会》，载《广州文博·4》，文物出版社2011年版。

② 刘志伟、陈春声：《清末民初的乡村自治——沙湾〈辛亥年经理乡族文件草部〉介绍》，载柏桦主编《庆祝王钟翰教授八十五暨韦庆远教授七十华诞学术论文合集》，黄山书社1999年版。

③ 参见朱光文《官祀在民间——番禺县茭塘司南海神祭祀与地方社会》，载《广州文博·4》，文物出版社2011年版。

2009年11月简公佛诞民众祭拜场景

故事折射了宋元时期番禺县南部大谷围地区佛、道和巫术共同占统治地位的乡村社会情状。从明嘉靖年间到清末民国几百年间，方志和族谱等地方文献不断地对简子昱故事进行记载和重新建构。明初简子昱"坐化"后，开始经历从"人"到"神"的转变。同时，随着里甲制的推行，他开始被乡民或里人作为地方神明供奉起来。明代中叶以后，随着祭祖礼仪的改变，他被奉为祖先之神，"亦神亦祖"的形象逐步显现。明嘉靖年间，简子昱开始被收入官方志书。清乾隆以降，在屏山举人简荣等人的推动下，简子昱获得敕封，其事迹被重新建构并收入乾隆《番禺县志》，简佛祖庙得到重修扩建，影响越来越大，其作为"神医"和地方守护神的角色越来越明显。到清光绪以来，随着珠三角简氏高层宗族的建构，供奉简子昱的庙宇——简佛祖庙也成为粤东简氏高层宗族纽带之一。简子昱个案并非珠江三角洲地区一个孤立的文化现象，它与民间传说中的"广东三大佛"之宾公佛、阮公佛的生平经历及灵验事迹都极为相似，集中反映了宋元时期佛、道、巫的相互融合及其对珠三角和周边社会的深刻影响，也折射了明清以来国家和地方意识形态和社会文化的演变过程。①

三、番禺大谷围地区的"诞"与"会"

番禺各地以民间信仰（即"神明"）为中心的迎神赛会称谓，在地方文献中并没有统一的说法，往往以祭祀的神明名称来命名，多被称为"某某

---

① 参见朱光文《从"亦道亦佛"到"亦祖亦神"——宋以来番禺县简子昱形象之建构与地方社会》（未刊稿）。

诞"，如波罗诞（洪圣王诞）、北帝诞、华光诞、天后诞等。这里的"诞"一般指神明出生或升仙的日子，大部分只有一天，也有些神明有两个以上的"诞"，如龙母和观音。另外，同一个神的诞期未必都一致，有些乡村还会根据社区的历史创造另外一些神的诞辰出来。日期相对稳定的神诞如正月初八观音诞、二月十三波罗诞、三月初三北帝诞、三月廿三天后诞、四月十七金花诞、五月初八龙母诞、六月廿四财神诞、七月廿四都城隍诞、八月十五龙母闰诞[①]、九月廿八华光诞、十月十六财帛星君诞、十一月初十洗夫人诞，大年夜同时是紫姑（厕神）诞等。

乾隆《番禺县志》卷之十七《风俗五·赛会》也对省城广州及周边地区的"赛会"做了全景式的描述：

> 粤俗尚巫鬼，赛会尤盛。省中城隍之香火无虚日。他神则祠于神之诞日。二月二日土地会为盛，大小衙署前及街巷无不召梨园奏乐娱神；河南惟金花会为盛；极盛莫过于波罗南海神祠，亦在二月四，远近云集，珠纕花艇，尽归其间，锦秀铺江，麝兰薰水，香风所过，销魄荡心，冶游子弟，弥月忘归，其糜金钱不知几许矣。他则华光、先锋、白云、蒲涧之属，及端午竞渡，所称会者，无月无之也。他小神祠之会，不可罄书。每日晚，门前张灯，焚香祀土地设供，谚所谓"家家门口供土地"也。香火堂灯不熄到天明。堂用红帘书一切神灵名号，旁插大叶金花，炫焱夺目。粤无巫，以火居道士充之，所居门首悬牌著其姓，称道馆。街陌乡市，道馆最多，小儿寒暑灾，即呼道士禳之。顺星送祟，刺刺不休。亦周礼遗意，但其所语神鬼，不经耳。

20世纪90年代的樟边十乡会舞龙
（载《番禺百年图鉴》）

[①] 中秋，龙母飞升的日子，区别于龙母诞，故曰"闰诞"。

遇一顽石，即立社，或老榕、龙荔之下辄指为土地，无所为神像，向木石祭赛乞呵护者，日不绝至。书所爱养子女名祝于神，子之所谓之契男契女，亦可粲也。[①]

这里列举了省城广州及其周边地区最为著名的民间信仰和迎神赛会，如城隍诞、土地会、河南金花会、波罗诞，中型的如华光、先锋、白云、蒲涧等诸诞会。此外还有"他小神祠之会"。

番禺城乡的这些"神"和"诞"当中，一般只有所谓的"村主菩萨"或"乡主庙"，又或者是多村落共同祭祀的神庙的主神才会举办神诞出会活动。

赤岗村洪圣王銮舆（谭若锋摄）

然而，除了神诞之外，地方文献还会集中大量的笔墨去描述围绕"神诞"而进行的相关民俗活动或仪式，即"会"的具体情况。迎神赛会中的"会"一般是围绕神诞而进行的各种仪式，其内容相当繁杂，在地方文献记载一般亦称之为"会"或"赛会"。乾隆《番禺县志》卷十七《风俗五·赛会》不但将民间信仰与迎神赛会称为"赛会"或"会"，还把水上进行的端午龙舟竞渡民俗活动也列入，认为"所称会者，无月无之也"。可见，乾隆《番禺县志》是把"赛会"或"会"作为泛称来对待，泛指以神祇拜祭活动为中心的大部分民俗活动。

番禺大谷围地区乡村的迎神赛会，大致可分为有抬菩萨巡游（有出会）和无菩萨巡游（无出会）两种情况。民众一般将没有巡游活动的普通神诞俗称为"某某

---

① （清）乾隆《番禺县志》卷十七《风俗五·赛会》。

诞"，一般只在神诞期间在庙内外进行烧香等拜祭仪式。有巡游活动的神诞则称为"出会"或"会景"，甚至俗称"菩萨行街"。方志所称的"赛会"，是围绕神明的祭祀而进行的民间艺术娱神活动。在番禺县的地方志中，亦有多处涉及出会的记载，如同治《番禺县志》载有沙湾北帝出会："……复界后，有乡人梦神示云像在林头乡，乃迎归。嗣是别塑土像于庙，而铜像则在乡内分坊轮值香火，素著灵异。每岁上巳，乡人奉神游镇，祈赛之盛，习为故事。"[1]乾隆《番禺县志》载有冈尾十八乡洪圣王诞出会："冈尾庙，祀南海王，在潭山村，十八乡居人建，每岁神诞前茇日出游，仪仗执事春色，分乡轮值置办，争新斗艳，周而复始。至诞期，演戏七日，岁时祈赛之盛，亚于波罗。"[2]乾隆《番禺县志》亦载傍江侯王李公诞（同时也是洪圣王诞）出会："侯王李公庙，在傍江村，附近居人建，仪仗执事各约制办，遇出游，不用另置。诞期二月十二日，演戏亦如岗尾。"[3]

2016年十乡会的各乡旗帜

四、番禺大谷围地区诞会娱神活动中的相关仪式及民间艺术门类

在番禺地区的迎神赛会中，主事者往往也会出资建醮，请道士设法坛做法事，祈福禳灾，超度亡灵。最为刺激的民俗仪式当数抢花炮。

除了花炮、大爆这样的娱乐活动之外，还有"出色"活动。这些"色"

---

① （清）同治《番禺县志》卷十七《建置略四》。

② （清）乾隆《番禺县志》卷八《典礼十》。

③ （清）乾隆《番禺县志》卷八《典礼十》。

包括了"马色""柜色"（屏色）和比较复杂的"跷色"和"飘色"。

马色。乾隆《番禺县志》载："主帅康公庙，一在河南大塘市，一在官塘，一在市桥，一在小龙。凡奉神出游，俱骑生马，报赛甚盛。"[1] 后来的同治《番禺县志》也延续了马色的记载："康公主帅庙，一在钟村……一在小龙村，一在市桥村，每出游，神骑生马，报赛甚盛。"[2] 这说明早在乾隆年间马色就已经出现在番禺主帅康公的出会中了。

柜色和跷色。乾隆三年（1738）张渠《粤东闻见录》"好巫"条记述："粤俗最喜迎神赛会。凡神诞，举国若狂。台阁故事，争奇斗巧。富家竞出珠玉珍宝，装饰幼童，置之彩亭，高二丈许，陆离眩目。"[3] 同一书亦提到："三月二十三日，为天妃会，扮台阁故事。"[4] 张渠为河北武强县人，清雍正八年至十年（1730—1732），曾在广东担任惠州知府等职。这种被他称为"台阁故事"的事物，正是后来流行的"跷色"艺术。"装饰幼童，置之彩亭"就是珠三角一带普遍流行的"柜色"的基本结构。《粤东闻见录》成

员岗跷色手绘板色

员岗跷色巡游队伍（南村镇文体中心提供）

---

① （清）乾隆《番禺县志》卷八《典礼十》。

② （清）同治《番禺县志》卷十七《建置略四》。

③ （清）张渠撰、程明校点：《粤东闻见录》卷上《好巫》，广东高等教育出版社1990年版，第47页。

④ （清）张渠撰、程明校点：《粤东闻见录》卷上《好巫》，广东高等教育出版社1990年版，第47页。

书于乾隆三年（1738），可知"跷色"和"柜色"早在乾隆三年（1738）就已经出现在广东各地迎神赛会中。同样，在广州城"三月二十三日，为'天妃会'，建醮扮撬，饰童男女如元夕，宝马彩棚亦百队"①；香山县"遇神诞日，张灯歌唱，曰'打醮'。盛饰仪从，异神过市，曰'出游'。为鱼龙狮象，鸣钲叠鼓，盛饰童男女为故事，曰'出会景'。金支翠旗，穷奢极巧。户出一女子，日酬洋银三四圆，一事每费千百金"②。以上这种"扮撬，饰童男女如元夕"和"盛饰童男女为故事"的民间艺术是飘色的早期形态，即"跷色"。

20世纪80年代的员岗飘色（王锦添摄）

飘色。飘色是流行于番禺等地的一项民俗活动，最初作为迎神赛会艺术巡游队伍的重要组成部分而存在，以色柜作为展示舞台，色柜上坐、立着的人物造型称为"屏"，凌空而起的称为"飘"，二者由中间的色梗连接，形成一个有机整体，以此表现某个民间传说或戏曲故事片段。何润霖先生曾搜得一册佚名手抄记事簿，所记多为清末至民国时期的沙湾乡事及田亩、房屋、祭祀、楹联等，其中夹杂有几条关于北帝诞出会和飘色的记载。其一反映飘色成为北帝诞巡游队伍的重要组成部分："列仪仗，饰彩童，陈百戏，共演鱼龙之曼舞，灯厂歌棚喧阗昼夜，莫不仰神威之显赫，而报太平之乐事者也。"③ 其二主要讲述色梗的制作问题："粗笨则碍观，细巧则易折，全在锻

① （清）仇巨川纂、陈宪猷校注：《羊城古钞》卷八《杂事·广州时序》，广东人民出版社1993年版，第674页。

② （清）光绪五年刻本《香山县志》，载丁世良、赵放主编《中国地方志民俗资料汇编》（中南卷），书目文献出版社1991年版，第807页。

③ 沙湾佚名手抄记事簿，转引自何润霖《沙湾乡北帝诞迎神赛会与沙湾飘色》，载《番禺文史资料》第二十六期，2013年10月。

炼时候……亦刚亦柔，火候恰好也。"① 说明此时的沙湾飘色虽然是北帝赛会的组成部分，但其风头远远盖过赛会本身，大有喧兵夺主之势，其制作色梗的技艺也拿捏到位、出神入化。

凤船和水色。《楚庭稗珠录》载："凤船长十丈，阔丈三，首尾高举，两舷垂翼为舒敛，背负殿宇，以奉天后，游各水乡。左右陈百戏，选娈童为之。"② 乾隆《番禺县志》亦曰："市桥凤船之制，用巨舰一，首尾装如凤样，两翅能舒能戢，中建神座亭，奉天后神，左右饰童孺为宫嫔，画衣鼓乐以侍；前后缯船各二，令健叟操之，系缆引。行时，遇便风顺流，船行太速，则后二缯船倒牵，如前引。"③ 至于结构，《楚庭稗珠录》载："左右陈百戏，选娈童为之。复以巨舸载歌台，聘名梨园子弟登场，萧鼓发唱，波细风和，曲引将残，迟声再媚，起伏更递，愈出愈奇。穹龟巨鱼，奔跃左右，或队队导前，或邻邻媵后。于时士女骈阗，各乘彩舟，镜幌珠帘，随风绮靡；往看终日，移晷忘归。散麝吹兰，披襟搵袖，微闻芗泽，魂与目挑；千朵莲花，其红一色，拂于水际，若乘天空，人间遥指，是祥云矣！"④

番禺地区的迎神赛会，为粤剧的形成和发展奠定了深厚的基层文化土壤。这种做给神看、用于娱神和娱人的粤剧在珠三角地区乡民的话语中被称为"神功戏"，正如民国版《番禺县续志》所载："……粤人赛会，敛钱清醮演剧，终无益于民事而滥费多金，是焉得为美举乎？"乾隆《番禺县志》载省城广州"二月二日土地会为盛，大小衙署前及街巷无不召梨园奏乐娱神；河南惟金花会为盛"⑤。在大谷围地区，一般的迎神赛会也有神功戏的表演。如乾隆《番禺县志》载："岗尾庙，祀南海王……至诞期，演戏七日，岁时

① 沙湾佚名手抄记事簿，转引自何润霖《沙湾乡北帝诞迎神赛会与沙湾飘色》，载《番禺文史资料》第二十六期，2013年10月。
② （清）檀萃著、杨伟群点校：《楚庭稗珠录》卷二《粤囊上·凤船》，载鲁迅、杨伟群点校《历代岭南笔记八种》，广东人民出版社2011年版。
③ （清）乾隆《番禺县志》卷二〇《杂记·市桥凤船》。
④ （清）檀萃著、杨伟群点校：《楚庭稗珠录》卷二《粤囊上·凤船》，载鲁迅、杨伟群点校《历代岭南笔记八种》，广东人民出版社2011年版。
⑤ （清）乾隆《番禺县志》卷十七《风俗五·赛会》。

祈赛之盛，亚于波罗。"① 又载："侯王李公庙……诞期二月十二日，演戏亦如岗尾。"②

此外，在番禺大谷围地区的诞会中，还有人们熟知的醒狮、舞龙、鳌鱼、武术等民间艺术加入到巡游展演的队伍中。

第二节　水运网络与龙舟文化

龙舟文化的研究一般热衷于追根溯源，焦点是端午源于纪念屈原、伍子胥，还是曹娥。实际上，龙舟习俗背后是农时、环境生态、社会交往等复杂观念的仪式性表达。番禺乃滨海之地，水网交错，人们生活离不开水，所谓"开门见水，举步登舟"，大谷围地区沿江临海，村庄墟镇依河涌而建，水上疍民以水为生。通过水路运输，村子的农作物、经济作物可以运往墟镇，墟镇作为中转可以把商品集中到佛山、省城，再由海路进入世界的贸易体系中去。珠三角地区的村落无不依靠河涌与外界进行社会、经济交往，包括番禺在内的珠三角地区赛龙舟的民俗活动在此背景下发展丰富，是传统水运网络仪式的体现。③

一、番禺大谷围地区的地理演变与水系构成

在新石器时代，番禺大谷围（市桥台地）及其周边地区是一堆由大谷围和周边众多的小岛（小谷围）组成的群岛。其中，大谷围是珠江三角洲古海湾中一座面积仅次于五桂山的岛屿。其海岸线并不规则，形状有点像一只双腿和双爪跳跃的兔子。兔头和兔耳朵是今天的化龙镇，兔背是南村、新造一带，兔尾巴是今天的大石，兔屁股是现在的石壁、钟村一带，兔脚是沙湾，兔爪位于今天的石楼镇，兔肚是大龙、石碁一带。在这个岛屿周围的沙田平

---

① （清）乾隆《番禺县志》卷八《典礼十》。
② （清）乾隆《番禺县志》卷八《典礼十》。
③ 中山大学课题组：《番禺文化发展战略基础研究》，2013年。

流经番禺北部的珠江沥滘水道

原未形成之前，从台地内陆的丘陵形成多条向四周流淌的大水坑，这些水坑从内陆呈放射状向四周汇入曲折海岸。到了宋代以后，周边的围田、沙田平原开始大面积形成，这些大水坑流经围田、沙田区就变成曲折的小河涌。这些从大谷围腹地流向珠江沥滘、狮子洋、市桥、沙湾、陈村等水道的几十条河涌成为大谷围台地沿江村庄沟通外界的主要通道，也是水上运输的主要通道。

　　清代番禺县的四大巡检司原来就是按照流域来划分的。如以珠江前航道为界，划分上、下番禺（即"禺北"和"禺南"，明代以前又称为"上、下桂林乡"）。禺北的慕德里司和鹿步司即以流溪河和珠江前航道的分水岭——帽峰山—白云山—越秀山来划分；禺南的沙湾司和茭塘司则以珠江后航道（沥滘水道）和沙湾（市桥）水道的分水岭——番禺大谷围横贯东西的丘陵台地来划分。这种以流域划分巡检司的做法，在禺南的沙湾司和茭塘司表现得最为明显。禺南的沙湾和茭塘两司的分界线沿着大谷围内部的丘陵：石壁山（大象冈）—大镇岗（即县志所谓的"三老峰"）南侧余脉—七星冈—老鼠山附近丘陵，自西北向东南划出。东北区域的河涌基本从高处的丘陵台地发源，经低平的围田和沙田，汇入珠江后航道（沥滘水道）和狮子洋，西南区域的河涌从高处的丘陵台地发源，经低平的围田和沙田，汇入沙湾（市桥）水道和陈村水道。珠江后航道（沥滘水道）以北是早期在古海湾的基础上，形成以围田区为主的河网果林区域（包括芳村、花地），基本为民田区范围。沙湾（市桥）水道以南则是面积广阔的番禺冲缺三角洲沙田区。

　　这种划分说明珠三角在前工业化时代是以水道为对外联络主体的，密布

南村地区对开的珠江沥滘水道（后航道）

的河网把乡与乡之间、市镇之间、城乡之间连成了一个市场和文化的整体。同治《番禺县志》卷五《舆地略三》对番禺县的水路有着详尽的描述，其中就有关于茭塘司水系的大箍围北水、狮子洋水道及其相沟通的水网的描写，为我们勾画出一幅清代水运网络的图景：

　　沥滘南水东流经大山村，又东经李村北，又东流，中有沙洲，水又分流沙洲南北，沙洲南水东流经员冈村北，又东经今园北，与沙洲北水合，又东流至海心冈，经市头村北、北亭村南，是皆大箍围北水也。沙洲北水东流分一水屈北经沥滘村东，又北与沥滘北水合，屈东经土华南，又东北流经北亭西，俗名漏勃颈。又东北，有小洲，水自沥滘北分，东北流经小洲西，屈东经土华北，自西来合之。既合又东北流，中有官洲，其水分流官洲东西，官洲东水东北流经小箍围西。又东北经官山门，又东北合官洲西水，又东北过赤墈涌西口，又东北经仑头村东，又东北至黄埔南合琶洲南水，东北流过深井水西口，又东北流经黄埔东、新洲西，又东北合琵琶洲北水而东流，中又有沙洲，沙洲南水东流经长洲村北，沙洲北水东流经相对冈南，又东流经鱼珠汛与沙洲南水和，又东流至罗涌汛，并合大箍围北水。大箍围北水自南亭东北流经曾边村北、白坭涌南，又东北流经新造圩，屈北流经钉桥头，有炮台今废，过赤勘涌东口，又东北过深井水东口，有小水心冈在水中，又东北流经长洲东南，又东北流至罗涌汛会而东流经乌涌汛，又东至白沙汛，有赵陂围水自北来注之。又东，中有铜鼓沙，沙北水东流经东湾，又东经波罗庙，为波罗江。"任志"

沙湾水道

云：波罗江，唐韩愈碑"扶胥之口，黄木之湾"，即此。在南海庙前，岭南诸水之会也。"软通志"云：在城东八十里。铜鼓沙南水东流经四沙口，有四沙汛，又东流合波罗江，又东分小水东北流为鹿步潡，鹿步潡东北流经墩头汛，又东经南冈口，有南冈水自东北来注之，又东北经南冈汛，又东北与东江合。东江由惠州府龙川水西南流，经博罗、增城至此。南出为大缆口矣。波罗江大流，又东屈东南流经大箍围东，又东南流经大缆口，又东南经二缆口。大缆、二缆口皆东江口，属东莞。又东南流过茭塘淤口，茭塘淤西接罗涌，南出冈尾口，与大流并东南流是为内潡。大流又东南经石砺山下，与大箍围西水合。……《大清一统志》云：由样珂江分流自南海五斗口流入，东经沙湾司南，又东经浮练山、砺山南，合波罗江入海。与冈尾口水合，又东南流经浮练山南，与波罗江诸水汇于狮子洋，又南出虎门，则皆新安、香山县矣。①

以上是茭塘司的水系。同治《番禺县志》卷五《舆地略三》还有关于大箍围西水和南水［即陈村水道和沙湾（市桥）水道］及其相沟通的水网的描写：

　　……大箍围西水自神头南流经永清汛，自南海季华堡南水由西北而来入之，屈东南流过石壁，又东南流经韦涌，其西岸林岳诸村为南海境。大箍围西水又东南流经屏山，有顺德之陈村文海水自西来入之。又南分为二，一东南流经抱旗山，又东南入南山峡，又屈东流红罗嶂、青罗嶂两山夹之，是为大箍围南水，又东经市桥，又东南流至沙圩……②

---

① （清）同治《番禺县志》卷五《舆地略三》。

② （清）同治《番禺县志》卷五《舆地略三》。

这张水运网络对明清番禺县沙湾司沙湾（市桥）水道沿线的村落产生重大的影响。河道沿线的村落从各自的埠头出发，经过与大河道连通的小河涌到达他们在村外濒临大河道的地方设立的渡头（码头）。这些渡头（码头）就成为与外界联系的主要通道。早在《元大德南海志》（残本）中就提及当时番禺县的"河渡"中的"长河渡"：

　　番禺县：东莞渡、苏家渡、南岸渡、惠州渡、石湾渡、黄家山渡、大宁渡、蓼涌渡、沙亭渡、河南渡、扶南渡、大石渡、茶园渡、佛山渡、相对冈渡、靖康渡、官山渡。①

这当中的蓼涌渡、沙亭渡、大石渡、茶园渡、官山渡等就位于今天的番禺区境内。另外，还有"河渡"中的横水渡：

　　番禺县：窑头渡、玉胖湖渡、新村横渡、姜渡、老鸦湖渡、水南北头渡、猎德渡、蟠冈渡、西湖横渡、沙头渡、南村横渡、黄家山横渡、沙河渡、石井渡、土瓜渡、硖石渡、横滘渡、三元江渡、茶园渡、三曹渡、新妇岗横渡、古料渡、菌头渡、吉洲头渡、石碣渡、古镇渡、蛋家租渡、觔竹渡、相对冈渡、白泥涌渡、企石渡、怗岗渡、大石头渡。②

其中的茶园渡、白泥涌渡、大石头渡等可以确定就位于今天的番禺区境内。

总体而言，大谷围北部和东南部茭塘司所属区域的村落水上交通主要依托狮子洋和珠江沥滘水道（即大谷围北水和东水）与外界联络；而大谷围西南部沙湾司所属区域的村落主要依托市桥水道和沙湾水道（即大谷围南水）来以及大谷围西水（即陈村水道）与外界联络。大谷围的这些村落的主要水上联系方向在西北方向包括省城和佛山在内的珠三角腹地。这样的水上联系

---

① （元）陈大震、吕桂孙纂修，广州市地方志编纂委员会办公室编：《元大德南海志残本》（附辑佚），广东人民出版社1991年版。

② （元）陈大震、吕桂孙纂修，广州市地方志编纂委员会办公室编：《元大德南海志残本》（附辑佚），广东人民出版社1991年版。

网络对村落与村落之间的联系紧密度产生极大的影响，也对清代各地的龙舟习俗产生决定性的影响。

周边那些在端午节期间与大谷围的村落互相探亲、趁景的村落，正是在水上运输有密切联系的村落。大大小小的码头、埠头、渡头正是水网交通联络的节点，而水运线路最为密集的节点就是水运网络的中心，也是后来龙船的大景所在。所以，端午节的龙舟文化是日常水运网络的仪式性表达。因此，禺南地区的龙舟文化主要集中于茭塘司所在的珠江后航道（沥滘水道）南北两岸和狮子洋西岸与主航道有水道联通的民田区村落，以及沙湾司沙湾（市桥）水道北岸、南岸的螺阳七乡和陈村水道东岸的民田区村落。昔日水运繁荣的时代早已一去不复返，各个临江、临海透过龙舟民俗活动，尤其是探亲、招景、趁景活动，可以局部还原前工业化时代番禺，乃至珠三角地区村际水运联系的某些状态，这才是龙舟文化研究对于乡村社会研究、重构地域历史的真正价值所在。

二、明清番禺大谷围地区的龙舟

越人善舟，南越王墓就曾出土刻有越人战舰纹的铜提桶，南汉国时期则在城内的西湖赛龙舟。到明代，每年端午节，广州就有非常热闹的龙舟赛。孙蕡《广州歌》中的"乱鸣鼉鼓竞龙舟"之句，就是反映广州的龙舟赛盛况。嘉靖时戴璟的《广东通志·风俗》也记载了当时胜者可得奖的龙舟赛事："江浒设龙舟竞渡，以效楚俗，观先后为胜负，胜者辄得赏。"

番禺大谷围地区龙船的起源，可以追溯到著名的大洲龙船。早在明代中叶，大洲乡民就模仿南宋皇帝的水上行宫建造龙船彩龙参与周围乡村的游渡活动。何维柏在《天山草堂集》就有类似大洲龙船的记载：

> 粤人习海，竞渡角胜，而大舟比常制犹异，十余年始一举。船广可三丈，长五丈。龙首至尾，金光夺目，叠彩如层楼。上饰童男童女，作仙佛鬼神及古英雄，凡数十事。旋转舞蹈，冒之以幔，数里外望犹可见。

可见，明代中叶时的大洲龙船举办的频率是"十余年始一举"。不过，

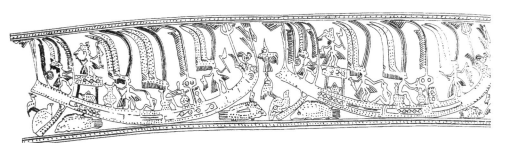

南越王墓出土铜提筒上的越人与战船纹饰

由于"比常制犹异"在当时已经成珠江上众多龙船最为漂亮而独特的一艘。

清初屈大均在《广东新语》中这样记载番禺大洲龙船：

番禺大洲，有宣和龙舟遗制，是曰大洲龙船。洲有神曰梁太保公，盖以将作大匠，从宋幼帝航海而南者也。公将营宫殿于大洲，未成而没，村民感其忠，祠祀之。每岁旦请举龙舟，覆玟得全阴，则神许矣。许则举，辄有巨木十数丈浮出江中，舟之长短准之，号曰龙骨。自崇祯丁丑以来，请辄不许。辛丑之岁，有泣诉于神者：吾老矣，神今垂许，犹可传之后人，否则此法遂绝矣。神乃许之。船长十余丈，广仅八尺，龙首尾刻画奋迅如生。荡桨儿列坐两旁，皆锡盔朱甲，中施锦幔。上建五丈樯五，樯上有台阁二重，中有五轮阁一重，下有平台一重。每重有杂剧五十余种，童子凡八十余人。所扮者菩萨、天仙、大将军、文人、女伎之属，所服者冠裳、介胄、羽衣、衲帔、巾帼、攏饿之属，所执者刀槊、麾盖、旌旗、书策、佩悦之属。凡格斗、挑招、奔奏、坐立、偃仰之状，与夫扬袂、蹇裳、喜、惧、悲、恚之情，不一而足，咸皆有声有色，尽态极妍。观者疑为乐部长积岁月练习，不知

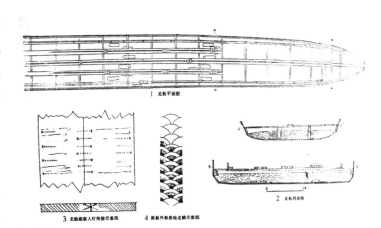

1 龙船平面图

3 龙船底板人钉衔接示意图　4 舷板外船影绘龙鳞示意图

2 龙船剖面图

龙舟平、剖面图（载《考古》1983年第9期）

通草画中的清代广州龙舟赛

锦幪之中，操机之士之所为也。每一举费金钱千计，神之许以十年
二十年之久，盖以惜民力也。龙之口，铁镍镍之。问之神，曰："不
尔则雨。"

《凤浦地理人物略记·杂录》记载了清初康熙年间凤浦（今海珠区黄埔
村）组织的一场龙舟竞渡活动。这里提到沙亭乡龙船曾夺得第一名：

康熙年间，乡之前辈，曾于石基海面出花红赛龙舟，第一、二、
三名俱有猪扁格物谢教。附近村乡齐来赴考，十船一邦，挑取其一、
二、三、四、五，又至二场、三场，如是数日分场考赛，引动远近船
只来观。由本乡海面泊船至赤冈，至于填河，名曰"龙船抢标"。竖
一标于上流，各龙系索于标竿，一声炮响，斩缆齐发，又竖一标于下
流，至此为准，先至此标步者为第一。分三场取胜，第一是沙亭，第
二、三是小洲云。此事惟我乡作之，别乡从未有也。[1]

与番禺端午节及龙舟相关的记载还有市桥凤船。市桥慈济宫闻名于世是
在雍正七年（1729）广东官府围剿沙茭二司盗乱的天后显灵之后：

……雍正七年，剧盗李士雄等窜匿海墙，有司屡捕弗获，巡抚

---

① 约（清）乾隆、嘉庆年间，冯氏《凤浦地理人物略记·杂录》眉批。

杨文乾迁怒，不分玉石，建议尽剿茭沙。朝廷特命制军孔毓珣按之。时水陆官兵数千，汹汹不测，将及市桥。黎明忽见神，珠冠象笏，衣红袍现空中，言为生民请命。比抵岸，其夕亦如之。如是者三，制军异之，议抚之，意乃决，两司生民数十万得无恙，是制军之仁固大，而天后之灵亦赫矣。居民爰造凤船报神，其制，则庠生谢暨上所造也。①

乾隆《番禺县志》亦载：

> ……定于端阳节内游镇海面，一时游人匝匝，画舸迷津，称为胜会。然必十余年卜于神，神许乃举，举必岁登，不许则居民摇手相戒以为逆神。②

可知，乾隆年间凤船和水色巡游为十余年向天后神占卜一次，而且还要看经济是否允许，可以猜测起码十多年才举办一次。而值得注意的是，当时举办水色的时间其实是在端午节期间，而非后来的天后诞日。这说明乾隆年间的凤船和水色与祭祀天后相结合，已成为市桥乡端午节的一项主要民俗活动。同一时期乾隆《番禺县志》卷之十七《风俗五·赛会》对省城广州及周边地区的"赛会"做了全景式的描述。其中，把水上进行的端午龙舟竞渡民俗活动亦列入，认为"所称会者，无月无之也"。③

三、水运网络与陆上联盟地缘关系的叠加：以茭塘司南岸地区为例

（一）龙舟文化与水运网络的权力格局

清末民初的番禺学者、南村人邬庆时在《广东沙田之一面》一文中，用了较长的篇幅提到禺南地区（具体来说是其家乡所在的茭塘司地区）各地以村社组织、宗族组织、迎神赛会、龙船活动等为纽带形成的村际、族际联

---

① （清）乾隆《番禺县志》卷二十《杂记·市桥凤船》。
② （清）乾隆《番禺县志》卷二十《杂记·市桥凤船》。
③ （清）乾隆《番禺县志》卷十七《风俗五·赛会》。

盟，其中，提到了以水运网络组织起来的联盟，如龙船会等：

> 至于村与村之间，旧农村往往联同地区各村而为一社。如十八
> 乡之冈尾社，十七乡之为深水社，九乡之为东山社。又或族与族各联
> 为同宗，如沙湾之何与大石之何，石楼之陈与坑头之陈，均有极为密
> 切之联络。甚或刘、关、张三族以刘备、关羽、张飞故事，或更加入
> 赵云而为刘关张赵，亦团结一致，视同兄弟，相友，相助，相扶持。
> 此外，更有因远祖有婚姻关系，两乡两族之人均以老表相呼相待而特
> 别亲密者。各乡各族或有一人得科第或入仕途，则同乡或同族必请其
> 人到祠谒祖，以加强联络。若有一乡或一族被别乡或别族欺凌以致械
> 斗，则同乡或同族以至凡有联系之各乡，或各族均视若自己之事，各
> 率丁壮，自携枪械，前往助战，虽死无悔。即妇女亦挺身往任运输，
> 救护、炊事等职务，习以为常。或个人被别乡或别族欺凌，亦时有出
> 而御侮者。又或娱乐之举如斗龙船，游戏之事如掷石子，皆各树一
> 帜，各走一端，协力同心，如临大敌，虽亲戚朋友，不相避，亦不
> 相让。①

大岭景

《凤浦地理人物略记·杂录》也提到番禺扒龙舟引发的社会问题：

> 番邑俗兴，莫如放龙舟，争竞角胜，自古及今，相缘不失，此农夫鬭（斗）懇（狠）之事也。其中情敝不可胜数。然

---

① 邬庆时：《广东沙田之一面》，载《广东文史资料》第5辑。又见邬庆时《广东沙田之一面》，载广东省政协文化文史资料委员会编《广东文史资料精编》上编第3卷《清末民国时期经济篇》，中国文史出版社2008年版。

而最可鄙、可笑、可恶、可恨者，莫如我姓之长龙、卷尾两船也。均同一族，各因地头，相争角鬪（斗），家庭生蠹，至于父子相瞋，同胞相殴。在船上时故已如此，在家庭亦如此，甚至相率成群，攻击于乡市，每每如此，岂不耻哉？[1]

珠江三角洲各地乡村的龙舟仪式常常以拟人化的仪式表达出来，展现各地村际关系。在番禺地区，历史上出现不少著名的龙船，有各自独特的称谓，也间接体现某种乡村之间的地缘关系，如：石楼大乌龙，全身乌黑，船身特别大，速度较慢，但从不计较输赢，风格朴实可爱。清朝时有个巡抚看龙舟赛时见它，赞叹"一鼓转三湾，有若乌龙"，得名"大乌龙"。"大乌龙"出名在其江湖地位，有时两只龙舟起了争执，只要请来"大乌龙"做"和事佬"，最后都会握手言和。大岭的黑桡、白桡，因其全部桡油漆黑/白色而得名，扒起来齐整快捷，是番禺有名的赛龙；石岗的"清河仔"则令水鬼闻风丧胆，以前哪条河淹死了人，都要请它来游划一番驱邪；沙亭（沙路）的龙船㜽，则是番禺县茭塘司最长的一艘龙船；此外，还有市桥的"白鹤仔""七星仔"，石壁铜鳞的龙船，原属番禺的小洲金头，龙头漆金色，船身略短，轻盈可爱。

在番禺地方社会流传着许多关于龙船竞渡在某种意义上实际上是宗族博弈的故事。如员岗乡的"九龙十三归"的故事。据一崔姓子弟回忆，以前员岗的龙舟非常威风，赛龙舟的时候经常能够把其他村的龙舟"赢"回来。[2]类似的又如大石乡的"九龙去，十龙归"的故事。据说，某年端午节，大石乡有九条龙船参加省城招景巡游，景散了，九条龙船开心地返航。在航道中，多了一条龙船夹在九龙中间，这是沿沙的一条龙船。到沿沙了，这龙船应要转右返家，但夹在九龙中间，无法转右。双方便友好地约定：不要急于回家，姑且赛一下吧。就此，十条龙船就在江上友好地竞赛，转眼间便到了大石。既然客人来了，主人就应尽地主之情，招呼沿沙龙船的人上岸饮茶、

① 约（清）乾隆、嘉庆年间，冯氏：《凤浦地理人物略记·杂录》。
② 《"认识珠江三角洲历史与文化工作坊"番禺员岗村研究小组研究报告》（未刊稿），2005年。

石楼龙舟赛旧照（王锦添摄）

新造礼园的龙船头

食饼。此谓"九龙去，十龙归"。①

无独有偶，沥滘地方至今还流传着沥滘地方宗族通过龙舟以炫耀财富的方式来彰显乡村权势，巧取强夺龙舟"白尾"的故事：

"白尾"（沥滘的一只龙舟）是用七星旗，去北帝庙请神，请北帝公。听说，"白尾"是偷来的。是从什么地方偷回来的？不清楚。我们知道那个村子上有只很快的龙舟"白尾"。由于河涌特别多，我们不知道"白尾"藏在哪里。于是，我们就派一个怀孕的妇女前去侦察龙舟的具体位置，在那个村子的河涌边上到处游走。当孕妇走到一条河涌旁边的时候，当地的父老就叫怀孕的妇女快点离开，因为龙舟就藏在那里。这样，我们就知道"白尾"藏身的具体位置，派人一个晚上就偷回沥滘。丢失龙舟的村庄就派十多个人来沥滘追查龙舟"白尾"的下落，发现很多人正围观看沥滘人清洗"白尾"。沥滘人起先是用藤衣来擦龙舟，后来沥

---

① 该故事由何伯平先生提供。

滘一位话事的长者站出来说话，骂那些擦龙舟的人："你们不知道'白尾'有多么珍贵和重要！怎么能够用藤衣这种东西洗白尾呢？快点拿最名贵的绸缎来擦'白尾'。"前来追查"白尾"下落的人返回自己的村庄后，就告诉本村的父老说，"白尾"是找到了，在沥滘，但是没有办法拿回来。沥滘人很有钱，竟然用最名贵的丝绸擦"白尾"。因为过去打官司是"有礼无钱莫进门"，丢失龙舟村子的村民一致认为，本村没有那么多的钱来打这场官司，弄不好钱花了，"白尾"也要不回来。如果有用来打官司的那些钱，足够重新装两只新的龙舟。于是，丢失龙舟的那个村子就只好自认倒霉了。①

在故事中，面对失主的追查，沥滘人急中生智，用名贵的丝绸来替换藤衣，擦洗龙舟，从而使失主自认倒霉，放弃追索。名贵的丝绸成为沥滘地方宗族对外炫耀财富、彰显乡村权势的工具。和张扬的宗族礼仪一样，地方宗族对外炫耀财富同样是建构宗族权力文化网络的一种有效策略。②

（二）水运网络与陆上地缘关系的叠加：茭塘司地区的龙舟文化网络

清末民初的番禺南村人邬庆时对茭塘司的龙舟风俗有详细的描述：

> 茭塘司近水各乡，皆置有龙船。每年于五月初一至初五日扒往各处竞渡，谓之龙船景。初一为新洲景，初二为官山景，初三为市头景，初四为新造景，初五则会于省城。省城之景自经悬禁，顿形冷淡，而各乡之景则依然如故。"四月八，龙船到处挖"，此谚今尚实行也。凡龙船每年扒毕，则藏诸泥中，以免裂漏，至次年四月初八日乃起而修理之。起龙船亦曰挖龙船。扒龙船者，皆本乡子弟，不支工金，虽就工于外，届时亦告假而归，极形踊跃，故其速率比寻常增至数倍。所到之乡，率送烧酒，燃爆竹以犒之，乡人或立岸上或坐船上观以为乐，妇人竞取河水洗儿，谓之洗龙船水。③

---

① 石坚平：《沥滘田野调查笔记》（2006年6月4日）。
② 石坚平：《创造祖荫——广州沥滘村两个宗族的故事》，广东人民出版社2013年版。
③ 邬庆时：《南村草堂笔记》卷一，载《邬氏家集》，番禺邬氏刻本。

市头沙边村濒临珠江，以前是一条大村，人数众多，村民主要从事制陶烧窑工作。由于陶瓷生产和运输均依靠水运，村中曾有一座供奉水神龙母的庙。传说有一天，珠江边浮来一条巨大的杉木，被沙边村民发现并抬回了村中。村中老人提出把杉木用作修葺龙母庙，更换旧的主梁，但是村里的年轻人则要求用来做龙船。大家为此争论不休，没办法，村中决定用传统向神"问杯"的形式决定大杉木的用途。据说掷筊杯之时，有年轻人躲在了神台底下并从中作梗，最后杉木被用来制作龙船。当做船师傅锯开条木时，众人竟然发现有鲜血从木中流出。待龙船做好之后，村中年轻人迫不及待地扒起来，龙船居然快得不得了，鼓手只需击一下鼓，龙船就被扒到几里之外新造那边的海心冈。为避免龙船速度太快，众人在龙船头尾处加装了挡水板，以为可以减缓速度，谁知安装了以后，龙船居然比原来划得还快，大家控制不了速度和方向，龙船一头撞到了海心冈，全船的人员，除了鼓手之外，都沉入江中罹难了。鼓手好不容易游回到沙边，谁知刚一进屋就被门槛卡了一下，活活摔死在地上。自此以后，每年农历四月初八半夜，沙边村民都会远远听到珠江上传来"咚咚"的鼓声。[1]

以上故事反映了市头附近的沙边村悠久的龙舟传统以及水运船难与龙舟民俗文化的关系。市头地处珠江沥滘水道中段，历史上是珠江航道重要的水运枢纽之一，清代市头景是番禺茭塘司四大景之一。2015年市头南约蒋氏大宗祠头门的龙船拜贴显示，与市头在龙舟上有探亲或趁景活动联络的村落或宗族、坊约、龙船会，除了市头本村的南约、陈氏、

市头激烈的竞渡场面（朱劲松摄）

---

① 据笔者2015年采访市头村蒋冠华先生口述整理。

中成堂、北约、涌口之外，主要就是与市头同样位于沥滘水道南岸的一线村落，包括市头附近的罗边、板桥、南村彭卜年堂，及以西的大石涌口、大石山西龙船会、河村冼世胄堂、塘西、官堂、员岗北约，以东的曾边东约、新造礼园的中约、西约、秀华堂、南约、北社，最西到化龙沙亭。其次，就是市头对岸小谷围的赤坎、南亭绳武堂、南亭敬波堂，长洲的金鼎，以及越过小谷围的仓头，土华的怀宁堂、紫气堂、西约，还有稍远的河南石溪。以上村落或宗族、坊约、龙船会均属历史上的茭塘司范围。来市头探亲或趁景最远的村落是历史上鹿步司的车陂、东平梁。车陂是珠江前航道，番禺县鹿步司的另外一个重要的市镇和水运中心。

2013 年张贴于罗边闲野罗公祠头门墙壁上的龙船拜贴显示，与罗边在龙舟上有探亲或趁景活动联络的村落或宗族、坊约、龙船会包括沥滘水道南岸邻近的市头世德堂、北约坊、新村、涌口、沙边，南村兄弟龙船会及彭卜年堂、板桥，一直沿沥滘水道南岸，上游的陈边观音堂、新基，下游的曾边、礼园黎贻庆堂等。对岸小谷围的南亭绳武堂、黄汪波堂以及穗石。还有沥滘水道北岸、稍远的是沥滘及其附近的村落：西滘、西碌村、池滘等，最远的到达康乐村。以上村落或宗族、坊约、龙船会均与罗边同属历史上的茭塘司范围。

新造地处珠江沥滘水道中东段，历史上是番禺珠江航道上的重要水运枢纽之一，也是清代茭塘司署和民国番禺县署所在地。新造景同样是清代番禺茭塘司四大景之一。从2013 年新造崇德关帝庙前的龙船拜贴来看，与新造在龙舟上有探亲或趁景活动联络的村落或宗族、坊约、龙船会包括最多的是来自新造对岸小谷围的贝岗南约，北亭南约、北约、梁中约，赤坎、穗石龙船

茭塘景

会及林问礼堂、南步、练溪，以及长洲下庄和洪圣沙。其次是新造附近的曾边东约，以及沥滘水道上游的罗边村委龙船会、南村彭卜年堂、板桥、员岗北约等，再就是越过小谷围沥滘水道北岸的仓头和官洲。以上村落或宗族、坊约、龙船会均与新造同属历史上的茭塘司范围。

从番禺茭塘司的新造、市头、罗边这几处村落的龙舟活动涉及的范围来看，绝大多数在茭塘司范围内、沥滘水道沿岸的村落，极少数突破到鹿步司等茭塘司以外的区域。如果以新造、市头、罗边等为起点与其他有龙舟联络的乡村连接起来就是一个扇状网络。这个扇状网络的密集程度，要视这个村落在水运交通中的江湖地位而定。番禺龙舟的交际圈实际上就是水运网络的反映。

番禺龙舟的交际圈不仅仅是水运网络的反映，也是陆上村落联盟的反映。如果有龙舟的村落之间同属陆上一个社，即村落联盟，如市头、罗边与附近板桥、南村同属东山社，石楼与岳溪、西山、大岭、赤岗、山门、潭山、龙漖、明经右里均属冈尾社。这种情况就会出现陆上村社联盟与水运网络的叠合。这些民田区的村落之间既有水路相通，在岸上又是同一个社的，两者之间的龙舟联系会更为密切。

以潭山村为例，其2014年的龙船景行程安排："初一：西村、山门、大岭；初二：明经、胜洲、茭塘、龙漖；初三：石楼；初四：赤岗；初五：本村。"

胜洲龙船贴

海报下面还贴满了邻乡所投的拜访帖，包括赤岗、石楼西约、石楼大乌龙、胜洲、茭塘西约、石楼中约、大岭村中约、茭塘东村等。比较潭山，石楼的龙舟活动所涉及的村落几乎与之重合：岳溪、西山、大岭、大岭九队、中约、赤岗、茭塘东、山门陇西堂、潭山村龙船会、石楼中约、西约、龙漖、茭塘东西村、胜洲、明经左右里。除了茭塘和胜洲之外，潭山和石楼龙舟活动所涉及的这些村落实际上都属于清代番禺县茭塘司冈尾社十八乡的范围，如今分属化龙镇南部和石楼镇大部分地区。传统维系十八乡陆上村际关系有一项著名的迎神赛会——冈尾社十八乡洪圣王出会。出会由各乡轮值，每至诞期，演戏七日，活动热闹情景仅亚于波罗诞。如今十八乡洪圣王出会早因各种原因而废止，但通过潭山、石楼的龙舟景行程安排和拜访帖可以看出，即使在新的行政划分下，传统的村际网络还是努力凭借不同载体来维持原有的关系。端午扒龙舟不但是水运网络的仪式性表达，还是陆上村落联盟关系的某种再现。

四、水运社会的地方文化网络：以番禺县沙湾司市桥水道沿线龙舟文化为例 ①

（一）沙湾司南山峡地区的历史沿革

早在宋代，在南山峡砖瓦业和市桥未兴起之前，地处南山峡和市桥乡上游的平石和下游的沙墟和就已经是一个盛产砖瓦和陶瓷的市镇。到元代，位于市桥水道上游、地势险要的南山峡一带就建造了佛寺。明初，这里盗寇出没，佛寺被毁。明中后期，随着白沙堡以南市桥平原的形成，以及水运的日盛，官府为了加强对市桥河道的管理，将原来位于白沙堡的沙湾巡检司南迁到临近江边的市桥。正是由于平石、沙墟两地水运的衰落，地处两者之间的南山峡和市桥逐渐发展成为清代禺南地区著名的砖瓦业和造船业中心。

明代中后期，南山峡口开始出现砖瓦业，并向南北两岸村落扩散。明末，随着自身水运地位的凸显，加之独特的峡口风貌，南山峡成为沙湾乡古

---

① 朱光文：《水运社会的地方文化网络——以宋元以来广州府番禺县沙湾司南山峡地区为中心的考察》（未刊稿）。

八景之一。同时，沙湾乡过去还有通向南山峡的河涌和埠头，说明该乡曾以此作为主要对外交通通道。

清初迁海，南山峡地区的村落遭到极大的破坏，位于其下游的市桥沙湾巡检司署亦被迫迁于钟村。复界以后，沙湾巡检司从钟村迁回市桥，大量非迁海地区的居民来到南山峡一带开垦土地，社会逐步恢复。雍正年间，随着砖瓦业和水运的再度繁荣，南山峡口出现一座重要的天后庙，成为两岸民众的朝拜之地。乾隆年间，随着广州一口通商贸易的发展，南山峡地区在水运方面的重要性日益凸显，官府除了在邻近的市桥和紫坭设立挂号口纳入粤海关港口管理体系之外，为了加强防卫，官府还直接介入南山峡地区的管理，在此设立营汛和沙湾埠派驻官兵驻防，征收赋税，管理地方治安。同时，随着砖瓦业的复兴，形成北岸的南庄、南山、北海及南岸的渡头、杉岩、兰陵等埠，渡头成为南山峡地区重要的砖瓦业生产基地、市场及水运中心。

清道光、咸丰年间，为抵御洪兵之乱及其引起的盗寇问题，南山峡两岸及下游村落纷纷建立社学团练，作为乡村防御联盟机构，如南岸在张殿铨的主导下建立螺阳社村落联盟。北岸地区成立了同风社、亲仁社、平康社、同安社等村社和团练防御组织。其中，螺阳社中的大部分村落及同风社、平康社中的部分村落从事砖瓦业生产。清同治、光绪年间，官府继续加强对南山

南山峡现景

峡地区的管治，南山峡地区砖瓦业发展达到鼎盛，形成熟瓦行和生瓦行等行业组织，以及区域性的行业神祭祀组织。

（二）南山峡地区的砖瓦业与水运网络

南山峡地区始于明代中后期、兴盛于清末的砖瓦业，一直发展到新中国成立前。在砖瓦业的发展过程中形成了一个从原材料、燃料到成品运输所依赖的水运网络。

原材料方面，李家达认为，南山峡地区砖瓦的主要原料是泥。泥分白泥与赤泥。过去有名的白泥瓦是由东莞县峡口运来的。造赤泥瓦及瓦筒的赤泥多是来自本县的小洲、土瓜（即土华）。造大阶砖的泥是用东莞麻涌的泥。造红砖用的泥多来自顺德的"老桑基"泥及用本县邻近农村的"基泥"。沙湾埠向来讲究质量，用什么原料生产什么产品，是有一定规矩的。[①]褚镜认为，有条砖泥、阶砖和赤泥瓦泥、瓦筒泥、白泥瓦泥等。此种原料泥来自东莞石龙、南岗、小洲、土华、西海等处。[②]龙卓杰认为，所用陶土，大部分是禺北石马、东莞峡口的黄白泥，全盛时期，有土窑五十多座，年产砖（瓦）达二千万块，质量甚佳，享

珠江水道与砖瓦窑分布沙盘（摄于佛山市南风古灶站博物馆）

《新番禺月刊》封面的南山峡地区砖瓦窑照片（李伟东提供）

---

① 李家达：《五十年来渡头砖瓦业的情况》，载《番禺文史资料》第二期，1984年12月。

② 褚镜：《解放前后禺南沙湾埠砖瓦生产情况》，载《番禺文史资料》第二期，1984年12月。

有盛誉。① 可见，南山峡地区的砖瓦业所需的原材料绝大部分来自番禺县内及邻近的珠三角各地，这些泥均通过船运抵南山峡南北两岸的埠头，然后搬运到制作砖瓦的村落进行制作和烧制，形成成品再销往珠三角各地。

至于燃料，李家达认为，最初是从西江（云浮、郁南、高要、德庆）一带的山区采购松树尾，用大木船运返作燃料的。亦有西江本地商人专门购运送上门来的。后来，由于窑的改革及成本运输等诸多问题，逐渐改烧禾秆、茅草。这些禾秆、茅草主要来自中山、东莞及本地，且货源充足。② 褚镜认为，燃料则有禾秆、松丫、蕉叶、茅草、蔗麸等，这些多来自西江一带，如封开、云浮、德庆等县，其次来自万顷沙、二沙及附近各沙区等。日需用量大，平常市度，为这行运输原、燃料船只百余艘，使整个北海煞是热闹。③ 可见，砖瓦业的燃料主要来自西江沿岸及珠三角地区。

至于产品销售的水运网络，李家达认为，本埠产品除销本地外，很大一部分是向外输出的，除销番禺、顺德、东莞外，还销售于本省各大中小城市，甚至港、澳等地。四邑侨乡亦多来此采购。④ 褚镜认为，产品，由各家因着各江水的客路而进行生产，有以白泥瓦片、瓦筒、阶砖为主，有以赤泥阶砖等为主，各有不同销路。……白泥瓦和瓦筒、阶砖的上价货，销往侨乡中山县、江门三埠，中、下价货则销往附近各县和广州、佛山、港、澳等地。⑤

（三）南山峡地区的船难传说

1. 林大相公的传说

盗寇的猖狂，船难频发，林大相公崇拜开始产生，为南山古庙祭祀的早期形态。在南山峡口有一座"南山古庙"。据《番禺县镇村志》记载，该

---

① 龙卓杰：《明清渡头"四埠"砖瓦窑址》，载番禺县县志编纂委员会《番禺县文物志》，1988年10月。

② 李家达：《五十年来渡头砖瓦业的情况》，载《番禺文史资料》第二期，1984年12月。

③ 褚镜：《解放前后禺南沙湾埠砖瓦生产情况》，载《番禺文史资料》第二期，1984年12月。

④ 李家达：《五十年来渡头砖瓦业的情况》，载《番禺文史资料》第二期，1984年12月。

⑤ 褚镜：《解放前后禺南沙湾埠砖瓦生产情况》，载《番禺文史资料》第二期，1984年12月。

庙又名林大相公庙，传说明代有一位姓林的进士还乡祭祖，船经南山峡时被风浪卷沉。为了纪念这位翻船溺死的林姓进士，乡人于嘉靖年间在南山峡口建成"南山古庙"，故又名"林大相公庙"。① 而据2011年《南山古庙重修碑记》载：

清末番禺县沙湾司地图中南山古庙位置

> 相传在大清时代，有一文人秀士，上京赴考，在归途中，行至南山峡附近，遭海盗行劫，更遇狂风暴雨，致被溺水而死，这简单历史，只是传说而矣，也没有历史记载，很难考究，后人在此建一座石庙，命名南山古庙，建于乾隆年间，至光绪年间重修，只可惜是庙内一尊石像，现今丢失了，可能在"文革"时期毁失的，庙内有一副对联，上联是：人间施惠泽，下联是：海若显灵通，这可见当时对人们有不少的护荫，后称该秀士叫林大相公。②

据陈藻先生回忆，人们都相信南山水下有洞，洞内藏有"乌忌"和"白忌"两条怪鱼，雨天必出水兴风作浪，林大相公等一船人被怪鱼卷入河底。③

2. 南山峡地区的龙船传说

当地民众在林大相公崇拜的基础上修筑成南山古庙祭祀林大相公，该庙成为附近乡村端午龙舟活动的共同祭拜之地。

除了"林大相公庙"的传说外，关于"南山古庙"，当地还流传着一个

---

① 番禺市地方志编纂委员会：《番禺县镇村志》，广东人民出版社1996年版。
② 二〇一一年《南山古庙重修碑记》。
③ 陈藻：《南山峡与南山古庙的故事》，载《沙湾之窗》，http://www.panyu.shawan.gov.cn。

与龙舟有关的"咚咚庙传说"。据说在明朝时期，附近的村民在海上拾获一条"沉沙木"，当时老人建议用此木建祠堂，年轻人则主张造龙船，最后造的龙舟在试航时路过南山峡，龙船只是一声鼓响便连转三个弯后随即沉没。此后，村民每年农历五月前后不论白天黑夜都听闻龙船鼓声。于是村民在此建庙，称该庙为"咚咚庙"。《番禺县镇村志》亦载此传说。[①] 陈藻先生撰文说，咸丰年间村民在南山峡口水面捞到一条巨型的"沉沙木"只有一位鼓手逃生。[②]《沙湾镇志》也记载了一个关于南山古庙的传说：

> 曾有沙湾扒龙船"一鼓转三湾"的神奇传说。相传清初，沙湾人在甘岗海（引按：沙湾镇前的河道）赛龙舟，有人精心设计了一只"飞龙"，这飞龙逢赛必胜。有一次，这飞龙以十分迅猛的速度冲过大湾（引按：大湾为今磷肥厂凤山苑址的一条自然村，于百多年前湮没），绕过龙湾，抵达南山峡时不幸失事。事后，人们为了纪念这飞龙，且蹑于神灵，在南山峡北面建起了"南山古庙"。[③]

南山古庙内景

不管是"林大相公庙"的传说，"咚咚庙"的传说，还是陈藻先生所说的藏有"乌忌"和"白忌"两条怪鱼的传说，其实都折射了南山峡作为水运要道，但盗寇、船难多发的历史事实。新中国成立前，南山峡口为市桥通往广州或西面（俗称"西海"）航线的必经之道，

---

① 番禺市地方志编纂委员会：《番禺县镇村志》，广东人民出版社1996年版。
② 陈藻：《南山峡与南山古庙的故事》，载《沙湾之窗》，http://www.panyu.shawan.gov.cn。
③ 中共广州市番禺区沙湾镇委员会、广州市番禺区沙湾镇人民政府编：《沙湾镇志》，广东人民出版社2013年版。

土匪多在此处洗劫客轮。[1] 据陈藻先生回忆，过去驾船人过南山峡口的船尾抛放"稽钱"（俗称阴司纸），机动船则要慢速，减弱噪音航行。[2] 而南山峡两岸的砖瓦业生产原材料、燃料、成品的运输，以及市桥水道下游的临江村落都要依靠南山峡的便利水运条件与广州、佛山等珠三角乃至更广大的地区联系，这就促使南山古庙的信仰在当地盛行，成为两岸砖瓦业村落以及中下游临江村落共同的祭祀对象，这也是南山峡两岸村落端午节请龙独特习俗形成的主要原因。

根据王锦添先生的口述，南山古庙最早建于南山村内，后来有人又在村外临近河边的地方修建了现在的南山古庙。而旧的南山古庙现在被改成了康公庙。南山古庙，乾隆五十七年（1792）重建，光绪十九年（1893）重修，这座类似神龛的小庙全以花岗岩石板砌筑而成，形制与单间瓦房相仿，占地面积不超过 6 平方米，内部供奉坐像（林大相公）一尊，并有长方形鼎状香炉一座。该庙有阴刻对联一副，右书"人间施惠泽"，左书"海若显灵通"，门额上书"南山古庙"四字，显示该庙"海神"崇拜的特质。在对联的左右分别还有"光绪癸巳仲夏重修""乾隆壬子立"的题字。[3]

（四）水运网络的仪式性表达：两大龙船会及北岸南山古庙龙舟习俗

约从清乾隆年间以来，在市桥水道的临水村落还结成了两大龙船会。南岸龙船会最初包括今沙湾镇的龙岐村［包括渡头（又名龙津）、岐头（又名碧山）、岐山（含沙园、大巷、市埒）、羊五洲四个自然村］、福涌村［包括福田（又名田心）、新村、兰陵、涌口、石涌（又名萝村）、涌边六个自然村］[4] 等村落和社区。从其构成可见，南岸龙船会以清道光以来的螺阳社所

① 中共广州市番禺区沙湾镇委员会、广州市番禺区沙湾镇人民政府编：《沙湾镇志》，广东人民出版社2013年版。

② 陈藻：《南山峡与南山古庙的故事》，载《沙湾之窗》，http://www.panyu.shawan.gov.cn。

③ 2011—2012年当地以沙墟为首的龙船会集资在小庙外增建了一座更大的仿古一进建筑覆盖并于庙前兴建广场。

④ 后来南郊的羊五洲（今属桥南街）、市桥西郊（属北岸的市桥街）加入，它们并不属于螺阳社。除了西郊村，其余均位于南岸，故名"南岸龙船会"。

属村落为主体，既包括直接参与砖瓦业的村落，也包括间接参与的村落。

与南岸龙船会相比，北岸的龙船会就比较复杂。其构成包括沙头（又名碧沙）、莲湖、北海（又名北津，历史上先后属亲仁社和平康社，今属沙头街）、大富（北浦）、沙墟（历史上属平康社，今属市桥街，今分为沙墟一村、二村）、石岗〔历史上属平康社，今分为石岗东（清河）、石岗西（西社）〕、傍江（由罗、古、陈三姓组成，历史上属同安社，今分为傍东、傍西）、新桥（历史上属同安社）为一组（以上三村今属大龙街）。新桥同沙墟关系很好，如结拜兄弟。莲湖最早有砖厂，以前帮过新桥做砖厂。新中国成立前，莲湖属汀根，而汀根欺负莲湖，莲湖则邀请十村做帮手。新桥以前做草绳、草席，从万顷沙运来两米多长的水草做原料。这些村落均位于北岸，故名"北岸龙船会"。

1949 年前，北岸的龙船会在每年农历四月的最后一天，不约而同到北岸南山古庙举行隆重的"采青"和"请龙"仪式（又叫"采水"仪式）。其中，沙头、莲湖、北海、沙墟、石岗（今共七条村）每年都去请龙。各村在村中完成请龙头仪式吃完午饭后，陆续筹备祭品，包括爆竹、金银衣纸、

南山古庙请龙活动（沙头街文体中心供图）

香烛等，各船锣鼓齐鸣、百桨齐发，鞭炮齐鸣。各村的所有船员上龙舟就坐，请一位五福俱全的老者手提一桶水，拿着黄皮叶将桶里的水由船头撒到船尾，还每人分发一包红梨，表示顺顺利利，再求一张平安符夹在头戴的新草帽上，以求平安大吉。随后龙舟离岸驶向南山古庙。到达南山古庙的岸边后，先由船上刚新婚的船员（人数不限）拿着任意一面旗（包括头牌刺绣、罗伞、百竹旗）、铜锣跟尾护送，爬上南山古庙附近的岗顶将旗插好，再在附近采摘龙船花等戴于帽子上方能下山，此为"采青"（插旗主要寓意早生贵子，发展到现在也是一种龙舟采青的仪式）。下山后，所有龙舟成员方可登陆到南山古庙中摆烧猪、烧纸钱、敬香拜神，此为"请龙"（据说过去还有撒粽仪式）。最后在庙外烧炮仗，上船一路敲锣打鼓划回村中。据沙墟陈广发先生回忆，傍江、新桥虽然同沙墟、莲湖等属北岸龙船会，但是由于距离太远，一直少去或不去南山古庙请龙，傍江只有罗姓年年去，傍江古、陈两姓和新桥只是在请龙前拿一支旗过去。

　　两大龙船会的村落与砖瓦业的联盟并无必然的关系，因为砖瓦业的水运只是市桥水道沿线水运网络的一部分而已。如北岸龙船会，同属同风社的汀根、南山、玉堂、双坑虽然都从事砖瓦生产，且南山古庙也位于横江、南山附近，两村均是临水村落，但都不是北岸龙船会的成员。而并不属于砖瓦业村落的沙头、沙墟、石岗、傍江、新桥等村落却是龙船会的成员。这些龙船会的村落也属于不同的社，如莲湖、北海、沙头先后属于亲仁社（学）（道光年间）和平康社（学）（咸丰年间以后），而沙墟、石岗则一直属于平康社（学），傍江、新桥属同安社。唯一可以肯定的是，以上这些龙船会的成员均位于市桥水道沿线，都有河涌与水道相同，属于同一水运网络。有些村落很可能与砖瓦业有联系，以新桥为例，民国版《番禺县续志》载："绞绳业，分麻绳、草绳两种，盛于新桥、大山、土华、小洲，以新桥为最多，一乡所出，足供全邑之用。"[①] 新桥的绞绳业很可能是上游砖瓦业的配套产业。也不排除以上部分村落从事砖瓦业原材料、燃料、成品销售方面的运输。至于同属北岸的市桥，虽然历史上都有砖瓦（红砖）厂，但是除了属杂姓的西郊

① 民国版《番禺县续志》卷十二《实业志》。

村①之外，市桥大部分的宗族都一直无龙船，更没有参与到南山古庙请龙仪式中来，很可能是因为这里主要是造船基地，况且市桥乡一直都有水上凤船水色祭祀天后的习俗。②以前北岸龙船会与市桥的关系比较紧张，据陈广发先生回忆，沙墟前往南山古庙请龙经过市桥水道的时候，不从靠近市桥的北边的水道过，而从靠近南郊的北边的水道过，且从不调头。南山古庙作为市桥水道两岸地区临水村落民众的重要民间信仰，各乡在每年的端午节龙舟活动时也必到此举行请龙仪式。

综上所述，沙湾司市桥水道沿线的龙舟文化，不仅是水运网络的仪式性表达，更是水运网络与村社组织、业缘关系及乡村权力格局等地方文化网络相互叠加的结果。

第三节　宗族组织与祭祖仪式

一、明清以来禺南大谷围地区的祭祖活动

据同治《番禺县志》载："……清明重九行墓祭礼，二分及冬至则庙祭。"③可见，清代番禺地区祭祀祖先的时间主要包括清明和重阳的墓祭，春分、秋分、冬至的庙（祠）祭两种。光绪五年《广州府志》载："祭礼旧四代神主设于正寝，今巨族多立祠堂置祭田以供祭祀，并给族贤灯火。春秋二分及冬至庙祭，一遵朱子家礼。下邑僻壤，数家村落，亦有祖厅祀事，岁时

---

① 西郊为杂姓村，龙船堂号叫"福祥堂"，跟沙湾龙船会。

② 据（清）乾隆《番禺县志》卷二十《杂记·市桥凤船》载："……定于端阳节内游镇海面，一时游人匼匝，画舸迷津，称为胜会。然必十余年卜于神，神许乃举，举必岁登，不许则居民摇手相戒以为逆神。"可知，乾隆年间凤船和水色巡游为十余年向天后神占卜一次，而且还要看经济是否允许。可以猜测起码十多年才举办一次。而同时知道，举办水色其实是在端午节期间，而非后来的天后诞日，这说明乾隆年间的凤船和水色与祭祀天后相结合，已成为市桥乡端午节的一项主要习俗活动。

③ （清）同治《番禺县志》卷六《舆地略四》。

为新，惟清明则墓祭，合郡亦俱相仿。"[①] 其中，春祭一般较为简单，只在祠堂进行祭祀，时间为每年清明前；秋祭则相对隆重些，既要拜墓，又要拜祠堂，各地宗族的祭典的仪式一般由长房嫡孙（宗子）主持，世代相承。《重修员岗崔氏家乘》（残本）卷之十一《祭典》（部分遗缺）保存了明代中后期崔氏家族祭祀祖先的部分礼仪，这些礼仪文献包括《祭期》《正祭配祭神位》《祭日合用之器》《祭日合备之物》《春秋二祭陈设图》《春秋二祭配位陈设图》《清明重阳墓祭图》《冬至祭日陈设图》《仪节》（后部分遗缺）等。在《祭典》的概述中载："礼莫重于祭，祭也者，所以交神明隆孝享，遒孙子追远之本心而不容已者也。我宗祠中曩时祭祀，礼法森严，洋洋如在。其后，稍稍忽略，所以然者，皆由规制未定，遂致办祭之人，沿袭因循，视祭祀为虚文，以肥己为要务，非祭品不周则或祭器不备，殊失礼体。若不定制，何以示后？兹窃取先正之所论，定余家之所已行，参互考订合众会议斟酌损益，各列图款，使人知正祭配祭神位当用祭品多寡，及祭品轻重，著为定式，以垂世守，盖亦继志述事之一端云尔。若夫力行以明典，恭敬以修祀，是所望于百世，本支深念而无斁也欤。"[②]《祭期》中包括了"元旦日（黎明齐集祭祀），春祭日（二月十八日黎明齐集祭祀），端阳日（黎明齐集祭祀），重阳日（墓祭），除夕日（十二月二十四日），元宵日（正月十一日开灯，十六日完灯），清明日（墓祭），秋祭日（八月十八日，黎明齐集祭祀），冬至日（黎明齐集祭祀）"[③]。

这些祭祀礼仪显示明代以来员岗崔氏宗族祭祀祖先大致分为：元旦、春祭、端阳、除夕、元宵、秋祭、冬至七次祠祭和重阳、清明二次的墓祭共九次祖先祭祀活动。

二、祠（庙）祭礼仪

在宗族组织发展的过程中，最重要的祭祀礼仪之一是在祠庙中的祖先祭

---

① （清）光绪五年《广州府志》卷十五《舆地略七·风俗二》。
② 《重修员岗崔氏家乘》（残本）卷十一《祭典》。
③ 《重修员岗崔氏家乘》（残本）卷十一《祭典》。

小龙阙里南宗祠和孔尚书祠

祀仪式。《广东新语》卷十七《宫语·祖祠》详细描述了清初珠三角等岭南地区宗族、祭祖的仪式和礼制。

> 岭南之著姓右族，于广州为盛。广之世，于乡为盛。其土沃而人繁，或一乡一姓，或一乡二三姓，自唐宋以来，蝉连而居，安其土，乐其谣俗，鲜有迁徙他邦者。其大小宗祖祢皆有祠，代为堂构，以壮丽相高。每千人之族，祠数十所，小姓单家，族人不满百者，亦有祠数所。其曰大宗祠者，始祖之庙也。庶人而有始祖之庙，追远也，收族也。追远，孝也。收族，仁也。匪谮也，匪谄也。岁冬至，举宗行礼，主鬯者必推宗子。或支子祭告，则其祝文必云：裔孙某，谨因宗子某，敢昭告于某祖某考，不敢专也。其族长以朔望读祖训于祠，养老尊贤，赏善罚恶之典，一出于祠。祭田之入有羡，则以均分。其子姓贵富，则又为祖祢增置祭田，名曰蒸尝。世世相守，惟士无田不祭，未尽然也。今天下宗子之制不可复，大率有族而无宗，宗

废故宜重族，族乱故宜重祠，有祠而子姓以为归，一家以为根本。仁孝之道，由之而生，吾粤其庶几近古者也。庞弼唐尝有小宗祠之制。旁为夹室二，以藏祧主。正堂为龛三，每龛又分为三，上重为始祖，次重为继始之宗有功德而不迁者，又次重为宗子之祭者同祀。其四代之主，亲尽则祧。左一龛为崇德，凡支子隐而有德，能周给族人，表正乡里，解讼息争者；秀才学行醇正，出而仕，有德泽于民者，得入祀不祧。右一龛为报功，凡支子能大修祠堂，振兴废坠，或广祭田义田者，得入祀不祧。不在此者，设主于长子之室，岁时轮祭。岁正旦，各迎已祧、未祧之主，序设于祠，随举所有时羞，合而祭之。祭毕，少拜尊者及同列，然后以胙余而会食。此诚简而易，淡而可久者也，吾族将举行之。①

下面，我们具体举出几个大谷围地区家族的祠堂祭祀作为例子。

1. 明代员岗崔氏的祠（庙）祭仪式

《重修员岗崔氏家乘》（残本）卷之十一《祭典》（部分遗缺），其中《祭日合用之器》文字保存比较完整：

> 香案、花瓶、爵（每神主一位，备三），茶瓶，帛盘（每神主一位，备一）、牲盘、盥洗盘（备一），香炉、祝文、盏盘（降神用），酒瓶，汤碗（每神主一位，备三），茅沙盘，巾□（备一），烛台、椅桌、茶瓯（每

潭山村许氏祭祖用具（许钜泉供图）

---

① （清）屈大均：《广东新语》卷十七《宫语·祖祠》。

市头蒋氏大宗祠后座祖先神主牌

神主一位，备一），匙筯，饭碗（每神主一位，备一），毛血盘（备二），拜单。

《祭日合备之物》：

香烛，糤盘（高九层），京果五盘（重二十七斤），蜜食钉（重一十五斤），海青一座，面糕二盘，光羊一双（重三十觔，连脏），光鹅三双（重九斤），光鸡三双（重七斤），帛（用白绢正位用四疋，余两配位共一全疋），生果五盘（随时买办），油煎五钉（重一十五斤），嚮糖五座（重十斤），馒饺二盘，光猪一双（轻重不在限量），牛腿一双（重七十斤），光鸭三双（重五斤），豕猪肉一方（重十斤），鲜鱼三尾（重六斤），猪首一个（熟重九斤），光鸭一双（熟，重二斤），熟鱼一尾，菹三（如淹（腌）瓜菜之类），生果五盘（随时买办，重二十七斤），糖饼五盘（重二十斤），光鹅一双（熟，重二斤），光鸡一双（熟，重二斤），鲜果五钉，庶馐五（猪、牛、鹅、鸡、鱼、要洁，毋得苟且各啬），羹三，茶，糖饼五盘（重二十斤），光鹅一双

（重二斤半），光鸡（熟，重二斤），鲜果五钌（高一尺），鹽（左上为西旁）二（如鱼肉酢之类），醝，酨（醝，即盐，酨，即醋），饭（用白而精凿者），酒。

《仪节》：

> 通替者，替执事者各□（司）其事，替众祭孙各就位，替主祭孙就位，替参神鞠躬，拜兴，拜兴，拜兴，拜兴，平身。替降神，引替者替诣盥洗所，替盘洗，替诣酒尊所，替酌酒，替诣神位前，替跪，替上香，替酌酒……（后缺）

2. 清末穗石陆氏功名人物的祠（庙）祭仪式

在穗石《陆氏族谱》中就保留了一份《新贵谒祖九献礼仪式》，从中可以窥探到清末宗族功名人物祭祀祖先之礼仪及其表达的文化象征意义：

> 通开中门，擂鼓，放炮，奏大乐，奏小乐。主祭孙就位，司事者各司其事；行盥洗礼，引诣盥洗所，盥洗，静布，复位；通行降神礼，引诣香案前，酌酒，上香，再上香，三上香，复位；通迎神跪，叩首，再叩首，三叩首，兴跪；叩首，再叩首，六叩首，兴跪；叩首，再叩首，九叩首，兴；行初献礼，引诣祖考妣神位前，跪献爵，俯伏，通司祝文者就位，止乐，宣祝文，引叩首，兴，复位；通行亚献礼，引诣祖考妣神位前，跪，献爵，叩首，兴，复位；通行三献礼，引诣祖考妣神位前，跪献爵，献金猪，献果品，献宝帛，叩首兴，复位；通行饮福受胙礼，引诣饮福受胙所，跪，饮福酒，受福胙，叩首兴，复位；通送神跪，叩首，再叩首，三叩首，兴跪；叩首，再叩首，六叩，首兴跪；叩首，再叩首，九叩首，兴；司祝者奉司祝帛者，奉帛，焚宝帛。行望燎礼，引诣望燎所，望燎，复位。通礼成。

3. 清道光年间坑头陈氏功名人物的祠（庙）祭仪式 ①

坑头的晋尚卿祠（留徽堂）曾经是禺南地区奉陈元德为祖先的陈姓村落祭祀始祖的场所，今已毁。道光年间，石楼陈元德后裔新贵（新考取功名的人物）往坑头各房祠堂谒祖时，都有特殊的仪式 ②，其中包括宗子"茶敬"和"代茶银"，如文献记载有"封留徽堂宗子奕昭翁茶敬一员"和"封留徽堂祠价代茶银三分六钱"。还有受飨糖、攒盒、猪肉的仪式。如："受飨糖数：留徽堂、百福堂、敬义堂、孝思堂四处每处受每位新贵飨糖贰枝；白水坑、白冈、蔗坳三处每处受每位新贵飨糖一枝""受攒盒数：留徽堂、百福堂、敬义堂、孝思堂四处每处受每位新贵攒盒贰喊，白水坑、白冈、蔗坳三处每处受每位新贵攒盒一喊"。而"受猪肉数"俱未详。

4. 凌边赴省城制置使凌公祠（合族祠）的祠（庙）祭祭文

至灵山谒制置使伯祖祠祭文

嘉靖二十二年癸卯三月

明 文雅 莆田十世姪孙

河间活水，珠玑出泉，朝宗派别，几百余年，转运福建，流后莆田，谍谱既修，宣慰未填，东风款款，远递客船，优游戾止，寿山之边，耆英童叟，气概浩然，眼前邂逅，三四五传，子孙簇簇，昭穆相联，欣欣得谱，谩乐穷妍，参知政事，实为宗源，愚生何幸，获会多贤，冥冥祖德，信有可言，载酒于樽，崇肴于筵，聊申一奠，伏鉴微虔，反覆眷顾，绥福绵绵。尚享

5. 大岭族谱所载的赴省城凤翔书院（合族祠）的祠（庙）祭祝文

凤翔书院冬祭祝文

年〇月〇日〇传孙〇等，谨以金猪、果品、宝帛之仪，敢昭告于宋代保昌尉显始祖考彦约陈公，妣曾氏、吴氏孺人，暨二世祖晦

---

① 参见朱光文、陈铭新《名乡坑头：历史、社会与文化》，岭南美术出版社2013年版。

② 仪式描述录自《石子头古诗联杂钞》。

叔、世华、世清、宏叔、世宁、世昌、世盛列位祖考之神位前而祝曰：洪维太祖，宋代贤良。明经修行，荐授保昌。宦游粤海，宅卜凤翔。孺人淑配，训迪义方。五子留粤，长次还乡。支繁派衍，散绮流芳。簪缨奕禩，科甲绵长。爰启庙宇，越秀山旁。日当长至，岁荐馨香。虔陈俎豆，洁荐酒浆。群昭群穆，欢聚一堂。伏祈来格，降福洋洋。都哉尚飨！

三、墓祭礼仪

墓祭是最主要的祖先祭祀形式之一，光绪五年《广州府志》简单记载了清末广州府地区的祖先墓祭的基本礼仪："清明插柳于门，一月中扫墓郊行，谓之踏青，亦曰割草，俗曰压纸以楮置坟上也。"[1] 禺南大谷围地区保存至今的家族墓地就记录了一些家族墓祭礼仪及其延续的谱系。

1. 明嘉靖癸卯三月，凌边赴古鼎祭制置伯祖墓文

赴古鼎祭制置伯祖墓文

维三夷矣，维水离矣，公自宋秀，肇厥基矣，赋归野处，辟茅茨矣，崇德报功，敕建幽墀亦，仪卫整饬于当年，纪以神道碑矣，保乂我后，三百年于兹矣，愈久愈蕃，五百人有奇矣，地窄弗容，散多岐矣，春露秋霜，怅悢长思矣，报本追远，明荐香篱矣，如封如堂，云外翘霓矣，意者聚族，左右其祇矣，未知荒颓若此，极其可悲矣，邱林濯濯，松楸何其矣，厥谋田地，属诸谁矣，我莆田远孙，不惮千里驰驱矣，周爰咨诹谱宗支矣，相承瞻拜，偕莫一厄矣，而今而后祭及其时矣，在天英神，我辈重绥矣，由粤及闽，一视无私矣，古往今来千万世其如斯矣。尚享[2]

嘉靖癸卯三月　文雅

① （清）光绪五年《广州府志》卷十五《舆地略七·风俗九十二》。
② 文雅：《赴古鼎祭制置伯祖墓文》，嘉靖癸卯（二十二年）三月。

2011年清明陈元德将军家族墓祭祖场景（陈应棠摄）

2. 陈元德家族墓与清代墓祭仪式 ①

陈元德家族墓是陈元德墓祭的主要场所之一，位于坑头以南不远的水坑村将军山（鸿鹄岭）。该墓坐西南向东北，始建于明隆庆年间，原墓按清代墓葬形式用花岗岩石砌筑，为抄手墓。

清道光年间，陈元德的后裔，到坑头祭祖的有以下各村：白水坑、白冈、石楼、赤岗、上梅坑、左边、白泥涌（即练溪）、蔗坳、三善、黄角（阁）、朱村。通过咸丰年间的《清明拜鸿鹄岭山祝文》我们依稀想见当年奉陈元德为始祖的陈姓各房（十族）代表在鸿鹄岭祭祖的盛大场面：

> 维咸丰〇〇年岁次〇〇春〇浣〇〇吉旦〇〇传孙等，谨以豕肉、粢盛、果酒、瓣香、烛帛之仪，致祭于〇〇〇〇、〇〇〇〇曰：追惟鼻祖，功德懋昭，既宣劳于当代；诒谋广大，亦垂裕乎后昆。统师旅

---

① 参见朱光文、陈铭新《名乡坑头：历史、社会与文化》，岭南美术出版社2013年版。

以南征，东粤著绩；窜贡隅而守节，白水①开基。庆衍螽斯，十族蒙其遗泽；祥钟麟趾，千秋荫我后人。兹际清明，感生雨露；聊将薄荐，有愧多仪。莫睹音容，徒向云山而盼望；愿祈来格，同陈俎豆以居歆。都哉尚享！②

代表十族宣读祭文的司仪，估计也是陈族中有声望的乡绅，歌颂了鼻祖陈元德南征开基的丰功伟绩。通过每年的祭祖仪式，宣示和强化了一个以陈元德为始祖，以坑头的晋尚卿祠（留徽堂）及其附近的鸿鹄岭陈元德家族墓地为祭祀空间的高层宗族的存在。

现代的陈元德后裔，坑头、白水坑、白冈、石楼、赤岗、白泥涌（即练溪）、甘棠、南双玉（玉堂）、黄阁（大塘）、广州朱村、南海张槎等村，约定在每年清明后的第一个星期天到陈元德将军墓祭祖。每年的这一天，先后前来墓前祭祀始祖的陈族子孙络绎不绝，场面热闹，香火鼎盛。祭祖之后，各村宗亲分别按房系在坑头的各祠堂、酒堂共进午餐，畅聚亲情。而上梅坑（梅山）及其分支的蔗坳、三善，现在都没有到坑头拜祭陈元德，只在梅山祭祖。

3. 清代咸丰年间石楼陈氏清明《拜敏祖山祝文》

拜敏祖山祝文

追惟我祖，练土开基，善诒谋于当日；竹园垂荫，更佑启乎后人。五代同茔，早卜牛眠之吉；两房衍派，齐征鸣凤之祥。千载赖其姅懞，百世蒙其乐利。恩膏盛大，功德宏深。兹际清明，兴思坟墓。聊将薄荐，有愧多仪。莫睹音容，徒盼云山而生感。愿祈来格，共陈俎豆以居歆。都哉尚享！③

现在，不少宗族还是严格按照祖先传留下来的程序进行祭祖。举行祠

---

① 即白水坑。
② 录自《石子头古诗联杂钞》，原由市桥陈俭辉先生所藏，原书为佚名，手抄本残本，书中载有道光、咸丰年间的诗联文等多种文体。陈铭新先生将复印本取名为《石子头古诗联杂钞》。
③ 录自《石子头古诗联杂钞》。

堂祭典时，在三跪九叩之后，还要加进初献、亚献和三献礼。祠堂祭祖结束后，要在祠堂外的广场上舞龙醒狮，举行传统的大盆菜宴，把祭祖仪式同大型文化活动结合起来。在传统社会，举行祭祖仪式时，全族男丁都要参加，妇女却不能参加。拜祠堂时，只有年满 60 岁的男丁才能进入祠堂。改革开放后，对于祭祖仪式中的一些传统规定有所改变，一般是"全民参与"，不少旅居海外的宗族后裔每年也派代表回乡参加祭祖，宗亲祭典已经成为联系海内外宗族子孙的纽带。

第六章 "番禺历史文化"的当代建构

第一节 传统乡村社区文化的复兴与再造

一、乡村都市化与文化融合的趋势

（一）乡村都市化的趋势 ①

现在的番禺行政区是明清番禺县南部的乡村地区（旧称南番禺或禺南地区之部分），由较大的市桥台地（大谷围）及周边的岛屿（如小谷围）组成。明清以来，围海造田开辟了大量沙田 ②，沙湾水道以南地区（包括现南沙区）就是主要的沙田区，地理学上称为"番禺冲缺三角洲"。虽然商品农业的发展促进了南番禺市镇蓬勃发展 ③，但其人口结构，仍以农业人口为主。因此，明清时期的禺南地区基本没有都市或城市的概念，只有市镇和乡村的区别，因为省城和县城都在广州城里。20世纪20年代以后尽管县城被迁到了新造，但是后来就因为

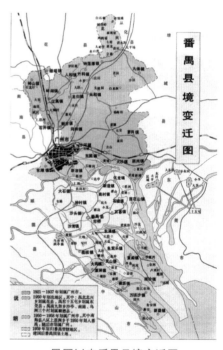

民国以来番禺县境变迁图

---

① 本部分参见袁奇峰《番禺城市化的冲击与文化调适》，载中山大学课题组《番禺文化发展战略基础研究》（修订稿），2013年10月。

② 参考2011年广东省情调查报告《气候变暖背景下珠江三角洲地区海岸线演化及其对策研究》。

③ 参考周毅刚《明清时期珠江三角洲城镇形态研究》，华南理工大学2004年博士论文。

日本的入侵而迁徙不定。1949 年后至改革开放前，番禺地区地处国防前沿，也以发展农业为主。所以，1978 年前，番禺是珠江三角洲一个典型的农业县，谈不上城市传统。①

1949 年以后，随着番禺县政府在市桥确定下来，番禺才逐渐有了县城的概念。因此番禺地区真正的城市化就是从老市桥乡的改造及其向周边地区的拓展开始的。先是在市桥镇的东南西北建成一批居住区，再就是依托桥梁的兴建向桥南方向拓展，依托市莲路和清河路（后来改名为亚运大道）向东扩展。

番禺真正的工业化得益于改革开放后"三来一补"企业及外资企业的发展。20 世纪 70 年代末，国家实行改革开放，番禺抓住香港劳动密集型产业向珠三角转移的契机，利用位于珠三角核心区、交通便利以及毗邻港澳、华侨众多的优势，积极引进"三来一补"企业，参与国际产业分工，在 20 世纪 90 年代初基本实现了从农业向工业经济的转型，进而带动了城市化的发展。1990 年代，番禺县农村工业化起步并蓬勃发展，第二产业逐渐成为主导产业。村镇工业迅速崛起并引领城市发展，人口向城镇集聚，县城空间扩大，路桥建设获得突破。1992 年番禺撤县设市，成为广州市代管的县级市，土地审批和财政权限有所扩大。非农人口占比从 1992 年的 43.1% 上升到 2000 年的 53.6%。镇域经济形成外向型经济特征明显，三资企业及私营企业占据主导地位，外资集中在制造业和房地产业，土地利用粗放。

随着洛溪大桥的开通，地处洛溪桥脚的大石镇洛溪新城就成为番禺西北片区城市化的起点，钟村镇的祈福新村也开盘售楼。以此为起点，城市化的画卷就逐渐向周边的南村扩散，形成番禺西北片区的所谓"华南板块"。广州老城区的市民和新移民特别是白领阶层大量涌入这一片区。总体而言，这一时期番禺地区的城市化呈现出西重东轻的趋势。西南部的市桥周边地区和西北的大石及周边地区发展相对较快，而东部的石楼、化龙、新造等镇相对较慢，城镇建设用地快速扩张呈现"L"形的城镇空间格局。

---

① 袁奇峰：《番禺城市化的冲击与文化调适》，载中山大学课题组《番禺文化发展战略基础研究》（修订稿），2013 年 10 月。

2000年后，在广州大都市扩展的带动下，番禺进入"城市番禺"阶段。2000年行政区划调整，番禺撤市改区。在广州"东进、西联、南拓、北优"发展战略指导下，番禺不再是以往相对独立的发展主体，必须承担广州城市空间"南拓"的责任。作为广州市"多中心网络型"城市结构的一部分，广州市政府通过了《番禺片区规划》，将原番禺分割为由市政府主导开发的城市"重点发展区"和由区政府主导的"调整完善区""农业产业区"。2005年，广州再次进行了行政区划调整后，实际上从行政区划上肯

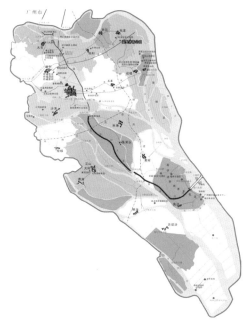

改革开放初期的番禺县图

定了2000年广州战略规划实施后所形成的城市空间结构。2012年，广州把沙湾水道以南三镇划入南沙。南沙切块设区后，番禺全区土地总面积从1313.8平方千米减少到529.94平方千米，番禺彻底成为广州都会区^①的一部分。

广州市政府在番禺的东部地区建设轨道交通4号线、南沙港快线、广珠高速东线等客货运交通干线，布局了广州大学城、广州新城等功能组团，成为安排新兴产业和港口工业用地的广州城市"南拓轴"的一部分。

2003年广州大学城于小谷围开始动工建设，开启了广州城市南拓的序幕。随后，广州南站、亚运城等也开始选址及建设。番禺区的空间结构呈现出多元拼贴的格局，既有农村社区工业化发展留下的半城半乡格局，也有大型房地产开发带来的大型居住区，还有广州大型项目的布局。

地铁3号线、迎宾路（后来的番禺大道北）、新光快线的建成，改变了原来西北华南板块和西南市桥板块只由市广路和市新路联系的局面，两大板

----

① 详见《广州市城市发展总体规划（2011—2020年）》中划定的广州都会区范围。

划归南沙区的番禺属地（中间三镇）

块联系越来越紧密。在西南部的市桥板块，自地铁3号线、亚运城和番禺汽车客运站建成以来，加快了向东发展的速度。在西北部的华南板块，在长隆、南站商务区、万博商务区乃至大学城的影响下，逐渐由相对松散的板块整合成一个被称为"番禺新城"的整体，随着地铁7号线的建成，这个城区的整体性会得到根本性的整合和加强。随着东南部石楼石碁地区亚运城板块的建成，东北地区的国际创新城的启动，番禺地区城市化"西重东轻"的趋势及"L"形的城镇空间格局正在得到彻底改变。

（二）外来移民的融入与文化融合的趋势 [①]

改革开放以来，番禺内外社会经济要素大规模集聚，在快速城市化的背景下，番禺无论从经济、社会还是城市空间结构等方面，都发生了剧烈的变化。快速城市化改变了番禺的社会文化形态，番禺文化呈现多元化的格局。

外来人口的大量涌入，带来了不同地区的文化的同时，社会阶层也进一步分化：原番禺人分化为农业生产者、小商业者、产业工人、城中村的食利阶层、中产阶层及管理阶层等；外来人口主要为产业工人、大型住宅区中的中产阶层、大学城的知识阶层等，逐渐丰富的社会阶层衍生出多重的社会需求。面对后工业化社会的来临，番禺有必要构建多元文化的融合机制及社会共治制度，以迎接市民社会的到来。

番禺应该在尊重历史文化的基础上，对空间及社会进行调适，最终提升番禺文化的内涵，构筑基于多个社会阶层的"番禺文化共同体"，形成社会

[①] 本部分参见袁奇峰《番禺城市化的冲击与文化调适》，载中山大学课题组《番禺文化发展战略基础研究》（修订稿），2013年10月。

的整体认同感，最终目的是构建多元包容的城市文化。以传统文化、自然生态为基础，根据番禺不同区块的文化特征，分别发展各具特色的发展区，整体上形成番禺的城市文化基础。通过保护历史文化，活化历史文化价值，并培育番禺新型高端服务化经济，提升空间质量、厚实社会资本。并通过基本公共服务的供给，达到社会的公平与公正，从而促进社会各阶层的融合，而社会阶层的进一步融合又有利于形成多阶层的社会共治，构建起市民社会；并加强番禺的文化凝聚力，从而在新型城市化背景下，形成番禺城市文化的整体认同。

番禺文化的调适首先要保护传统文化，并激活其在番禺现代文化建设中的作用。其次，在城市发展战略层面理顺经济形态与城市发展定位不一致的情况，通过打造城市经济发展新的空间载体去调适经济形态；再次，在公共产品供给层面，要针对番禺社会阶层多元但缺乏包容的现状，在基本公共设施均等化的前提下培育公共领域，通过公共空间的供给，促进社会各阶层的交流和融合，并进一步促进市民社会的形成；最后，通过公共参与实现城市治理，在多元文化和社会背景下形成地缘共同体，并形成社会各层级对番禺城市文化的整体认同。

保护传统文化是构建番禺面向未来的城市文化的基础，番禺的历史文化空间载体包括历史文化名镇、历史街区和历史文化名村。通过保护历史性文化空间载体的原真性来延续传统文脉；番禺拥有许多独具特色的风土人情与节日风俗等非物质文化遗产。非遗是番禺文化的重要组成部分，是历史的见证和历史文化的重要载体。保护和利用好番禺的非遗，对于继承和发扬岭南优秀文化传统、促进快速城市化下番禺社会各阶层的团结和凝聚力、促进番禺整体现代文化的形成意义深远；番禺历史文化具有重要的地域认同价值。但是，在多元交融及快速变迁的背景下，面对番禺重构城市文化的历史使命，传统文化应该通过价值活化来进一步发挥凝聚力，通过历史文化体验、历史文化旅游、举办各种民俗活动等来增加社会各阶层对番禺历史文化核心价值的了解和认同，增强番禺各阶层特别是"外来务工阶层"对于番禺的"在地感"。番禺历史悠久，文化积淀深厚，文化资源丰富，应把传统的文化

2009年的凌边乞巧（谭若锋摄）　　　崇德中秋烧番塔民俗活动（网络图片）

资源在妥善保护前提下的产业化和产品化。通过价值活化的形式，促进对传统文化的保护，并促使传统文化融进现代文化的血液里，构建番禺文化的基础。

（三）番禺地区传统乡村社区文化复兴与再造概况

改革开放以来，番禺地区的传统节庆（端午、七夕、中秋等）、诞会、宗族等陆续复兴和得以再造。如新桥、潭山、凌边[①]等地的七夕乞巧，特别是凌边的乞巧在"文革"期间也没有中断，改革开放后更是得以延续并基本保持原有社区以坊里、房份为中心举办的传统。而大龙街茶东村早在20世纪80年代就重新恢复中秋节烧番塔活动。据说茶东村也曾停烧番塔两年，村里就发生了两次火灾，烧了两间屋，村里的老人们便提议继续烧番塔的习俗。2016年，村民与往年一样在曹公祠前烧番塔、挂灯笼、放烟花，庆祝中秋节。茶东村烧番塔时还会吹响海螺，是为了召集村民前来参加，村民们听到海螺声就聚集到番塔周围。[②]

典型个案如潭山村。1949年以来，在各种政治运动的冲击及乡村都市化的趋势下，化龙镇潭山村的宗族趋于瓦解，原来依赖宗族族产、庙产等

---

① 关于番禺潭山和凌边的七夕乞巧传统的复兴概况，参见中山大学课题组《番禺文化发展战略基础研究》（修订稿），2013年10月。

② 陈晓洁、袁辉：《红红火火烧番塔，我们的节日·中秋，我区民间烧番塔贺中秋，延续百年民俗》，《番禺日报》，2016年9月17日。

许氏大宗祠重光（化龙文体中心供图）　　　　祠堂重修后重立的许氏祖先牌位（许钜泉供图）

经济条件而存在的宗族祭祀、诞会文化、七夕等传统社区文化也一度几乎消亡。改革开放后，由旅港乡亲出资建立的浩明艺社，成为社区文化复兴的主导力量。同时，村委会承担了宗族的部分社会功能，20世纪90年代以来，随着乡村经济的发展，村委会掌握大量村集体的出租物业。在村委会及强大的经济支撑下，通过浩明艺社成员的努力，潭山传统社区的文化得以复兴与再造。

1. 祠堂的重修与宗族的重整

据光绪丁丑《潭山乡全图》显示，潭山乡许族原有红石、白石两大房的祠堂及许氏始祖祠。"大跃进"时期，白石祠（紫岭公祠）被拆除建了学校，许氏始祖祠也被毁，红石祠（慕赓公祠）后进被拆除。近年，在潭山村委和许永威、许钜泉等人的主导下对族谱进行了续修，同时重修红石祠（紫岭公祠），把原属一房之祠的红石祠（慕赓公祠）升格为许氏大宗祠，并撰写《重修许氏大宗祠碑记》，试图重整许氏宗族。修缮完毕后，潭山举行了隆重的祭祖仪式和落成庆典。许氏大宗祠及其广场成为彰显宗族历史文化，尤其是功名的场所。红石祠的重修并升格为许氏大宗祠，成为新时期潭山许氏宗族重新整合的契机。此外，每年清明节，许钜泉等人还直接参与并主导了墓地祭祀仪式。

2. 庙宇的重组与诞会的再造 ①

历史上，潭山村只参与十八乡洪圣王诞出会的巡游活动，天后宫虽然作为潭山村的主庙，天后为村主菩萨，但是历史上并没有迎神出会巡游活动，可能只有简单的拜祭、投炮及做神功戏等仪式。"文革"时期，潭山天后宫被破坏，天后诞停办。1986年，趁着改革开放，天后宫及两旁的附属衬庙得到重建，天后宫香火再次鼎盛，每年农历三月二十三的天后诞得以恢复。许钜泉等人还撰写《明代创立潭山天妃庙碑记》，试图重塑当地的天后信仰。

2012年4月潭山飘色巡游由传承人许冠其带队
（番禺区非遗中心供图）

潭山飘色巡游中的黑白天后行宫

潭山村在旅港人士的帮助下，先后请来黑白天后神像，同时把原来供奉在冈尾庙的洪圣王也一并请到主庙的右侧衬庙。冈尾庙的旧碑也被镶嵌在村庙墙壁上。

1986年后，潭山浩明艺社的成员将原来参与十八乡巡游的"柜色"吸收沙湾飘色、员岗跷色的特点并加以提升，在"屏"的基础上增加了凌空而起的"飘"，造就了今天的潭山飘色，最终成为天后诞巡游队伍的一部分。每年举行天后诞并视多少资金而举办飘色巡游活动，飘色的展示主题也因时而变。在许钜泉等人的主导下，原来洪圣王出会时在潭山村的巡游路线可能被嫁接到新时期的天后诞中来。黑白天后、移花接木的潭山飘色、洪圣王出会的巡游

---

① 关于潭山天后诞和飘色的复兴概况，参见曾惠娟《由冈尾十八乡"洪圣王出会"到潭山"娘妈出会"》，载广州市番禺区文化馆、番禺区非物质文化遗产保护中心编《番禺民间信仰与诞会文集》，世界图书出版公司2015年版。

路线、撰写明代碑记，加上原有的投炮拜祭仪式，都成为潭山继宗族建构与再造之外，另一种传统社区的文化再造。

3. 其他传统社区文化的再造

原来由本村姑婆（自梳女）在各家各自举行的七夕乞巧仪式被集中在重修的许氏大宗祠中集中展示，乞巧展示的内容也因时而变。他们还创立了新的七夕祭祀仪式[①]；同时，他们借助新农村和美丽乡村建设的经费，对村内的文物和历史建筑进行重修，拟重建原有的文塔等地标建筑，广泛搜集本村文物、文献，建立潭山村史馆，参与并延续龙舟的民俗活动等。

潭山许氏大宗祠（敦源堂）中的乞巧展示

二、诞会文化的复兴与再造

（一）概况

1. 诞会及其庙会化趋势

诞会，是"神诞"和"出会"（赛会）组合的简称，指珠江三角洲地区以"神"为中心的祭祀和迎神赛会民俗活动。30 多年来，随着改革开放及经济的腾飞，珠江三角洲地区各地民俗活动逐步复苏，各种迎神赛会也随之恢复。与此同时，学术界也开始对这些大都在 20 世纪 50 年代断层、20 世纪 80 年代基于传统而复兴的文化现象展开研究，不少学者不加分析地借用

---

① 关于番禺潭山和凌边的七夕乞巧传统的复兴概况，参见中山大学课题组《番禺文化发展战略基础研究》（修订稿），2013年10月。

2016年方帅诞拜祭现场

北方的"庙会"一词来称呼珠江三角洲地区各地的迎神赛会。[①] 值得注意的是，珠三角一些地方借助迎神赛会"打造"文化名片时，不管在名号还是内涵上均出现了偏离地方文化脉络的趋向，各地在申报非物质文化遗产代表性项目名录时，也有不少地区有意无意地避开在民众心目中和地方脉络中一直都有深远影响的"神诞""出会"的地方称谓，刻意嫁接"庙会"一词，颇有张冠李戴之嫌。

以广佛两地为例，列入广州市五批非遗代表性项目名录中的民俗诞会就包括：飘色（沙湾飘色、潭山飘色、番禺水色，涵盖产生飘色和水色的北帝、天后等诞会）、生菜会（观音诞期举行）、盘古王诞、波罗诞、玉岩诞、粤剧八和祖师诞、畲族拜祖师图、黄大仙祠庙会、横沙会、南沙妈祖信俗、洪圣诞（土华）、仁威庙北帝诞。列入佛山市四批非遗代表性项目名录中的民俗诞会就包括：祖庙北帝诞、官窑生菜会（观音诞期举行）、大仙诞庙会、华光诞（禅城）、胥江祖庙庙会、佛山祖庙春秋谕祭。"庙会"一词在地方的渗透一直在悄悄地进行，如越秀区的广州元宵节嘉年华活动被称为"广府庙会"，黄埔区南海神庙"波罗诞"在后面被缀以"千年庙会"之名，佛山的"北帝诞"被改成佛山"北帝诞庙会"（原为佛山市第二批市级非遗名

---

① 如曾波《明清以来广府珠三角庙会研究》，华南师范大学2014年硕士毕业论文；黄韵诗《广佛肇神诞庙会民俗考释——以南海神庙波罗诞、佛山北帝诞及悦城龙母诞为例》，载《西南农业大学学报》（社会科学版）2013年第8期；李小艳《明清佛山庙会及其功能的研究》，载《岭南文史》2009年第1期；申小红《明清佛山庙会的酬神戏》，载《岭南文史》2011年第1期；申小红《明清佛山庙会的酬神戏——以佛山祖庙北帝诞庙会为考察中心》，载《五邑大学学报》（社会科学版）2012年第11期；吕鹰《千年庙会——波罗诞探析》，载《神州民俗》2010年第136期。

2013年永善张天师诞——投炮

录，名称为："祖庙北帝诞"），"胥江祖庙北帝诞"被改成"胥江祖庙庙会"（佛山市第四批市级非遗名录），荔湾区的"仁威庙北帝诞"被改成"仁威庙会"、芳村"黄大仙诞"被改成"黄大仙祠庙会"，连西樵"大仙诞"也被缀以"百年庙会"，改称为"大仙诞庙会"（佛山市第二批市级非遗名录），等等，不一而足。在珠三角历史上从未出现过的"庙会"一词，如今大有席卷岭南大地、覆盖本土文化的趋势。而在"庙会"化过程中，也出现了以下的情况：其一是名称被改成"庙会"，但是内容仍延续社区脉络；其二是名称被改成"庙会"，内容在延续社区脉络的同时，被添加新元素；其三是名称和内容均为新东西。

2. 番禺地区诞会民俗的现状

番禺地区不少诞会民俗活动以各种形态延续到今天。从活动的主体来看，可以分为政府与民间共同主导、民间主导（包括村委主导、信众主导）等。从时间和构成看，传统的诞会主要分为"有诞无会"（如新桥天后诞）、"诞期出会"（如钟村康公出会）和"非诞期出会"（如十乡会）等三种类型。从影响的范围来看，又可以分为跨乡大型诞会、一乡之神的中型诞会及其他小型诞会等。

以民间主导的诞会为例，第一种是得到乡村经济及其他非政府经济实体的支持逐步恢复出会活动。如潭山天后诞、沙头汀根华光诞、钟村康公出

康公七乡会队伍

方帅诞醒狮祈福

大石会江骑马公诞

会①、关帝十乡会、康公七乡会与小平舞金龙等。第二种是由信众自发组织和管理的诞会活动，这一类主要是有诞无会的诞会，如珠坑洪圣王诞、南村南山古庙北帝诞、沙涌天后诞、鼎隆堂关帝诞、横江南山古庙请龙习俗、曾边北帝诞等。其中有一些开展得比较好的，如沙湾武帝古庙祭祀活动、官堂康公诞、三善鳌山古庙观音诞、屏山简公佛诞、谢村方帅诞、永善张天师诞等。第三种是村中将庙宇租赁给外地人士开展活动，这样会使原来与地方社会结合紧密的诞会开始被异质文化所覆盖和侵蚀，导致原来丰富多彩的地方民俗活动呈现单一化、佛教化（佛堂）的倾向。据笔者实地考察，出现这种倾向的如金山康帅府、员岗康公古庙、旧水坑的北帝庙、大石关帝庙等。当中有一些经营得相对比较差的，如梅山梅墅古庙、石楼灵蟠庙、龙兴庙、沙头南山古庙，更有甚者是基本荒废的，如沙亭

---

① 关于钟村康公出会的复兴概况，参见曾惠娟《嵌合于地域社会经济脉络中的迎神赛会——番禺钟村"康公出会"的初步研究》，载广州市番禺区文化馆、番禺区非物质文化遗产保护中心编《番禺民间信仰与诞会文集》，世界图书出版公司2015年版。

的康公庙等。

"神功戏"是番禺区民间诞会的组成部分，粤剧、粤曲通过民间诞会民俗中的"神功戏"在番禺区的基层社区民众中仍得到广泛的传播。如化龙镇的潭山村天后诞、大龙街道的新桥村天后诞、沙头街道的汀根村华光诞、大石街道的会江村骑马公诞等诞会期间，均在村中搭建粤剧舞台、邀请番禺附近各地的戏班演出"神功戏"，多为折子戏，往往吸引大批社区居民和外来务工人员前来观看。

3. 尊重文化多样性，传承、建构"诞会"话语体系

清代以来的珠江三角洲城乡中，不管是在乡民的话语体系中，还是在地方文献记载中，均没有"庙会"一词。[①] 早在2009年，民俗学家叶春生就在其著述中旗帜鲜明地提出用"诞会"一词来表述岭南和珠三角地区的迎神赛会活动。以特色信仰遗风、自然神祇诞会、女性传说神诞、男性人物仙诞、各地共有诞会五个部分整理和研究了岭南地区尤其是珠江三角洲地区的诞会习俗。[②] 近年来也有地方研究者称广府民间信仰与迎神赛会为"诞会"的。[③] 大量文献记载也表明，由于珠三角地区自古商业发达，至近代尤甚，因此广府诞会的祭祀和娱神功能明显，自身的商贸功能并不明显，这与北方庙会把商业活动作为诞会活动自身构成部分来运作的功能大异其趣。

联合国《保护非物质文化遗产公约》将"非物质文化遗产"定义为"被各社区、群体，有时是个人，视为其文化遗产组成部分的各种社会实践、观念表述、表现形式、知识、技能以及相关的工具、实物、手工艺品和文化场所"。

可惜，《保护非物质文化遗产公约》并没有对非遗命名问题进行太多表述，但是它强调"这种非物质文化遗产世代相传，在各社区和群体适应周围

① 参见朱光文《清代以来珠江三角洲广府"诞会"之特点探析——兼谈非遗视野下"诞会"的当代传承》，载广州市番禺区文化馆、番禺区非物质文化遗产保护中心编《番禺民间信仰与诞会文集》，世界图书出版公司2015年版。

② 叶春生等：《岭南古代诞会习俗》，广东人民出版社2009年版。

③ 如杨秋《变革时期的生活：近代广州风尚习俗研究》，暨南大学出版社2013年版；龚伯洪《黄埔村北帝诞会上寿匾活动》，载《羊城今古》2014年9月第3期。

环境以及与自然和历史的互动中，被不断地再创造，为这些社区和群体提供认同感和持续感，从而增强对文化多样性和人类创造力的尊重"。这说明，非遗的命名要尊重文化的多样性，换言之要尊重社区文化的原有历史文化脉络，当然也包括对民间信仰与迎神赛会原有称谓的尊重和沿袭。非遗民俗的保护传承不仅仅是具体仪式的保护和传承，更是基于地域社会和社区脉络的"文化再造"过程。对植根于地域社会和社区脉络、具有深远影响的独特地方称谓也应该是保护的重要内容之一。

　　总的来说，传承复兴诞会民俗文化，要最大限度地保持诞会的社区脉络，尊重乡民意愿，只要活动在法律允许的范围内进行，就不应过分干扰，政府可引导其中具有普世价值意义的部分，与社会主义核心价值进行有机整合，使之成为新农村或美丽乡村建设的组成部分。

（二）从"民俗"到"技艺"——沙湾北帝诞与飘色之当代演变 ①

　　明代中后期沙湾北帝信仰开始形成。清初复界，沙湾北帝诞会与十二年轮值制产生，并成为沙湾飘色产生的文化土壤。清嘉庆年间，沙湾飘色的早期形态，即从员岗传来的"台上（树头）出铁""屏飘分开"的跷色，成为北帝诞会艺术巡游队伍的组成部分。清嘉庆以来，沙湾飘色艺人在员岗跷色的基础上改良为"手上出铁""屏飘（跷）合一"，标志着沙湾飘色初步形成。清道咸以来，又在"以色代戏"潮流的推动下，大量吸收各地屏（柜）色的元素，大大丰富了沙湾飘色的内涵。清末民初是沙湾飘色的完善时期，沙湾士绅文人与工匠艺人共同参与了飘色的制作，广泛吸收粤剧、广东音乐、广绣等元素，以及广州城光雅里"丁财贵"等会景的内容，其题材逐渐体现文人色彩，技艺和题材趋于成熟。传统的沙湾飘色活动在每年农历三月初三的沙湾北帝诞期间举行，由乡中各坊里轮流组织，每次出 20～30 板色，以八音锣鼓伴奏，在主要街巷巡游表演。沙湾飘色现保存的色目有 100 余种，其题材取自传统戏曲、古典小说、民间传说、神话故事。传统飘

---

① 本文参见朱光文《飘色》，载贡儿珍主编，广州市人民政府地方志办公室、广州市文化广电新闻出版局编《广州非物质文化遗产志》（下），方志出版社2015年版。

色以一飘一屏为主。屏和飘的人物身着古装，披金戴银，扮相俊俏。连接"飘""屏"的色梗纤细，通常以符合故事情节的花草、竹枝、宝剑、活鸟、团扇等不可负重之物做装饰，来承托"飘"的重量。

1. 1938 年到 20 世纪 70 年代末沙湾北帝诞和飘色变迁概况

1938 年到 1945 年，广州和番禺沦陷，社会动荡，民不聊生，沙湾北帝诞和飘色一度中断，仅 1945 年抗日战争胜利出过一次色，随之日渐式微。新中国成立前夕，沙湾乡人前广东省参议员何蹑天举家移居香港长洲。数年后，他目睹社会形势变化，唯恐飘色艺术失传而把装色技术传授给当地，从而成就了今天香港长洲"太平清醮"上历演不衰、独立发展的长洲飘色。1949 年后，沙湾北帝诞和飘色曾被定为封建迷信活动而被禁止举办。1958 年 10 月 1 日，为了庆祝人民公社成立和国庆节，出过三天色，后又因政治运动而停止。其时担任"文巡"的是沙湾南村的何厚福（农代会会员）。自此之后，一连串的政治运动，几乎将沙湾北帝诞和飘色这传承数百年而声名远播的民俗活动湮没了。

1979 年，沙湾文化站倡议恢复沙湾飘色，在县文化局和公社党委、管委会的支持下，及时请出了一批年近古稀的装色师傅召开了座谈会，收集了许多即将被遗忘的资料，推出了出色的方案，同时合力整理过去遗留下来的色梗与器材，重新增补、设计装饰，使沙湾飘色在时隔 20 年之后得以复兴。同时，将早前由坊里组织的飘色活动，改由公社和文化部门统筹、村委会管理。

沙湾北帝诞飘色巡游中使用的高脚牌（载《沙湾镇志》）

1999年的北帝诞巡游

2. 1999 年一度恢复的沙湾北帝诞会

1999 年农历三月初三，沙湾镇政府在庆祝 13 项工程剪彩的同时，举办了大型北帝巡游民间艺术活动。1999 年，在政府允许和民间有识之士的推动下，沙湾东、南、西、北村民众抬出北帝神像巡游，陈藻先生记录了当时的情形。[①] 当日，沙湾镇中华大道口搭起彩牌坊，大道两旁临时搭建嘉宾观礼台。本地人早早搬出椅子"霸位"，四乡群众也不断涌来。当日选用沙湾镇市东坊北帝祠的北帝像巡游，巡游前的祭礼就于当年三月初二在该祠进行。晚上 9 时，由 4 位长者用黄皮叶水为北帝洁身，然后添油点灯为北帝簪花挂红。近 12 时，鸣爆竹，主事者进头炷香。跟着进香者络绎不绝。翌日（三月初三正诞日）清早，家长领着扮演飘色的小孩跪拜北帝。9 时许，仪仗队吹奏《天姬送子》《万寿无疆》《八仙贺寿》等传统乐曲，北帝像在爆竹声中被抬出宫。

巡游次序：有 50 支彩旗的彩旗队领前，跟着是舞龙队（沙坑龙狮团）、舞鳌鱼队（西村鳌鱼队）；由 50 个学生组成的净瓶队，每人手挽花篮，行进中以黄皮叶蘸水洒向人群；分别骑在马上，由 5 人各扮北帝、太监、丞相、武将、太子的马色（当日为了安全用马鞭代替活马）；鸣锣开道队：一对大灯笼、七星旗，依次为肃静、回避、污秽勿近、玉虚宫、祭谕、玄天上帝等独脚牌；八音锣鼓队：吹奏《四海升平》《衣锦荣归》《贺寿》等古乐曲，当日由广东曲艺团吹奏；会亭队：一亭烧猪，二亭棋子饼、白沙饼，三亭饼鼎、油煎饼、四亭寿桃、水果，五亭北帝神台用的笔、签筒，六亭北帝宝印、杏黄旗，七亭檀香炉，八亭斋盒，九亭龟蛇塑像；由 24 人抬着北帝徐

---

① 陈藻：《1999年沙湾恢复北帝巡游追记》，载《番禺古今》总第十五期，2011年9月。

行；26 板分东、南、西、北各村制作的飘色依次缓行；18 只醒狮押尾舞动（沙坑龙狮团）。游行队伍浩浩荡荡、鼓乐齐鸣，蔚为壮观。

3. 1999 年以后，没有北帝行宫仪仗的飘色巡游

1949 年以来，尤其是 1979 年以来，沙湾的宗族组织和坊里结构趋于瓦解，飘色主要由地方政府主导组织，主要成为国庆、元旦等非北帝诞期的表演节目。20 世纪 70 年代末以来，除了 1999 年北帝诞出会一度恢复（后又停止）之外的绝大部分时间，沙湾飘色不管在时间上，还是文化内涵上，都逐渐脱离北帝诞成为以技艺为主的、独立的表演艺术，甚至逐步由"以北帝诞会为依托"的"民俗"演变为"以飘色制作技艺为中心"的"技艺"，大有技艺化的趋势。

1999 年以后，沙湾飘色除了脱离北帝诞之外，其变化还主要表现在：以广场和马路为巡游场所，在传统题材的基础上增加反映现代社会重大事件或沙湾本土风情的新型题材和"一屏多飘"或"多屏多飘"的板色。2008年，在飘色活动场地已改变的情况下（由狭窄的古巷道移至宽阔的广场和大马路），对飘色又进行了一次创新，在保留传统沙湾飘色精致、小巧、明丽的特点及传统技术精髓的基础上，加入现代科技元素，由原来的"一飘一屏"改为"多飘多屏"，即色柜上扮演"屏"的色仔，由一个增加到两个或多个；在色梗以上扮演"飘"的色仔，由一个增加到两个或多个。题材综合了沙湾古镇的多种民间文化元素。内容及表现形式的不断创新，推动了飘色艺术的发展，也为飘色注入了新的活力。

2012 年 1 月 1 日，广州市番禺区沙湾镇 2012 民间艺术文化节举行，组

沙湾玉虚宫北帝像

2005年12月的沙湾飘色《独占鳌头》
（沙湾文体中心供图）

织了28板汇集沙湾东、南、西、北四大村精品的传统飘色和2板大型创新飘色"赛龙夺锦""古镇神韵"参加艺术节飘色大巡游。巡游沿袭了古沙湾飘色从祠堂起色的传统，从留耕堂起色，穿越古老的庐江週道、车陂街和安宁西街，来到新城区主干道中华大道，吸引了数十万群众观赏。10月1—3日期间，政府又组织沙湾飘色进行每天两次的小型巡游，飘色从沙湾古镇西广场留耕堂"起色"，经过沙湾古镇的华光路、平安巷、官巷里大街、滑石巷、安宁西街等古街道开展巡游活动，巡游队伍前后延绵数百米，蔚为壮观。

近年来，沙湾飘色艺人不断改革和创新，一方面继续挖掘传统题材，另一方面又不断开发新题材，创造出一批反映现代社会重大事件和沙湾本土风情的新板色。如反映奥运题材的《相约2008》《体育之光》《囊括七雄》《为国争光》《跨越巅峰》《奥运之光》《三连桂冠》，反映航天题材的《神州追月》，反映民俗活动与杂技水平的《脚踏刀梯》《青云直上》，反映家乡风貌的《江山秀色》《和气夫妻》《嫦娥思乡》，反映沙湾风情的《龙腾狮跃》《奶香飘飘》《赛龙夺锦》《雨打芭蕉》《古镇琴音》《古镇神韵》《韵绕青萝》等。

（三）适应新形势的文化调适：2016年的钟村康公出会和"十乡会"

钟村康公主帅庙是为纪念康公主帅而建的。据传，宋真宗年间辽兵入寇，康公时任高阳关主帅，坚决抵抗，终寡不敌众，壮烈捐躯。后人感其节烈，立庙祀奉。据记载，钟村主帅庙建于明朝。主帅庙有这样一幅石刻门联："门对三山葱茏佳气，乡联十甲浩荡恩波。"该联是由光绪十二年（1886）钟村举人陈其锟所书。钟村"正月十八会"巡游活动已有400多年的历史。"钟村出会"最初是把钟村较大的姓氏编为十甲，即"乡联十甲"浩荡恩波",出会队伍浩浩荡荡,感谢主帅公施恩。一年一甲,轮到某一甲,就由某一甲主持全部"出会"事宜。如今,"钟村出会"不再是乡联十甲,而是由钟村街六个村轮值当甲。

笔者曾参加2016年的钟村出会。2016年2月25日(农历正月十八)上午8:30,出会队伍把"康公主帅"神像从康公古庙抬出,开始巡游活动。出会巡游队伍有300多人,队伍井然有序,依次是令旗队、钟村主帅康乐文化中心各村企业捐助横匾、花篮队、洋鼓队、康公行宫仪仗队、舞龙队,钟一村、钟二村、钟三村的醒狮队,白家拳武术队,最后是身着蓝衣的"向日葵"表演队、身着红装的腰鼓队以及舞扇队。这年是丙申年,队伍里面还特意添加了孙悟空人物扮相表演环节,增强了节日欢庆气氛。沿途街坊"桌献"肥鸡、烧鹅、烧猪及水果等物品。每当巡游队伍稍作停留,村民们便会围上来,向康公主帅神像塞利是和叩拜,祈求平安、吉祥,巡游队伍亦会沿途向村民们派发印有"康公坐镇"的红色纸条,并有"财神爷"派发利是。"康公出巡"为期两天,25日,队伍途经人民路、毓秀路、钟灵路、社学东路等,中午到达锦绣文化中心,在此停留两个小时,下午1:30出发,途经钟一村、钟三村,最后回主帅庙。26日(农历正月十九)上午8:30,出会队伍从主帅庙出发,途经钟四村、胜石村、钟二村等,下午返还主帅庙。

2016年钟村康公诞会盛况

"十乡会"据传始于明朝,由于当时社会动荡,龙美、东沙、榄

2013年钟村康公诞会巡游

2016年十乡会舞龙盛景

塘、左边、坐头、白沙堡六乡组成联盟抵御盗寇和大族欺压，后珠坑、甘棠、横坑、樟边四乡相继加盟，组成了十乡联盟，并在坐头乡选址建了一间"十乡庙"，供奉"关圣帝君"神像，供各乡民敬奉，取其忠、义、仁、勇之精神，以团结乡民。每年一度的十乡大型迎神赛会巡游活动，由每乡轮流当值，每年正月初十为"十乡会景日"。"十乡会"成为番禺区现存涉及村落最多的民间诞会。现该诞会由十乡合纵抗衡大族欺压的民俗活动变成十乡之间联谊聚餐的民间活动。巡游的范围亦由十乡变为在"送神"和"接神"两村之间进行。于2012年3月，由区政府核定公布为番禺区第二批非遗代表性项目名录。

十乡会舞龙

笔者参加了 2016 年的十乡会。2016 年 2 月 17 日（农历正月初十）上午，活动首先在上一年轮值的东沙村举行了"送神"仪式。包括"送神"的东沙村和"接神"的榄塘村在内的十乡巡游队伍，先在东沙村委集中采青，然后转到村口与早在此等候的关帝行宫仪仗队汇合，在东沙村主要街巷、祠堂巡游。巡游队伍由东沙村的长龙、榄塘村的接神仪仗队、关帝行宫仪仗队，及其他八村的狮队等组成。当天中午，巡游队伍在东沙村村口牌坊进行交接，随后，十乡会景沿新光快线巡游至榄塘村举行"迎神"仪式，当地村民万人空巷、烧炮迎接。巡游队伍在榄塘村内鱼贯而行，游遍村中主要街巷，沿途村民烧炮恭迎关帝圣驾。关帝行宫每行一段路，就有信众村民一拥而上向圣驾派利是，祈求保佑。在巡游队伍中，当东沙长达 60 米的大金龙出现时，更有大量信众村民或抚摸龙头、龙身，或在龙肚子下穿来插去，以祈求来年一帆风顺，大吉大利。作为当天轮值乡的榄塘，还举办流水席邀请亲朋好友前来庆贺。

（四）从"舞台表演"到与社区关帝诞融合——沙涌鱼灯会与鳌鱼舞

　　传统的沙涌鳌鱼会，又名"鱼灯会"，九年一届，在农历三月举行，历时三天，在外打工的村民都回乡参加活动。鳌鱼会的资金筹集主要依靠三姓共建的鼎隆堂（即关帝庙）庙产支出。鼎隆堂通过"做会"的形式，划定某些沙田、荔枝树的收入，或者募捐筹款作为鳌鱼出会的活动作"和酒"经费，并指定值事管理，每逢鳌鱼出会，便由值事负责筹备和处理诸项事宜。在沙涌一带的群众中流传着这样的口头语："米贵舞鳌鱼"，就是遇上灾荒之年，要食番薯度日，舞鳌鱼的活动也不轻易间断。

　　"出会"必须有鳌鱼舞。据曾亲历五届"出会"的江鹏均和现 77 岁

鱼灯会旧照

亲历四届的江绍敬以及江灼衍、幸大九等人的介绍：出游之前，由巫师为新扎制的鳌鱼点睛，然后舞鳌鱼出游。队伍由大文锣、罗伞、头牌、大单旗开路，跟着就是鳌鱼了。鳌鱼出游必伴以各色鱼灯和丰富多彩的"色队"。鱼灯由自家准备，"色队"是指扮演历史故事、英雄人物、神话传说等艺术造型的队伍，还有模拟各种摊贩行业的民间纸扎工艺，如卖云吞面、鸡公榄、开刀鱼等，谓之"百般生利"。色队分"坐色"——化妆成传说或民间故事中的人物，用人抬着游行；"马色"——扮成历史英雄人物骑着马游行的队伍；以及"陆地行舟"、生花、旗牌、罗伞、锣鼓乐队等游行项目。一条龙灯队压尾。在整个出游过程中，鳌鱼舞一直排在最前面，是领头者。队伍的两边，由穿白线衫着牛头裤，腰系皱纱带，脚踏花草鞋，口嚼生菜，手拿花棍的年轻力壮的青少年护卫。整个鳌鱼及灯队，早年用火蓝、松明及火把照明，民国后改用电池电珠燃灯。他们穿街过巷、过乡，途经之处，男女老少夹道欢迎，家家户户设案焚香，燃放鞭炮。村民更喜为出游者送茶送食物，以示酬劳。

鳌鱼会在沙涌乡内的巡游路线是：由村西南的广琚江公祠出发，经过沙片街、东南大街江氏宗祠、天后宫、幸氏宗祠（东南大街）、"东南管钥"门楼，到村东的社街、胡氏宗祠、紫光大街、南潮江公祠、乡约、鼎隆堂（关帝庙）、西街、幸氏宗祠（西街）、上社，再沿沙片街回到广琚江公祠，全程走遍全乡东南、鼎隆、西街、上社、下社、启明六大坊。除了巡游全村各街坊外，鳌鱼出游还必到"九屯"（即明初到此屯田的士兵所创建的个别村子）朝拜，巡游的路线是从沙涌出发向东到大龙、石碁、官涌、隔山、南浦、赤岗（包括今赤山东）止，向西到新桥、傍江（包括今傍东、傍西）、石岗止。所到之处各屯都要设案焚香、燃炮、备菜、送饼相祀。

鳌鱼舞以民间艺术的特有形式，通过舞蹈和栩栩如生的造型再现了古老的"独占鳌头"民间传说。鳌鱼会在抗日战争期间和战后均停止出会。1965 年后，因"文革"又中断。1985 年恢复，鳌鱼会改为三年一届，分别在 1985 年、1988 年、1991 年春节期间出会。而现在各种节日庆典都能看到鳌鱼舞的表演，不定期举行。1954 年，番禺县文化馆重新挖掘整理，把鳌鱼表演中的出洞、吸茜、跳龙门等一系列动作美化，搬上舞台表演，将魁星改为状元，用文小生，先作书生打扮，后改作状元打扮。同时，增加开场前的书生遇难、落海获救；终场前增加状元酬谢恩公，为鳌鱼簪花披彩、齐跃龙门、独占鳌头的情节。传统雌雄鳌鱼表演出洞、吸茜、跳龙门等简单的动作。现在鳌鱼舞完整地表演鳌鱼出洞、擦鳞、擦角、出游、食茜草、双鱼调情、交配、散春、戴红花跳龙门等情节。伴奏音乐也从单纯的锣鼓表演改为以锣鼓为主，衬以乐曲伴奏的形式。乐器包括：唢呐、大鼓、高边锣、中钹。在书生落海一场，用粤曲《雁儿落》，并糅以风雨雷电的音响效果。在书生高中状元、独占鳌头场中加用《雁落平沙》作为陪衬。

　　以前鳌鱼只有一雌一雄两条对舞，近些年，为了适应广场和舞台演出，鳌鱼的数量有所增加，有四尾、六尾、八尾等形式。鳌鱼舞表演分三个角色，两个表演鳌鱼，一雄一雌，另一个表演文魁星，先扮书生，后扮状元。鳌鱼舞具用竹篾片扎成，长约四尺，外糊砂纸，颜色一红一绿。三舞者配合踏着锣鼓伴奏，表演书生遇难、落海获救；鳌鱼出洞戏水、擦鳞、擦角、出游、食茜草、双鱼调情、交配、散春；状元酬劳恩公，为鳌鱼簪花披彩、齐跃龙门、独占鳌头的情节。现在的鳌鱼舞表演形式，在尊重原有舞蹈形式的基础上，经过番禺县文化馆1954年和1980年、1985年、1986年多次整理

2016年沙涌关帝诞鳌鱼巡游祠堂广场表演

2016年沙涌关帝诞鳌鱼巡游经过牌坊

20世纪50年代沙涌村干部、老艺人及鳌鱼舞普查组合影（二排左五：江炳贤）

加工后，较传统鳌鱼舞故事性更强，成为一个完整的舞台表演舞蹈。

2016年6月17日，阔别25年后，在村委和江炳贤等人的组织主导下，一直在各地舞台进行表演的沙涌鳌鱼舞，重新返回沙涌村社区，借助鼎隆堂关帝诞举行民间文化巡游活动。此次巡游队伍有200多人，队伍由鳌鱼舞、魁星引鳌、独占鳌头、大小鳌鱼18条、鱼灯30个、老夫背嫩妻、陆地行舟、八音锣鼓等组成。巡游活动历时1小时50分钟，一些上了年纪的村民早早就在家门口驻足观望，他们都说20多年没有见过鳌鱼从家门口经过了，这次不能不看。①

2016年的这一次关帝诞鳌鱼民间艺术巡游路线为：沙涌村府出发—西牌坊—南屏路—西炮楼（防匪楼）—九队队址—西街幸家祠（耕隐幸公祠）—碧溪路—广琚祖酒堂（广琚江公祠）—诒燕堂（大祠堂，即江氏大宗祠）—鼎隆堂（旧庙，即关帝庙）—七南社街—胡家祠堂（胡氏宗祠，重建）—社坛—环村路—耕地—大圣塘—广源祖（广源江公祠）—牛屎巷—充华公（充华江公祠旧址）——队队址—二队队址—幸家祠堂（幸氏宗祠）—新门楼（"东南管钥"门楼）—东环村路—东牌坊—信用社—沙涌市场—六米横路（即出信用社路口）—沙涌村府。

---

① 许林海、张晓芳：《鳌鱼舞巡游再现沙涌村》，载《番禺日报》，2016年7月3日。

三、龙舟文化的复兴与再造

沦陷期间的 1944 年，番禺的沙墟村仍旧于农历五月初四举办龙船景。1954—1957 年，广州市均举行一年一次的龙舟竞渡，大石南浦东村、石楼大岭白桡、化龙沙亭（即沙路）、石楼茭东的龙舟曾先后名列榜首。1957 年番禺举行龙舟竞渡，参赛龙舟有几十艘之多，钟村屏山白桡、红桡和石楼村龙舟分别获第一、二、三名。番禺禁止划龙舟是从 1966 年开始直至 1978 年。1976 年 6 月 8 日，全番禺进行龙船大搜查，至 5 月底，已调集到市桥拆毁工地的龙船 76 只，统一由国家进行收购并肢解拆毁。20 世纪 70 年代末期，不少村庄新装龙船，兴起"龙舟热"。到 20 世纪 80 年代初，番禺的龙舟开始走向复兴，连向来没有龙舟的沙田区，也购置了龙舟。

（一）茭塘司南岸地区的龙舟文化复兴与再造

"文化大革命"期间，原禺南茭塘司南岸地区的扒龙舟同样遭到禁止甚至龙舟被强令拆毁。1976 年番禺县委发通告责令各乡村拆掉龙船。以石楼乡为例，"大乌龙"的船身被拆毁卖给供销社，上级更要求交出"大乌龙"的龙头龙尾。面对上级部门的一再紧催，石楼父老乡亲全力保护，村民陈发泉（拉尾）为保护大乌龙免遭拆毁，将其转移收藏起来，惨遭牢狱之苦。东约"大乌龙"龙船头尾才幸得保存，成为番禺龙舟中历史悠久的文物。改革开放以来，随着乡镇经济的发展，各乡镇群众积极恢复龙船民俗，原禺南茭塘司南岸地区的港澳乡亲解囊捐助，各村的龙船数量不断增加。

改革开放以来乡村龙舟文化复兴，除了在市桥形成区县一级的龙舟竞渡中心外，在包括珠江后航道南岸的大石、洛浦、南村、新造、小谷围以及狮子洋西岸的化龙、石楼等原属茭塘司南岸地区的镇街逐渐形成了三支香水道江面（大石—洛浦景，又称为沙滘景，由大石镇及后来的大石街和洛浦街政府主导）、市头对开的珠江后航道江面（传统龙船景）、石楼砺江（由石楼镇政府主导）三个大型龙船竞渡中心（龙船景）。由此形成市桥等新龙船景与各乡原有的传统龙船景并存的格局。

20世纪70年代的新造龙舟景（王锦添摄）

1. 市头景

市头景是清代番禺县茭塘司四大龙船景（新洲、官山、市头、新造）之一，是在原茭塘司市头景的基础上一直延续下来的一个传统区域性龙船景。每年农历五月初三，南村镇市头村"市头景"龙舟赛都会如期在市头对开的珠江河道举行，来自南村镇市头村各村以及新造、大石、化龙、小谷围等镇街的70多条龙船前来"趁景"，更有超过万名村民前往观看。市头村往往摆下500多桌龙船饭，热情招待各方客人。

从笔者2016年6月7日实地观察的情况看，市头景举办的水域就在市头村最大的码头——凤凰渡一旁，水运的码头和龙船景空间的相互叠加，足以说明水运枢纽与龙船趁景之间的密切关联。改革开放以来，市头村为举办每年的龙船景，专门修筑了沥滘水道市头段的堤围，既可防洪又可作为观景平台。如今的市头景主要是由市头村组织的，政府进行监管指导并派出公安、消防等提供安全保障，很少干涉它的具体运作。和最初相比，如今的市头景在举办的特定时空上都没有发生大的变化，从前来趁景的龙舟来看，其背后所体现的传统水运和社区脉络仍然十分清晰。参加竞渡的不但有市头各大宗族（蒋、吴、陈等）及蒋族各堂号的龙船，还有南村镇（塘东、塘西、官堂、员岗、陈边、板桥、罗边、南村）及历史上与市头有密切水上交往的茭塘司地区的村落［曾边、新造（原礼园各约）、对岸小谷围的赤坎、南亭等］，尤其是沥滘水道沿线的临水村落的龙船。同时，市头地方贤达、辖区企业（包括一些外省外地企业）的赞助为市头龙船景的举办提供了支持。友情赞助与广告宣传、经济搭台与文化唱戏的灵活运用，使这个地方民俗能够得以持续发展。同时，市头景作为一个逐渐开放的民俗活动，不但对村落、宗族之间起到有力的纽合作用，还吸引了各种外来人员的参与，包括观看的观众和前来吃龙船饭的客人中都有不少外来者，还有一些外地的宗族宗亲代表也参与了进来。

总体而言，市头景既延续了传统，又有所创新，如果按照这样演变下去，类似市头龙船景这样每年一次的民俗活动有望成为整合珠三角本土族群和外来者的一种重要的文化契机。

2. 沙滘（大石—洛浦）景

沙滘（大石—洛浦）景是改革开放以来在原茭塘司沥滘水道南岸西段龙舟习俗的基础上，由大石街和洛浦街（原大石镇区域）主导的区域性龙舟竞渡中心。

2012年6月23日，是一年一度端午节，三枝香水道上人山人海，热闹非凡，大石街、洛浦街的30条彩龙参加由大石街道办事处、洛浦街道办事处联合举办的"一河两岸幸福地，彩龙竞艳贺端午2012年大石·洛浦端午龙舟竞艳活动"。广州市、番禺区及番禺区各相关部门、各镇街领导以及市民群众约6万人共同观赏了这场盛会。

2016年市头景

洛浦龙舟景（洛浦街文体中心供图）

上午8时，各地群众闻讯早早就赶到三枝香水道两旁，不一会儿的工夫，两岸已经人山人海，人声鼎沸。来得早的搬来凳子占据了最好的位置，来得迟的只有倚着栏杆，踮着脚尖伸长脖子往河里望。有些年轻的小伙子还爬到树上，居高临下观看彩龙。他们有的是当地人，有的则是慕名而来的摄影爱好者和游人，还有约50位港澳乡亲和海外侨胞特意前来观看。

中午12时，11条助兴"彩龙"逐一映入眼帘，立即引得观众阵阵掌声和喝彩。在这些艳丽的龙舟上，龙舟健将有的扯龙头，有的打帅旗，有的吹唢呐，有的打锣鼓，驱动"彩龙"自由灵活地转动，令许多观赏者惊叹不已。当中，一条来自上漖村的"全女班"短龙"凤船"，更是吸引了众多观众的目光。

13：18，龙舟竞艳活动正式开始。随着礼花绽放，30条"彩龙"从大石大桥桥底依次出发，至新光快线三枝香大桥桥底再折回。沿途经过主办方搭设的"观龙台"时，各龙舟奋力前行，水花飞溅，艳龙媲美，鼓声、唢呐声和呐喊声演绎成一支龙舟文化交响曲。后出发的"彩龙"一路呐喊，与前方的"彩龙"形成你追我赶的精彩画面，两岸观众纷纷鼓掌呐喊，场面十分热闹。

据介绍，龙舟分"赛龙"和"游龙"两种。"赛龙"体积小，称"龙艇"，从三桡至十五桡不等，重在竞划速；"游龙"体积大，装饰美观，称"龙船"，又称"彩龙"，重在游弋展示华美装饰、鼓乐整齐和纪律性等。参加活动的龙舟都在装扮上狠下功夫，其中一条龙舟更是别出心裁，上有古代神话中八位神仙"坐镇"，营造"八仙过海"的鲜明特色，寓意吉祥喜庆。

1988年农历五月初三石楼龙舟景（郭剑雄摄）

15：30，"彩龙竞艳"圆满结束。经过激烈角逐，决出金奖 4 名、银奖 6 名、铜奖 8 名、优秀组织奖 12 名。嘉宾领导共同为夺得金奖的涌口村 2 号、河村高凉、沙溪村 1 号、西一村 1 号 4 支队伍颁奖。主办方还给每条参与活动的"彩龙"送上金猪、美酒等礼品，健儿们满载而归。①

3. 石楼景

石楼景是改革开放以来在原茭塘司狮子洋西岸原有各乡龙船景的基础上，由石楼镇政府主导下形成的一个番禺区域性的龙舟竞渡中心（龙船景）。

"龙腾砺江·幸福石楼"2013 年石楼镇龙舟赛在砺江河的亚运文化村至亚运大舞台河段举行。当日上午的倾盆大雨让竞渡现场空气清新，爽快无比。比赛在中午拉开战幕，赛事设游龙竞艳、渔家文化展示以及传统龙和标准龙 600 米 ×2（折回）竞速比赛。共有来自石楼镇的 19

石楼龙舟参加电影《南拳王》设计场景

---

① 樊芸：《彩龙竞艳 观众"选美"——2012年大石·洛浦端午龙舟竞艳活动回顾》，载《番禺日报》，2013年6月12日。

艘传统龙舟队（以村为单位组队）、6艘标准龙舟队（以企业为单位组队）参加比赛。经过激烈较量决出各个奖项：赤岗村龙舟队包揽了传统长龙金杯奖决赛的冠军和亚军，大岭村龙舟队、胜洲村龙舟队分别夺得传统长龙银杯奖决赛的第一名和第二名，广东精创机械制造有限公司龙舟队、广州市高比电梯装饰工程有限公司龙舟队、广州信安包装有限公司龙舟队分别荣获标准龙决赛的前三名。[①] 可见，该龙船景除了石楼本地村落的龙船队参与之外，还有不少业余龙船队也加盟其中。

（二）沙湾司地区的龙舟文化复兴与再造

1. 1949 以来砖瓦业水运网络的消失与 20 世纪 70 年代末龙舟习俗的复兴

1949年以来，南山峡地区的砖瓦业经历了社会主义改造。1953年，砖瓦业开始合营，成立"禺南联合窑厂"。1955年，该厂作为试点厂，转为公私合营，更名"禺南砖瓦厂"。在此期间，将以往土窑逐步改建，并转为机器生产，建成轮窑。至1958年，北海埠改建为水泥厂，巘岩埠改建为陶瓷厂，南庄埠改建为染整厂（后迁市桥），生产砖瓦的窑厂更名为建材厂。沙湾埠生产的三角牌红砖，曾远销香港，直到婆罗洲。这些厂均属县级的地方国营厂。后来，沙湾镇另在沙湾西村以西的南牌山与西角庙间新建砖厂，发展为全县镇、村同行业中经济效益较高的工厂。[②]

据王锦添先生回忆，沦陷期间的1944年，沙墟村仍旧于农历五月初四举办龙船景。1966年至1978年，番禺禁止划龙舟。沙头最迟毁龙船，但是毁得最厉害，俱沉龙船于仲元桥水下。至1976年5月底，已调集到市桥拆毁工地的龙船有76只，统一由国家进行收购并肢解拆毁。1979年，乘改革开放之风，沙头村旅港同胞王启仍先生为恢复家乡龙舟活动，在香港想尽办法购买优质红木，并通过外贸部门的协助，将木材运回沙头。在沙头乡亲配合下，王启仍先生于1980年年初聘请了黄敬老师傅。他带领黄杰铭、陈

---

① 潘伟璘、江笑、郭丽华：《石楼龙舟竞渡欢——"龙腾砺江·幸福石楼" 2013年石楼镇龙舟赛昨举行》，载《番禺日报》，2013年6月11日。

② 李博、区非遗中心：《南山古庙请龙、采青活动普查随记》（未刊稿），2014年5月28日。

恒滔在沙头"生祠围"精工制造了两只龙舟，一度传为佳话。①

20世纪80年代沙墟也恢复了龙船会，改革开放后的30多年间，沙墟经济全面发展，许多经商办企业都成为富裕户。他们设席数十桌，经常借龙船会进行商业联谊活动。当时，沙墟提供十几亩地用来挖市石运河，后来又帮政府填埋，所得回的地块给了经贸局，换取该局的坤甸木造龙船。② 而沙头村旅港同胞王启仍先生曾经帮助沙墟从香港购得木材，由此掀起了"番禺龙舟热"。目前沙墟私人捐造龙船十多艘，可称番禺之冠。1981年6月6日，番禺在市桥河上恢复端午龙舟竞渡，首次有30艘龙舟参加。

2. 南山古庙的迁移扩建与南岸龙船会加入采青、请龙仪式

2011年，因为修筑堤坝和沿江公路的需要，番禺区政府属下的水务局拨款迁移了南山古庙，并召开沙头、市桥、大龙三街十村龙船会的干部代表现场听证会，当时参加会议的有番禺区政府领导，沙头街道办属下的城管科主要领导，北岸龙船会的莲湖村莲溪金灵堂，北海村北津长赖堂，沙头村碧沙仰赖堂，沙墟一村、沙墟二村沙溪炳灵堂，石岗西村球山西社，石岗东村球山清河，傍江西村傍西龙庆堂，傍江东村傍溪中约、傍溪东宁社，新桥村新溪圣母宫。会议决定由沙墟二村负责该项建造工程，除了向北迁移南山古庙之外，还在外面新建了一座更大的仿古大庙。南山古庙的迁移和仿古大庙的建成标志着这里的龙舟活动进入一个新的阶段。

2011年以来，原来只有沙头、莲湖、北海、沙

前往南山古庙请龙的各乡龙舟

① 王锦添：《记番禺民间艺术——龙舟和飘色》，载《番禺文化》2014年第1期（总第45期）。

② 据2016年7月1日笔者采访沙墟二村陈广发先生口述整理。

墟、石岗（今共七条村）每年去南山古庙请龙的局面得到改变。傍江、新桥虽然同沙墟、莲湖等属北岸龙船会，但是由于距离太远，一直少去或不去南山古庙请龙；傍江只有罗姓年年去，傍江古、陈两姓和新桥只是在请龙前拿一支旗过去。以前，南山峡南北两岸（渡头、北海）虽然都做砖瓦，但是关系不是太好。沙湾那边的南岸龙船会一直都无份去南山古庙请龙。直到 2011 年南山古庙平移扩建后，他们依据一篇刊登在《番禺日报》关于南山古庙历史的文章主动向北岸龙船会提出请龙要求。北岸同意他们请龙，但是他们会提前去或与北岸龙船会错开，并只会将其旗绑在两旁的柱子上，会主动预留中间的柱子给北岸的龙船会。① 另外，西郊和南郊的羊五洲（属沙田区），是后来才加入沙湾龙船会的。陈涌（属沙田区）2016 年也开始扒龙船，但是仍未加入沙湾的龙船会。以上三村都是各自采青、请龙。随后，是两大龙船会进行探亲和趁景仪式，其顺序为：初一石岗景，初二傍江景，初三新桥景，初四沙墟景、西涌景，初五市桥景②，初六沙头景，初七莲湖景，初八渡头北海景。③

3. 南山古庙采青、请龙仪式④

2014 年 5 月 28 日，笔者一行到南山古庙进行非遗普查，下午北岸的沙墟一村、二村（炳灵堂），沙头村（仰赖堂），莲湖村（金灵堂）四村龙船队将到南山古庙进行请龙和采青活动。当日普查及活动概况记录如下。

请龙、采青是端午节龙舟活动的重要部分，在起龙、请龙船头、组装完成之后，通过请龙、采青获得神明的庇佑，以求风调雨顺、国泰民安。

当日，笔者一行到南山古庙的路上，就已经看到运输当日所需物资的汽车。到达时，广场前方围栏上已经插了许多祠堂、龙船会的旗幡。自西向东计有八面，红边白底幡一条、三角形旗七面，分别为北岸的"北津长赖堂"

---

① 据2016年7月1日笔者采访沙墟二村陈广发先生口述整理。
② 一年一度的长龙"莲花杯"赛和国际标准龙"禺山杯"赛，均在此举行。
③ 番禺县文化志编纂委员会：《番禺县文化志》1996年5月版。据说，龙船会有一段时间扒十五水，后因农事关系才改为扒初一水。1996年5月，"北海景"赛龙在五月初七。
④ 李博、广州市番禺区非物质文化遗产保护中心：《南山古庙请龙、采青活动普查随记》（未刊稿），2014年5月28日。

"西社神农堂""新溪""傍溪龙庆堂"，南岸的"龙津保南堂""龙津联青""福涌好友"，证明这些龙舟队已经到过这里进行请龙仪式。下午，这里还会多出几个祠堂的旗子。

这天下午有北岸的沙墟一村、二村（炳灵堂），沙头村（仰赖堂），莲湖村（金灵堂）四村龙舟队到南山古庙请龙、采青，炳灵堂有八条龙船参加（其中沙墟一村两条，沙墟二村六条），仰赖堂四条，金灵堂两条。

到 13：35 时，沙溪（沙墟）炳灵堂的龙船开始陆续到达。这些龙船长20 多米，宽 1 米多，一般船中间有一鼓，前后各一锣（有的无锣），用来发令、鼓气，船前部后部各有一面镶边的三角形旗子（有的只有一面），上书该船所属的堂号，比如"沙溪炳灵堂"等，船头船尾为雕刻精致的龙头龙尾，并饰以用彩布做成的花簇和令旗。每条龙船的头尾有人站立，前后几人单排，中间都是并列两人。整条龙船共有七八十人，均为青壮年，看起来年龄都在 20 ～ 40 岁之间，统一身着印有堂号的篮球服（有的船队是统一的 T恤）、草帽。

南山古庙请龙仪式

龙船在鼓声和呐喊中行到古庙前停止，龙船手（扒仔）们下船后上岸到庙前持香火草纸供奉参

2006年南山古庙请龙仪式

拜，并点燃鞭炮，把写有自己堂号的旗子系到庙前的栏杆上，或者喝水、吃些食物补充下体力，稍作休息再参拜。拜完古庙之后就是采青了。所谓采青，就是到附近采摘绿色的枝叶。龙船手们到庙后植物茂密的小山上面，摘取树枝、树叶和花，插到龙船的船头船尾上、旗杆上、草帽上等地方，以讨吉利，求得庇佑。

完成这些事项，龙船手们开始陆续回到船上。大约 14:00，沙墟两村的龙船开始陆续调头返回。这时碧沙（沙头）仰赖堂的三条龙船开始在鼓声和呐喊中到来，龙船的大小、形制与炳灵堂的船差不多，中有一幡，前后各一面镶边三角旗，均书船队所属堂号。其后还有莲溪金灵堂的两条龙船到来，靠岸后也以同样的流程完成请龙和采青仪式。各龙船队从到来到仪式完成的过程大约用时半个小时。

在活动过程中，每个村都派出一条汽艇跟随，汽艇上有各村村委会的字样。这些汽艇一般是用来载龙船手所需物资的，比如矿泉水、龙鬛（三华李）等，应该也要负责处理一些突发情况。

市桥河是珠江三角洲水运网络的组成部分，今天两岸都经历了产业转型，已经不复以砖瓦业为支撑，但是龙舟习俗传承了下来，仍然是联系两岸各村之间交往的重要方式，也作为一种文化活动发挥着作用。

南山古庙龙舟习俗的形成是历史上经济社会状况、水运网络的仪式体现，成为联系两岸村落龙船会的纽带。南山古庙龙舟习俗是番禺区每三年举办一次的龙舟竞渡活动的依托，也反映了本地水运网络的形成、发展与没落。

4. 改革开放以来的市桥龙舟赛

（1）改革开放以来，番禺龙船文化新格局的形成。

改革开放以来，番禺龙舟文化形成传统乡村龙舟文化与政府主导的龙舟赛两者并存的新格局，至 2016 年已有 35 年的历史。1981 年 6 月 6 日，番禺县在市桥举行了"文化大革命"后的首次全县龙舟竞渡，参赛龙舟 17 艘（一说 30 艘），市桥河两岸观众逾万人。1984 年番禺龙舟队首次往澳门参加国际赛事，夺得冠军。1986 年端午节举办的"莲花杯"龙舟竞渡。全县 10 个镇（区）有一百多艘龙舟，是番禺县改革开放以来最大规模的龙舟竞渡。

端午节前，各镇（区）分别进行选拔赛，胜者参加县的赛事。端午节当天，市桥河两岸观者有 20 万人，其中港澳同胞、外国友人数百名。到竞赛指挥部报到的龙舟有 124 艘，其中大石沙溪村组织了两艘"女龙"。首届"莲花杯"龙舟竞渡，获前四名的是新造南约、新造练溪、大石东乡、大石沙溪。

这一年，广州市也举行了第二届"希尔顿杯"龙舟赛，市辖 4 区、3 县有共 8 艘国际标准型龙舟参赛。比赛结果，冠、季军由番禺夺得。

1987 年端午节，番禺县首届国际型龙舟"禹山杯"暨"莲花杯"竞渡在市桥河举行。河南岸新建"观龙楼"，楼上华侨、港澳同胞和外国友人数百名欢聚一堂，共庆端午佳节。参加"禹山杯"赛的男队 19 艘、女队 3 艘，助庆的游龙 129 艘。沙田地区龙舟队首次参赛。比赛结果，男子冠军是新垦镇，女子第一名是横沥镇。第二届"莲花杯"，参赛龙舟 12 艘，石楼大岭村获得冠军。

1990 年，在市桥河举行的"禹山杯""莲花杯"分别举行了四届、六届龙舟赛。

1991 年，全县有龙舟 176 艘（其中国际型短龙舟 28 艘），开展龙舟竞渡的镇从 10 个增加至 17 个。从前划手仅为男性。1986 年，市桥、大石始有女子龙舟。凡有龙船竞渡的地方，万人空巷，常有富裕的村庄聘请粤剧团演出助兴，名为"龙船衬戏"，筵开二三十席接待亲戚朋友。

1986年首届市桥莲花杯龙舟赛（陈斌摄）

2009番禺首届中国龙舟文化节（谭若锋摄）

表6-1 番禺"禺山杯"龙舟赛历届成绩

表6-2 番禺"莲花杯"龙舟赛历届成绩

番禺"禺山杯"龙舟赛历届成绩（标准短龙）

番禺县第一届（1987年5月）	男子	单位	名次	成绩
		新垦镇	冠军	5`57"54
		南沙镇	亚军	5`58"73
		灵山镇西村	季军	6`01"73
		潭洲镇龙古村	殿军	6`01"84

番禺县第二届（1988年6月）		单位	名次	成绩
	男子	东涌镇	冠军	6`0"5
		灵山镇西樵村	亚军	6`1"
		灵山镇雁沙村	季军	6`1"6
		南沙区	殿军	6`14"4
	女子	新垦镇	冠军	6`32"5
		灵山镇雁沙村	亚军	6`37"3
		灵山镇西樵村	季军	6`42"1
		石碁镇	殿军	6`48"4

番禺市1994届		单位	名次	成绩
	男子	南沙区	冠军	5`45"74
		灵山镇	亚军	5`46"81
		新造	季军	5`57"62
		鱼窝头镇	殿军	6`3"02
	女子	灵山	冠军	6`17"08
		沙溪镇	亚军	6`17"67
		鱼窝头镇	季军	6`21"20
		新造镇	殿军	6`29"87

番禺市1998届	男女混合	单位	名次	成绩
		灵山镇	冠军	5`08"38
		南沙区胜洲村	亚军	5`11"10
		鱼窝头镇	季军	5`15"16
		石碁镇	殿军	5`19"95

番禺市2000届	男女混合	单位	名次	成绩
		东涌镇	冠军	4`51"18
		南沙区南横村	亚军	4`53"42
		灵山镇	季军	4`54"95
		鱼窝头镇	殿军	5`56"49

番禺"莲花杯"龙舟赛历届成绩（民间长龙）

单位	名次	成绩
番禺县第一届（1986年6月）		
新造镇南约村	冠军	5`34"00
新造镇练溪村	亚军	5`50"17
大石镇南浦村	季军	5`50"87
大石镇沙溪村	殿军	6`10"87
番禺县第二届（1987年5月）		
石楼镇大岭村	冠军	5`15"83
大石镇东乡村	亚军	5`29"66
化龙镇柏堂村	季军	5`33"49
沙头镇沙圩村	殿军	5`58"64
番禺县第三届（1988年6月）		
大石镇洛溪村	冠军	5`28"01
大石镇南浦东村	亚军	5`32"6
化龙镇柏堂村	季军	5`37"
石楼镇石一村	殿军	5`43"
番禺县第四届（1989年6月）		
石楼镇大岭村	冠军	5`4"88
大石镇洛溪村	亚军	5`7"09
大石镇东乡村1队	季军	5`10"41
化龙镇柏堂村	殿军	5`21"35
番禺县第五届（1990年5月）		
石楼镇大岭村	冠军	5`1"75
化龙镇柏堂村	亚军	5`1"81
大石镇洛溪村	季军	5`10"95
大石镇东乡村	殿军	5`21"36
番禺县第六届（1991年6月）		
大石镇东乡村	冠军	5`6"63
大石镇沙溪村	亚军	5`7"29
石楼镇大岭村	季军	5`24"12
钟村镇屏山村	殿军	5`24"46
番禺市1994届		
大石镇沙溪村	冠军	4`53"31
大石镇东乡村	亚军	5`1"91
化龙镇柏堂村	季军	5`4"86
大石镇洛溪村	殿军	5`5"58
番禺市1998届		
大石镇沙溪村	冠军	4`26"78
化龙镇复苏村	亚军	4`34"19
新造镇练溪村	季军	4`34"41
市桥镇沙墟二村	殿军	4`52"62

随着此前番禺县行政区的变化，以及市桥河全县龙舟赛的举办，20世纪80年代以后，今番禺区境内的从初一到初八的龙船景被重新进行了排期：初一：石岗景（沙湾司）、大岭景（茭塘司）、灵山；初二：傍江景（沙湾司）、茭塘景（茭塘司）、官山景（茭塘司）、大石；初三：新桥景（沙湾司）、石楼景（茭塘司）、市头景（茭塘司）、化龙景（茭塘司）、沙滘景（茭塘司）；初四：新造景（茭塘司）、沙墟景（沙湾司）、南浦景（茭塘司）、

市桥西涌景（沙湾司）；初五：市桥景（集中市桥大赛）^①（沙湾司）；初六：沙头景（沙湾司）、潭州；初七：莲湖景（沙湾司）；初八：渡头（沙湾司）、北海景（沙湾司）、东浦。^②

（2）2015 年第十五届："莲花·金龙财富广场杯""禺山·金龙财富广场杯"龙舟赛。

2015 年 6 月 20 日（农历五月初五端午节），由番禺区委、区政府主办，金龙城财富广场鼎力赞助的 2015 年番禺区第十五届"莲花·金龙财富广场杯""禺山·金龙财富广场杯"龙舟赛在市桥河举行。本届龙舟赛竞赛项目有"莲花·金龙财富广场杯"传统龙舟 600 米 ×2 折回竞速、"禺山·金龙财富广场杯"国际男子标准龙舟 600 米 ×2 折回竞速，"金龙财富广场杯"彩龙竞艳为特别新增项目。参加活动的龙舟来自番禺 16 个镇街共 73 艘，其中参加"莲花·金龙财富广场杯"传统龙舟比赛的长龙 15 艘、"禺山·金龙财富广场杯"国际男子标准龙舟比赛的龙舟 8 艘，参加"金龙财富广场杯"彩龙竞艳比赛的龙舟 50 艘，参加活动的运动员达 7000 多人，参赛人数和观众人数都超过了往届。

在奖项设置方面，"莲花·金龙财富广场杯"传统龙舟赛设金杯奖和银杯奖，各奖前 4 名，奖杯 1 座，金杯奖最高奖金 18000 元，银杯奖最高奖金 12000 元；"禺山·金龙财富广场杯"国际标准龙舟赛奖励前 4 名，各奖奖杯 1 座，最高奖金 8000 元；"金龙财富广场杯"彩龙竞艳设第一、二、三等奖，各奖奖杯 1 座，最高奖金 10000 元；比赛分别设立体育道德风尚奖和优秀组织奖，各奖锦旗 1 面；此外，大赛组委会还将对"莲花杯"传统龙舟赛金杯奖第一至四名获得者、"莲花杯"传统龙舟赛银杯奖第一、二名获得者和"禺山杯"国际标准龙舟赛第一至三名获得者分别奖励国际标准龙舟一艘。本届龙舟赛邀请了港、澳、台乡亲及省、市嘉宾观礼，观众人数超过 10 万人。

---

① 一年一度的长龙"莲花杯"赛和国际标准龙"禺山杯"赛，均在此举行。
② 番禺县文化志编纂委员会：《番禺县文化志》，1996年5月。

四、宗族文化的复兴与再造

20世纪初开始，尤其是20世纪50年代以来，宗族曾被表述为一种落后、封闭，甚至反动的封建糟粕，并通过国家政权在政治上、组织上给予摧枯拉朽式的彻底打击，宗族及其相关的祠堂、族谱、族产等也成为各种政治运动所指向目标。改革开放以来，包括番禺在内的珠江三角洲的宗族呈现逐渐复苏的迹象。这些迹象包括：同姓同宗联谊、建立或参加各种宗亲会、联宗修谱、集资修缮祠堂和祖墓、举行祭祖活动等。在番禺本地，清明祭祖及修缮祠堂、族谱成为宗族文化复兴的普遍表现形式。祠堂的修缮主要以宗族和民间为主导，也有以政府为主导的，如社会主义新农村"美丽乡村建设"中对祠堂的修缮。祠堂的修缮往往成为宗族联谊、修谱、祭祖和彰显宗族功名的契机。

（一）以修祠为主的宗族文化复兴

蔡氏大宗祠始建于明朝，清代扩建，民国十一年（1922）重建，集合了明、清、民国时期的建筑材料和建筑风格。祠堂的基石有明代的材料，中座是清代为主的建筑材料，而头门则是民国为主的建筑风格，后寝右侧摆放着民国十三年（1924）兄弟村南村送来的屏风，屏风刻有191个人名，代表着落成时由191位南村村民集资送来的礼物。[1] "光裕堂"牌匾旁边落款为"民国二十年，建祠值理二十三传孙锦求敬送"。此牌匾相传乃民国十一年（1922）教育家蔡元培所书。当时建造祠堂的资金部分来源于海外侨胞，祠堂正门两旁的衬祠上一字排开16个孔雀蓝瓷瓶，是一些海外的蔡边侨胞崇尚孙中山的革命思想，把孙中山的革命思想带回家乡，也把孙中山喜欢的蓝色带回蔡边。蔡氏大宗祠占地面积6亩，建筑面积1221平方米。历史上除用作宗族议事和祭祖、节日喜庆活动之外，还曾开办光裕小学59年、螺山中学14年，为本村以及邻村子弟接受文化教育、培养人才做出贡献。2013年11月，经过一年重修，蔡氏大宗祠焕然一新，重现昔日恢宏气势。

---

① 钟世伟：《民国时期宗祠建筑的代表作——东环街蔡氏大宗祠修葺重光，显示出较高的历史价值和艺术价值》，载《番禺日报》，2014年1月14日。

重修后的蔡边蔡氏大宗祠

蔡氏大宗祠举行了重修落成庆典，旅居海外、外居他乡的蔡边村乡亲们聚首于这座大宗祠里重温过去。

石壁孖祠堂分为东西两祠，为石壁区氏祖祠，均建于明代。西祠毁于20世纪60年代末至70年代初。1992年，香港石壁同乡会会长区卓基和区志祥等人以同乡会名义向政府申请发还祠堂给村民使用。经政府批准发还东祠和西祠用地，许可永久使用。东祠曾于1992年、2004年两次重修。后又由区卓基先生等人倡议，原地重建西祠，区氏各房子孙自愿捐资315万元，其中区卓基先生捐资300万元。西祠于2005年夏破土，2006年3月落成。两间祠堂一模一样，美轮美奂，流光溢彩。孖祠重光之日，来自省内外约1500位区氏族人欢聚一堂，锣鼓鞭炮，俨然节庆。

潭山村自北宋绍圣年间开族以来已900多年，许氏大宗祠——敦源堂距上一次重修近300年，由于年久失修而破旧不堪。在族中有识之士的发动倡议下，全体许氏宗亲积极响应，共筹得200多万元重修祠堂。重修后的祠堂金碧辉煌、精雕细琢，十墩旗杆夹屹立在外，祠堂后面原来的荒地也修建成一个后花园。潭山村委会表示，今后将把祠堂打造成为爱国爱乡的教育基地，同时充分发掘祠堂深厚的历史文化积淀，开发独具本土文化内涵的旅游新热点，让祠堂成为传承文化、共创文明的有效载体。2011年6月25日，历经680余年沧桑的广州市番禺区化龙镇潭山村许氏大宗祠迎来了重

光庆典，万余位海内外许氏宗亲皆回乡祭祖，共庆祠堂的重新修葺。当晚 7 时许，东道主潭山村更设下 1100 多桌酒席大宴亲朋，规模之大、场面之热闹胜似过年。番禺区、化龙镇的有关领导出席了庆典。在庆典仪式上，时任化龙镇副镇长李少波，潭山村党支部书记、许氏大宗祠筹委会主任许润强分别致辞，向支持祠堂如期竣工的各界人士表示感谢。出席仪式的区领导与区委宣传部、化龙镇、潭山村有关负责人共同为庆典仪式剪彩、揭匾。仪式结束后，民间艺术飘色、乞巧、舞龙舞狮在祠堂前轮番上阵，为八方来客和全村民众带来了一场精彩的民间艺术盛宴。潭山村的许氏兄弟有 13000 多人，很大部分旅居海外和香港、澳门、台湾地区，现常住人口也有 4000 多人，其中不少是社会知名人士，如香港的警务署长许淇安，歌星许家三兄弟和许志安，等等，当天许志安也回来寻根。河南省许由与许氏文化研究会会长王道生前来道贺，向潭山村赠送锦旗和《许由与许氏文化文集》。① 而坑口村与潭山村是一向友好往来的许氏兄弟村，每逢村里搞庆典活动或拜山等都会相互邀请和相互到贺。这次祠堂重修庆典坑口村许氏兄弟嘉宾亦前来道贺。

（二）以修谱为主的宗族文化复兴

孔氏番禺小龙房是孔子世家在岭南分支中的一个支派。小龙孔氏宗族通过参加全国孔氏宗亲会活动，集资修缮阙里南宗祠、孔尚书祠，重新编修《番禺小龙孔氏家谱》等，重新建构起新的宗族文化。其中，续修《番禺小龙孔氏家谱》是小龙孔氏重构宗族文化的工作重点之一。2012 年 8 月，经番禺小龙房阙里南宗联谊会研究决定成立续修工作组，历时两年多，于 2015 年年初终告完成。该谱八卷共 361000 字，共收入自粹祖至今各时代 10608 人。本次续修《番禺小龙孔氏家谱》有四大亮点：一是务求精确。先逐户入室登记再逐户核对，以简体撷取再繁体排校。二是师法总谱。多处借鉴总谱优点，且内容与 2009 年完成的全国《孔子世家谱》相衔接，竖排繁体，函套八卷。三是脉络清晰。该谱既有小龙房源流之记载，又有 82 年来要事之摘记，从孔子世家到岭南派、从岭南派到小龙房皆有披露；从孔子诞到行辈、从祖祠到尚书祠、从阴骘井到先祖墓园、从凤鸣古塚到平林寻宗均

---

① 樊芸：《许氏大宗祠重光 千桌酒席宴亲朋》，载《番禺日报》，2011 年 6 月 27 日。

《番禺小龙孔氏家谱》

有记载。四是富于创新。该谱收录了《孔子世家岭南派世系表》，将一世至五十六世即从圣祖至岭南派各房的脉络清晰呈现，并收录了《圣祖前世系表》，明列自轩辕黄帝至孔子之历史脉络。还考证了圣祖历朝之封号，及圣祖嫡长孙爵位之流变。正拟建《番禺小龙孔氏家谱》电子版，用于网络和触摸屏查询。据介绍，本次修谱为大修，82年前的资料主要来源于民国谱，但其错误有300多处，须进行校勘考订录用；也参考清光绪谱；追根溯源，还要旁及山东总谱。修谱三易其稿，反复校对，历经2年7个月而成。"盛世修谱"，《番禺小龙孔氏家谱》得以重修，有赖于改革开放以来，番禺小龙有了很大的变化，经济发展了，族人生活水平大大提高了，人丁兴旺，人才辈出；也有赖于众多热诚之士的参与以及热心宗亲踊跃捐款。①

2015年4月11日上午，番禺小龙房孔氏家谱颁谱典礼在大龙街大龙村玉书堂举行。广东孔子文化研究专业委员会会长孔庆榕，广东省孔子后裔联谊会会长孔耀昌，番禺区炎黄文化研究会会长越良钊，区委宣传部、区文广新局、区文联、区档案馆、区文物办、大龙街有关领导和大龙村孔氏宗亲代表、小龙房旅外宗亲代表、移居其他村的小龙房孔氏宗亲代表等出席了颁谱典礼。颁谱典礼上，番禺小龙房孔氏家谱工作组负责人及小龙房阙里南宗联谊会负责人孔裕强、孔庆辉、孔柏辉在玉书堂中堂孔子像前上香拜祭，

---

① 陈晓洁：《续修家谱 凝聚族人，〈番禺小龙孔氏家谱〉历时两年余终修成》，载《番禺日报》，2015年4月5日。

参加典礼的所有人员面向孔子像鞠躬。随后，番禺小龙房阙里南宗联谊会负责人孔柏辉向番禺区档案馆捐赠两套家谱，番禺小龙房孔氏家谱续谱工作组负责人孔志强、孔耀昌、孔庆辉、孔繁均、孔裕强及大龙村党支部书记、村委会主任孔志基分别向广东孔子文化研究专业委员会、广东省孔子后裔联谊会、番禺区文广新局、番禺区文联等赠送家谱。[①] 除了修谱之外，小龙孔氏还对阙里南宗祠和孔尚书祠进行修缮，于东侧仿孔尚书祠兴建"孔子文化中心"。

（三）以"祭祖"为主的宗族文化复兴：甘棠、罗家、黄编"三苏"秋分祭祖

"三苏"是指东环街的甘棠苏、大龙街的罗家苏、市桥街的黄编苏。甘棠苏为孟房，罗家苏为仲房，黄编苏为季房。1950年前每逢农历八月秋分，三个苏姓村都有秋分祭祖的传统习俗。秋分祭祖的轮值由三个苏姓村派代表抽签，最后确定按甘棠、罗家、黄编的顺序。祭祖供奉的祖先是斜洲公，根据《武功书院世谱》记载，斜洲公生于元朝文宗元年（1328）。1950年轮值至孟房甘棠苏时秋分祭祖被迫终止了。

为缅怀先祖功德，感激先祖教诲，三村的苏氏宗亲理事会商讨决定，从

甘棠三苏祭祖仪式（东环街文体中心供图）

2014年开始，"三苏"恢复中断65年的轮值举办秋分祭祖活动。"三苏"秋分祭祖的宗旨是："弘扬祖德，维系桑梓，敦亲睦族，增进情谊，交流文化，发展经济。"口号是："弘扬苏武爱国精神，传承苏轼文学遗风！追思祖德、宏念宗功、宗祖为重、财气为轻！不忘世泽、创造家风、遵循孝道、睦族敦宗！"

---

① 陈晓洁：《番禺小龙房孔氏续修家谱，共收入自粹祖至今各时代10608人》，载《番禺日报》，2015年4月13日。

各村成立由三人组成的秋分祭祖领导组，讨论每年秋分祭祖事宜；每年秋分节前一个月（即处暑节），由轮值的村组织召开秋分祭祖会议，研究当年秋分祭祖的方案；秋分祭祖时间定于每年秋分节前的第一个星期天。①

据2014年主办方甘棠村有关人员介绍，重启的"三苏"秋分祭祖活动的经费由各轮值村自筹。每年三个村祭祖领导组成员在秋分前一个月的会议上，讨论决定每个参与者的餐费。未轮值的村在秋分前20日，向轮值的村上报参与秋分祭祖聚餐人数，并上交餐费。祭祖仪式完成后，自由邀请本村及兄弟村的客人相聚，未轮值到的村则各自组织本村的宗亲参与。②

2014年9月21日，东环街甘棠村苏氏祠堂举办中断65年的"三苏"秋分祭祖活动。下午4时正，"三苏"秋分祭祖仪式正式开始。13个身穿传统服饰的青年精神抖擞地"上场"，在老前辈的指引下，在醒狮、锣鼓的配合下，一步一步按照传统习俗进行拜祭。放炮、奠鼓、奏大乐、奏小乐……一个程序都不省略，主祭者、陪祭者和神位前献礼者、香案前献礼者就位……祭祖仪式有条不紊地进行着。绝大多数人是第一次参与这"三苏"秋分祭拜先祖活动，村民们表现出异常的好奇，一边赞叹，一边拿出相机和手机拍下现场画面，留作纪念。当天，苏氏祠堂中堂位置摆设了许多以前"三苏"的特色农产品供群众观赏，书法家在一旁即席挥毫，吸引了众多村民以及慕名而来的群众前来观看。③

（四）石楼陈氏宗祠（善世堂）个案④

1. 2011年之前的石楼陈氏宗祠（善世堂）

位于番禺区石楼镇石一村德兴大街14号的陈氏宗祠又叫善世堂，是番禺四大古祠之一，始建于明正德年间，后因迁海而被拆毁，清康熙二十二年（1683）重建，至雍正元年（1723）才全部竣工，乾隆年间曾重修。善世堂

---

① 钟世伟、梁志铭、杜俊苇：《追思祖德 睦族敦宗 不忘世泽——甘棠、罗家、黄编三村苏姓恢复中断65年的秋分祭祖》，载《番禺日报》，2014年10月1日。
② 钟世伟、梁志铭、杜俊苇：《追思祖德 睦族敦宗 不忘世泽——甘棠、罗家、黄编三村苏姓恢复中断65年的秋分祭祖》，载《番禺日报》，2014年10月1日。
③ 钟世伟、梁志铭、杜俊苇：《追思祖德 睦族敦宗 不忘世泽——甘棠、罗家、黄编三村苏姓恢复中断65年的秋分祭祖》，载《番禺日报》，2014年10月1日。
④ 本部分选录自《番禺日报》，2014年10月1日T20版，局部有较大的修改调整。

原占地 4000 多平方米，现存主体建筑有头门、仪门（残缺）、中座、后寝，占地面积逾 2000 平方米。善世堂现仍保留清初到清中叶的风格，建筑规模宏大，各种构建都十分精美大气，而且建筑材料好，做工考究、细致，具有较高的艺术价值。中堂悬挂戚继光题写的"善世堂"牌匾。

清代善世堂名下的族产丰盈，每年凡是 90 岁以上的老人只要能将银子捧出仪门，不管拿出来多少银子，都归这个老人所有。

新中国成立后，宗族势力日渐衰落，善世堂曾受到严重破坏。"大跃进"和"文革"时期，祠堂的木雕对联被村民拆下用作犁田工具，石雕小狮子、雕花钓鱼台栏杆被推倒，1971 年的台风将仪门主体建筑刮倒。改革开放后，善世堂先后被用作草席厂、毛球厂、织布厂、服装厂等厂房。为更好地进行生产，天井中填充黄泥加高地基，盖起了厂房和办公室，青砖墙面被抹上不均匀的白色和绿色的油漆，柱子也被刷上绿漆。后寝地面原为夯实的泥土地，也因用作办公场地而被贴上旧式瓷砖。衬祠被分给私人作为住宅使用，并被先后改建或重建。广场前的大空地上曾有多座旗杆夹石，现旗杆夹已被破坏，所在地已建作商铺。20 世纪 80 年代，村里的老人曾发起一轮重修善世堂的行动。他们写信给香港的宗亲，募捐了 30 多万元。然而，由于历史遗留问题，祠堂的产权还属于番禺区国资局，最后这些钱改用于重建石楼陈氏始祖祠。2001 年，善世堂再次迎来"重生之机"。旅居港澳的陈氏后人筹资了 37 万元，计划修复善世堂的头门。然而，由于自聘的施工队缺乏古建筑修复经验，他们为善世堂涂上现代油漆，凭"想象力"用水泥填补各种石雕、砖雕。结果，祠堂不但没有被修复好，还进一步遭到破坏。2002 年 7 月，石楼陈氏宗祠（善世堂）在全国文物普查中被评为广州市文物保护单位。当时，番禺区文物部门曾经估计，陈氏宗祠的全面修复工作约需要 2000 万元。由于资金缺口太大，修缮工作根本无法展开。此后 9 年，有关光复祠堂的声音逐渐偃旗息鼓，祠堂内杂草丛生，砖瓦随处堆放；院墙或被部分推倒，或用红砖修补，与整个灰色暗调格格不入；后寝供奉文案上落满灰尘，柱子周围布满蝙蝠的粪便；连廊处建筑由于顶梁不支，面临倒塌的危险。村里请村民阿强帮忙打理祠堂，一个月发 200 元补助。2008 年，番禺区文物办曾拨款 5 万元，对善世堂进行清理，搬迁了祠堂内的工厂，清理了填埋在天井中的黄泥，初步恢复了古祠原貌。经过研讨后，石楼镇政府和文物主管部门决定成立修缮筹委会，通过多渠道筹集资金，修缮古祠。

2. 2011 年之后的石楼陈氏宗祠（善世堂）的重修历程

2011 年年初，善世堂筹备重修的事宜刚一提出，就得到了所有乡亲的拥护。11 月 19 日，在石楼镇委、镇政府支持下，石楼一村、石楼二村、赤岗村、石楼社区居委牵头成立了石楼陈氏宗祠（善世堂）修缮管理委员会，标志着"善世堂"修缮工作正式启动。委员会成员共约 60 人。其中，年龄最小的不过二十出头，年龄最大的已经接近九旬，涵盖公务员、商人、法律界人士和普通百姓等。老、中、青三代人分工明确，有钱出钱，有力出力，有的负责出谋划策。委员会一致选举了乡贤陈俭文先生为荣誉主席，陈昌先生为主席。善世堂理事会的最大特点是不排资论辈，集合老、中、青三代人的力量，以"70 后""80 后"为主要修复骨干，积极为重修善世堂奔走呼吁。据统计，石楼镇三村一居共 6000 余人，当时已有超过 400 名村民居民

石楼善世堂重修前后对比

捐款，募集资金约 40 万元。同时，村委、居委会也承诺在动工后拨款约 20 万元，政府文物部门也提供 30 万元作为支持。

2011 年 12 月，在区、镇领导的关心和支持下，石楼镇陈氏宗祠（善世堂）重建工作摆上了议事日程。2012 年 8 月 2 日上午的省市专家评审会上，善世堂的修缮设计方案获得了专家评审团的一致通过。2012 年 8 月 6 日，善世堂的修缮方案获得广州市文广新局《关于市级文物保护单位陈氏宗祠（善世堂）修缮设计方案的批复》的审批，800 万元的修缮资金也基本落实。一位陈姓企业家也捐资 100 万元，并愿意持续提供支持。

善世堂修缮管理委员会全体委员保护文物的意识极强，从筹建阶段，就聘请华南理工大学何镜堂院士、程建军教授团队为善世堂进行测量设计，动用省内为数不多的 3D 激光扫描仪进行测绘，减少了人手测量的误差。经过多番考察和遴选，聘请具有国家文物修复和园林石雕双一级资质的广东南秀古建公司对善世堂进行维修，聘请具有文物监理资质的珠海市建设工程监理有限公司进行常驻监理。他们高起点进行修缮，目的只有一个，就是重现善世堂昔日的辉煌。

重修善世堂得到了各级领导的重视和支持，时任中共广州市委副书记、市长陈建华，广东省文化厅厅长方健宏，番禺区委书记、区人大常委会主任卢一先等领导专门到善世堂视察，对善世堂的修缮做出了重要指示。

根据历史资料，原本祠堂有两棵松树。为了复原祠堂面貌，一位陈氏后人曾捐了两棵产自日本的罗汉松、两棵福建的桂花树。2015 年年底，善世堂的后座、中堂和头门等主体建筑已修缮完工，仪门的修缮和复建也已经基本完成，中座和后座也已经完成功名匾的制作和悬挂。

3. "修缮"之外的"修善"

石楼陈氏宗祠（善世堂）修缮管理委员会成立以来，在陈昌主席的带领和支持下，不遗余力宣传和推广善世堂建筑的美，让善世堂不再被"禾秆冚珍珠"。善世堂有一班敢想会干的宣传能手，他们分工明确，年长的委员搜集历史资料，年轻的委员建网站、出杂志、拍短片、写微博、玩暴走，古老的元素结合现代的传播方式擦出新的火花，让古祠重燃活力。中央电视台、

《人民日报》、新华社以及省内所有媒体纷纷报道和转载善世堂的修缮情况，中山大学更是全程持续关注和跟拍每一个细节；全区所有公交车视频滚动播放善世堂宣传短片。此外，他们以支持公益活动为载体，如2012年冠名赞助石楼镇龙舟赛，2013年冠名赞助番禺区龙舟赛、开办善世堂残疾人社区康复站等，逐渐建立起"善世堂"的品牌。今后，他们还会建立慈善组织，帮扶有需要的人，共同倡导"和谐社会、为善于世"的精神。

善世堂除了恢复宗祠的春秋祭祀，保留传统，留住根系，团结海内外陈氏乡亲外，其重要的现实价值是突出一个"善"字，与善世理事会从修缮之初就提出既要修缮也要修善的理念是一致的，把有形的建筑如法修缮，同时也把无形的道德一并修复起来。在陈俭文和陈昌等大德贤达的支持下，善世堂得以大修，而今后将通过成立基金会或慈善社等形式，围绕宗亲和社区开展多元的文化活动和慈善工作，如建立灰塑、砖雕教学室，让大家可以透过活动了解古建筑的建造方法，建立社区文化书院，开展群众喜闻乐见的，与文化有关的讲座和培训；设立奖教奖学的基金等活动将祠堂功能活化，造福一方。

对于善世堂的未来，陈钊承已经有了一系列设想。他把这里定义为社区公共空间，定期开展文化保育讲座，将其打造成文化传承基地。他认为现在的龙舟节等传统，都是村里自己的事，而在村里居住的外来务工的朋友，并不能融入这个社区。他认为，一些福利也可以惠及这些外来务工者，让他们也了解这个社区的文化。未来希望成立善世堂基金，不局限于陈氏后人，而是形成社区基金的概念。

2015年4月，广州市文广新局在官网上挂出了"文物保护志愿者"的招募启事。钟情于历史建筑研究的陈钊承，与同村好友陈秋明相约，一起报名。"保护文物，应该从自家门口开始"，他们不约而同地想到了村里那个破败的善世堂。2015年10月，两个年轻人开通了名为"番禺石楼善世堂"的官方微博。他们还在番禺区650多辆公交车视频里，投放了为期一周的善世堂宣传片。

第二节　20世纪80年代以来对"番禺文化"的整理、研究与重构

　　目前，珠江三角洲各县（区）对县域历史文化的整理研究的做法各有不同。如东莞通过整理出版本地的文献、本地著名人物传记，申报国家历史文化名城，推出"东莞地域历史文化丛书""东莞历代著作丛书"等整理县域历史文化的成果。[①] 中山通过整合历史上香山县范围的澳门[②] 和珠海两地的区域文化的讨论，出版"香山文化系列丛书"，阐发"香山文化"历史文化的特征；[③] 此外，在昔日香山县地区，对村镇史志的整理和研究也取得了一定的成果。[④] 佛山通过出版"佛山非物质文化遗产保护丛书"（含顺德、高明、三水）、"佛山人文和社科研究丛书"（含顺德、高明、三水）、"南海历史文化系列丛书""西樵历史文化文献丛书"等对昔日南海县域的历史文化进行整理研究，也有对佛山及佛山祖庙进行研究的专门论著，如《佛教与佛山文化》[⑤]《佛山祖庙》[⑥]《中枢与象征：佛山祖庙的历史、艺术与社会》[⑦]。顺德以

---

① 此外，关于东莞历史文化的整理研究成果还有楼庆西《南社村》，河北教育出版社2004年版；东莞市厚街镇文化广播电视服务中心编《竹溪旧话》，花城出版社2011年版等。

② 广东人民出版社与澳门基金会、澳门特别行政区文化局合作出版"澳门研究丛书"。

③ 王远明、王杰等：《春秋岭海：近代广东思想先驱纪事》，广东人民出版社2002年版；王远明主编：《香山文化：历史投影与现实镜像》，广东人民出版社2006年版；王远明主编：《风起伶仃洋：香山人物面谱》，广东人民出版社2006年版；王远明、颜泽贤主编：《百年千年：香山文化溯源与解读》，广东人民出版社2006年版。

④ 如黄健敏《翠亨村》，文物出版社2008年版；朱晓明、周苅《寻找唐家湾》，同济大学出版社2006年版；珠海市唐家湾镇人民政府、珠海地方志办公室编《唐家湾镇志》，岭南美术出版社2006年版；李铭霞《黄圃历史文化》，珠海出版社2010年版；等等。

⑤ 刘正刚：《佛教与佛山文化》，齐鲁书社2015年版。

⑥ 关宏：《佛山祖庙》（岭南文化知识书系），广东人民出版社2012年版。

⑦ 肖海明著、佛山市博物馆编：《中枢与象征：佛山祖庙的历史、艺术与社会》，文物出版社2009年版。

编修《顺德文丛》丛书的形式对原顺德县域的历史文化进行整理研究，书写本地历史文化的精粹。除了以上县域文化整理研究出版工作之外，珠江三角洲历史文化整理比较有代表性的书籍还有《探幽大旗头》①《不落的文明》②《话说白沙》③《良溪古村》④《话说良溪：良溪古村历史文化论》⑤《良溪古村与珠玑移民》⑥《赤坎古镇》⑦ 等。

民国以来，原番禺县的县境不断被拆分成不同的行政区。改革开放以来，学术界、文博界和政府对地方历史文化的整理和研究主要集中于广州老城区，对于原番禺县的四个巡检司区域的乡村社会缺乏系统的梳理和研究。本文拟以今番禺区范围为重点，部分涉及禺北、禺东及禺南的海珠区等区域，初步梳理历史文化的整理和研究的成果。

一、方志的编辑出版

（一）对镇街、村社历史文化的整理

早在1987年，番禺就成立了"民间文化三套集成办公室"展开调查，并在此基础上编写了《社会调查表》，里面汇集了不少番禺地区历史文化的原始资料⑧，部分镇区就在"民间文化三套集成办公室"普查成果的基础上率先编写了地方文史书籍，如《化龙风物志》⑨ 就是番禺地区较早的镇级文史资料汇编。此后如《岐山拾趣》⑩《大石历史钩沉》⑪《石楼风物》⑫《人文南

① 李凡等：《探幽大旗头》，中国学术出版社2005年版。

② 程存洁：《不落的文明：走进钱岗古村》，上海古籍出版社2004年版。

③ 《话说白沙》编写组：《话说白沙》，华南理工大学出版社2012年版。

④ 张国雄：《良溪古村》（蓬江人文丛书），岭南美术出版社2011年版。

⑤ 石坚平：《话说良溪：良溪古村历史文化论》，岭南美术出版社2009年版。

⑥ 石坚平主编：《良溪古村与珠玑移民》，中国华侨出版社2011年版。

⑦ 张国雄：《赤坎古镇》（小城故事丛书），河北教育出版社2004年版。

⑧ 1987年番禺各镇《社会调查表》。

⑨ 番禺县化龙镇人民政府、番禺县民间文化三套集成办公室合编：《化龙风物志》，1987年12月。

⑩ 石碁文化站：《岐山拾趣》，1993年10月初印，2004年2月重印。

⑪ 何绍逊编撰：《大石历史钩沉》（征求意见本，梁强提供）。

⑫ 广州市番禺区石楼镇人民政府编：《石楼风物》，2007年12月。

《沙湾镇志》

山》①《东涌故事》②《钟灵毓秀》③等也陆续编辑成书，在一定程度上对番禺镇街一级的历史文化进行了专门搜集整理。值得注意的是《小谷围》④一书的出版体现了在大学城紧张建设过程中，本土文化面临危机的时候，地方文化人士为抢救番禺历史和文化遗产而做出的不懈努力。在镇街层面，率先从"方志"角度对地方历史文化进行的整理的是沙湾镇的《沙湾镇志》⑤。《沙湾镇志·凡例》中说："（一）本志是一本以章、节、目、项顺次表述沙湾镇总体面貌的地方总志（沙湾曾为沙湾司、沙湾一区、沙湾乡、沙湾人民公社等，所辖范围较广。本志所记范围以'沙湾人民公社'以后所辖地为主）。定名为《沙湾镇志》。（二）本志的编纂以实事求是的态度忠于史实，更重视在社会变迁中对先进性的肯定。在当代的史实里，着重记述中国共产党领导下的革命斗争和改革开放的丰功伟绩。"《沙湾镇志》是迄今为止，番禺地区在镇街层面，以当代地方志体例编写的最为完善的一本镇级历史文化资料汇编。此外，在原番禺县境的其他地区也形成一批镇志。

在乡村一级，也形成了一些村落史志、新编族谱，甚至是亦志亦谱的

① 广州市番禺区南村镇人民政府编：《人文南山》，2007年4月。

② 中共番禺区东涌镇委、番禺区东涌镇人民政府编著：《东涌故事》，大众文艺出版社2008年版。

③ 中共钟村镇委员会、钟村镇人民政府：《钟灵毓秀——钟村乡土文化溯源》，现代出版社2009年版。

④ 曾应枫、周翠玲、冯沛祖：《小谷围》，广东教育出版社2004年版。

⑤ 中共广州市番禺区沙湾镇委员会、广州市番禺区沙湾镇人民政府编：《沙湾镇志》，广东人民出版社2013年版。

资料汇编。村落史志如《谢村村史》①《石二村村志》(初稿)②《大岭村历史文化》③《赤岗村志》④，新编族谱如《戴氏岭南乾公天则世系番禺赤山房史考》⑤，亦志亦谱的如《沙湾何氏宗族概况》等。另外，在原属番禺县禺南、禺东的地区也组织人员编写了一些村落史志、画册或乡村民俗专著，如海珠区编写了《瀛洲》画册、《走进黄埔古村》⑥《城中村的民俗记忆——广州珠村调查》⑦等书籍。其中，《走进黄埔古村》以黄埔古村的各主要景点为线索介绍黄埔村的历史、建筑、人物、风情，图、文各半。《城中村的民俗记忆——广州珠村调查》共六章，全书叙述了乡土文化的习俗及其保存与城市文化生态重建。

而从方志角度对村社层面历史文化进行整理最为典型的是原属番禺县禺东地区的天河。广州市天河区历史上大部分地区属番禺县鹿步司的范围。今天河区位于广州新中心，城市面貌的迅速改变带给天河各村极大的冲击。随着天河区城市化进程的进一步加快，在可以见到的将来，天河各村必将有大量的古迹湮灭。在这之前，村志的编写给记录、甄别有价值的文物古迹提供了一个难得的良机。广州市天河区地方志办公室以村级为基本单位组织相关单位大修村志，出版《天河区村志系列丛书》⑧，以此保留城镇化过程中的乡村文化。⑨"天河区村志系列丛书"中大部分村志记述时限自开村之时起至2000年前后。但就记述篇幅来说，基本上都"详今略古"，时代越往

① 沙舟：《谢村村史》，香港中和文化出版社2008年版。

② 陈普明编：《石二村村志》(初稿)，2004年1月。

③ 陈华佳编著：《大岭村历史文化》，2004年11月。

④ 赤岗村志编纂小组、陈善钊主编：《赤岗村志》，2004年10月。

⑤ 戴国雄：《戴氏岭南乾公天则世系番禺赤山房史考》，第四部分《番禺赤山房群贤录》。

⑥ 广州市海珠区人民政府、广州市政府侨务办公室编著：《走进黄埔村》，广东教育出版社2011年版。

⑦ 储冬爱：《城中村的民俗记忆——广州珠村调查》，广东人民出版社2012年版。

⑧ 这批村志包括：《吉山村志》(中华书局2004年版)、《黄村村志》(2008年)、《前进村志》(2008年)、《农林村志》(2013年)、《棠东村志》(2006年)。

⑨ 靖婧：《略谈村志的编修——以〈天河区村志系列丛书〉为例》，载《黑龙江史志》2015年第4期。

前资料越少，新中国成立后，尤其是改革开放后的资料较为详细。大部分村志都收录了本村姓氏源流，80%的村志择录了本村尚存的族谱。在村志编写过程中，天河区搜集整理到各类族谱30余姓70余种。从编写时间来看，天河区大部分族谱编写于清代及民国，也有相当一部分是20世纪90年代开始编写的。从编写内容上看，民国以前编写的族谱除世系外还有人物事迹，现代编写的族谱则一般只有世系人名，较为简陋。2009年，天河区将收集的各村族谱集结成《天河族谱述要》一书，这些资料对了解天河古代人口变迁，研究传统宗族社会有着重要的价值。①

（二）对县域历史文化的整理出版

20世纪90年代，番禺县（市）除了重新整理出版了同治《番禺县志》外，还编写了以1995年版《番禺县志》为代表的《番禺县文化志》《番禺县文物志》《番禺县人物志》等一系列方志丛书，由此奠定了今天政府和人们对番禺（包括南沙区）历史文化的知识基础。

1995年版的《番禺县志》封面

1995年版的《番禺县志》是整套系列丛书的总汇。在"凡例"部分对本志书的体例做了界定："本志记述主要从1912年（民国元年）起，少数内容上溯至事物发端；下迄1991年，有些延至1992年番禺撤县建市时止；少数照片适当下延。按详今略古原则，详载中华人民共和国成立后，特别是1978年底中共十一届三中全会后的史实。""由于番禺辖区变动较大，对较重要的史实均按当时辖境记入本志，以存历史原貌。但记事以现辖境为主。""首设总述、大事

---

① 靖婧：《略谈村志的编修——以〈天河区村志系列丛书〉为例》，载《黑龙江史志》2015年第4期。

番禺整理出版的部分地方志书籍

记，以明县情概要和发展脉络。主体部分大体按照历史、环境、经济、政治、人文排列，共立二十八编；其中设经济、政治、人文三综述，以综述概括有关内容，与有关各编有总分关系，互为补充。""立传人物，主要为鸦片战争以来已故的有一定社会影响的各界人士。"其中，第一编"建置区划"初步梳理了番禺的建置沿革。第十四编"政治综述"按照革命话语简单梳理了鸦片战争以来番禺地区的"革命史"。在第二十一编"人文综述"、第二十二编"文化"、第二十五编"居民、方言"、第二十六编"风俗宗教"、第二十八编"人物"等有番禺历史文化的相关叙述。

《番禺县镇村志》的前半部分分为"番禺的区划演变和镇村经济发展""番禺沙田的形成""番禺居民的来源""番禺村落的形成""番禺部分姓氏源流"等综述内容，对包括今番禺区和南沙区范围内的番禺历史沿革、历史地理变迁、村落、族群等做了大致的梳理。后半部分为番禺22个镇的历史与现状概况，以现状为主。

《番禺县文化志》系统梳理了1949年前后到20世纪90年代番禺县文化的现状。分为：文化行政管理机构，文学艺术，图书馆和图书发行，电影发行和电影院，民间文艺，艺术、文化团体，群众文化团体，文物，文化大事记等章。正如该书序言中所说的《番禺县文化志》反映了全县文化艺术的历史。记载了文化艺术事业在各个时期的业绩。从这部专著中，我们可以

看到番禺传统的和当代的文化艺术事业继续与发展的过程；看到番禺人民在创造物质财富的同时，紧扣时代脉搏，创造光辉灿烂的文化艺术"。

《番禺县人物志》基本上以鸦片战争以来，在清代番禺县（即大番禺）范围内的已故的历史文化名人为主，对清末以前的番禺历史文化名人基本没有涉及（主要作为清同治《番禺县志》和民国版《番禺县续志》人物传记的衔接和延续）。换言之，至今尚未有一部对今番禺区辖区内的历代历史文化名人进行系统梳理研究的专著。

《番禺县文物志》把当时番禺县具有最重要的历史、文化、艺术、革命价值的不可移动文物和可移动文物收录了进去。

总而言之，20 世纪 90 年代编辑出版的一系列番禺地方志中涉及番禺历史文化的书籍，基本是一部试图衔接民国版《番禺县续志》、同治《番禺县志》、乾隆《番禺县志》、康熙《番禺县志》的县域"断代史志"，并非番禺县历史文化的县域"通史"，要系统梳理番禺县的时空演变和现在番禺辖区的文化演变史还需整合各个版本的地方志、族谱、碑刻、报刊、口述资料等才能打通古今番禺文化演变的各个重要节点，梳理其发展动因、阶段特点。

《番禺百年大事记(1900—1999 年)》① 前言中说："编辑《番禺百年大事记》，百年万事，世纪沧桑，汇集一册，可为'致富思源'提供历史资料；而 100 年来，几许是非成败，在'富而思进'时，亦不妨以史为鉴。近百年来，区域调整频繁，番禺辖境变化较大，记事以当时辖境为准，而多取现辖境大事。本书以新编《番禺县志》和《番禺年鉴》的'大事记'为基础，参阅番禺市档案馆和党史研究室提供的资料，校核新编《番禺县镇村志》及其他专志，略有增删修改。"

随后，番禺区地方志办公室又出版了《番禺古祠堂》，以图文并茂的形式、按照不同的镇街，系统介绍了番禺区现存的主要祠堂建筑的基本情况。②

---

① 番禺市地方志编纂委员会办公室编：《番禺百年大事记(1900—1999)》，广东人民出版社2000年版。
② 番禺区地方志编纂委员会办公室、番禺区国家档案馆编：《番禺古祠堂》，方志出版社2010年版。

二、地方文史的整理

番禺政协文史资料委员会主办的《番禺文史资料》、番禺炎黄文化研究会主办的《番禺古今》及省市的文史资料等刊物也是番禺地区历史文化整理的重要载体，其内容比较庞杂，其中最有史料价值的当数通过口述追忆历史为基础形成的对番禺地区的民国历史文化的整理。

反映清末民初禺南大谷围社会概况的，如何品端的《解放前的沙湾》[《番禺文史资料》（下同）第八期，1990 年 11 月]；韩健的《番禺大盗罗鸡洪》（第九期，1991 年 11 月）、韩健的《二十年代的旧市桥》（第八期，1990 年 11 月）。

梳理 20 世纪 30 年代禺南地区乡村建设运动的，如冷生《主持修建禺南公路的张正时》（第四期，1986 年 9 月）、黎应榆的《修筑市桥——钟村公路的一桩怪事》（第九期，1991 年 11 月）、陈义的《今甜昔苦话沧桑：记我国第一间机制白砂糖厂》（第一期，1984 年 3 月）、吴锡波的《"无烟糖厂"的前前后后——解放前的市头糖厂》（第一期，1984 年 3 月）。

梳理民国禺南地区教育史的，如阮逊、何仲芹的《怀念黄艮庸先生》（第六期，1988 年 11 月），何品端的《三十年代在南村召开的首届全县教育大会》（第九期，1991 年 11 月），陈哲文的《三十年代初番禺的中等教育》，何绍甲的《番中、贲中、番师三校》（第三期，1985 年 12 月），何品端的《象贤中学校史（初稿）》（第三期，1985 年 12 月），孔钊的《潭山中学的创建》（第三期，1985 年 12 月），路藜的《解放前市桥教育简况》（第三期，1985 年 12 月），关汉贤整理的《新造区解放前学校教育发展史略》（第三期，1985 年），陈哲文供稿、冯祖祥整理的《回忆番禺县中学片段》（第三期，1985 年 12 月），阿淑的《抗战前市桥的县立第一小学校》（第三期，1985 年 12 月），邬锐勤的《贲南中学回忆片断》（第四期，1986 年 9 月），林燮强的《番禺中等教育事业的开拓者：何绍甲教授》（第五期，1987 年 10 月），林燮强的《实践平民教育把劳苦大众当作教育的主人：贲南中学复办时期史略》（第四期，1986 年 9 月）。

涉及抗日战争时期禺南地区沦陷时期历史与社会的，如何侃基的《沦陷前后的市桥工商业》(第二期，1984年12月)，韩健的《日寇入侵市桥追记》(第十期，1992年10月)，黎应榆的《沦陷期间市桥遭受的一次浩劫》(第二期，1984年12月)，韩健的《日寇入侵市桥暴行录》(第八期，1990年11月)，韩文斌的《古坝村两遭日寇之祸》(第八期，1990年11月)，崔耀的《发生在沦陷时的员岗惨剧》(第八期，1990年11月)，何瑞澄的《两次难忘的劫难》(第八期，1990年11月)，黎应榆的《为抗日捐输救国 保家乡浴血献身：记爱国侨属蔡又成》(第一期，1984年3月)，何志强、而已的《沙湾狙击日舰记》(第一期，1984年3月)，而已的《抗战时期番禺县国民党的流亡政府》(第一期，1984年3月)，王子服的《抗战初期市桥的"文抗会"》(第二期，1984年12月)，黎应榆的《番禺第一区青年抗日同志会建立经过》(第二期，1984年12月)，何品端的《沙湾被"扫荡"之纪实》(第二期，1984年12月)，韩健的《北亭医疗站：广游二支队敌后抗日斗争轶事》，野闲的《新造沦陷初期琐闻》，何品端的《日寇在沙湾的最后设防》(均见于第十期，1992年10月)。

民国后期的，如何品端的《会议桌上的"禺南县"》(第十二期，1998年12月)，谭乐然整理的《解放前番禺县内的通讯社》(第八期，1990年11月)。屈伟才的《地主豪绅对沙田地区的争夺：刘安琪兵团洗劫石楼事件》(第四期，1986年9月)。

解放战争时期的，如县党史办的《解放市桥的回顾》(第一期，1984年3月)，韩健的《和平解放县城市桥的前前后后》(第十一期，1996年10月)，梁栋的《迎接解放》(第八期，1990年11月)，韩健的《记禺南丹山黎钊四兄弟——在解放前的敌后斗争活动》(第十期，1992年10月)。

还有禺南区域经济史的文章，如有关农业史的，林培汉的《番禺县沙田的形成历史》(第二期，1984年12月)，何汝根、而已的《沙湾何族留耕堂经营管理概况》(第二期，1984年12月)，吴巨沛的《番禺县耕作制历史概述》(第二期，1984年12月)，吴礼彭、杨锡潘的《番禺沙田封建地租种》(第四期，1986年9月)，黄子衡、韩健的《番禺工商界农场纪实》(第十一期，1996年10月)。

反映手工业发展的，如何侃基的《市桥镇的晒莨手工业及其盛衰》（第二期，1984 年 12 月），韩健的《市桥的晒莨业》（第九期，1991 年 11 月）。

　　涉及南山峡地区砖瓦业的，如李家达的《五十年来渡头砖瓦业的情况》（第二期，1984 年 12 月），褚镜的《解放前后禺南沙湾埠砖瓦生产情况》（第二期，1984 年 12 月）。

　　又如，2009 年 12 月，《番禺文史资料》（第二十二期）专辑《禺山悬壶录》中列举了众多中医药名家，使读者第一次清晰地看到了番禺地区传统中医药文化的历史演变及其在当下社会代代传承、生生不息的历史。①

　　还有专门整理番禺地区历史文化名人资料的专辑，如李小松、梁翰的《禺山兰桂》（1986 年 10 月）。

　　除了《番禺文史资料》外，在其他刊物，如《番禺古今》《番禺文化》等内部有刊物也刊登了不少番禺的文史文章，如胡家樑的《简述清初番禺迁界》（《番禺古今》，2013 年 6 月，总第十七期），何润霖的《古代沙湾何氏族人教育及科举概貌》（《番禺古今》2010 年 9 月，总第十四期），何品端的《番禺近代十大藏书家》（《番禺古今》，第 1 期，1997 年 7 月），何润霖的《古代沙湾留耕堂宗族的农业经济（之一）》（《番禺古今》2012 年 9 月，总第十六期），何润霖的《古代沙湾留耕堂宗族的农业经济（之二）》（《番禺古今》2013 年 6 月，总第十七期）。《番禺文化》民俗专题、科举专题等，如朱甜的《番禺九屯与九成书院》，石碁文化站编的《岐山拾趣》（1993 年 10 月），邬庆时的《广东沙田之一面》（《广东文史资料》第 5 辑，又见于广东省政协文化文史资料委员会编《广东文史资料精编·上编》第 3 卷《清末民国时期经济篇》）。

三、从民间艺术角度的整理研究

（一）综合性的整理

　　从 1984 年第一期开始，《番禺文史资料》就陆续有登载关于番禺民间

---

① 番禺区政协文史资料委员会编：《番禺文史资料》第二十二期（《禺山悬壶录》），2009年12月。

《番禺文史资料》第十七期
《番禺民间艺术集锦》

艺术整理研究的文史文章，到2004年12月，番禺区政协文史资料委员会编辑了《番禺文史资料》第十七期——《番禺民间艺术集锦》和《番禺民间艺术继承与发展研讨会论文集》①，成为现存最为全面的反映番禺民俗和民间艺术的文献资料汇编。已故的番禺文化界前辈司徒彤先生的专著《若草文集》②也收录了他关于民间艺术研究的若干篇文章。《沙湾民俗文化》系统梳理了沙湾的民俗文化资源。③梁谋先生的专著《禺山杂记》④，也收录了他长期从事番禺民间艺术和文史研究的大量成果，特别是他关于沙湾广东音乐与何氏三杰、番禺龙舟历史与文化等的研究文章。毓介也提到成就沙湾作为中国民间艺术之乡的主要民间艺术。⑤番禺文史界前辈何品端先生归纳了番禺籍人士在文化艺术上的创造。⑥《番禺文史资料》（第十九期）——《番禺籍演艺人士资料》专辑分为粤剧界、曲艺界、音乐界、话剧界、影视界五大系列，第一次系统地列举了番禺籍演艺人士的生平和艺术创作简介。⑦2004年6月，曾应枫、龚伯洪主编的《广州民间艺术大扫描》⑧中收录了关于番禺地区民间艺术的几篇文章，如沙坑醒狮、沙湾飘色，员岗跷色，市桥水色、春色、马

① 广州市番禺区文化局、番禺区文学艺术界联合会编：《番禺民间艺术继承与发展研讨会论文集》。
② 司徒彤：《若草文集》，中山大学出版社2009年版。
③ 黄小平编著：《沙湾民俗文化》，中央民族大学出版社2007年版。
④ 广州市番禺区档案馆编，梁谋著：《禺山杂记》，香港中华文化出版社2007年版。
⑤ 毓介：《沙湾中国民间艺术之乡》，载《番禺古今》2000年10月第4期。
⑥ 何品端：《百年来番禺籍人士在文化艺术上的创造》，载《番禺文史资料》第十四期，2000年12月。
⑦《番禺籍演艺人士资料》，载《番禺文史资料》第十九期，2006年10月。
⑧ 曾应枫、龚伯洪主编：《广州民间艺术大扫描》，黑龙江人民出版社2004版。

色、板色，广彩，砖雕等。

（二）广东音乐与民谣等方面

梁谋、陈震、何滋浦等先生在多篇文章中集中讨论了番禺地区尤其是

沙湾广东音乐的历史渊源、演变、艺术
特点，并对何博众、何氏三杰、崔蔚林、
曾浦生等著名的广东音乐大家的艺术历
程、艺术特点进行了论述。如梁谋先生关
于广东音乐的论述有《广东音乐名家沙湾
何氏三杰》①《广东音乐名家——何与年》②
《清末琵琶演奏家　广东音乐先驱——何
博众》③《广东音乐名家何柳堂——何氏三
杰之一》④《广东音乐何氏典雅派的形成
和发展》⑤，陈震的《广东音乐名家——崔
蔚林》，梁谋、何滋浦合著的《乐坛名宿
——曾浦生》⑥ 等。此外，司徒彤对沙湾
成为广东音乐发源地的历史成因进行过探
讨，⑦ 何品端论述了三稔厅作为广东音乐发

《沙湾何氏与广东音乐》封面

① 梁谋：《广东音乐名家沙湾何氏三杰》，载《番禺文史资料》第十七期（《番禺民间艺术集锦》），2004年12月。

② 梁谋：《广东音乐名家——何与年》，载《番禺文史资料》（第九期），1991年11月。

③ 梁谋：《清末琵琶演奏家　广东音乐先驱——何博众》，载《番禺文史资料》第十七期（《番禺民间艺术集锦》），2004年12月。同一内容文章见《番禺古今》2001年10月第5期。

④ 梁谋：《广东音乐名家何柳堂——何氏三杰之一》，载《文史纵横》2009年第4期（同一内容的文章还见《番禺文史资料》第十四期，2000年12月）。

⑤ 梁谋：《广东音乐何氏典雅派的形成和发展》，载《番禺文史资料》第十一期，1996年10月。

⑥ 梁谋、何滋浦：《乐坛名宿——曾浦生》，载《番禺文史资料》第十七期（《番禺民间艺术集锦》），2004年12月。

⑦ 司徒彤：《略论沙湾成为广东音乐发源地的历史成因》，载《番禺古今》2007年9月第11期（同一内容的文章还见《番禺文史资料》第二十期，2007年12月）。

沙湾广东音乐馆

源地的历史原因，① 钟志平也对沙湾广东音乐民间乐社发展的问题与对策进行过梳理。②

2004年12月8日至10日在沙湾举行了"广东音乐与沙湾'何氏三杰'研讨会"，会议共收到省、市、区的学术论文25篇。叶林、黎田、蔡衍芬、司徒彤、梁谋、何品端等18位论文作者在会上做了发言。这些论文从不同层面、不同视角，对广东音乐产生的历史背景、广东音乐的艺术规律、"何氏三杰"对广东音乐的贡献、广东音乐的发展，以及番禺沙湾作为广东音乐发源地，如何提高对广东音乐的保护利用意识等进行了深入的探讨。③

梁谋、阮立威合著的《沙湾何氏与广东音乐》2013年出版，作者站在时代的高度回眸历史，以图文并茂的方式，从不同角度集中梳理了沙湾何氏

① 何品端：《三稔厅——广东音乐发源地》，载《番禺古今》2003年10月第7期。
② 钟志平：《沙湾广东音乐民间乐社发展的问题与对策》，载《番禺文化》2007年第2期。
③ 李毅瑜：《继承传统，振兴粤乐——广东音乐沙湾"何氏三杰"研讨会侧记》，载《番禺古今》2005年9月第9期。

家族的发展演变、沙湾的历史文化等对何氏广东音乐的影响，以及何氏广东音乐的艺术特点等。全书共十二章，30 多万字。作者通过大量艰辛的实地调查，对沙湾"何氏三杰"的家族背景、个人生活和音乐创作情况进行较为全面的梳理和研究，为人们破解了"何氏三杰"与广东音乐创作的一些疑团，是近年来广东音乐研究领域的一部力作。①

由何滋浦所著的《粤乐寻源·辨踪》一书分为三个部分，分别为"思考粤乐""发现沙湾"和"思考沙湾"。身为沙湾人，作者在书中试图探索粤乐的起源与文化名乡沙湾之间千丝万缕的关系，引用沙湾先辈们在音乐、文艺活动中的重点资料，思考粤乐在"广东音乐之乡"沙湾这块土地上从萌芽、发展到走向辉煌的过程；归纳引用广府戏剧、音乐的史料，最大程度上还原历史的场景。本书还重点阐述粤乐与传统文学的关系，认为粤乐中的文学性只有在百转千回的乐曲声中感悟得到。作者几十年来致力于学习与思考沙湾粤乐，搜集各方资料、深入调研，对粤乐的起源和发展做出较为深层的剖析，终将成果汇编成册，为粤乐在本土的传承提供参考。②

除了广东音乐，朱甜先生在两篇文章中对作为番禺民间音乐、歌谣的重要组成部分的龙舟、南音的历史与现状进行了梳理③，如在《南音杂谈》一文中，他论述了南音与梆黄体的异同，清末、民国、1949 年后南音的演变，失明艺人与地水南音，地水南音进京和出国等曾经的历史辉煌；在《龙舟琐谈》一文中对作为民间歌谣的龙舟的谱系、结构与调式、民国与 1949 年后龙舟的变化进行了比较。

《番禺县民间歌谣集》封面

① 梁谋、阮立威：《沙湾何氏与广东音乐》，广东教育出版社2013年版。

② 何滋浦：《粤乐寻源·辨踪》，世界图书出版公司2015年版。

③ 朱甜：《龙舟琐谈》《南音杂谈》，载《番禺文史资料》第十七期（《番禺民间艺术集锦》），2004年12月。

咸水歌是番禺沙田区的重要民间艺术表现形式，也与其独特的服饰、生活习俗一样成为该族群的重要标识。已故的蔡德铨先生在《番禺咸水歌》①中对其构成、歌词、音乐特点进行了系统归纳。在《番禺民间艺术集锦》的最后部分把番禺民间艺人搜集的咸水歌各种腔调及其他歌谣的基本唱法、歌词一并附录在后，以文字的形式保存了番禺的传统音乐的精华。而迄今最为集中保存番禺民间歌谣的是在1991年由番禺县民间文学三套集成编委会编印的《番禺县民间歌谣集》（第一辑）②。

（三）出色（飘色、跷色、水色、马色）

20世纪80年代末以来，相继有学人关注、研究并写出专门的文章来挖掘、介绍飘色。这类文章多集中于飘色流行的番禺地区，其中以何品端的《长洲飘色与何蹋天》③先发其声，继而有崔耀《员岗跷色》和《员岗飘色史话》④、何品端的《沙湾国宝传奇》，何品端与何润霖的《沙湾飘色》，司徒彤的《岭南民间艺术的瑰宝》，屈九、可弛的《潭山飘色》⑤等。其中，何品端先生与何润霖合写的《沙湾飘色》一文对沙湾飘色的由来、孕育北帝迎神赛会、沙湾飘色巡游的组织、轮值及其演变，以及沙湾飘色的特点和发展、创新与改进进行了系统的探讨。何润霖先生在此基础上撰写了《沙湾乡北帝诞迎神赛会与沙湾飘色》一文，对沙湾北帝诞和飘色的历史与现状进行了系统的梳理和研究。⑥还有对沙湾飘色的改革创新问题进行探讨的文章，何振邦《从沙湾飘色看民间艺术的创新》，何智强《沙湾飘色在改革》⑦等。2013

---

① 蔡德铨：《番禺咸水歌》，载《番禺民间艺术集锦》（《番禺文史资料》第十七期），2004年12月。

② 番禺县民间文学三套集成编委会编印：《番禺县民间歌谣集》（第一辑），1991年10月。

③ 何品端：《长洲飘色与何蹋天》，载《番禺文史资料》第六期，1988年10月。

④ 同一内容的文章参见崔耀《员岗飘色》，载《番禺文史资料》，1991年11月；崔耀《员岗飘色史话》，载《番禺古今》2000年10月第4期。

⑤ 均参见《番禺文史资料》第十七期（《番禺民间艺术集锦》），2004年12月。

⑥ 何润霖：《沙湾乡北帝诞迎神赛会与沙湾飘色》，载《番禺文史资料》第二十六期，2013年10月。

⑦ 何智强：《沙湾飘色在改革》，载《番禺文史资料》第九期，1991年11月；何振邦：《从沙湾飘色看民间艺术的创新》，载《禺山风》2008年第1期。

年，朱光文等采访沙湾飘色传承人黎汉明，形成口述采访资料，载于《羊城今古》。[①] 著作方面，主要有李玉东和杨达超的《沙湾飘色漫话》[②]，叶春生与李鹏程主编的《番禺飘色》[③]，王维娜的《千色天空——沙湾飘色》[④]《空中大舞台——广东飘色》，[⑤] 以及王开桃与宋俊华编著的《沙湾飘色》[⑥] 等。一系列著作的相继问世，将飘色研究推向深入。

何品端在《市桥水色》一文中对市桥水色起源的历史背景、天后祭祀、凤船的制作概要、水色成为天后祭祀主角的过程，以及光绪十五年市桥最后一次水色进行了详细的复原研究；[⑦] 再如他的《春色——紫坭精彩的民间艺术》[⑧] 一文中对春色的所在环境——紫坭乡的历史演变、春色的艺术特征、基本内容、组织情况都进行了系统的描述。

（四）龙舟文化

梁谋先生则在龙舟工艺与习俗方面颇有建树，在《番禺龙舟文化杂记》[⑨] 这篇文章中，他综合论述了番禺龙舟文化的历史渊源、龙舟样式、龙船景、围绕龙舟的各种习俗、龙舟、龙头制作工艺及艺人、龙舟装饰、龙舟旗语、历代以来番禺龙舟活动的兴衰等进行了系统而全面的深入研究。梁谋

① 黎汉明口述，朱光文、陈玉梅整理：《我与沙湾飘色》，载《羊城今古》，2013年12月第四期（总第134期）。

② 李玉东、杨达超：《沙湾飘色漫话》，中国旅游出版社2003年版。

③ 叶春生、李鹏程主编：《番禺飘色》（中山大学民俗丛书），黑龙江人民出版社2007年版。

④ 王维娜：《千色天空——沙湾飘色》（广东省非物质文化遗产丛书），广东教育出版社2011年版。

⑤ 王维娜：《空中大舞台——广东飘色》，黑龙江人民出版社2007年版。

⑥ 王开桃、宋俊华编著：《沙湾飘色》，暨南大学出版社2011年版。

⑦ 关于水色，还有何侃基《"市桥水色"浅考——市桥民间传统之一》，载《番禺文史资料》第四期，1986年9月；屈九《水色重光记》，载《番禺文史资料》第十四期，2000年12月。

⑧ 何品端：《春色——紫坭精彩的民间艺术》，载《番禺文史资料》第十七期（《番禺民间艺术集锦》），2004年12月。

⑨ 梁谋：《番禺龙舟文化杂记》，载《番禺文史资料》第二十三期，2010年12月。

先生关于龙舟方面的文章还有《番禺龙舟习俗》①《龙船巧匠黄寮》②《龙舟习俗新发现——散龙鬶》③ 等。关于龙舟的整理研究还有屈九、可张的《番禺龙舟杂谈》④ 等文章。论著方面，曾应枫、陆穗岗的《赛龙夺锦——广州龙舟节》⑤ 有较大篇幅涉及番禺的龙舟文化，范德智、马健辉编《沙滘龙舟文化》则主要集中于洛浦、大石地区的龙舟文化，⑥ 而《石楼龙舟》则是迄今较集中汇编了番禺龙舟文化的书籍之一。⑦

（五）传统舞蹈

番禺民间舞蹈方面的研究成果，也汇集在《番禺文史资料》第十七期——《番禺民间艺术集锦》中，如蔡德铨、野风的《石碁沙涌鳌鱼舞史话》，何品端的《沙湾鳌鱼舞》《沙湾舞龙》《三善醒狮，冲破腥风血雨》，何润霖的《沙坑龙狮团》，黎应榆的《舞旱龙》，蔡德铨的《市桥三堂凤舞》，何振邦的《沙湾鳌鱼舞》⑧，何侃基的《三堂凤舞——市桥民间传统之一》⑨。

（六）楹联文化

由陈铭新编注的《番禺籍历代名人对联集》收入自宋代迄当代番禺籍历代对联名人 110 余家，对联 1200 余副，诗钟 600 余比，共 21 万多字。该书是第一部番禺地区历代对联集，编排条理明晰，注解简明扼要，典故出处说明清楚，作者名下还有小传，也是一部番禺籍历代名人的小辞典，为人们了解和研究番禺地区历代对联提供了珍贵详备的资料，填补了番禺地方文献

① 梁谋：《番禺龙舟习俗》，载《番禺民间艺术集锦》（《番禺文史资料》第十七期），2004年12月。

② 梁谋、何滋浦：《龙船巧匠黄寮》，载《番禺民间艺术集锦》（《番禺文史资料》第十七期），2004年12月。类似的文章还有蔡德铨：《造船巧匠黄寮》，载《番禺文史资料》第八期，1990年11月。

③《龙舟习俗新发现——散龙鬶》，载《番禺文化》2009年第17期。

④ 屈九、可张：《番禺龙舟杂谈》，载《番禺民间艺术集锦》（《番禺文史资料》第十七期），2004年12月。

⑤ 曾应枫、陆穗岗：《赛龙夺锦——广州龙舟节》，广东教育出版社2009年版。

⑥ 范德智、马健辉编：《沙滘龙舟文化》，广东教育出版社2010年版。

⑦ 曾应枫等：《石楼龙舟》（内部资料），2009年。

⑧ 何振邦：《沙湾鳌鱼舞》，载《番禺文史资料》第四期，1986年9月。

⑨ 何侃基：《三堂凤舞——市桥民间传统之一》，载《番禺文史资料》第四期，1986年9月。

中对联部分整理研究的空白。① 由陈铭新编注的《中国对联集成·番禺卷·古近代卷》收入番禺、南沙两区对联 2100 多副，共 23 万余字。该书搜罗赅博、编辑谨严、注释清楚，作者名下有小传，便于阅读，是一部质量上乘的地方对联专集，也是第一部番禺、南沙地区的对联集，为人们了解和研究番禺地区古、近代对联创作提供了珍贵、详备的资料，对番禺对联创作的研究有重要的意义，填补了番禺传统对联研究领域的空白。②

（七）美食文化

关于传统饮食文化，何品端先后在《市桥邻近的美点零食》③ 和《市桥邻近的美点零食续》④ 两篇文章中介绍了市桥及其附近的番禺传统美食。冯明泉的《陈福畴与四大酒家》⑤ 介绍了晚清民国广州高档餐饮业的概况及"第一代酒楼王"陈福畴的发迹史。由屈九、刘璋合著的《家乡滋味——番禺乡土美食漫谈》⑥ 是第一本关于番禺美食的著作，全书分为"有排场""有料到""有味道"三部分，分别介绍了番禺饮食历史和特色、番禺乡土食材和番禺特色美食。作者关于注意饮食季节性的建议和葡萄酒搭配番禺十大名菜的介绍一并附录此中，书中还以链接形式穿插了许多番禺人文历史掌故和菜式制作方法，100 多张照片和国画与文字相互辉映，形象地展示了番禺食材形态和美食特点。

四、从文化遗产和考古角度进行的整理和研究

（一）对番禺文化遗产的综合性研究

《番禺文化遗产研究》⑦ 以专著的形式，较为完整地记录了迄 2011 年为止的番禺区范围的历史文化遗产。全书分三章，全面介绍了番禺地区的"传

---

① 陈铭新：《番禺籍历代名人对联集》，诗联文化出版社 2010 年版。
② 陈铭新：《中国对联集成·番禺卷·古近代卷》，中国诗词楹联出版社 2014 年版。
③ 何品端：《市桥邻近的美点零食》，载《番禺文史资料》第二期，1984 年 12 月。
④ 何品端：《市桥邻近的美点零食续》，载《番禺文史资料》第四期，1986 年 9 月。
⑤ 冯明泉：《陈福畴与四大酒家》，载《食在广州史话》（《广州文史资料》第四十一辑），广东人民出版社 1990 年版。
⑥ 屈九、刘璋：《家乡滋味——番禺乡土美食漫谈》，广东教育出版社 2013 年版。
⑦ 朱光文：《番禺文化遗产研究》，广东人民出版社 2011 年版。

朱光文编著《番禺文化遗产研究》

统聚落与物质文化遗产""社会精英及其文化遗产""非物质文化遗产"等内容。[①] 该书是当时第一部全面总结广府一个县（区）域历史文化遗产的专著。全书以跨学科研究为学术取向，系统梳理、整合了地方文献和田野资料，以及当前学术界最前沿的研究成果，对番禺地区的文化遗产进行了系统的研究，是广州地区第一部比较系统研究县（区）域文化遗产的专著，为番禺文化遗产的复原、保护和传承提供了依据。

（二）对聚落、历史文化村镇和历史建筑的整理研究

在全国文物普查的基础上，广州市文物普查汇编编纂委员会的《广州市文物普查汇编》对广州地区的不可移动文物进行了系统的记录和整理。其中的"番禺区卷"就对番禺区境内的地面文物和历史文化村镇、街区有了系统的梳理。[②]

朱光文陆续发表了沙湾、大岭、小洲等历史文化村镇的研究文章，对这些禺南地区的古村镇的聚落演变、文化景观和保护开发提出建议。[③] 在其《番禺文化遗产研究》一书中就有专门章节研究番禺地区的聚落和祠堂等历

---

① 吴建新：《略评朱光文编著的〈番禺文化遗产研究〉》，载《番禺古今》总第十七期，2013年6月。

② 广州市文物普查汇编编纂委员会：《广州市文物普查汇编·番禺区卷》，广州出版社2008年版。

③ 朱光文：《珠江三角洲乡镇聚落的兴衰与重振——番禺沙湾古镇的历史文化遗存与保护开发刍议》，载《广州大学学报》（社会科学版）2002年第11期；朱光文：《广府传统的复原与展示——番禺大岭古村聚落文化景观》，载《岭南文史》2004年6月第2期；朱光文：《远去的果林水乡——小洲水乡的外部环境与聚落景观》，载《小城镇建设》2006年1月第1期。

史建筑的演变和特点。① 陈铭新、陈鸿业对清初迁海复界后石楼乡重建中起到决定性作用的风水规划和八景评选进行梳理，是了解风水在清代番禺乡村聚落的作用的一个很好的个案。②

在历史建筑方面，何品端对留耕堂的历史和建筑艺术进行过系统整理；③ 陈铭新通过剖析《明隆庆久远堂记》的基本内容，认为该碑对于复原明隆庆年间李忠简祠的的基本布局有重要意义。④ 何润霖探究了何氏衍庆堂的历史演变及其家族谱系，⑤ 他还研究了沙湾镇内古牌坊的历史、结构、装饰和文化意义，其中大部分涉及作为祠堂建筑重要组成部分的仪门牌坊。⑥ 李玉东简略地介绍了番禺祠堂的基本历史演变，建筑的选址、空间布局、色彩搭配、建筑结构、建筑工艺、建筑功能，以及文化内涵等。⑦ 胥雪松介绍了番禺祠堂的分布、数量、分类、传统功能、历史演变，后面则结合番禺的实际情况着重分析了番禺祠堂的现代功能：传统美德的新课堂、传统与现代文化活动的新阵地、新的旅游景点、反映岭南古代建筑艺术的博物馆。⑧ 胥雪松还运用第三次全国文物普查中关于番禺祠堂的最新资料和数据，对番禺祠堂的现状进行了详尽分析。⑨

也有番禺之外的建筑学者，对番禺祠堂的建筑特色和修复保护进行研

① 朱光文：《番禺文化遗产研究》，广东人民出版社2011年版。

② 陈铭新、陈鸿业：《古代石楼八景与石楼风水的传说》，载《禺山风》2009年第1期。

③ 何品端：《留耕堂及其艺术特色》，载《番禺文史资料》第三期，1985年12月。

④ 陈铭新：《闲话李忠简祠〈明隆庆久远堂记〉碑》，载《番禺文化》2010年2、3期合刊（总第22、23期）。

⑤ 何润霖：《沙湾何衍庆堂及其相关的文化人和事》，载《番禺文化》2010年第1期（总第6期）。

⑥ 何润霖：《沙湾古牌坊》，载《禺山风》2009年第1期。

⑦ 李玉东：《先辈为我们留下祠堂，我们为后辈留下什么》，载《番禺文化》2007年第6期（总第8期）。

⑧ 胥雪松：《古祠新风——漫谈番禺祠堂的新文化》，载《番禺文化》2007年第4期（总第6期）。

⑨ 胥雪松：《番禺祠堂的历史与文化保护》，载《番禺文化》2010年第2、3期合刊（总第22、23期）。

究。① 《海珠古祠堂》收录了海珠宗祠8座，海珠特色祠堂8座，众姓祠堂116座，以及记忆中的祠堂95座，全面展现了海珠祠堂的特色。②

关于番禺祠堂等的建筑装饰艺术，何品端先生生前曾有专文写到了沙湾何氏大宗祠（留耕堂）的艺术特色。③ 《番禺民间艺术集锦》中也收录了不少建筑工艺方面的文章，这些文章主要对沙湾地区民间建筑艺术特点，主要民间建筑艺人的作品、师承进行探讨。如何品端《寻觅沙湾黎文源等能工巧匠——浅谈壁画、砖雕、灰塑、木雕》，石冷《市桥壁画艺人杨瑞石》，何世良《我的砖雕世界》，何志丰《精雕巧塑见匠心——试读沙湾民间工艺雕塑壁画的文化内涵》。何润霖先生在前人的基础上对沙湾的民间建筑工艺进行过更为系统、深入的考究。④ 钟志平也有关于番禺砖雕的文章。⑤ 何世良先生作为广府砖雕省级代表性传承人在《我的砖雕世界》的基础上继续对砖雕艺术进行探讨，陆续撰写了了《"民间艺术之乡"的砖雕艺术》⑥《国内最大的砖雕——百福晖春图》⑦ 等文章。而迄今为止，对广府砖雕的历史演变和艺术特点梳理得比较系统的是《广州非物质文化遗产志》（上）第六节《广州砖雕》。⑧ 至于壁画整理方面，有由番禺区文物管理委员会办公室编的《番禺古建筑壁画》⑨。

① 胡晓宇：《阁里南宗祠与孔尚书祠建筑特征分析》，载《广州文博·壹》，文物出版社2007年版。

② 钟晖、刘小玲：《海珠古祠堂》，广东教育出版社2014年版。

③ 何品端：《留耕堂及其艺术特色》，载《番禺文史资料》第三期，1985年12月。

④ 何润霖：《浅谈沙湾传统建筑中的装饰艺术与能工巧匠》，载《番禺文化》2009年第17期；何润霖：《沙湾传统建筑的能工巧匠》，载《文史纵横》2009年第4期；何润霖：《沙湾砖雕艺术及其艺术特色》，载《禺山风》2008年第1期。

⑤ 钟志平：《番禺砖雕》，载《文史纵横》2009年第4期。

⑥ 何世良：《"民间艺术之乡"的砖雕艺术》，载《青萝风韵》（创刊号）2008年10月。

⑦ 何世良：《国内最大的砖雕——百福晖春图》，载《青萝风韵》（创刊号）2008年10月。

⑧ 朱光文：《广州砖雕》，载贡儿珍主编，广州市人民政府地方志办公室、广州市文化广电新闻出版局编《广州非物质文化遗产志》（上），方志出版社2015年版。

⑨ 番禺区文物管理委员会办公室编：《番禺古建筑壁画》，华南理工大学出版社2016年版。

（三）考古发现和历史地理的整理和研究

早在 1996 年和 1997 年，曾祥旺等考古界前辈就发表过关于番禺大谷围发现石器时代遗存的文章。[①] 可惜一直未引起文博界的重视。

1990—2001 年，番禺境内陆续发掘出 34 座东汉古墓，引起了考古和历史学界的极大关注，黄利平[②]、卢本珊[③]、朱光文[④] 等先后撰写文章，阐发自己的学术观点。2006 年 8 月，《番禺汉墓》编著出版，系统梳理了番禺区境内 1990—2001 年发掘的 34 座汉代墓葬的报告。全书主要讲述了番禺的地理环境、历史沿革以及建葬的分布情况和考古调查发掘情况，并对于出土器物统一列编的型式加以前后贯通。报告最后对墓室结构、随葬品组合等也做了详细的介绍，该批墓内出土有陶器、铜器及铁、金银、玉器等类随葬品，为研究岭南及珠江三角洲地区汉代考古学文化提供了宝贵的材料。[⑤]

2003 年 9—10 月，广州市文物考古研究所对番禺茅山岗明代中晚期崔氏家族墓进行挖掘，《番禺茅山岗明墓发掘简报》对古墓发掘情况进行了详细的整理，但是对两墓墓主的生平履历、家庭情况都不是很清楚，留下了进一步研究考证的空间。[⑥] 朱光文一方面通过对番禺茅山岗明代中晚期崔氏家族墓出土文物与员岗两份崔氏族谱的对比，结合同治《番禺县志》的记载，分析崔氏家族墓主崔洪和崔可亭的家族身份、生平履历；另一方面，透过《重修员岗崔氏家乘》中的《肖亭崔公传》了解二号墓主崔洪之孙、一号墓主崔可亭之子崔爔的日常交际、家族经济、日常生活，从侧面解释修筑豪华

① 曾祥旺、邱立诚、张镇洪、杨式挺、邓炳权：《广东番禺钟村大乌岗发现旧石器》，载《南方文物》1996年第2期；曾祥旺：《广州番禺飘峰山旧石器遗存》，载《南方文物》1997年第4期。

② 黄利平：《解开汉平南越后番禺城位置之谜的重要发现》，载《番禺古今》2001年10月第五期。

③ 卢本珊：《从出土文物看番禺古代早期开发》，载《广州文博》2001年第3期。

④ 朱光文：《从出土文物看汉代番禺城址的变迁与东汉番禺农业发展概况》，华南农业大学2009年科学技术史硕士毕业论文。

⑤ 广州市文物考古研究所、广州市番禺区文管会办公室编：《番禺汉墓》（广州文物考古集之六），科学出版社2006年版。

⑥ 广州文物考古研究所：《番禺茅山岗明墓发掘简报》（执笔：全洪），载《羊城考古发现与研究》（一），文物出版社2005年版，第322－330页。

崔氏家族墓葬所依托的丰厚家族物质基础，窥见茅山岗崔氏家族墓一、二号墓主及其子孙四代人的一些基本情况，初步展现了员岗崔氏家族四代人累世的财富积蓄过程，进而透视明代中晚期番禺员岗崔氏宗族和地方社会的一些基本情况。①

此外，关于番禺的考古论文还有张强禄、苗慧的《小谷围岛明代曾豫斋墓发掘报告》(《广州文博》2012年第6期）等涉及番禺的考古与发掘报告。

在历史地理方面，吴宏岐教授发表了系列文章，论述了涉及今番禺地区的汉代和唐宋番禺县治的问题。他首先发表专文考证了南越国都番禺城毁于战火的史实；② 然后在《广州城址二千多年不变说商榷》一文中，认为西汉武帝元鼎六年（前111）平灭南越国后，南越国的番禺城曾被毁弃，另于今广州市番禺区市桥北一带改置番禺县城，一直到东汉献帝建安二十二年（217）才迁回旧治，其间共计327年，岭南地区尤其是珠江三角洲地区的政治中心是在今广州城南的新番禺县城，所谓广州城址二千多年不变的说法是与历史事实不相符合的。③ 在《汉番禺城故址新考》一文中，他进一步否定了今广州旧城区说这一学术界的主流观点以及番禺沙湾说、顺德简岸说等异说，并通过历史文献资料、历史地名遗存、地貌状况、汉墓葬点分布、历史水道交通条件、历史城市生态环境等多重证据，认为秦及南越国时期的番禺城在今广州旧城区，但汉武帝元鼎六年（前111）则将南海郡治与番禺县治并置于旧番禺城之南，并考订两汉新番禺城的具体方位当在今广州市番禺区市桥北一带，论文还相应探讨了东汉末年番禺县城迁回旧址的时间、原因和意义。④

除了讨论涉及今番禺地区的汉代番禺城址的问题之外，吴宏岐教授还发表文章探讨了唐宋番禺县治的问题。他在《唐番禺县治所考》一文中，通过

---

① 朱光文：《番禺茅山岗明代中晚期崔氏家族墓主身份考——兼谈墓主三、四代家族之情况》，载《广州文博》（叁），文物出版社2010年版。
② 吴宏岐：《南越国都番禺城毁于战火考实》，载《暨南学报》（哲学社会科学版）2006年第5期。
③ 吴宏岐：《广州城址二千多年不变说商榷》，载《学术研究》2006年第5期。
④ 吴宏岐：《汉番禺城故址新考》，载《中国历史地理论丛》2006年第3期。

对相关历史文献记载的细致考证，认为原为南海郡附郭县的番禺县在隋文帝开皇十年（590）曾被省并，武则天长安三年（703）又在广州重置番禺县，但唐代新的番禺县治已南迁至今广州海珠区珠江南岸一带，故而已不是广州的附郭县，并指出唐代广州地区行政建置的相关调整，大致是为了适应广州城以南的珠江三角洲地区尤其是江南洲的经济开发与行政管理的需要。① 在《宋代番禺县治所考》一文中，他通过对相关历史文献记载的细致考证，认为宋太祖开宝五年（972）番禺县曾被省并；宋仁宗皇祐三年（1051），为了加强珠江三角洲的沙田开发与管理，复置番禺县，具体治所是在今广州市番禺区西南的紫坭；至宋神宗熙宁二年（1069），出于广州军事防卫的考虑，又将番禺县治北迁至广州旧城东的赤泥巷，即今广州仓边路一带。作者还相应指出，南宋新置香山县和明代新置顺德县，皆可视作政府进一步努力协调珠江三角洲区域沙田开发与广州城防之间关系的必然结果。②

（四）对番禺民间信仰和诞会民俗的整理研究及非物质文化遗产志的编撰

《番禺民间信仰与诞会文集》主要收录番禺区地域内与民间信仰、迎神赛会有关的文章，主体部分为本土文史老前辈关于庙宇、民间信仰及迎神赛会的回忆性文章或采访记录，包括之前曾收录在《番禺政协文史资料》《番禺文化·民俗专题》等刊物中的相关文章、新征集的相关文章，以及研究论文等几大部分组成，按照文章的性质，分为"导论""搜集、整理""亲历、忆述""整合、研究"四部分，同时附录部分为"本书涉及的番禺

《番禺民间信仰与诞会文集》封面

---

① 吴宏岐：《唐番禺县治所考》，载《中国历史地理论丛》2007年第3辑。
② 吴宏岐：《宋代番禺县治所考》，载《中国历史地理论丛》2008年第1辑。

陈建华主编《广州市文物普查汇
编·番禺区卷》

《广州非物质文化遗产志（上）》封面

地区诞会文化情况简表"。这是迄今为止首部较为全面收录番禺民间信仰、
诞会文化的历史与现状、传统与新统、学术研究成果的专题文集，对于透过
民间信仰研究番禺区域社会变迁具有重要的参考意义。《番禺民间信仰与诞
会文集》试图以文化遗产的视野，拓宽领域，继续搜集、整理和记录番禺民
间信仰与诞会的民俗文化遗产，留住番禺人的集体记忆。①

2008年3月出版的《广州市文物普查汇编·番禺区卷》②也专门设有
"下篇·非物质文化遗产"，收录了番禺地区的主要非物质文化遗产，包括第
七章《民间工艺与艺术》和第八章《民间风俗》。2015年10月，《广州非物
质文化遗产志》出版，全书共有193万字，分上、下两册，编修历时3年

① 广州市番禺区文化馆、番禺区非遗中心编：《番禺民间信仰与诞会文集》，世界图
书出版公司2015年版。
② 广州市文物普查汇编编纂委员会、番禺区文物普查汇编编纂委员会：《广州市文物
普查汇编·番禺区卷》，广州出版社2008年版。

多，由广州市市政府组织，广州市人民政府地方志办公室与广州市文化广电新闻出版局合编，全面系统地记载了广州市市级以上非物质文化遗产名录的77个项目。其中涉及今番禺区的就有广州砖雕、番禺水色、沙湾飘色、沙亭龙船㠹崇拜等市级以上非遗代表性项目。[①]

五、区域乡村社会史研究

（一）宗族与地方社会研究

刘志伟教授曾对沙湾的宗族进行过专门的研究，其中在《祖先谱系的重构及其意义——珠江三角洲一个宗族的个案分析》中，他试图通过沙湾何氏宗族发展过程中积极重构祖先谱系的现象，从一个侧面揭示宗族的文化意义。他认为明清时期珠江三角洲地区广泛存在的宗族组织，是在明代中期以后社会变迁背景下发展起来的一种文化形式，是该地区独特的文化和历史过程的产物。宗族发展历史中的文化过程，蕴含着社会变迁的重要信息。[②]

在《宗族与沙田开发——番禺沙湾何族的个案研究》一文中，刘志伟以沙湾何族为例，认为珠江三角洲的大宗族在珠江三角洲沙田开发史上扮演着重要的角色。番禺县沙湾镇的何氏宗族在新中国成立前拥有6万亩左右的族产，绝大部分是在明代中叶以后人工开发的沙田。沙湾何氏宗族的发展，与沙田开发不但在时间上同步，而且有着相当密切的关系。沙湾何氏宗族的发展，对我们研究珠江三角洲沙田的开发与经营形态具有一定的典型意义。明代以后珠江三角洲宗族的成长，可以被解释为一个由国家正统意识形态规范起来的关于祖先和继嗣的观念，被利用来适应政治经济环境变化的历史文化过程。而沙田的大规模开发，也为珠江三角洲的宗族势力的发展创造了相当有利的独特的经济条件。这个互动的过程，对明清时期珠江三角洲的社会变

---

① 《广州砖雕》《飘色》《番禺水色》《沙亭龙船㠹崇拜》，载贡儿珍主编，广州市人民政府地方志办公室、广州市文化广电新闻出版局编《广州非物质文化遗产志》（上），方志出版社2015年版。
② 刘志伟：《祖先谱系的重构及其意义——珠江三角洲一个宗族的个案分析》，载《中国社会经济史研究》1992年第4期。

迁产生了极为重要的影响。①

在《边缘的中心——"沙田—民田"格局下的沙湾社区》一文中，刘志伟认为从地理位置而言，沙湾在古代不仅仅是帝国的边缘，也是县级地区的边缘，还是民田与沙田相接的地方，成为一个社区交流的中心。"文本试图从珠江三角洲地域社会格局去理解沙湾社区的特性，以期说明，如果我们把'中心—边缘'模式理解为一种权力关系的话，那么，在地理上的边缘地区，中心的权力如何得以建立，通过这种权力的表达建立起来的'中心'，如何在地方社会构建起'中心—边缘'关系。"②

朱光文研究了员岗崔氏家族在明代士绅的倡导下营建祠堂的过程。③ 他通过解读《重修员岗崔氏家乘》(残本)所见之明代番禺员岗崔氏宗祠资料，对宋元以来的员岗崔氏家族历史及明代士绅主导下的崔氏宗祠(昌大堂)营建过程进行了研究，并尝试复原该祠堂的原有布局。④ 朱光文通过对大岭陈族元明之际的地方家族情况到明中后期士绅经营宗族的个案研究，进一步厘清珠江三角洲由宋元时期妇女、乡豪主导的家族到以获取科举功名的士绅为核心的宗族的过渡的演变过程，分析士绅与地方教化之间的复杂关系。不同的房支，包括获取功名和掌控家族财力的部分，在宗族建构中发挥着同样重要的作用。⑤ 他还以番禺县罗边乡为例，阐述了从明景泰年间（1450—1457）到1949年前夕，接近五百年间，在王朝国家体制不断变化的背景下，地方精英、家族演变与乡村教育三者之间的关系，大致经历了三次重大

① 刘志伟：《宗族与沙田开发——番禺沙湾何族的个案研究》，载《中国农史》1992年第4期。
② 刘志伟：《边缘的中心——"沙田—民田"格局下的沙湾社区》，载《中国乡村研究》（第一辑），商务印书馆2003年版。
③ 朱光文：《礼仪演变与祠堂营建——〈重修员岗崔氏家乘〉（残本）所见之明代番禺员岗崔氏宗祠资料分析》，载香港科技大学华南研究中心、中山大学历史人类学研究中心编《田野与文献：华南研究资料中心通讯》，2009年第54期。
④ 朱光文：《礼仪演变与祠堂营建——〈重修员岗崔氏家乘〉（残本）所见之明代番禺员岗崔氏宗祠资料分析》，载香港科技大学华南研究中心、中山大学历史人类学研究中心编《田野与文献：华南研究资料中心通讯》，2009年第54期。
⑤ 朱光文：《明代士绅与宗族建构——以番禺珠玑后裔大岭陈氏宗族为中心的考察》，载石坚平主编《良溪古村与珠玑移民》，中国华侨出版社2011年版。

的转变。①

（二）民间信仰与地方社会研究

民间信仰和迎神赛会的研究，一直存在着民俗学、社会史及民间艺术等研究视角和取向。早在 20 世纪 80 年代，刘志伟教授就对番禺沙湾的北帝祭祀活动进行过深入的探究。② 他把沙湾的北帝崇拜作为其沙湾乡村社会系列研究之一，他认为珠江三角洲北帝崇拜既是标准化神明信仰地方化的过程，也是地域社会在文化上进一步整合到大传统中的过程，两者相互渗透。③ 通过研究，他认为沙湾的"北帝祭祀制度的形成过程，很可能就是沙湾各姓的村落整合为统一的社区的过程，按坊里轮值使何姓在事实上控制了大多数年份北帝的祭祀，沙湾社区的整合过程，也是何氏宗族逐步确立起在沙湾的统治地位的过程"。④

朱光文关于珠江三角洲康公传说的研究（当中包括番禺地区的康公个案），认为康公祭祀的形成其实是由多股文化源头，在不同社会历史条件下，根据不同的需要汇合而成的。官堂、员岗康公祭祀的演变展现了乡村社会的权力格局。⑤ 朱光文同时尝试从国家与地方的关系、乡村权力格局演变的角度，耙梳宋以来番禺县茭塘司地区南海神（洪圣王）祭祀在宋明之间、明中叶、清初迁海前后、清末四个主要历史时期在地方社会演变的情况，说明这些看似由鹿步司南海正庙分出来的庙宇，却是在不同的社会背景下，在长期

---

① 朱光文：《地方精英、家族演变与乡村教育——以明—民国番禺县茭塘司罗边乡为例》，载《岭南文史》2015年第2期。

② 刘志伟：《大族阴影下的民间神祭祀：沙湾的北帝崇拜》，载《寺庙与民间文化》，台湾汉学研究中心1995年版。

③ 刘志伟：《神明的正统性与地方化——关于珠江三角洲北帝崇拜的一个解释》，载中山大学历史系编《中山大学史学集刊》（第二辑），广东人民出版社1994年版；刘志伟：《大族阴影下的民间神祭祀：沙湾的北帝崇拜》，载《寺庙与民间文化》，台湾汉学研究中心1995年版。

④ 刘志伟：《大族阴影下的民间神祭祀：沙湾的北帝崇拜》，载《寺庙与民间文化》，台湾汉学研究中心1995年版。

⑤ 朱光文：《神明祭祀与乡村权力格局——以番禺大谷围康公崇拜为中心的讨论》，载《岭南文史》2008年第2期。

的历史变迁中衍生出来的新传统，透析出地方社会演变的基本脉络。^① 朱光文又以番禺县沙湾司地区为例，研究了明中叶到清中叶天后崇拜的演变与水运网络、地方教化的关系，认为当地天后崇拜的演变是珠江口与内河水运网络演变的集中反映，也是明清禺南地方社会转型期的集中反映，是经济发展、区域社会变迁与乡村社区互动的结果。^② 朱光文又以广州府番禺县茭塘司东山社为例，通过整理地方文献和口述访谈，系统研究了清以来社、社庙演变、村际联盟与迎神赛会的关系。^③ 朱光文对清以来的珠三角广府"诞会"的特点进行考察并将之与"庙会"进行比较。全文分析了以"神"为中心的"诞"及其与"会"的结合，"会"的内涵，以及"诞会"的特点及其与"庙会"的差异等。文章认为在清以来的珠三角城乡中，不管是在乡民的话语体系中，还是在地方文献记载中，均没有"庙会"一词。广府"诞会"是"神诞"与"赛会"（或"出会"）的结合。由于明清以来珠三角商贸发达，因此诞会的祭祀和娱神功能明显，自身的商贸功能并不明显，这与北方庙会把商业活动作为赛会活动自身构成部分来运作的功能大异其趣。文章最后提出，在学术及非遗保护的框架下，对属于当代基于传统的"文化再造"的珠三角各地迎神赛会的话语体系进行基于传统的传承和建构，以保持"诞会"的自身特色，避免非遗冠名的"标准化"弊端。^④ 相关的文章还有曾惠娟关于钟村康公出会和潭山天后诞的研究。^⑤

---

① 朱光文：《官祀在民间——番禺县茭塘司南海神祭祀与地方社会》，载《广州文博》第四期，文物出版社2011年版。

② 朱光文：《水运网络、地方教化与天后崇拜——以明中叶至清中叶广州府番禺县沙湾巡检司地区为例》，载《地方文化研究》2015年第2期。

③ 朱光文：《社庙演变、村际联盟与迎神赛会——以清以来广州府番禺县茭塘司东山社为例》，载《文化遗产》2016年第3期。

④ 朱光文：《清代以来珠江三角洲广府"诞会"之特点探析——兼谈非遗视野下"诞会"的当代传承》，载《地方文化研究》2015年第5期。

⑤ 曾惠娟：《嵌合于地域社会经济脉络中的迎神赛会——番禺钟村"康公出会"的初步研究》《由冈尾十八乡"洪圣王出会"到潭山"娘妈出会"》，载广州市番禺区文化馆、番禺区非物质文化遗产保护中心编《番禺民间信仰与诞会文集》，世界图书出版公司2015年版。

（三）乡村社会史个案研究专著

朱光文、陈铭新合著的《名乡坑头：历史、社会与文化》叙述了番禺名乡坑头的历史、社会与文化。全书分为十二章三十二节，图文并茂，共12万字。该书遵循学术研究规范，通过搜集地方文献、田野考察和口述史料，全面、系统地梳理了坑头的历史演变脉络和文化遗产，重点凸显了"东晋陈元德将军祭祀纪念地""清代禺南军政中心""近代禺南商业与农副产品集散中心"以及"近代番禺的华侨之乡"的特色。① 对于方兴未艾的村史村志书写来说，更为值得关注的或许是对于那些普通村落历史书写的探索。这些村落不曾出现过仕宦名儒，没有集中、大量的村落历史文

《名乡坑头：历史、社会与文化》封面

献，该如何去书写这些普通村落的历史？哪些文献可以成为书写乡村历史的根据？从这个意义上来说，《名乡坑头》一书，以广州市番禺区南村镇坑头村为对象进行的村史书写探索意义深远。②

石坚平在《创造祖荫：广州沥滘村两个宗族的故事》中，以明清时期广州府番禺县茭塘司沥滘堡罗氏宗族和卫氏宗族为研究对象，主要讨论了明清以来沥滘地方社会在特定的具体历史情境中，地方社会精英如何灵活地操纵宗族语言、权力符号、文化象征和社会记忆等文化策略，巧妙地运用各种乡土性的社会机制，不断地创造祖荫，建构出地域化、结构化、实体性的地方宗族组织，塑造出珠江三角洲地区新兴强宗大族的社会形象，建立起一

---

① 朱光文、陈铭新：《名乡坑头：历史、社会与文化》，岭南美术出版社2013年版。
② 陈喆：《乡村历史书写的新探索——读〈名乡坑头〉》，载《广东史志》2014年第3期。

套既能表达地方社会的国家认同，维护王朝政府在地方社会的统治秩序，有力地回应王朝国家和地方社会在不同的历史时期面临的有关政治、经济、文化等重大议题；又能有效地规范和调整沥滘地方社会不同人群之间在日益激烈的社会竞争、资源争夺和权力角逐中的社会行为和利益关系，强化社会整合，维护地方社会秩序的历史过程。①

其他涉及番禺地区地域社会的研究文章还有：

刘志伟、陈春声：《清末民初的乡村自治——沙湾〈辛亥年经理乡族文件草部〉介绍》(载柏桦《庆祝王钟翰教授八十五暨韦庆远教授七十华诞学术论文合集》，黄山书社 1999 年版)。

刘志伟：《女性形象的重塑："姑嫂坟"及其传说》(载苑利立编《二十世纪中国民俗学经典：传说故事卷》，中国社会科学出版社 2002 年版，第 357–378 页)、《女性形象的重塑：姑嫂坟的传说》(载《中国社会文化史读本》，北京大学出版社 2011 年版) 和《隆记茶行史事补》(载广州博物馆编《镇海楼论稿》，岭南美术出版社 1999 年版)。

翁筱曼：《"黄牡丹状元黎遂球"的经典化——从清代学海堂课卷谈起》(载《岭南文史》2011 年第 4 期)。

六、普及性通俗读物的编写

1.《禺山记忆——番禺历史文化通识读本》

《禺山记忆——番禺历史文化通识读本》是一本历史文化（非物质文化遗产）的普及性读本，分为："异彩纷呈的传统民俗""动感十足的传统舞蹈""美轮美奂的建筑艺术""薪火相传的传统工艺""雅俗共赏的传统音乐""回味无穷的传统美食"六大部分，以通俗易懂、图文并茂的形式向全区青少年系统介绍番禺民俗和民间艺术等非遗文化。本书遵循小朋友的认知规律，在章节设计中安排了标题、正文、对话、问题等环节，并把大量的图片串联其中，对在番禺区青少年中普及和传承传统文化起到积极作用。②

---

① 石坚平：《创造祖荫：广州沥滘村两个宗族的故事》（侨乡研究丛书），广东人民出版社2013年版。
② 朱光文：《禺山记忆——番禺历史文化通识读本》（未正式出版），2014年9月。

2.《南山记忆——南村镇历史文化通识读本》

《南山记忆——南村镇历史文化通识读本》分为上下册，全面、系统地反映南村一镇的历史演变、文化名人及其丰富多彩的文化遗产全貌。上册为"文化遗产读本"，主要面向小学阶段的学生，内容以文物和历史建筑及民俗、民间艺术为主；下册为"历史名人读本"，主要面向中学阶段的学生，系统梳理南村地区的历史社会演变和历史文化名人。按照历时性的原则，整理了南村历史社会的演变及地方精英生生不息创造和传承文化的过程。《南山记忆——南村镇历史文化通识读本》不仅是南村地区"历史文化通识"的简单呈现，而且是把这些"历史文化通识"作为中小学校老师和学生们开展活动的资源库、进行文化遗产活态传承的重要载体，亦可作为社区成人教育的基础资料，同时，本书还收录了大量包括文献、图片等在内的地方历史文化信息，是学校、老师和学生不断循环使用的资源库。①

《南山记忆——南村镇历史文化通识读本》（上、下册）封面

---

① 朱光文：《南山记忆——南村镇历史文化通识读本》（上、下册），中国传媒出版社2015年版。

　　此外，番禺区委宣传部委托中山大学承担"番禺文化发展战略基础研究"课题。中山大学课题组结合番禺的实际，经过一年多深入细致的调查研究，运用多种研究方法进行跨学科合作、融合，对整个番禺文化资源进行了详尽的梳理，编撰出《番禺文化发展战略基础研究》。课题研究的内容包括了番禺文化的历史定位、番禺乡村文化与传统村落保护的提升与转型、非物质文化遗产保护工作调查、番禺文化产业战略研究、番禺城市化的冲击与文化调适、文化与旅游结合发展等诸多重要的理论问题与现实问题。①

---

① 中山大学课题组：《番禺文化发展战略基础研究》，2013年。

结语　作为"文化符号"和"精神家园"的"番禺文化"

一、珠江三角洲的城市母体

番禺在纳入中国版图之前已经是岭南地区的一个中心地域单位，秦统一以后建立的番禺县，长期以来更是岭南地区的行政中心。虽然古番禺县的辖区边界并不可能精确划出，但是，据史料记载，番禺自秦建县至清代，先后直接或间接地析出了珠江三角洲大部分县市。番禺的历史，同今广州和邻近县市的历史密切相关。从历代自番禺析出的行政区域，我们大致可以知道其覆盖的范围包括了清代广州府的大部分地区，也就是狭义珠江三角洲绝大部分地区，包括今两个特别行政区（香港、澳门）、一个国家中心城市（广州）、两个经济特区（深圳、珠海）和三个地级市（佛山、中山、东莞）等。

建县之初，境域广阔，北隔浏江与中宿（今清远），东与博罗（今博罗、惠阳一带）相接，西与四会（今四会、鹤山一带）相连，南止于滨海之地，相当于清代县境的十多倍。

秦代以后，番禺地域就开始出现变化。据史料记载，东汉建安六年（201），分番禺龙门地和东莞东南地及博罗县部分土地设增城县。

三国时期，东吴黄武五年（226）以海东四郡（南海、苍梧、郁林、高凉）设广州，番禺为州治所在地。东吴甘露元年（265），划番禺的香山地归东官郡。

南北朝梁武帝初年，划番禺地置南海县，作为南海郡治。

隋开皇十年（590），番禺改置并入南海县。

唐代复置番禺县，长安三年（703）分番禺的顺德地、三水地归南海县。

宋开宝五年（972），番禺、南海二县入广州府治，至皇祐三年（1051）又恢复二县，分番禺花县归南海县。

明弘治三年（1490）划番禺东北部土地归从化县。

清康熙二十五年（1686），划番禺狮岭司地与南海、从化部分土地合置花县。

至此，番禺县尚有鹿步司（禺东）、慕德里司（禺北）、茭塘司（禺南）、沙湾司（禺南）和捕属。

从汉代到清代，从最初境域辽阔的"番禺"，先后直接或间接划出今珠江三角洲主要县市和香港、澳门地区。自汉建安六年（201）至清康熙二十五年（1686）的近1500年间，先后析出增城、东莞、怀化、熙安、南海、从化、花县等，并由这些县再次析出龙门、香山（中山）、新安（宝安）、顺德、三水等县以及香港、澳门地区。如今在这些以番禺为母体析出的各个珠江三角洲县市中，还保留着"番禺"的记忆。例如在香港，证明香港为番禺旧地的古墓至今还被修成小公园，展示出土文物。如今的广州市在三国以前，一直被称为番禺城。可想而知，在相当长的历史时期里，番禺都是作为整个珠江三角洲地域的"代称"。

在历史上番禺两度并入南海，计有110年，三度成为南越、南汉、南明等地方政权之都，共148年。自清康熙二十五年（1686）析出建花县后，至1921年广州建市的235年间境域基本没有变动。以当时县学宫（今农讲所）为中心，正北24千米至花县界，正南35千米至顺德县界，东南75千米至东莞县界，西北1千米及西南1.75千米至南海县界。

民国十年（1921）2月15日广州市政厅正式成立设市，又将番禺捕属地区（广州城东半部分）及河南街区划入市区划归广州。番禺县署于1933年从广州城内迁至禺南新造，1945年迁至市桥。1949年10月23日番禺解放。1958年1月，禺北、禺东一带划为广州郊区，仅余禺南为番禺县。同年12月，番禺与顺德合并为番顺县。半年后，恢复两县建置，1959年6月，将中山县所属的大岗、万顷沙、南沙、黄阁、珠江农场划归番禺。1992年5月20日，经国务院批准撤销番禺县设立番禺市（省辖县级市，广州市代管）。2000 年 5 月 21 日，国务院同意广东省撤销番禺市，设立广州市番禺区。

2005 年 4 月 28 日，国务院批准将原番禺区南沙街、万顷沙镇、横沥镇、黄阁镇、灵山镇的庙南村、七一村和庙青村的部分区域，东涌镇庆盛村、沙公堡村、石牌村的各一部分区域划出，设立广州市南沙区。2012 年，广州将沙湾水道以南三镇划入南沙。因此，由 2012 年起，番禺已经缩减成为顺德南海以东、狮子洋以西、沙湾水道以北、海珠区以南的一带 529.94 平方千米的区域。番禺区下管辖的 16 个镇（街），有 177 个村民委员会、84 个居民委员会。其中 16 个镇（街）分别为市桥街、沙头街、东环街、桥南街、大石街、洛浦街、钟村街、石壁街、大龙街、小谷围街以及沙湾镇、石碁镇、南村镇、新造镇、化龙镇、石楼镇。随着历代行政地域范围的重新划定，番禺的总体面积也随着行政单位的划定而不断缩减，最终形成今日之番禺。

番禺县历史上的辖境虽然不断减小，但现县境处于珠江出海口，不断扩展滩涂，也使番禺的范围在扩大，新中国成立后新围垦的耕地亦近 10 万亩（1 亩 =666.67 平方米，下同）。番禺不断往外衍生的沙田，让"番禺"的实际管辖范围往海域继续延伸。如上文所述，"番禺"在行政单位上不断"缩减"，同时也有不断衍生的新土地，这些往河海衍生的新土地称为沙田。番禺原来是星罗棋布的海岛台地，不断冲积的沙田将其联结起来，从而逐渐形成聚落，甚至发展成为区域中心。

二、岭南文化之标志性符号

虽然"番禺"在外在形式上不断收缩，但是"番禺"不会消失，"番禺"的文化意义也并没有因为行政区域的缩减而减弱。"番禺"在历史上作为珠江三角洲最古老的城市，历代析出产生了珠江口的众多周边城市，所以"番禺"已经是珠江三角洲文化地域的象征符号，其在历史文化上的重要地位是珠江三角洲任何一个其他城市都无法比拟的。"番禺"在社会文化意义上的范围绝不止于今天的番禺，而是辐射整个珠江三角洲的文化标识。

番禺作为岭南历史最为悠久的古邑，久享盛誉于海外。早在秦汉时期，番禺已是华南最重要的港市。两千多年来，由于得天独厚的自然和地理条件，据当地宗族的一贯说法，他们主要是从中原各地移居番禺的官民后裔。因此，随之而来的先进文化艺术与生产技术也就源远流长，历久不衰。提及"番禺"，联想到的不仅仅是地理行政单位，还浮现出其丰富多彩的文化象征意义。如前文提及，"番禺"一词本可能出自"南海神名"，可见"番禺"已成为一种岭南地域文化的标识。番禺所代表的地理和文化范围不仅仅限于今天的番禺，而是整个珠江三角洲的地域。"番禺"一词涵盖了珠江三角洲各地的人才精英与文化精华。不仅是行政地名，还有其背后蕴含的深厚文化韵味。

番禺人才辈出，诸如东汉时期岭南第一位著书且被称为"粤诗始祖"的学者杨孚，南宋探花、被敕封为"番禺县开国男"的李昴英，明末诗书画俱佳、被誉为"牡丹状元"的黎遂球，明末清初被誉为"岭南三大家"之首的屈大均，著名医药学家何其言，广东佛教大师天然和尚，清代广东诗坛领袖张维屏，"东塾学派"大师陈澧，著名学者陈璞，盛世名臣庄有恭，爱国将领邓世昌，广东音乐大家何柳堂、何与年、何少霞，被誉为"岭南三杰"的画家陈树人、高剑父、高奇峰，人民音乐家冼星海，诗、书、画名家叶恭绰、赵少昂、李天马、麦华三、周千秋，建筑工程界泰斗罗明燏，地质学家何杰，以及教育家许崇清等。这些以番禺为自己祖籍认同的文化名人，铸就了"番禺"的文化精髓，"番禺"的文化象征意义不会因为行政区域的变动而改变。

近代史上，番禺成为中华民族反帝的前沿和民主革命的重要发源地，鸦片战争中的重大事件，大多数发生在番禺，辛亥革命时期，番禺更是革命者主要的活动地区，番禺籍人士积极投入，如邑人史坚如、朱执信、张蔼蕴、潘达微等追随孙中山先生，为推翻封建统治做出了卓越贡献。高剑父、高奇峰亦加入了同盟会，提倡用美术宣传革命。大革命时期，番禺成为革命的中心，毛泽东主持的农民运动讲习所就在番禺学宫开办；中国国民党第一次代表大会，中国共产党第三次代表大会都在番禺（广州）召开，孙中山手创的黄埔军校和中山大学，也都建在番禺（广州）。如此等等，不胜枚举。这些事实，都表明"番禺"一名，以其重要历史角色书写在中国近代历史的壮丽篇章上。

"番禺"还是各类岭南文化艺术的标签。番禺作为岭南历史最为悠久的古邑，处处保存着古色古香的岭南文化特色——保存完好的祠堂、庙宇、民居、古墓、牌坊和传承发展的方言、诞会、节庆、龙舟、广绣、飘色、醒狮、鳌鱼舞等表现民田区风土人情的民风民俗文化，还有沙田区风格独特的"咸水歌"。同时，番禺也是岭南画派、广东音乐的发源地、众多海外侨胞的故乡等。这些丰富的文化遗产所承载的历史文明，以及番禺在海外各地侨胞心中的故乡地位，造就番禺民间博大精深的文化底蕴，形成了"番禺"一词丰富的文化内涵并使番禺持续不断地发挥着极其深厚及广泛的影响力量。

三、海外游子的精神家园

番禺位于南海北岸的珠三角古海湾中心地带，珠江的支流西江、北江、东江及流溪河、增江等河流从这里或邻近地区汇入南海，是连接南海与岭南地区的最重要的交通中心。准确地说，影响至今的"番禺人"认同是在明清时期相对稳定的番禺县区域内真正形成的。在此后相当长的历史时期里，特别是清末以来，番禺人活跃在江海之上，足迹遍及世界各地。但是，散布在世界各地的番禺人长期保留着强烈的番禺认同，这种认同并没有随着番禺行政辖区的改变而改变。目前，旅居海外的数十万番禺人，包括今天已经划为越秀区（主要为原番禺县捕属部分及周边原属番禺县的区域），白云区（主要为除石井地区以外的原番禺县的慕德里司），荔湾区的芳村、花地，海珠区（原番禺县茭塘司部分地区），天河区（原番禺县鹿步司部分地区），黄埔区（原番禺县鹿步司部分地区及部分原番禺县慕德里司的区域），南沙区（包括北部原属番禺县沙湾司的镇和中南部地区 20 世纪 50 年代分别从中山和东莞划入番禺的区域）的乡亲，都仍然以"番禺"为自己的乡籍认同。在世界各地分布着许多番禺华侨团体，包括美国金山番禺昌后堂、澳洲番禺同乡会、多伦多番禺同乡会、旅港番禺会所等。这些团体的成员中，包括了很

多其家乡已经划为广州市各区的华侨，但很多人仍然以"番禺"作为自己的家乡。

近年来，番禺每隔若干年会举办大型的恳亲大会。海外侨胞的故乡分布在今广州市各个区域，但是他们均认为"番禺"才是他们的故乡。这些海外侨胞或其先辈早在禺北、禺东及禺南部分地区尚未被划分出去的时候就漂洋过海，故心中对故乡留有的唯一印象只有"番禺"。所以，番禺的概念并不仅仅是当下地理区划上的番禺，而是一个番禺之外"大番禺"的象征形象。这些海外侨胞，十分热心于故乡的建设，往往捐巨资建设家乡，其纪念建筑至今在原属番禺县各区乡镇仍保留。如果能充分发挥番禺之外之"番禺"的凝聚力作用，将会为今日番禺的发展提供无法估测的动力与契机。

四、当代"番禺"：岭南文化的栖息之地

一种地域文化，其最为底层的特色，一定根植于当地的乡土本色之上。"番禺"这个在漫长的历史过程中孕育出世界上最大城市群的母体，虽然各个城市都在自己的历史发展脉络下发展出不同的特色，但作为珠江三角洲文化的共同载体，其文化特色有着深层的基础。

我们必须在新的行政区划的背景之下，结合以上对"番禺文化"的历史定位对比分析，总结现在的番禺失去了什么，保留了什么，从而探寻当下番禺与周边城市的关系及其在整个珠江三角洲当中的重新定位。试图找准番禺当下的自身文化定位，就必须考虑番禺所在的广州都市区，也要考虑番禺以南极具水乡特色及作为新兴产业开发区的南沙，在充分结合番禺自身特色的基础上，确立适合当下番禺的文化定位。

随着时间与空间的迁移与变化，番禺的历史文化定位也在不断变化。在清乾隆二十五年（1686）以前，番禺虽然直接或间接地析出珠江三角洲的大部分县市而范围不断变换，但是总体而言，其所能囊括的范围仍然非常广阔，所以仍然可以被看成是岭南地区政治、经济、文化、军事的中心地。

民国十年（1921），广州市政厅正式设立以后，番禺的东部及北部大片地区归属广州，构成如今广州的北部和东部。同时，番禺的县署也从广州城

内迁到城外。行政范围的大量缩减以及县城的外迁使番禺在此时已经丢失了原来的中心地角色。大部分从番禺析出的广州市辖区，已经无疑成为岭南的政治经济核心区。番禺作为珠江三角洲地域上的母体，只能在历史文化方面保持优势，所以在当时仍然是岭南历史文化的重要承载者。

时至 1958 年，禺东和禺北地区进一步被划割，番禺囊括的范围就只剩下原来的禺南地区了。随着同年中山县的大岗、东莞万顷沙等地被划归番禺，番禺的文化内涵就更为丰富。番禺文化不仅仅指那些宣称来自中原的民田区居民从中原带来的士大夫文化，而且在原有沙田区的基础上增加了新纳入的大岗与万顷沙等原属香山（中山）和东莞的沙田水乡文化。此时，番禺文化就同时包含了士大夫文化和珠江三角洲的土著文化，番禺的乡土文化就是由这两种文化相互交织而成的。

改革开放以后，由于番禺紧接广州市区且毗邻港澳，其角色逐步从城外郊区发展为广州市区的外溢发展区，同时也成为港澳投资的集中地。番禺的房地产业和乡镇企业迅速崛起。在原本番禺乡土文化基础上，番禺文化又增添了一层新含义，那就是新兴的城市文化。

因此，如果番禺要寻找准确的自我定位，就必须明确士大夫文化、沙田水乡文化的位置，并且厘清这两种文化交织而成的乡土文化与新兴城市文化的关系。

今天番禺区的行政管辖范围，是最接近珠江三角洲文化中心城市广州的传统乡村社会，尤其在广州市周边区域城中村改造之后，岭南文化在广州不断褪色的进程中，番禺承担的"岭南文化栖息地"的历史重任和特色就尤为明显。在番禺这个区域中的乡村，既最大限度地保留了广州地区乡村的传统风貌，又同广州以及周边城市的发展保持最紧密的联系，由此具备保存岭南文化乡土本色并向越来越主导区域文化发展的城市文化渗透的最好条件。所以，从珠江三角洲历史发展的角度看，岭南（广府）文化栖息之地首推番禺，珠江三角洲任何一个城市都无法胜任此角色。乡土本色的保存，很大程度上依赖于乡村社会秩序的守护，过去漫长历史过程中形成的乡村社会组织和网络关系（如宗族、龙舟、诞会等体现传统乡村社会网络的文化），在今

天番禺的乡村中仍然保存得比较完整。乡土本色的呈现，需要通过许许多多本地的习俗和活动去展演与传递，在这方面，番禺应该更自觉地、更能动性地去实现。文化遗产的保护与利用，固然是一个基本的途径，但如何实现文化遗产保护与本地居民的生活和情感的紧密结合是文化发展守护乡土本色的关键。在现代性中保留乡土本色，应该成为番禺本土文化守护与发展以及地方文化建设的一个重要主题。

后 记

　　这本书所呈现的是一个动态的"番禺"和"番禺文化"。既然叫作《番禺历史文化概论》，就不可能把"番禺文化"写得面面俱到，只能是粗线条地描绘。之所以说是动态的，是因为"番禺"和"番禺文化"在时空和内涵上都在不断地发生变化。秦汉以来，随着作为行政区的"番禺"的空间的转换，"番禺文化"所涵盖的范围以及"番禺文化"的中心也在不断发生变化，创造番禺文化的人群、机制以及文化本身的内涵也在发生改变。所以，我们每每谈到"番禺"和"番禺文化"时都必须有一个时间和空间的界定，否则就会产生不必要的争论。

　　关于地域文化，古代社会或传统社会可以分为几个层面来理解：①从国家层面来看，岭南地域文化是随着国家权力推进和正统意识形态向这个地域渗透和控制的结果。②从地方精英的层次来看，是不断地迎合和接受王朝国家，从而提升自己在地域上的地位，从而形成大大小小地方精英控制地方的文化、经济的过程。③从民众的角度来说，他们集合在地方精英的群体之下，接受和归附王朝国家，利用一系列的文化、经济的创造，从而形成地域文化。因此，地域文化的形成过程实际上是国家、地方精英、基层民众三者互动的历史过程。

　　地域文化的历史进程最基础的是物质的生活方式。生产方式的演变、演进过程，一系列的文化活动和符号无不以此为基础展开，如农业形态、手工业形态、商业形态无不在文化符号中体现出来。没有物质活动的生活、生产方式，文化的创造无从谈起。所以，叙述地域文化的历史进程必然离不开对

物质生活、物质资料生产方式的描述。

　　早在 20 世纪 80 年代，刘志伟老师就对番禺沙湾开展具有历史人类学取向的乡村经济社会史系列研究，其成果在 20 世纪 90 年代以来陆续发表。几年前，笔者也曾经撰写出版了一部《番禺文化遗产研究》，基于多年从事番禺地方社会历史文化研究的积累，写作这部书帮助我初步形成了关于番禺文化的整体性认识。接到与刘志伟老师共同承担这本《番禺历史文化概论》的编写任务之后，我们经过多次讨论，一致认为应该在《番禺文化遗产研究》的基础上，进一步扩展深化我们对番禺文化的视野和解读。于是，笔者承担了全书的撰稿任务，刘老师参与了全书的构思和后期的修改。多年来，笔者在研究中就很多问题同刘老师切磋，也留意追踪刘志伟老师及其同行早期在番禺和珠江三角洲的相关研究，笔者此前出版的《番禺文化遗产研究》《名乡坑头：历史、社会与文化》，本人参与编辑出版的《番禺民间信仰与诞会文集》以及发表涉及宗族、民间信仰等的一系列论著都深受"华南研究"的学者影响。在本书的撰写过程中，笔者和刘老师有更多的机会就番禺的历史文化问题进行探研、讨论，从全书的框架构思到具体的每一章节的内容修改，都是在多次的面对面商谈和邮件往来中定下来的。因此，本书一方面承继、延续了《番禺文化遗产研究》的核心观念和眼光，也吸收了该书的部分内容；另一方面，又增加丰富了新的内容，扩大了视野，深化了认识，反映出我们对番禺历史文化认识的深化。

　　本书的思路主要是：在引论先讲清楚"'番禺'是什么"，"民国以前'大番禺'及其文化的时空演变"，然后到第一章以后才落实到今天番禺区境内（即"禺南"或"大谷围地区"）的"番禺文化"。其中，"引论"部分，主要交代"番禺"意义的变迁、今番禺辖区之前古番禺县的历史沿革及其与珠三角各县的分合变迁，简单梳理民国以前"番禺"的社会与文化图景。

　　第一、二、三章按照历时性的原则梳理"明代以前""明清""民国"三大历史时期"番禺"空间的变化和建置沿革，"番禺文化"产生的历史背景、主要创造者及其主要形态。从中我们可以看到，"明代以前"大谷围地区的"番禺文化"主要创造者是早期的人群，唐、宋、元时期的佛、道、巫的仪式专家及"乡豪"、早期士大夫等地方精英；明清大谷围地区的"番禺文化"主要创造者基本上是明初特别是明代中叶以来通过科举取得功名的士大夫和普通民众；"民国"大谷围地区的"番禺文化"主要创造者是通过新式教育培养出来的地方精英。

第四章主要描述的是以"聚落"（包括民田区聚落和沙田区聚落）形态呈现出来的"物质性"的文化景观的演变及其产生和演变背后的那一套机制（如风水、宗法观念等）。

第五章描述的是以"民间信仰与诞会文化""水运网络与龙舟文化""宗族组织与祭祖仪式"等为主体的、以"非物质"形态呈现出来的传统社区文化。以上两章在某种意义上也可视为第二、三章文化创造的结果。

第六章分为两大部分，其一是1949年以来，尤其是改革开放以来"乡村都市化与文化融合趋势下""传统社区文化"及部分"传统乡村聚落文化景观"在当代的延续、复兴和再造的情状。这里还需要交代一下的是，第六章之所以不提及从1949年前一直延续下来的"传统社区文化"之外的其他当代"番禺文化"，是因为这些文化已经突破了"传统"范畴，是都市化、网络时代乃至全球化的产物，缺乏与"传统社区文化"的关联性和历史脉络的延续性，其产生的机制、创造的人群和文化的具体形态都与此前的"番禺文化"有很大的差异。其二，是20世纪80年代以来对"番禺文化"（主要是大谷围地区的"番禺文化"，部分涉及清代番禺县的部分区域）的整理、研究和重构。

最后，以"作为'文化符号'和'精神家园'的'番禺文化'"为"结语"，同时也可视为全书对"番禺文化"的总结性表述。

朱光文

2016 年 12 月